《国际经济行政法》系列丛书

道器兼具

全球化与经济规制行政法前沿研究

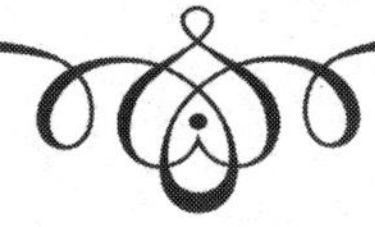

朱淑娣　王雅琴◆主　编

时事出版社

图书在版编目（CIP）数据

道器兼具：全球化与经济规制行政法前沿研究/朱淑娣，王雅琴主编．—北京：时事出版社，2016.6
ISBN 978-7-80232-988-1

Ⅰ.①道…　Ⅱ.①朱…②王…　Ⅲ.①经济法—研究
Ⅳ.①D912.290.4

中国版本图书馆 CIP 数据核字（2016）第 114192 号

出版发行：时事出版社
地　　址：北京市海淀区万寿寺甲 2 号
邮　　编：100081
发行热线：（010）88547590　88547591
读者服务部：（010）88547595
传　　真：（010）88547592
电子邮箱：shishichubanshe@sina.com
网　　址：www.shishishe.com
印　　刷：北京市昌平百善印刷厂

开本：787×1092　1/16　印张：24　字数：361 千字
2016 年 6 月第 1 版　2016 年 6 月第 1 次印刷
定价：96.00 元

主　编：朱淑娣　王雅琴

副主编：孙秀丽　张　翔　黄莉娜

耶鲁—复旦国际福克斯基金项目“WTO 体制下的国际行政法”研究成果，项目编号：(04) 纽教（文）证字 960

上海市人大项目“国际金融中心建设规制立法比较研究——以中美金融消费者保护为中心”研究成果，项目编号：2010RD10LX075

关系范畴视角下的中国经济规制行政法的新发展（代自序）

引例：经验事实与哲理思考

2015年1月23日，国家工商总局发布了《2014年下半年网络交易商品定向监测结果》，其中淘宝的样本正品率最低。4天后，淘宝微博转发的一封公开信质疑和反驳该报告，总局新闻发言人对此进行了回应，由此拉开了阿里巴巴与国家工商总局之间论战的序幕。1月28日上午，事件继续升级，国家工商总局披露了2014年《关于对阿里巴巴集团进行行政指导工作情况的白皮书》（简称《白皮书》），指出阿里作为网络交易平台所存在的五个方面突出问题，并对阿里提出相关工作要求，淘宝在其官方微博上表示将向国家工商总局投诉网监司司长。当日傍晚，工商总局的网站上撤下了《白皮书》。1月30日，国家工商总局正式表态，表示该文并非白皮书，实质是行政指导座谈会会议记录，不具有法律效力。二者之间的论战，引起了美国证券交易委员会（SEC）的关注，阿里巴巴股价大跌近9%，两日市值蒸发330亿美元，还引发了美国投资者集体诉讼。

统观该事件，既有电子商务领域的行政规制（行政调查、行政指导、域外效力）等一般经济规制领域的法律问题，又关涉金融规制领域的特别法律问题（如金融信息披露、金融投资者权益保护、金融业国别规制的国际协调等）。一般认为，金融是现代经济的核心与灵魂，然而全面考察，特别是在中国遭遇严重股灾之后，更应当厘清实体经济与虚拟经济的关系，适度把握金融在经济生活中的重要性。

该案与本书的其他案例昭示，经济行政规制领域应当重视一般经济规制（一般市场监管）与金融规制（金融市场监管）、经济法律规制的全面性与重要性、硬法规制与软法规制、平等保护与正当程序、全球化与本土化、合法性与合理性等这几对关系范畴。在关系范畴视角指引之下，本书所择取的中国国内、国外及国际层面经济规制领域的代表性案例，彰显了经济规制行政法的新发展。以下分述几对关系范畴。

1. 关系范畴之一：经济法律规制的全面性与重要性

国内层面，金融规制领域的“光大乌龙指案”① 从行政处罚延伸到由其引发的行政诉讼，显示了一般经济规制（一般市场监管）与金融规制（金融市场监管）关系范畴之下金融规制的特殊性。因此，宏观经济规制中不仅要继续发展除金融市场监管以外的一般经济规制法律制度，而且要着力构建与完善具有特别重要性的金融规制法律制度。金融是现代经济的核心力量，金融规制是经济规制的核心领域。面对日新月异的金融创新与金融风险，金融行政规制行为的运行环境平添了更多不确定因素，但对其合法性与合理性的评判标准则不离其宗，既要维护金融秩序的稳定，又要保障金融消费者/投资者的权益。“光大乌龙指案”研究对于金融规制行政法具有重要价值。

“光大乌龙指案”与行政行为法的新发展。以行政处罚视角观之，有必要对“光大乌龙指”案件中事实的认定、行政处罚的规范依据、法律适用以及法定程序的层面研析行政处罚行为。光大证券行政处罚既对金融行政规制提出了挑战，也为金融规制的制度完善提供了契机。以“光大乌龙指案”为契机，可以进一步探讨如何完善我国金融规制领域的行政处罚制度。证券市场自营业务的风险控制缺位、高频交易模式的采用加大了金融市场风险发生的可能性，金融行政规制需要对此做出回应。其一，规制目的维度。金融监管部门在处理金融创新、技术性突发事件时，如果面临规范依据有待完善的现实情况，应秉持维护投资者权益与稳定金融市场秩序的规制目标，最大程度地保证金融监管部门采取的执法行为是最适当的选择。其二，规制依据维度。在金融行政处罚面临规范缺位的情形下，如何使行政权依法正当行使，合理地做出行政行

① 案例详见本书上编第一、二章。

为。其三，规制方式维度。随着我国金融创新与新技术发展程度的日益加深，金融行政执法的方式也将进一步多样化，需要更多柔性行政执法行为的融入。其四，规制主体维度。监管部门在行使职权过程中，应强化自身行为的规范与责任意识，加强行政权行使过程中的自我规制，还应不断提高金融行政执法人员的执法素质，减少行为瑕疵。

“光大乌龙指案”与行政诉讼法的新发展。“光大乌龙指案”中的行政相对人之一杨剑波对证监会的行政处罚不服，提起了行政诉讼，从而使该行政处罚行为进入司法审查。司法审查是对行政权力在司法层面的控制。首先，“光大乌龙指”行政诉讼案的主要内容是人民法院围绕内幕信息的认定标准、信息披露时间的确定、内幕交易行为的认定等焦点问题，对行政处罚的实施主体、职权范围、事实认定、法律适用、执法程序等方面是否合法、适当进行全面的审查，以进一步保障行政相对人的合法权益。其次，本案的特殊意义在于进一步探寻金融规制行政诉讼中的特殊性。研究表明，当诸如“光大乌龙指”诉讼案这类金融行政诉讼缺乏直接法律规范依据时，行政法基本原则在金融行政诉讼过程中的作用显得尤为重要，从保护中小投资者合法权益和《证券法》所规定的“公开、公平、公正”原则出发进行法律适用，是一种有效途径。最后，从制度完善的视角看我国经济规制领域的行政诉讼，相较于一般意义上的行政诉讼，在专业性层面上对案件的审理人员提出了更高的要求，需要建立一支懂法律、懂金融、懂管理的高素质的金融审判法官队伍。

2. 关系范畴之二：硬法规制与软法规制

在法治时代，硬法及其硬法规制自不待言，软法是相对于硬法而言的，软法总的来说是不具有法律约束力但可能产生实际后果的行为规则。相应的，软法规制可理解为运用不具有法律约束力但可能产生实际后果的行为规则对国家与社会进行治理，如行政指导等。行政指导是指行政主体在职责范围内，为实现特定的行政目的，而进行的指导、劝告、建议等对相对人权利义务不产生实质处分效果的行为。行政指导大致可分为三类：一是助成型指导，如产业政策指导，从宏观层面帮助企业克服市场机制的盲目性、负外部性。二是规制性指导，如监管指导，从微观层面对企业规范经营进行日常监管，提出意见或建议，促使企业合规经营，防止违法行为发生并给他人或社会造成损失。三是调解型指导，行政机关作为中立第三方调解特定的民事纠纷，最终促成双方当事人在自愿基础上达成和解协议。如我国已有的土地确权等争议的调解机制。在规制行政裁量权方面，软法的作用主要有三方面：指导裁量、促进裁量与制约裁量。①

"阿里巴巴 VS 工商总局事件"② 运用约谈、《白皮书》等软法规制方式，相对于行政处罚、行政许可等传统的硬法规制方式，行政指导具有柔性化、开放性、行政相对人的参与度高等特征，因而更加契合国家治理新常态模式下的行政规制实践。软法规制对行政执法行为的科学性、艺术性、法制性要求更高。该事件反映了中国经济规制行政法新发展的现象之一，即经济规制领域硬法规制与软法规制是共存的。尽管经济规制领域软法规制切实受到市场主体的欢迎，但目前以行政指导为代表的软法规制面临着不少现实问题。在我国政治体制与市场环境孕育下的行政指导与政府主导具有天然的联系，实践中行政指导异化现象并不鲜见。如何将软法规制嵌入我国现行行政管理体制、发挥软法规制的预期效用，需要多方力量的共同作用，需改变长期以来硬法规制模式之下形成的行政体制与行政习惯，提高经济行政规制过程中的民主元素。

行政指导的规范化。2004 年国务院规范性文件《全面推进依法行政实施纲要》第 9 条规定："要充分运用间接管理、动态管理和事后监管管理等手段对经济社会事物实施管理，充分发挥行政规划、行政指导、行政合同等方式的作用。"由此可以看出行政指导已经逐渐成为一种常规的行政管理方式。从行政法学理上讲，行政指导不具有强制力保障实施，由此一般认为行政指导不具有法律效力。但我们从"阿里巴巴 VS 工商总局事件"中可以看出，《白皮书》公布之后产生了一系列的重要影响。在经济规制领域的行政指导虽然在行政指导内容的实施上没有强制力保障，但围绕行政指导的一系列重要信息实际上更为重要，这些信息具有更加深远的社会效力，由此行政指导的规范化是本事件引发的一个关键性问题。

---

① 姜明安：《行政裁量的软法规制》，载《法学论坛》2009 年第 4 期。

② 案例详见本书上编第五、六章。

行政指导与行政诉讼制度的衔接。行政指导制度的发展还需要完善行政指导与行政诉讼制度的衔接，缘于行政指导的非强制性，行政指导的可诉性问题讨论甚多。“阿里巴巴 VS 工商总局事件”也引发了行政指导诉讼问题，是由行政指导和政府信息公开行为引发的经济行政诉讼案件。将行政指导纳入我国行政诉讼受案范围具有现实必要性与可行性，应着力于构建经济规制领域行政指导诉讼制度。“阿里巴巴 VS 工商总局事件”所引发的两次诉讼案件，一是数家中美法务机构相继对阿里巴巴提起的集体诉讼，二是北京中闻律师事务所的律师吴革提起的政府信息公开诉讼，事实上均不是直接的行政指导诉讼，虽然两次诉讼均是围绕着工商总局针对阿里巴巴集团所作的行政指导行为展开的，但该事件也并未真正引起行政指导诉讼。换句话说，在法律运行层面，我国仍未有真正意义上的直接针对行政指导行为所提起的行政指导诉讼。在制度规范层面，依据《行政诉讼法》的规定，行政指导行为已逐渐纳入我国的法治框架，未来能否对行政指导行为予以更具有规范性、可操作性的救济措施尚待相应配套制度的完善，行政指导诉讼的制度建构亦有待法律进一步的予以明确化、清晰化的规定。

在经济领域，软法规制与硬法规制优势互补、相得益彰，共同适应新兴的治理环境和新型的治理模式。“在公共治理背景之下，一种以硬法的初次规制与软法的二次规制结合而成的混合法规制模式正在悄然兴起，后来居上。”① 但是，择其要者，首先需要从行政法法理上准确地理解行政指导的属性/功能与救济问题，特别是行政指导的法律效力与法律后果、行政指导的可诉性及国家赔偿诸问题。其次，需要从行政法制度上妥善处理行政指导等软法规制与行政处罚等硬法规制之间的逻辑关系。最后，需要从国际行政法学理与制度上深入思考经济规制法律与行为的域外效力、经济规制机构与机制的国际协调、金融投资者/消费者权益的跨国保护。

3. 关系范畴之三：平等保护与正当程序

平等保护与正当程序是法律共同体早已形成共识的公法基本原则，

---

① 宋功德：《行政裁量法律规制的模式转换——从单一的硬法或软法模式转向软硬并举的混合法模式》，载《法学论坛》2009 年第 5 期。

正当程序的实质是公平正义在程序领域的体现。这包括：行政机关和司法机关的行为必须基于客观事实而非主观臆断，要在程序上平等对待各方当事人，保障当事人的程序权利，如知情权，申辩权，对行政决定或司法判决、裁定不服的控告权等。正当程序的基本原则体现在公开、公正、正当、参与、复审、效率等方面。美国宪法修正案第 14 条提出了平等保护原则。我国 1982 年《宪法》也有明确规定："中华人民共和国公民在法律面前一律平等。"

作为动态宪法的行政法，当贯彻实施平等保护原则，"阿里巴巴 VS 工商总局事件"所引发的选择性行政执法之疑问即关涉平等保护原则的贯彻实施。《白皮书》显示："为了不影响阿里系上市前的工作进展，该座谈会以内部封闭的形式进行，鉴于目前监管情势，为廓清种种认知，现将行政指导座谈会有关情况如实披露。"而阿里巴巴集团在该座谈会召开两个月后的 9 月 19 日正式在纽约证券交易所挂牌上市。这一敏感的时间差仿佛有利益考量，但却使得国家工商总局的行政指导行为引发了选择性行政执法/执法平等的疑问：在工商行政规制的行政相对人中，作为行政主体的国家工商总局是否非平等地对待了海外上市公司与非海外上市公司？平等恰恰是公法规范实现规制目的的必然要求，公众对平等的感知，除了结果上的公平，更有过程中的平等。这一事件也关涉正当程序原则，北京中闻律师事务所律师吴革要求公开工商总局作出公布、收回《白皮书》以及宣告无效的依据未果，后以国家工商总局侵犯其知情权为由，将国家工商总局诉至北京市第一中级法院，要求法院判决被告依法公开所申请的政府信息。正当程序是实现平等保护的重要方式，经济规制中应当高度重视这两项基本原则及其相互关系。

美国投资规制领域著名的罗尔斯公司诉奥巴马政府案[①]关涉平等保护与正当程序关系范畴。理论层面上，权利平等保护原则和正当程序原则都是行政法的基本原则，应贯穿于各国行政法治的运行之中，包括投资规制领域，概莫能外。实践层面，本案存在着美国总统和行政机关对具有涉华背景的罗尔斯公司歧视性执法、选择性执法的嫌疑，相应的，行政行为中也被指控有违正当法律程序原则。因此，美国行政行为的利

① 案例详见本书下编第八章。

益相关方应当运用平等保护原则和正当程序原则，谋求合法权益保护。就中国而言，也应当在其投资规制法律领域中贯彻平等保护与正当程序原则，推进相关领域法治的发展与完善。

4. 关系范畴之四：全球化与本土化

全球化是人类社会发展的现象过程，通常意义上的全球化是指包括政治、教育、社会、文化等诸多领域的全球联系的不断增强，人类生活在全球规模的基础上发展及全球意识的崛起。本土化可理解为从自身需要出发，基于当地实情，在借鉴外来文明的同时提出自己的理论设想与制度结构。

其一，在全球化与本土化的关系范畴视角下，经济规制行政法的功能也必将面临着一种转变。阿里巴巴集团是一家国际化的互联网公司，其与国家工商总局之间的论战引发了海内外高度关注。美国 SEC 的发声，是美国经济行政法域外效力推行下的权力延伸。SEC 依据证券法以及 SEC 的相关制规，对阿里巴巴的行为是否构成违反证券法上的信息披露义务加以检视。“阿里巴巴 VS 国家工商总局事件”俨然已成为全球化背景下本土事件与海外连锁反应的典型代表。市场主体、行政主体之行为的跨国影响、国别经济规制的域外效力、国际经济规制的冲突与协调值得深思。

其二，美国贸易规制领域基于“捷康案”[①] 的行政裁决研究，再次充分体现出全球化与本土化关系范畴之下中美两国知识产权行政规制的制度性差异，而知识产权的跨国保护问题是当前贸易规制领域的重要课题。美国关税法所确立的“337 调查”制度在贸易规制领域具有极强的杀伤力，形成了具有更广的受案范围、被诉主体应诉难度大、可规避性低、胜诉难度大等特点。捷康本是泰莱公司“337 调查”的案外者，但面对被排除美国市场的风险，选择了主动参与调查，其对生产工艺具有自主知识产权，以实际行动证明捷康公司充分尊重他人的知识产权，也希望他人同样尊重捷康公司的知识产权。“捷康案”也为我国知识产权行政法保护制度的完善提供了良好契机，行政裁决在知识产权纠纷解决中具有重要作用，对其司法监督必不可少。在国家战略层

① 案例详见本书下编第九章。

面，创新发展和知识产权保护是相互依存的。在企业发展层面，如何通过知识产权战略提升自身的市场竞争力是一个急需关注的课题。从政府责任的层面来看，基于保护我国出口企业知识产权利益的目的，我国政府应当加强知识产权国际组织的指导和协调，紧密把握国际知识产权制度的最新动态，积极参与知识产权的国际事务的交流与合作，不仅能在知识产权国际保护规制的制定中表达自己的利益诉求，同时也要加强相关规则制定中的制度性话语权，为我国对外贸易事业保驾护航。

国际层面，在电子商务规制领域“世贸组织电子支付案件”[①] 体现了国际规则约束下的我国制度运行所遭遇到的挑战，以及自我发展与革新的意愿，进一步阐释了经济规制领域的全球化与本土化这一对关系范畴。从国际层面上看，WTO 法的服务贸易总协定（GATS）的结构表明，GATS 覆盖了政府职能之外的所有服务，因此成员可就任何服务做出具体承诺；由于成员的义务决定于其做出的具体承诺，一项具体服务就不能同时属于两项不同的服务，即成员减让表中的服务门类之间是相互排斥的。从国内层面上看，具体操作性极强的其他行政规范性文件是制度触礁的重灾区。GATS 关于“市场准入”的原则规定和“国民待遇”的原则规定是银行监管国际协调的依据。从该案出发重新审视我国电子支付制度，还应进一步完善电子支付行政立法制度、执法制度与救济秩序。该案的积极意义在于从国际层面推动国际经济运作的理性化与规范化，从国内层面应对国家经济安全与稳定的现实难题和严峻挑战，在市场整体层面促进市场经济发展的有序、高效与可持续，在经济主体层面实现经营主体利益与消费主体权益的双赢。

5. 关系范畴之五：合法性与合理性

“实际上，所有的抽象或者具体的执法活动都位于完全的自由和严格的法律约束之间。即使受最严格指令约束的法律适用活动在方式和方法方面也存在一定的自由。”[②] 行政裁量的广泛存在，客观上要求对行

---

① 案例详见本书下编第十章。

② ［德］汉斯·J. 沃尔夫、奥托·巴霍夫、罗尔夫·施托贝尔著，高家伟译：《行政法》（第一卷），商务印书馆，2002 年版，第 346 页。

政行为的审查不仅仅关注合法性，还应注重行政行为的合理性。“依法行政不拒绝广泛和合理的自由裁量权，但依法行政决不允许自由裁量权的失控。”① 投资规制领域的“可乐—汇源案”② 为我国 2008 年 8 月 1 日《反垄断法》实施后的并购未获通过的第一案，因并购申请人的外资身份，使该案引发了诸多讨论。我国商务部做出禁止收购决议的行为，应置于合法性与合理性这一关系范畴之下予以考量。依据行政合理性原则衡量行政行为符合现代行政法治的发展趋势，也进一步促使行政主体适应现代社会治理环境，加强行政相对人权益的保障。从合法性和合理性两个视角出发来看，商务部这一决议从当时的法律规定来看合法有效，但从政府信息公开、行政许可、国际经济行政法等角度来看，这一决议合理性不足，从行政合理性原则和行政法治发展趋势来看，我国反垄断制度仍然有很大的完善空间。

形而上者谓之道，形而下者谓之器。秉承道器兼具，复旦大学国际经济行政法研究团队学者根据全球化与经济规制行政法的发展动态，贯彻经验事实、制度规范、法理思辨三位一体的原则，就全球化与金融规制行政法、全球化与投资规制行政法、全球化与贸易规制行政法、全球化与电子商务规制领域的前沿问题做了探索性的研究。

本书分为上编、下编和附录三部分，从国内层面延展到国外及国际层面，基于金融规制领域、投资规制领域、贸易规制领域、电子商务规制领域的典型案例，运用国际经济行政法学理论研析全球化视野下的经济规制行政法前沿问题，并选取代表性文献进行译评以做经济规制行政法域外镜鉴。朱淑娣教授、王雅琴教授承担本书的主编工作。副主编张翔协助主编进行本书谋篇布局与案例材料选取工作，副主编孙秀丽协助主编进行全书统稿工作，副主编黄莉娜协助主编进行附录部分外文译评的审校工作。其他作者有江国强、李敏、王瑶、黄正华、马淑华、赵

① 李军、蒋兰香：《比较法视野下合理性原则的实践与超越》，载《求索》2010 年第 2 期。

② 案例详见本书上编第三章。

悦、郑磊斌、代文馨、朱婧敏（按内容顺序），大家通力合作，协同完成整部书稿。

学术报国，历代士子情怀，谫陋之处，尚祈方家雅正！

复旦大学法学院　朱淑娣

2016年3月

目　　录

上编　中国经济规制行政法新问题

下编　国外及国际层面的经济规制行政法新问题

附录　经济规制行政法域外镜鉴

上　编

中国经济规制行政法新问题

第一章

金融规制领域——基于“光大乌龙指案”的行政处罚研究

导论

一、研究背景

作为经济领域核心组成部分的金融市场，其稳定与安全关乎整体经济秩序的发展，金融行政规制的必要性日益显现。当金融市场新技术手段与金融创新频现，金融行政规制面临的挑战便相伴而生，金融市场的宠儿——高频交易模式的盛行——便是其中一例。光大证券“乌龙指事件”是我国资本市场上首次发生的典型案件，其中，高频交易、风险控制缺位、跨市场交易、信息披露等诸多因素均对我国现有证券市场法律规范形成挑战。证监会对光大证券“乌龙指”事件的行政处罚及其引发的争议、讨论，也显示了资本市场对我国证券法律法规完善的客观需求，同时反映了证券行政执法对金融规制的重要性。该案将对我国资本市场的良性运行与制度完善提供重要的发展契机，在金融行政规制制度方面倒逼信息披露制度的完善，并在行政权行使层面促使行政主体更严于自我规制。

二、研究述评

“光大乌龙指”行政处罚案件是我国金融领域的新型案件，由本案的争议问题衍生而来的是其对我国金融行政处罚制度提出了新的挑战，同时本案也引起了对我国金融行政处罚制度发展完善的诸多思考。以目前检索的资料情况来看，光大证券“乌龙指事件”在学理层面引发了学界多个领域的广泛关注。关注的视角主要有：内部控制、高频交易监管、内幕交易、投资者保护、金融创新、行政处罚、行政诉讼等。但直接以行政处罚为视角进行讨论的文献不多，从内幕交易认定角度出发所进行的研究，可以视为有关行政处罚事实认定环节的研究。本案中光大证券的错单信息是否构成内幕信息、光大证券的行为是否构成内幕交易，均影响证监会对其进行行政处罚的定性。对光大证券交易行为性质的认定存在不同的认识，两种观点均有相关文献进行讨论。缪因知的《光大证券事件行政处罚与民事索赔之合法性质疑》一文认为，光大证券事件虽然严重冲击了证券市场，但根据我国法律和法理，光大证券及其员工的行为很难说构成操纵市场、内幕交易和信息误导，证监会的行政处罚决定存在着法律定性错误，包括曲解了内幕交易的主体要件、混淆了光大证券作为市场中介和普通投资者的区别。① 时建辉的《光大乌龙指事件对我国内幕信息认定的启示》认为，证监会与光大证券在认定内幕信息时所产生的龃龉显示出我国现有关于金融市场内幕信息的认定规范缺位，如证监会越权解释《证券法》兜底条款、证券市场内幕交易认定相关性要求过窄、内幕信息认定标准单一等。② 刘东辉的《论“光大证券事件”中的期货内幕交易》认为，从解释论的角度看，证监会的处罚没有说明为何光大证券属于内幕知情人，通过对《期货交易管理条例》第 82 条第 12 项的解释，应当认定光大证券作为期货投资者，不属于期货内幕知情人，因而不构成期货内幕交易。③ 柯静的《“光大乌龙指”诉讼案的行政法问题研究》认为，本案焦点在于，证监会在认定有关内幕交易行为时行使自由裁量权对相关法律规范进行法律解释和适用是否恰当，结合证券法强调对市场投资者保护的立

① 缪因知：《光大证券事件行政处罚与民事索赔之合法性质疑》，载《法学》2014 年第 1 期。

② 时建辉：《光大乌龙指事件对我国内幕信息认定的启示》载《长春教育学院学报》2014 年第 6 期。

③ 刘东辉：《论“光大证券事件”中的期货内幕交易》，载《西南政法大学学报》2014 年第 10 期。

法目的，认为本案中证监会有关内幕信息及内幕交易的认定是成立的。①

总体来看，有关光大证券“乌龙指事件”的现有研究呈现多角度碎片式的局面，对该案件有关的基本问题学术共同体尚未形成共识，特别是尚未发现运用行政法学理论比较系统地研究“光大乌龙指案”的行政处罚问题。由本案衍生的学理研究，以金融行政处罚为着眼点，围绕本案所关涉的新问题，可进一步对我国金融行政规制领域金融行政处罚的规范化、金融行政处罚的价值目标以及在金融行政处罚过程中如何掌控利益平衡的尺度、最大程度地实现投资者等主体权益保护等问题进行探讨。

三、关键问题

本案涉及多方面法律问题，以行政处罚行为为视角，本案主要关涉以下关键问题。

光大证券行政处罚的事实认定层面，需判断以下问题：光大证券错单交易信息是否构成内幕交易信息、如何认定内幕信息、如何认定光大证券信息公开披露的时间、光大证券对冲交易是否构成内幕交易行为等。结合行政处罚相对人的抗辩事由，进一步分析上海证券交易所（简称“上交所”）等监管部门对相关情况的知悉，是否构成光大证券内幕交易的有效抗辩问题。

光大证券行政处罚的法律依据及法律适用问题亦是研析该案的关键问题。聚焦于证监会行政处罚行为的合法性与合理性问题，具体包括：证监会依据法律法规兜底条款做出的执法解释是否符合法律规定、证券市场突发事件情况下证监会做出行政处罚的合理性如何衡量、证监会依据法律法规兜底条款做出行政处罚决定（即行政裁量权）是否超出了法定授权、《证券法》相关兜底条款对证监会的授权范围是否适当等。有关行政处罚的程序，需考量证监会依据法律法规兜底条款认定光大证券构成内幕交易行为，是否符合行政处罚的法定与公开原则。

---

① 柯静：《“光大乌龙指”诉讼案的行政法问题研究》，载《上海金融》2015年第2期。

由本案行政处罚衍生的相关制度问题包括：行政处罚与民事诉讼的关系、行政处罚与刑事责任的关联、如何判断行政处罚所针对的事实构成移送司法机关的标准、本案是否构成移送司法机关的标准、行政处罚与行政诉讼的关系、行政处罚与行政和解制度等。作为我国资本市场上发生的新型案件，该案对我国金融行政规制制度的完善提供了契机，据此将进一步思考如何对证券市场自营业务进行风险控制、如何考量监管部门在突发事件中处理不当的责任问题以及对金融监管者如何加以监督等。这一过程当然离不开学习借鉴域外应对此类案件的法治经验。

四、主要观点

本章通过对金融规制领域“光大乌龙指案”中的行政处罚问题进行研究，梳理了“光大乌龙指案”的发展过程，简要指出了本案研究对于金融行政规制的重要价值。以行政处罚视角观之，“光大乌龙指案”中的行政处罚在事实认定层面的关键点，即光大证券错单交易信息是否构成内幕信息。依据证券法对内幕信息特征的规定以及信息披露的实际情况，该错单交易信息为可能对证券市场价格造成重大影响的重大信息，并且在一定时间内未进行公开披露，符合内幕信息的特征。光大证券在未对错单交易信息进行有效披露的情况下，进行对冲以减轻持仓风险，构成违反证券法的内幕交易行为。光大证券及其责任人的申辩理由不成立。从行政处罚的规范依据层面看，对光大证券进行行政处罚的依据是《证券法》《期货交易管理条例》以及《行政处罚法》。从法律适用的层面来看，依据《证券法》第 75 条兜底条款，证监会具有认定内幕信息的法定职权。证监会的行政处罚行为并未超越《证券法》兜底条款的授权范围，符合《证券法》维护投资者权益保护的立法目的，因而证监会做出的行政处罚兼具合法性与合理性。从法定程序的层面来看，证监会认定内幕信息并做出行政处罚决定，符合行政处罚的法定原则与公开原则，并不以事先发布规范性文件规定何为证监会认定的内幕信息为要件。

光大证券行政处罚是我国金融市场上发生的一个典型案件。其既对金融行政规制提出了挑战，也为金融规制的制度完善提供了契机。金融行政违法行为除应承担行政法律责任之外，还应承担民事责任，以最大程度的保障投资者权益，金融领域行政和解制度即是解决金融经济纠纷的一种尝试。光大证券的交易行为构成《证券法》上的内幕交易行为，尚未构成犯罪，应当承担行政法律责任。但有关该案件是否应承担刑事责任的讨论，关涉到金融规制领域行政处罚与刑事责任之间的有效衔接。“光大乌龙指案”中的行政相对人之一杨剑波对证监会的行政处罚不服，提起了行政诉讼，从而使该行政处罚行为进入司法审查。司法审查是对行政权力在司法层面的控制。以行政诉讼的视角观之，司法审查应对行政处罚的实施主体、职权范围、事实认定、法律适用、执法程序等方面是否合法适当进行全面的审查，以进一步保障行政相对人的合法权益。

本章在对该案研究分析的基础上，简要梳理我国金融规制领域行政处罚的现状，并以“光大乌龙指案”为契机，进一步探讨如何完善我国金融规制领域的行政处罚制度，其中主要研究在金融行政处罚面临规范缺位的情形下，如何使行政权依法正当行使，合理地做出行政行为。除金融行政处罚应当进一步规范外，还应不断提高金融行政执法人员的执法素质，减少行为瑕疵。金融行政处罚的过程也是利益平衡的过程，有其内在的价值目标。随着我国金融创新与新技术发展程度的日益加深，金融行政执法的方式也将进一步多样化，需要更多柔性行政执法行为的融入。本案的研究对我国金融行政规制发展进程以及金融行政处罚等诸多金融行政执法行为在新的时代背景下如何规范等发展问题，具有十分重要的意义。

本案在我国金融市场上尚属首例，但在世界金融发展进程中绝非个案，类似案件的发生总给人们留下深刻的印象，颇有“瞬间创造经典”之感，因而有必要学习借鉴域外类似案件的法治经验，尤其在内幕信息与内幕交易行为的认定、民事赔偿制度等方面的成熟经验。证券市场自营业务的风险控制缺位、高频交易模式的采用加大了金融市场风险发生的可能性，金融行政规制需要对此做出回应。与此同时，金融监管部门在处理金融创新、技术性突发事件时，如果面临规范依据有待完善的现实情况，应秉持维护投资者权益与稳定金融市场秩序的规制目标，最大程度地保证金融监管部门采取的执法行为是最适当的选择。监管部门在行使职权过程中，也应强化自身行为的规范与责任意识，加强行政权行使过程中的自我规制。

第一节 “光大乌龙指事件”分析

一、“光大乌龙指案”简述①

2013年8月16日上午11时5分左右，上证综指突然直线拉升100点，暴涨5.96%，中石油、中石化、工商银行和中国银行等多只权重股全部瞬间涨停。这个戏剧性的情形迅速传遍开来，而光大证券成了此次事件的主角。

沪指在出现异常波动之后，中国证监会对此迅速做出反应，并组织上海证监局、上交所、中国证券登记结算公司、中国金融期货交易所等单位立即进行应急处理和核查。随后发现，光大证券自营通道的交易引发了此次市场巨大波动。中午休市期间，上交所要求光大证券股份有限公司查明事件原因并及时公告，经公司申请、上交所同意，13时，光大证券称“因重大事项”停牌。

当天的初步核查显示，问题出现在光大证券策略投资部使用的套利策略系统订单重下功能。由于订单生成系统存在的缺陷，导致特定情况下生成预期外的订单，因而在11时5分8秒之后的2秒内，瞬间生成26082笔预期外的市价委托订单；加上订单执行系统存在的缺陷，这些预期外的巨量市价委托订单毫无阻碍地被直接发送至交易所。这样，光大证券累计申报买入234亿元，实际成交72.7亿元，为了对冲股票持

---

① 参考资料：《光大证券乌龙指：戳入跨市场监管真空》，载网易财经，http://money.163.com/13/0818/10/96I95LRS00251LIE_all.html#p1，最后访问日期：2014年7月28日；《8.16光大证券乌龙指事件》，载百度百科，http://baike.baidu.com/link?url=I5nMyAUcUX2ssbew1ieQbsGX3NkPuZv-Y_m-6WFeB9gKXm692JcbVeHgSMtDJnhQRYiXmeRg9vh6sR18NNGpYq，最后访问日期：2014年7月28日；《光大证券股份有限公司重大事项的公告》，载《证券日报》2013年8月19日；中国证监会《行政处罚决定书》［2013］59号、［2013］60号，《市场禁入决定书》［2013］20号。

仓风险，光大证券开始卖出股指期货空头合约。之后，公司相关管理人员召开紧急会议，做出卖出ETF（交易型开放式指数基金）、做空股指期货对冲风险的决策。在对该事件发生的原因进行了初步认定，并确认了出现问题的套利系统独立于公司其他业务系统、风险不会通过信息系统进行传递以影响公司客户交易之后，14时左右，公司通过上交所信息披露电子化系统递交了编号为临2013—032号提示性公告，向投资者披露了相关情况，公告称“公司策略投资部自营业务在使用其独立套利系统时出现问题”。但在当日下午13时开盘后，光大证券将已买入的股票申购成ETF在二级市场卖出，同时逐步卖出股指期货空头合约以对冲风险。

2013年8月30日，证监会通报了对光大“乌龙指事件”的处罚决定。证监会认定光大证券异常交易构成内幕交易、信息误导、违反证券公司内控管理规定等多项违法违规行为。2013年11月1日，证监会发布对光大证券及其责任人的［2013］59号行政处罚决定书，没收光大证券违法所得8721余万元，并处以5倍罚款，罚没金额总计5.23亿元。证监会对光大证券ETF内幕交易的主管人员徐浩明，其他直接责任人员杨赤忠、沈诗光、杨剑波给予警告，分别处以30万元罚款；对光大证券股指期货内幕交易直接负责的主管人员徐浩明，其他直接责任人员杨赤忠、沈诗光、杨剑波给予警告，分别处以30万元罚款。上述两项罚款每人合计60万元。

证监会同日下发［2013］20号《市场禁入决定书》，决定内幕交易行为相关责任人徐浩明、杨赤忠、沈诗光、杨剑波为终身证券市场禁入者、期货市场禁止进入者。同日，证监会下发［2013］60号《行政处罚决定书》，对时任董事会秘书梅键的信息误导行为，责令改正，并处以20万元罚款。

二、“光大乌龙指案”与金融行政规制

在中国全面推进依法行政的时代背景之下，又适逢证券法修改之时机，“光大乌龙指”行政处罚案既对中国金融行政规制提出了挑战，也为中国金融行政规制的制度完善提供了契机。梳理“光大乌龙指案”的发展过程，可以发现本案研究对于中国金融行政规制具有重要价值。

证监会行政处罚决定书中提及，本案是我国资本市场上首次发生的新型案件。[①]“新”意味着未曾面临的挑战，“光大乌龙指案”所呈现的诸如高频交易、风控缺位、跨市场交易、信息披露，均在不同程度上对中国金融行政规制提出了新问题。对高频交易如何进行规制？证券公司风控机制如何完善？证券法如何应对新型跨市场交易行为？信息披露制度如何进一步完善？这一系列问题凸显出当前中国金融行政规制制度存在的不足。“新”更意味着发展的契机，“光大乌龙指案”对中国金融行政规制制度的完善来说是难得的机遇，这一系列问题又是事关中国金融行政规制制度的发展与完善的重要问题。研究“光大乌龙指事件”中的行政处罚行为，将有助于寻找中国金融行政规制制度完善的方向。

第二节 “光大乌龙指事件”中的行政处罚行为研究

一、“光大乌龙指”行政处罚事实的认定

（一）内幕信息——行政处罚的基点

光大证券行政处罚在事实认定层面的关键点之一，是光大证券错单交易信息是否构成内幕信息。证监会在其行政处罚决定书中认为：“根据《证券法》第七十五条第二款第（八）项和《期货交易管理条例》第八十二条第（十一）项的规定，‘光大证券在进行 ETF 套利交易时，因程序错误，其所使用的策略交易系统以 234 亿元的巨量资金申购 180ETF 成份股，实际成交 72.7 亿元’为内幕信息，光大证券是《证券法》第二百零二条和《期货交易管理条例》第七十条所规定的内幕信息知情人。”在听取当事人的申辩意见后，证监会的复核意见认为，“虽然《证券法》和《期货交易管理条例》列举的内幕信息主要是与发行人自身相关的信息或与政策相关的信息，但同时规定证监会有权就具体信息是否属于内幕信息进行认定。内幕信息有两个基本特征，包括信

① 中国证监会《行政处罚决定书》[2013] 59 号。

息重大和未公开性。”可见，证监会对本案内幕信息的认定基于两方面：一是认为光大证券错单交易信息符合内幕信息的信息重大和未公开的特征，光大证券错单交易信息可能影响投资者判断，对沪深 300 指数、180ETF、50ETF 和股指期货合约价格可能产生重大影响，同时这一信息在一段时间内处于未公布状态；二是认为证监会有权认定具体信息是否属于内幕信息。然而，这未能有效地解释非发行人自身相关的信息或与政策相关的错单交易信息为何被认定为内幕信息。

基于此，行政相对人之一杨剑波也从两方面反驳了证监会内幕信息的认定，认为尽管证监会有权根据《证券法》第七十五条第二款第（八）项的兜底条款认定内幕信息的权力，但因该事件中的错单交易信息在表现形式上不能与《证券法》已明确列举的七类内幕信息在逻辑上一致，同时光大证券错单交易信息已经由相关媒体报道而处于公开状态，因而光大证券的错单交易信息并不构成内幕信息。

围绕光大证券错单信息是否构成内幕信息的争议点，问题聚焦于内幕信息是否必然是与发行人自身相关的信息。首先，从《证券法》与《期货交易管理条例》对内幕信息的规定来看，光大证券错单信息在形式上与《证券法》第七十五条所列举的七类信息并不一致，不属于涉及公司的经营、财务或者对该公司证券的市场价格有重大影响的范围，这也是证监会认定该信息为内幕信息引发争议的原因所在。但《期货交易管理条例》第八十二条第（十一）项对内幕信息的界定，相比《证券法》的规定扩大了内幕信息的内涵，是指可能对期货交易价格产生重大影响的尚未公开的信息，特别强调了“重大影响”和“尚未公开”的特征，对信息本身的来源并不做限定。因而，综合来看我国证券法律对内幕信息的界定，内幕信息并不必然是与发行人自身相关的信息，关键点是在信息重大性与未公开两方面，但由此也反映出我国《证券法》立法呈现出一定的滞后性。其次，从《证券法》规定的条文结构来看，第七十五条第二款第（八）项的表述为“国务院证券监督管理机构认定的对证券交易价格有显著影响的其他重要信息”，在“其他”之前并未增加诸如“与发行人自身相关”、“政策性”等限定。依循这一思路可见，考虑到资本市场的复杂性，《证券法》对证监会认定何为内幕信息的授权是比较宽泛的，对内幕信息的界定不应局限于与发行人自身相关或政策性信息。对此做宽泛理解的依据在于，证监会作为直接介入资本市场的监管机构，能够更直接获悉资本市场的新变化，而类似由高频交易软件系统漏洞产生的错单交易信息在《证券法》立法时是无法预见的，《证券法》有必要为证监会的监管权力释放一定的空间。再者，证监会认定非发行人自身相关或政策性信息为内幕信息，是从保护投资者的目的和维护公共利益的角度出发的，并非滥用职权侵害行政相对人权益，符合《证券法》的立法目的。光大证券的错单信息及其对冲交易行为在事实上对市场形成了误导，导致证券市场的价格产生异常波动，对证券市场造成了严重后果，构成对证券价格造成影响的重大事件，因而，从保护投资者和维护公共利益的目的出发，应认定为内幕信息。

综上所述，依据我国证券法律法规对内幕信息特征的规定以及光大证券信息披露的实际情况，该错单交易信息为可能对证券、期货市场价格造成影响的重大信息，光大证券的异常交易导致的股市波动，影响了投资者对权重股票、ETF 和股指期货的投资决策，并且该信息在一定时间内未进行公开披露，符合内幕信息的特征，光大证券因程序错误的交易信息属于内幕信息。以该事实为依据，证监会决定对光大证券及其相关责任人予以行政处罚。

（二）错单交易信息披露时间的认定

该案件中光大证券错单交易信息披露的时间是事实认定的另一个争议焦点。对于信息披露时间的认定，关涉光大证券错单交易信息是否构成内幕信息以及该信息处于内幕信息相应时间段所产生的损失、相应处罚的数额。证监会认为，光大证券向上交所提交申请临时信息披露后，上交所于 2013 年 8 月 16 日 14 时 22 分通过官方微博转发了光大证券的公告，并据此认定光大证券内幕信息的公开时间是当日 14 时 22 分。证监会在行政处罚决定书中明确指出，“内幕信息自 2013 年 8 月 16 日 11 时 5 分交易时产生，至当日 14 时 22 分光大证券发布公告时公开”。[①] 但是，光大证券杨剑波一方后经过公证证明，在当日 13 时之前，国内就有新浪财经、网易财经、《中国证券报》网、东方财富网等网站报道了

① 中国证监会《行政处罚决定书［2013］59 号》。

该事件，信息公开时间应该为当日13时之前。[①]

由此产生了问题争议点，即确认光大证券错单信息披露的具体时间。而回答这一问题的关键，是杨剑波一方所主张的国内新浪财经、网易财经、《中国证券报》网、东方财富网等网站的公开报道，是否可以作为认定光大证券对错单交易信息有效披露的事实依据？

我国现行《证券法》中没有对内幕信息公开方式的认定标准做出规定。我国《上市公司信息披露管理办法》第六条规定：上市公司及其他信息披露义务人依法披露信息，应当将公告文稿和相关备查文件报送证券交易所登记，并在中国证监会指定的媒体发布。信息披露义务人在公司网站及其他媒体发布信息的时间不得先于指定媒体，不得以新闻发布会或者答记者问等任何形式代替应当履行的报告、公告义务，不得以定期报告形式代替应当履行的临时报告义务。可见，该规定限定了信息披露义务人严格履行信息披露义务的方式与程序，强调了指定主体通过指定方式进行信息披露，以确保信息披露的真实性与准确性。依据《中国证券监督管理委员会证券市场内幕交易行为认定指引（试行）》（简称《指引》）第十一条规定，内幕信息公开是内幕信息在中国证监会指定的报刊、网站等媒体披露，或者被一般投资者能够接触到的全国性报刊、网站等媒体揭露，或者被一般投资者广泛知悉和理解。可见，内幕信息公开的途径在《指引》的规定之下还是比较宽泛的。除了信息披露义务人在一些指定报刊、网站如《中国证券报》、《证券时报》等进行披露，的确还包括一般投资者能够接触的媒体进行揭露，还有“被一般投资者广泛知悉和理解”兜底性条款的规定。《指引》扩大了信息披露平台和披露方式的范围。由此，我国与信息披露具体操作有关的规定之间形成了冲突，处理这一规范冲突依据规范性文件的位阶效力。《上市公司信息披露管理办法》的性质为证监会颁布的部门规章，《指引》的性质为依据《证券法》及其他法律、行政法规和规章的相关规定制定的证券行政执法的指导性文件，供中国证监会使用，仅能将其

① 《“光大乌龙指”主角杨剑波或有翻盘机会》，载新浪财经，http://finance.sina.com.cn/zl/china/20140403/201818705899.shtml，最后访问日期：2015年9月2日。

归为部门发布的其他规范性文件。因而，《指引》相关规定的适用应建立在遵守法律、法规与规章的框架之下。

从另一角度来看，《指引》增加的由一般投资者能够接触的媒体进行揭露的信息披露方式，目的也是督促信息披露义务人及时有效地进行信息披露，但媒体揭露并不能在事实上免除信息披露义务人的法律义务。本案行政相对人一方主张的当日13时之前新浪财经、网易财经、《中国证券报》网、东方财富网等网站对该事件的报道属于信息公开，这一主张忽视了重要的法定前提就是信息披露的义务主体是光大证券。从案件事实的梳理看，的确有媒体在“光大乌龙指”造成股指震荡不久进行了《A股暴涨：光大证券自营盘70亿乌龙指》[①] 等报道，但这些媒体报道是否构成有效的信息披露应予以严格审定。媒体揭露方式的认定应严格谨慎，对媒体揭露信息的真实性、准确性以及媒体信息传播的范围进行严格的认定，以达到信息披露应有的强度，即通过一般投资者可以接触到的媒体进行揭露。然而，这些媒体报道因光大证券董事会秘书梅键对媒体的回应[②]被打上了问号。梅键作为上市公司光大证券履行信息披露义务的直接负责人员，其特殊身份使得其未做任何核实即以个人猜测对外发表的言论被媒体纷纷转载，在市场本已存在诸多猜测的情况下，其言论在投资者中造成很大影响。而这也让之前媒体对“光大

① 相关媒体报道例如：《A股暴涨：光大证券自营盘70亿乌龙指》，载新浪财经，http：//finance. sina. com. cn/stock/jsy/20130816/114716472103. shtml，2013年8月16日11：47，最后访问日期：2015年11月5日；《A股暴涨：光大证券自营盘70亿乌龙指》，载网易财经，http：//money. 163. com/13/0816/11/96D82KJ200254IU1. html，2013年8月16日11：46，最后访问日期：2015年11月5日；《A股暴涨：光大证券自营盘70亿乌龙指》，载东方财富网，http：//finance. eastmoney. com/news/1344，20130816315680863. html，2013年8月16日11：46，最后访问日期：2015年11月5日。

② 证监会行政处罚认定，11时59分左右光大证券董事会秘书梅键在与“大智慧”记者高欣通话时否认了市场上“光大证券自营盘70亿元乌龙指”的传闻，而此时梅键对相关情况并不知悉。随后，高欣发布《光大证券就自营盘70亿元乌龙传闻回应：子虚乌有》一文，于12时47分发布并被其他各大互联网门户网站转载。例如：《光大证券就自营盘70亿元乌龙传闻回应：子虚乌有》，载新浪财经，http：//finance. sina. com. cn/stock/stocktalk/20130816/124216472496. shtml，最后访问日期：2015年11月5日。

乌龙指事件”的报道丧失了作为信息披露有效方式的可能性，资本市场理性的投资者更倾向于信赖事件行为主体的信息发布而非媒体报道。

综上，当日 13 时之前的媒体报道不是合法有效的信息披露，并不能豁免光大证券信息披露的法定义务，不能改变光大证券在信息公开之前进行交易的行为本质，证监会认定错单信息于当日 14 时 22 分光大证券发布公告时公开并无不妥。

（三）光大证券交易行为性质的认定

对光大证券在“乌龙指事件”当天进行的对冲交易是否构成内幕交易行为也有不同的认识。证监会认定光大证券的对冲交易行为构成内幕交易行为，光大证券对此的申辩理由为：当天所做的对冲交易，是按照光大证券《策略投资部业务管理制度》的规定和策略投资的原理，按照既定计划进行的必然性和常识性操作，具有合规性和正当性，符合业内操作惯例。并且，由于这一事件在我国资本市场上首次发生，作为一个正常理性的交易主体，无法判断错单信息属于内幕信息，更无从判断下午的行为可能构成内幕交易。证监会认定相关交易构成内幕交易，法律依据不足。①

对此截然不同的观点，可以从不同的角度对光大证券交易行为的性质进行分析。其一，光大证券对冲交易行为的依据属于内幕信息。当日 14 时 22 分之前，有关市场异常交易信息处于未公开状态，光大证券在未履行有效信息披露义务的情况下，其在此期间利用已掌握的内幕信息进行对冲交易在事实上构成了内幕交易行为，符合《证券法》和《期货交易管理条例》关于内幕交易行为的规定。其二，光大证券对冲交易并非依法按照既定计划进行的必然性和常识性操作。尽管光大证券在错单交易发生之后进行核查，公司相关管理人员召开紧急会议提出申购 ETF 及使用股指期货卖出合约进行对冲的方案，但是该方案依据的光大证券策略投资部管理规定是公司的内部管理规范，并且是建立在利用未

① 《中国证监会行政处罚决定书（光大证券股份有限公司、徐浩明、杨赤忠等 5 名责任人）》，发文时间 2013 年 11 月 01 日，载中国证监会网站 http://www.csrc.gov.cn/pub/zjhpublic/G00306212/201311/t20131115_238363.htm，最后访问日期：2015 年 9 月 20 日。

公开信息的基础之上的应急方案，以降低光大证券自身风险，罔顾资本市场的异常与疑虑。光大证券没有履行信息披露义务反而进行对冲交易，并且因突发事件导致成交72亿元超过了光大证券的经营资本，不是自身可控、可承受风险的，对冲交易行为已经突破了一般意义上的执行中性交易策略的投资行为，违反了法律法规的规定。其三，投资者权益保护与公共利益保护的权衡。光大证券作为资本市场的参与者，既为上市公司，也是从事自营业务的投资者，其自身的投资者权益也是证券法律保护的对象。而投资者权益保障机制的建构遵循的理念应该为："承认某些利益；由司法过程（今天还要加上行政过程）按照一种权威性技术所发展和适用的各种法令来确定在什么限度内承认与实现那些利益；以及努力保障在确定限度内被承认的利益。"① 也就是说，法律承认投资者权益的同时也需要为投资者权益的保护确立一定的限度，投资者权益的维护是存在边界的，不能以牺牲其他多数投资者权益、资本市场秩序的维护为代价。

综上所述，光大证券在未对错单交易信息进行有效披露的情况下，进行对冲交易以减轻持仓风险，构成违反证券法上的内幕交易行为，光大证券及其责任人的申辩理由不成立。

（四）行政处罚相对人的抗辩事由辨析

光大证券认为，错单交易发生之后，上海证监局、上交所等监管部门派人到光大证券调查相关情况，行政相对人杨剑波向现场的监管人员汇报了错单交易情况以及当天下午即将进行对冲交易，但并未被后者阻止。相关监管机构对错单交易及对冲交易情况的知悉，是否构成光大证券内幕交易的有效抗辩也值得探讨，关涉错单交易信息公开的范围认定问题。

监管机构对相关情况的知悉，并不能改变光大证券构成内幕交易行为的性质。首先，光大证券作为信息披露义务人，其信息披露面向的对象应该是资本市场不特定的投资者群体，而不是与之存在工作沟通的行

① ［美］罗斯科·庞德著，沈宗灵译，楼邦彦校：《通过法律的社会控制》，商务印书馆，2013年版，第33页。

政监管机构。对广大投资者来说，他们并不明确 A 股市场上瞬间出现大单交易的具体成因，他们期待权威的信息披露，客观上要求光大证券履行法定披露义务。然而，光大证券在向 A 股市场披露错单交易的实际情况之前，已经利用该信息实施了对冲交易行为，推迟了投资者知悉 A 股市场异常交易真相的时间，影响了投资者决策。其次，不同法律关系项下的事由不构成免责事由。监管者对相关情况了解之后没有立即采取有效措施，是金融行政规制有效性的问题，不能成为光大证券内幕交易免责的理由。在金融行政规制法律框架之下，监管者行为效果的判断是作为行政主体的金融监管机构行政行为合法性问题，如果监管者存在行政不作为，行政相对人有权依法启动救济程序。而光大证券的交易行为则是作为行政相对人的金融机构市场行为的合法性问题。如果光大证券交易行为构成内幕交易，则行政主体有权依法进行行政处罚。二者在金融行政规制法律框架之下，分属不同的行政法律关系，对应不同的免责事由与救济途径，不可相混淆。

二、“光大乌龙指”行政处罚的规范依据

光大证券行政处罚的规范依据主要包括两个方面：一是对光大证券错单交易信息及对冲行为性质认定的规范依据；二是证监会对光大证券及事件责任人行政处罚的规范依据。光大证券行政处罚依据按照所涉法律规范位阶顺序为：

（一）法律

在法律层面主要有《证券法》和《行政处罚法》。

1.《证券法》

《证券法》七十五条规定：“证券交易活动中，涉及公司的经营、财务或者对该公司证券的市场价格有重大影响的尚未公开的信息为内幕信息。下列信息皆属内幕信息：（一）本法第六十七条第二款所列重大事件；（二）公司分配股利或者增资的计划；（三）公司股权结构的重大变化；（四）公司债务担保的重大变更；（五）公司营业用主要资产的抵押、出售或者报废一次超过该资产的百分之三十；（六）公司的董事、监事、高级管理人员的行为可能依法承担重大损害赔偿责任；

（七）上市公司收购的有关方案；（八）国务院证券监督管理机构认定的对证券交易价格有显著影响的其他重要信息。”由此可见，光大证券错单交易信息并未包含于《证券法》第七十五条第二款第（一）至（七）项中列举出的内幕信息。证监会对光大证券做出行政处罚的主要法律依据在于《证券法》第七十五条第二款第（八）项的规定，证监会拥有据此进行内幕信息认定的法定职权，认为光大证券的异常交易导致的股市波动，影响了投资者对权重股票、ETF 和股指期货的投资决策，且在一定时间内处于未公开状态，因而属于证券、期货市场内幕信息。

针对光大证券及相关责任个人的行政处罚，证监会 2013 年 11 月 1 日做出［2013］59 号《行政处罚决定书》，认定光大证券的交易行为构成内幕交易行为以及对相关责任人员予以行政处罚。涉及的法条为：《证券法》第二百零二条规定，即证券交易内幕信息的知情人或者非法获取内幕信息的人，在涉及证券的发行、交易或者其他对证券的价格有重大影响的信息公开前，买卖该证券，或者泄露该信息，或者建议他人买卖该证券的，责令依法处理非法持有的证券，没收违法所得，并处以违法所得 1 倍以上 5 倍以下的罚款；没有违法所得或者违法所得不足 3 万元的，处以 3 万元以上 60 万元以下的罚款；单位从事内幕交易的，还应当对直接负责的主管人员和其他直接责任人员给予警告，并处以 3 万元以上 30 万元以下的罚款。证券监督管理机构工作人员进行内幕交易的，从重处罚。

证监会于 2013 年 11 月 1 日对光大证券相关责任人做出［2013］20 号《市场禁入决定书》，宣布相关责任人员为证券、期货市场禁入者。所涉法条为：《证券法》第二百三十三条规定，即违反法律、行政法规或者国务院证券监督管理机构的有关规定，情节严重的，国务院证券监督管理机构可以对有关责任人员采取证券市场禁入的措施。前款所称证券市场禁入，是指在一定期限内直至终身不得从事证券业务或者不得担任上市公司董事、监事、高级管理人员的制度。

由此可见，对光大证券对冲交易行为的性质认定为内幕交易，其直接负责的主管人员和其他直接责任人员应承担相应的行政责任，本案对主管人员徐浩明，其他直接责任人员杨赤忠、沈诗光、杨剑波的行政处罚为市场禁入，符合证券法律的有关规定。

2.《行政处罚法》

《行政处罚法》第三条规定：公民、法人或者其他组织违反行政管理秩序的行为，应当给予行政处罚的，依照本法由法律、法规或者规章规定，并由行政机关依照本法规定的程序实施。没有法定依据的，行政处罚无效。《行政处罚法》第四条规定：行政处罚遵循公正、公开的原则。设定和实施行政处罚必须以事实为依据，与违法行为的事实、性质、情节以及社会危害程度相当。对违法行为给予行政处罚的规定必须公布；未经公布的，不得作为行政处罚的依据。

由此可见，做出行政处罚行为需经得起行政处罚原则的检验。行政处罚行为是关涉行政相对人权益的具体行政行为，实施行政处罚的主体必须具备相应的法定职权，行政处罚具有法定依据，行政处罚行为的程序应遵循公正、公开的原则，以最大程度地保障行政相对人的合法权益。

（二）行政法规

在行政法规层面主要依据为《期货交易管理条例》。其中，有关内幕信息认定的行政法规依据为：《期货交易管理条例》第八十二条第（十一）项规定：“内幕信息，是指可能对期货交易价格产生重大影响的尚未公开的信息，包括：国务院期货监督管理机构以及其他相关部门制定的对期货交易价格可能发生重大影响的政策，期货交易所作出的可能对期货交易价格产生重大影响的决定，期货交易所会员、客户的资金和交易动向以及国务院期货监督管理机构认定的对期货交易价格有显著影响的其他重要信息。”

对相关责任人员行政处罚及期货市场禁入决定，所涉行政法规为《期货交易管理条例》第七十条规定：“期货交易内幕信息的知情人或者非法获取期货交易内幕信息的人，在对期货交易价格有重大影响的信息尚未公开前，利用内幕信息从事期货交易，或者向他人泄露内幕信息，使他人利用内幕信息进行期货交易的，没收违法所得，并处违法所得 1 倍以上 5 倍以下的罚款；没有违法所得或者违法所得不满 10 万元的，处 10 万元以上 50 万元以下的罚款。单位从事内幕交易的，还应当对直接负责的主管人员和其他直接责任人员给予警告，并处 3 万元以上 30 万元以下的罚款。国务院期货监督管理机构、期货交易所和期货保证金安全存管监控机构的工作人员进行内幕交易的，从重处罚。”《期货交易管理条例》第七十八条规定：“任何单位或者个人违反本条例规定，情节严重的，由国务院期货监督管理机构宣布该个人、该单位或者该单位的直接责任人员为期货市场禁止进入者。”

由此可见，《期货交易管理条例》第八十二条第（十一）项关于内幕信息的规定，进一步拓宽了我国证券领域对内幕信息认定的边界，更加清晰地界定了内幕信息的重大影响与未公开的特征，这对于《证券法》的修改完善提供了一定的方向。《期货交易管理条例》也对内幕交易相关责任人员行政处罚及期货市场禁入做出了规定，与《证券法》的规定一起共同构建了直接负责的主管人员和其他直接责任人员的责任体系。

（三）规章

规章主要是证监会公布的《证券市场禁入规定》（2015）第五条，其相关内容为：“有下列情形之一的，可以对有关责任人员采取终身的证券市场禁入措施：（一）严重违反法律、行政法规或者中国证监会有关规定，构成犯罪的；（二）从事保荐、承销、资产管理、融资融券等证券业务及其他证券服务业务，负有法定职责的人员，故意不履行法律、行政法规或者中国证监会规定的义务，并造成特别严重后果的；（三）违反法律、行政法规或者中国证监会有关规定，采取隐瞒、编造重要事实等特别恶劣手段，或者涉案数额特别巨大的；（四）违反法律、行政法规或者中国证监会有关规定，从事欺诈发行、内幕交易、操纵市场等违法行为，严重扰乱证券、期货市场秩序并造成严重社会影响，或者获取违法所得等不当利益数额特别巨大，或者致使投资者利益遭受特别严重损害的；（五）违反法律、行政法规或者中国证监会有关规定，情节严重，应当采取证券市场禁入措施，且存在故意出具虚假重要证据，隐瞒、毁损重要证据等阻碍、抗拒证券监督管理机构及其工作人员依法行使监督检查、调查职权行为的；（六）因违反法律、行政法规或者中国证监会有关规定，5 年内被中国证监会给予除警告以外的行政处罚 3 次以上，或者 5 年内曾经被采取证券市场禁入措施的；（七）组织、策划、领导或者实施重大违反法律、行政法规或者中国证监会有关规定的活动的；（八）其他违反法律、行政法规或者中国证监会有关规定，情节特别严重的。”

需要说明的是，该规定于 2015 年 3 月 2 日修订，自 2015 年 6 月 22 日起施行，重点补充修订了可能引起证券市场禁入措施的行为表现。证监会对光大证券“乌龙指事件”相关责任人员采取终身的证券市场禁入措施时依据的是《证券市场禁入规定》（2006），当时内幕交易行为尚未明确写入《证券市场禁入规定》，而是笼统以行为“严重扰乱证券市场秩序并造成严重社会影响，或者致使投资者利益遭受特别严重损害”进行规定。

（四）其他规范性文件

这方面主要是《中国证券监督管理委员会证券市场内幕交易行为认定指引（试行）》，第八条规定，符合下列情形之一的，为证券交易的内幕信息：“（一）《证券法》第六十七条第二款所列重大事件；（二）《证券法》第七十五条第二款第（二）项至第（七）项所列信息；（三）中国证监会根据《证券法》第六十七条第二款第（十二）项授权而规定的可能对上市公司证券交易价格产生较大影响的其他重大事件；（四）中国证监会根据《证券法》第七十五条第二款第（八）项授权而认定的重要信息；（五）对证券交易价格有显著影响的其他重要信息。”第 11 条规定，本《指引》所称的内幕信息公开，是指内幕信息在中国证监会指定的报刊、网站等媒体披露，或者被一般投资者能够接触到的全国性报刊、网站等媒体揭露，或者被一般投资者广泛知悉和理解。

由此可见，《指引》作为证监会颁布的证券行政执法的指导性文件，明确指出了中国证监会根据《证券法》第七十五条第二款第（八）项授权而认定的重要信息属于证券交易的内幕信息，与《证券法》关于内幕信息的规定一致。从法律规范效力位阶角度看，《指引》处于位阶相对较低的层面，然而，《指引》第十一条的规定事实上扩大了内幕信息公开的平台和信息披露方式的范围，在证券执法实践中将产生规范依据规定的不一致问题。

三、“光大乌龙指”行政处罚的法律适用

（一）合法性：证监会的法定职权

从证监会发布的行政处罚决定书中不难看出，证监会依据《证券法》及《期货交易管理条例》的相关规定对光大证券做出行政处罚，一方面强调了光大证券因程序错误而形成的错单交易信息符合内幕信息的特征，另一方面强调了证监会拥有认定内幕信息的权力。以证监会行政处罚行为合法性角度来看，要考量证监会依据法律法规兜底条款做出的行政解释是否符合法律规定，是否存在滥用职权和超越职权的情形，证监会的行政处罚是否具有法律依据。在静态层面，《证券法》第七十五条兜底条款和《期货交易管理条例》第八十二条兜底条款规定了证监会认定内幕信息的权力，证监会权力来源具有合法性，证监会依此进行内幕信息认定符合职权法定的行政法原则。“《证券法》和《期货交易管理条例》在制定过程中，正是因为考虑到在对市场中被监管对象操作行为的具体认定时，由于市场本身的复杂性和多变性，需要给予监管机构一定的裁量权，才会有该兜底条款的问世。”① 从动态层面来看，证监会认定内幕信息的权力拓展了《证券法》上内幕信息的范围。“由于立法者不具备关于风险的完整知识，需要广泛授予行政机关裁量权，依法行政实际上被依裁量行政替代。”② 证券立法无法完全预见资本市场的客观状况，因而《证券法》第七十五条兜底条款对证监会的授权，实际上是立法赋予了行政主体以裁量空间，则《证券法》上内幕信息的边界并非仅包含立法明确划定的范围，还包括证监会依职权认定的部分，以适应资本市场的新变化。

（二）合理性：证监会行政裁量权考量

从合理性角度来看本案中证监会的行政处罚行为，要考察证监会依

---

① 柯静：《“光大乌龙指”诉讼案的行政法问题研究》，载《上海金融》2015年第2期。

② 赵鹏：《知识与合法性》，载沈岿主编《风险规制与行政法新发展》，法律出版社，2013年版，第68页。

据法律法规兜底条款做出行政处罚决定的行政裁量权是否超出了法定授权范围，尤其是在类似突发事件情况下，证监会运用裁量权的合理性问题，进而评析《证券法》相关兜底条款对证监会的授权范围是否适当。

其一，证监会依据《证券法》兜底条款认定光大证券错单信息为内幕信息，并未超出法定授权范围。《证券法》第七十五条兜底条款明确规定，“证券监督管理机构认定的对证券交易价格有显著影响的其他重要信息”为内幕信息，至于何谓“对证券交易价格有显著影响”，则是证券监督管理机构（证监会）的裁量范围。现代行政日益精细化与复杂化，行政裁量的必要性与普遍性同样显要，“只要公职人员权力的实际界限允许其在可能的作为或不作为方案中自由做出选择，那么他就拥有裁量。”① 证监会需要结合实际判断某种信息是否会对证券交易价格产生显著影响，而这种判断裁量的前提是在证券法律规制范围之下。本案中证监会对内幕信息的认定，结合了光大证券错单交易信息对A股市场造成震荡的实际情况以及光大证券未及时披露相关信息可能对投资者决策造成影响，依然是在内幕信息的特征范畴考量错单交易信息是否为内幕信息，并未超越《证券法》的授权范围。

其二，证监会裁量权的运用是合理的，符合《证券法》的立法目的。我国《证券法》第一条规定：“为了规范证券发行和交易行为，保护投资者的合法权益，维护社会经济秩序和社会公共利益，促进社会主义市场经济的发展，制定本法。”这一规定表明，投资者权益保护是我国证券法的重要立法目的之一。而证券法律规范的适用亦离不开裁量权的运用，“没有裁量的规则就无法全面考虑使结果适应具体案件的特定事实和情况。证成裁量正义的理由通常是个别化正义的需要。”② 由此，证监会依职权认定内幕信息，拓展《证券法》关于内幕信息的界定，其合理性便在于对本案正义目标实现的考量。证监会认定光大证券存在内幕信息、内幕交易行为，是为了保护投资者的权益与维护资本市场的秩序。证监会依据法律法规兜底条款做出内幕信息的认定，回应了A

---

① ［美］肯尼斯·卡尔普·戴维斯著，毕洪海译：《裁量正义》，商务印书馆，2009年版，第2页。

② ［美］肯尼斯·卡尔普·戴维斯，毕洪海译：《裁量正义》，商务印书馆，2009年版，第17页。

股市场在异常交易发生之后的投资者疑虑，对投资者权益形成保护。若仅仅将“内幕信息”限定在和“发行人相关”的范围内，对于证券市场上的广大投资者而言，保护力度显然有所欠缺。[①]

综上所述，从法律适用的层面来看，依据《证券法》第七十五条兜底条款，证监会具有认定内幕信息的法定职权，证监会的行政处罚行为并未超越证券法的授权范围，符合证券法维护投资者权益保护的立法目的，因而证监会对光大证券的行政处罚兼具合法性与合理性。

四、“光大乌龙指”行政处罚的法定程序

我国《行政处罚法》第三条和第四条确立了行政处罚法定原则和行政处罚公开原则。从行政处罚法定原则、行政处罚公开原则可以考量证监会依据《证券法》法律兜底条款认定内幕信息进而进行行政处罚程序上的合法性问题。尽管《证券法》第七十五条兜底条款已经授权证监会认定除列举性的内幕信息以外的其他信息为内幕信息，但问题在于证监会应该通过何种方式进行认定？是直接通过行使自由裁量权进行认定的方式，还是需要通过发布规范性文件规定“对证券交易价格有显著影响的其他重要信息”进行事先公开？本案中的处理方式是否属于违反行政处罚法定、公开原则的情形？如果将《证券法》第七十五条兜底条款理解为授权证监会认定其他信息为内幕信息，不限于第七十五条前述对内幕信息列举性的范围，那么是否会造成对《证券法》条文的扩大解释？这既关涉前述对光大证券行政处罚的事实认定，又关涉证监会实施行政处罚程序的合法性问题。

（一）行政处罚法定原则

依据《行政处罚法》第三条规定：“公民、法人或者其他组织违反行政管理秩序的行为，应当给予行政处罚的，依照本法由法律、法规或者规章规定，并由行政机关依照本法规定的程序实施。没有法定依据的，行政处罚无效。”据此，证监会对光大证券行政处罚具备法定依据，

---

① 柯静：《“光大乌龙指”诉讼案的行政法问题研究》，载《上海金融》2015年第2期。

光大证券错单交易信息构成《证券法》上的内幕信息，光大证券对冲交易行为构成内幕交易行为。《证券法》第七十五条第二款第（八）项兜底条款中，已经明确授予了证监会认定内幕信息的权力，证监会将错单交易信息认定为内幕信息属于法律实施中的解释，不存在无法可依、扩大解释的问题，也不涉及越权行使全国人大常委会法律解释权限问题，符合行政处罚法定原则。

（二）行政处罚公开原则

依据《行政处罚法》第四条规定：“行政处罚遵循公正、公开的原则……对违法行为给予行政处罚的规定必须公布；未经公布的，不得作为行政处罚的依据。”基于此，行政相对人之一杨剑波认为，如果证监会有权认定内幕信息，则应当通过自己发布的规范性文件将所认定的事项事先公布，依此作为进行行政处罚的前提才符合行政处罚法所规定的行政处罚公开原则。因为授权条款只解决了证监会职权的来源问题，并没有解决认定标准问题。行政处罚是针对公民权利义务做出的，限制了公民权利，证监会应当就认定某种行为为内幕交易、该行为的行为模式及当事人在此模式下享有的权利和承担的义务制定文件予以公开。[①] 本案中并不存在证监会的此类公开规范性文件，仅依据《证券法》做出内幕信息和内幕交易行为的规定。事实上，行政相对人的观点是对行政处罚公开原则进行了狭义的理解，按此思路，违法行为的认定均需要在法律法规中寻找一一对应的规范依据，而这在金融行政执法实践中是不可能，也是不必要的。《证券法》对证监会的授权已经明示了，证监会有权对证券交易价格有显著影响的其他重要信息进行内幕信息的认定，明示了证监会进行行政处罚的依据。至于何为“对证券交易价格有显著影响的其他重要信息”，属于证监会的行政裁量范围。只要证监会在行使行政裁量权的过程中依照证券法律规定遵循内幕信息的特征，不超越职权、滥用职权，即是行政裁量权的合法运行。因而，从法定程序角度来看，证监

① 《光大乌龙指主角状告证监会案庭审，证监会回应》，载中财网，http://www.cfi.net.cn/newspage.aspx?id=20140403000474&p=0，最后访问日期：2015年9月30日。

会认定内幕信息并做出行政处罚决定，符合行政处罚法定原则与公开原则，并不以事先发布规范性文件规定何为证监会认定的内幕信息为要件。

此外，证监会对光大证券及其责任人进行的行政处罚，在行政处罚程序上对相对人权利予以充分保障，也是行政处罚公开原则的体现。证监会的行政处罚决定书显示："我会对光大证券内幕交易违法行为进行了立案调查、审理，并依法向光大证券、徐浩明、杨赤忠、沈诗光、杨剑波告知了作出行政处罚的事实、理由、依据及当事人依法享有的权利，当事人均提交了书面陈述、申辩材料，未要求听证。"

第三节 "光大乌龙指事件"行政处罚的相关制度

一、"光大乌龙指"行政处罚与民事责任

（一）"光大乌龙指"相关的民事赔偿诉讼简况

"光大乌龙指"行政处罚与民事责任之间的关系，主要探讨光大证券的交易行为与投资者损失之间是否存在因果关系、投资者损失如何计算、哪些投资者符合赔偿条件等多个问题。在"光大乌龙指事件"引发热议之时，资本市场的中小投资者也展开了维权之路。证监会正式的行政处罚决定书下达之前，已经有投资者针对光大证券提起了民事索赔诉讼：2013 年 9 月 4 日，一名上海股民向静安区法院递交诉状，向光大证券股份有限公司索赔炒股损失 99302.35 元；[①] 之后，广州一名股民也向番禺区法院递交诉状，起诉光大证券和上交所，要求两者共同赔偿 7 万元，但均未被法院受理，这与一直以来司法实践不予受理涉证券民事赔偿案件的指引有关。直到 2013 年 11 月 15 日，最高人民法院发出《关于光大证券股份有限公司"8.16 内幕交易引发的民事赔

① 《股民索赔光大证券障碍重重，投资者呼吁联合维权》，载新华网，http://news.xinhuanet.com/fortune/2013－09/06/c_125331758.htm，最后访问日期：2015 年 11 月 22 日。

偿案件指定管辖的通知”》，才明确了法院对该案所涉民事诉讼的受理与管辖问题。2013 年 12 月，上海市第二中级人民法院（简称上海二中院）受理了首起原告包巨芬诉光大证券内幕交易责任纠纷案。[①] 2014 年 8 月 5 日，61 名投资者起诉光大证券内幕交易责任纠纷案在上海二中院公开开庭审理。直到 2015 年 9 月 30 日，该案才进行第二次开庭并宣判，判决认为 2013 年 8 月 16 日下午 13 时至 14 时 22 分买入 IF1309、IF1312、50ETF、180ETF、上证 50 成分股、180 成分股的六大类投资者应获得赔偿。[②]“光大乌龙指”投资者索赔获得了实质性支持，而这与证监会认定光大证券构成内幕交易进行行政处罚的前提不无关系。

（二）行政机关有关违法性的认定是民事赔偿的前提

对内幕交易等证券违法行为追究行政责任乃至刑事责任，是承担法律责任的方式，但却不能对中小投资者权益形成实质性救济。同证券行政处罚制度相比，与保护中小投资者合法权益关系更密切的我国证券民事赔偿制度的完善，更是举步维艰。尽管我国《证券法》第七十六条第三款规定：“内幕交易行为给投资者造成损失的，行为人应当依法承担赔偿责任。”然而，这并未有效地为投资者权益保护带来根本上的转变，实际操作性不强。

规范依据层面，我国对于内幕交易行为的民事赔偿诉讼制度并不完善，没有与《证券法》的规定配套形成完备的民事赔偿诉讼制度。最高人民法院针对证券市场因虚假陈述引发的民事赔偿案件出台过司法解释，但尚未制定有关内幕交易行为引发民事赔偿的司法解释，这使得该类案件的审理规范依据不足。投资者依据证券法维权面临很多困难，索赔依据与标准难以认定，是否具有起诉资格也不明确，投资者损失与内幕交易行为之间的因果关系认定更是存在困难。

---

① 《市二中院正式受理股民诉光大乌龙指》，载新浪网，http://sh.sina.com.cn/news/s/2013-12-03/164172662.html，最后访问日期：2015 年 11 月 22 日。

② 《“光大乌龙指”一审宣判，六大类投资者获赔偿》，载凤凰网，http://finance.ifeng.com/a/20150930/14002657_0.shtml，最后访问日期：2015 年 11 月 23 日。

司法实践层面，法院最初依据最高人民法院2001年9月21日发布的《关于涉证券民事赔偿案件暂不予受理的通知》，是不受理证券内幕交易引发民事索赔这类民事诉讼案件的。后依据《证券法》第七十六条第三款规定，法院受理该类案件具有法律上的依据，但法院受理该类案件根据《最高人民法院关于审理证券市场因虚假陈述引发的民事赔偿案件的若干规定》,[①] 必须以行政机关的违法性认定为前提，法院显然对这一行政话语权占优势的专业领域持以谨慎的态度。事实上，在有关投资者起诉光大证券内幕交易索赔案件的审理中，法院的判决也是建立在采信证监会行政处罚决定的基础上，将证监会的行政处罚决定作为依据。而在美国证券规制领域情况则大为不同，行政认定并非民事赔偿的前提，证券民事赔偿的集团诉讼并不以行政机关违法性认定为前提。证券内幕交易行为引发的民事赔偿诉讼问题，本质上是证券法律制度如何保护投资者合法权益问题。证券违法行为的行政责任不能免除行为主体应承担的民事责任，进一步完善证券内幕交易民事赔偿诉讼制度，对于资本市场秩序乃至整个社会经济秩序的维护，对于社会公共利益的保障意义重大。

二、“光大乌龙指”行政处罚与刑事责任

以刑事责任视野观察“光大乌龙指案”，要考察判断本案行政处罚所针对的事实是否构成移送司法机关追究刑事责任的标准、证监会是否应向司法机关移送该案。对该问题的认定形成了不同的看法，证监会对光大证券进行行政处罚，但并未认为其构成刑事责任进行案件移送，而有的观点认为光大证券的错单交易事件触犯刑法规定，应承担刑事责任。[②]

---

① 《最高人民法院关于审理证券市场因虚假陈述引发的民事赔偿案件的若干规定》第六条第一款：投资人以自己受到虚假陈述侵害为由，依据有关机关的行政处罚决定或者人民法院的刑事裁判文书，对虚假陈述行为人提起的民事赔偿诉讼，符合民事诉讼法第一百零八条规定的，人民法院应当受理。

② 马光远：《应追究光大证券刑事责任》，载赢富财经网，http://www.yingfu001.com/view-143876-1.html，最后访问日期：2015年11月25日；田志明：《内幕交易或已触犯刑法，光大证券谁将入狱?》，载《南方日报》2013年8月31日；张维：《光大证券内幕交易应移送司法》，载《法制日报》2013年9月4日；张倩文：《从刑法的角度看光大乌龙指事件是否构成内幕交易罪》，载《时代金融》2014年第4期。

首先，就本案而言，光大证券的交易行为构成《证券法》上的内幕交易行为，应承担行政责任，尚未触及刑事法律规定。我国《刑法》第180条对内幕交易、泄露内幕信息罪进行了规定："证券、期货交易内幕信息的知情人员或者非法获取证券、期货交易内幕信息的人员，在涉及证券的发行，证券、期货交易或者其他对证券、期货交易价格有重大影响的信息尚未公开前，买入或者卖出该证券，或者从事与该内幕信息有关的期货交易，或者泄露该信息，情节严重的，处五年以下有期徒刑或者拘役，并处或者单处违法所得一倍以上五倍以下罚金；情节特别严重的，处五年以上十年以下有期徒刑，并处违法所得一倍以上五倍以下罚金。单位犯前款罪的，对单位判处罚金，并对其直接负责的主管人员和其他直接责任人员，处五年以下有期徒刑或者拘役。内幕信息、知情人员的范围，依照法律、行政法规的规定确定。"最高人民法院、最高人民检察院还就办理内幕交易、泄露内幕信息刑事案件做出司法解释。对照犯罪行为的认定条件，可以发现，刑法规定的内幕交易罪所突出强调的是，行为人所利用的证券、期货内幕信息与所买卖的证券、期货之间的同一性。但光大证券的交易行为与此不同，光大证券所依据的信息是其自身的错单交易信息，所进行的对冲交易涉及期货市场多个ETF。因而，光大证券的交易行为尚未构成《刑法》上的内幕交易罪。

其次，有关该案件光大证券是否应承担刑事责任的讨论，关涉到金融规制领域行政处罚与刑事责任之间的有效衔接，应该明确的是行政责任与刑事责任之间的区分，二者存在显著的区分。如果违法行为构成触犯刑法规定，那么，在行政执法实践中，行政执法机关或组织必须严格依法实施行政处罚。当违法行为构成犯罪时，行政执法机关或组织必须将案件移送司法机关，由司法机关依法追究刑事责任，决不能以行政处罚代替刑罚。[①]

与此相关的问题还包括，如果光大证券构成刑事责任而证监会没有对案件进行移送，那么证监会是否应承担相应的责任？笔者认为，本案光大证券的行为尚未构成刑事责任，因而并不存在证监会未移送案件的

① 肖金明：《法治行政的逻辑》，中国政法大学出版社，2004年版，第304页。

责任问题。假定行政执法机关证监会在处理其他证券市场主体内幕交易等证券违法行为过程中，发现行为主体触犯刑事法律规定应当对案件进行移送的情况而没有进行移送，则可以依据《行政执法机关移送涉嫌犯罪案件的规定》追究相关行政执法机关的法律责任。更进一步假定，证券行政规制领域行政执法机关发现证券市场主体内幕交易等违法行为触犯刑事法律规定，并且行政执法机关据此向司法机关移送了相关案件以追究其刑事责任，那么，应如何处理行政处罚罚款和刑事罚金之间的关系问题？依据我国《行政处罚法》第二十八条第二款规定："违法行为构成犯罪，人民法院判处罚金时，行政机关已经给予当事人罚款的，应当折抵相应罚金。"可见，行政处罚罚款折抵相应刑事处罚罚金具有法律层面的依据，有利于行为人权益的保障。

三、"光大乌龙指"行政处罚与行政诉讼

"光大乌龙指案"行政处罚与行政诉讼的关系可以从多个视角加以认识。其一，"光大乌龙指"行政处罚是引起行政诉讼的原因，"光大乌龙指"行政处罚的争议性进一步引发了行政相对人之一杨剑波提起的行政诉讼。依据我国《行政诉讼法》的规定，行政相对人杨剑波认为证监会的行政处罚行为侵犯其合法权益，有权提起行政诉讼。其二，行政诉讼是对行政处罚的司法审查，行政处罚行为纳入司法审查的范围，这是对行政处罚权进行司法层面的控制。人民法院审查行政处罚，既要进行合法性审查，也要进行合理性审查。其三，贯穿于行政处罚与行政诉讼过程之中不变的因素为投资者权益保护。以行政诉讼的视角观之，司法审查将对行政处罚的事实认定、法定职权、法律适用、法定程序等进行全面的审查，进一步保障行政相对人的合法权益。

四、"光大乌龙指"行政处罚与行政和解

在我国金融领域发生的"万福生科虚假陈述案"中，平安证券作为保荐机构独家出资 3 亿元人民币设立"万福生科虚假陈述事件"投

资者利益补偿专项基金，事先抽取资金用以偿付投资者的损失。[①] 该补偿基金的设置，在短时间内实现了尽可能多的适格投资者赔付，切实实现了投资者权益保护。然而，类似的投资者利益补偿基金有赖于行政相对人的主观意愿，设置与否并不具有强制性，因而对投资者权益保护来说存在较大的不确定性。本案光大证券内幕交易行为也关涉后续的投资者维权问题。在未设置投资者利益补偿基金的情况下，对金融行政违法行为进行行政处罚，行政相对人的罚款上缴国库之后，即使投资者在对行政相对人的民事诉讼获得胜诉，被告人也可能没有余钱来赔偿公众投资者，这与《证券法》维护公共利益的根本或者实质是为了维护投资者利益的宗旨相违背。因而，出现了金融领域行政和解制度的探讨。

很长时间以来，行政和解制度被认为与行政权力不可处分、行政诉讼不适用调解原则等相违背，然而，法治实践对行政和解制度的现实需求又使得该制度若隐若现，理论探讨方面也越来越多地在挖掘行政和解制度的理论基础。协商民主的兴起被认为是行政和解的政治理论基础，行政法的新发展——自由裁量、行政合同、积极行政——为行政和解提供了法治理论基础。[②] 金融领域关涉数量众多的金融消费者、投资者，行政和解制度在金融领域的推行将为金融消费者、投资者权益形成有力的保护。具体而言，证券领域的行政和解制度应具体划分为证券行政复议和解、证券行政诉讼和解和证券行政执法和解。[③] 2015 年 2 月 17 日，证监会发布《行政和解试点实施办法》，使行政和解制度在证券规制领域有了规范性依据。但证监会发布的《行政和解试点实施办法》，主要针对的是证监会进行调查执法过程中与行政相对人达成行政和解协议，并据此终止调查执法程序的行为。在证券执法领域构建和解制度有利于提高案件的处理效率，迅速恢复被破坏的市场秩序。[④] 金融领域行政和

---

① 《平安证券出资 3 亿元设立万福生科案投资者利益补偿基金》，载新华网，http：//news. xinhuanet. com/fortune/2013 - 05/10/c_ 124693740. htm，最后访问日期：2015 年 11 月 26 日。

② 温辉：《论行政和解的理论基础》，载《法学杂志》2008 年第 3 期。

③ 李东方：《论证券行政执法和解制度——简评中国证监会〈行政和解试点实施办法〉》，载《中国政法大学学报》2015 年第 3 期。

④ 吴陶：《论我国证券行政执法领域和解制度之构建》，载《云南大学学报》2013 年第 3 期。

解制度着眼于金融消费者、投资者权益保护，金融行政违法行为除承担行政责任之外，还应最大程度地保障金融消费者、投资者权益。金融领域行政和解制度是一种尝试，即在行政和解过程中让违法者交纳“和解金”来弥补投资者损失。但和解金的性质是罚款还是赔偿金存在争议，而且毕竟此时民事赔偿案还未判决，和解金如何分配也是个问题，金融和解制度能否顺利推行有待检验。

第四节　从“光大乌龙指案”看中国行政处罚制度的完善

一、中国金融规制领域行政处罚的现状

在此仅简要梳理我国金融规制领域行政处罚的现状，借由“光大乌龙指案”为契机，以期进一步完善我国金融规制领域的行政处罚制度。我国金融规制领域行政处罚体系建立在“一行三会”监管模式基础上，金融行政处罚的主体由中国人民银行、证监会、银监会、保监会构成，相应的，金融规制领域行政处罚权限在这些主体之间进行划分。

从主体层面来看，我国金融规制领域的行政处罚权限相对分散。中国银监会的行政执法体制形成了以银监会牵头下设36家银监局、在306个地区设立银监分局、在1730个县设立监管办事处的格局。① 在证券领域，2013年10月1日起证监会各派出机构正式开始依规行使行政处罚权。除了大案要案、复杂疑难案件以及可能对当事人权益造成重大影响的案件由证监会机关负责审理外，36家派出机构将按照规定对管辖范围内的自立自办案件进行审理，实施行政处罚。② 此外，证监会还具有

① 依据包括：《中资商业银行行政许可事项实施办法》《农村中小金融机构行政许可事项实施办法》《外资银行行政许可实施办法》《非银行金融机构行政许可事项实施办法》《信托公司行政许可事项实施办法》。

② 《派出机构行使行政处罚权即将启动》，载中国证监会官方网站，http://www.csrc.gov.cn/pub/newsite/zjhxwfb/xwdd/201309/t20130927_235486.html，最后访问日期：2015年10月8日。

依法做出市场禁入决定的权力。在保险领域，中国保监会在全国各省、自治区、直辖市、计划单列市设有36个保监局，在苏州、烟台、汕头、温州、唐山市设有5个保监分局。各派出机构根据中国保监会的授权依法履行辖区内保险业的行政管理职能。①

从规范依据层面看，我国金融规制领域行政处罚规范依据形成了一定的体系，然而其中不乏规范滞后于实践以及规范依据之间的冲突或不一致，对金融行政管理机关的执法形成挑战。在《行政处罚法》框架之下，银监会于2015年7月9日颁布了《中国银监会行政处罚办法》，自2015年9月9日起施行，为银监会及派出机构实施行政处罚提供明确依据。证监会还颁布有《中国证券监督管理委员会行政处罚听证办法》。保监会也颁布有《中国保险监督管理委员会行政处罚程序规定》。然而，金融市场的快速发展与复杂性，也使得一些法律规范呈现出滞后性以及规范依据之间的冲突或不一致。本案所涉及的《期货交易管理条例》第八十二条第（十一）项关于内幕信息内涵的定义表述为：“可能对期货交易价格产生重大影响的未公开信息”，其范围比《证券法》的定义要宽泛得多。其列举的外延定义则基本是证监会等有关部门、交易所制定的可能对期货交易价格发生重大影响的政策、决定等信息，与《证券法》所列举情形也大不相同。由此，《期货交易管理条例》与《证券法》关于内幕信息的规定就存在不一致，尽管可以通过法律规范位阶关系处理二者之间的关系，但同时也显示出《证券法》存在一定滞后性的立法瑕疵。

二、中国金融规制领域行政处罚的完善

我国金融规制领域行政处罚制度完善的关键问题在于，金融行政处罚在面临规范依据缺位、规范依据存在冲突或不一致的情形下，如何使行政处罚权的运行符合行政处罚的立法目的。金融监管部门在面对金融创新、技术性突发事件的处理时，面临着规范依据有待完善的现实需要，因而，应秉持维护投资者权益与稳定金融市

① 《派出机构概况》，载中国保监会官方网站，http://www.circ.gov.cn/web/site0/tab5196/，最后访问日期：2015年10月8日。

场秩序的规制目标，最大程度地保证金融监管部门采取的执法措施是最适当的选择。

金融监管机构在行使职权的过程中，也应强化对自身的规范与责任，加强行政权行使过程中的自我规制。金融行政处罚应进一步规范化，提高执法人员素质，减少行为瑕疵。金融创新对金融监管机构也提出了更高的要求，在责任机制构建方面，金融监管部门是否应当就其对突发事件处理不当承担责任？对金融监管者如何加以监管？本案折射的法律问题还包括对证监会等金融监管者如何进行规制，即在监管过程中如何对金融监管者追究责任，也是对证监会等金融监管者自由裁量权行使的法律控制。本案有信息显示，“乌龙指”事发当天中午，上交所、上海证监局派员到光大证券调查，了解到光大证券将在当天下午进行对冲交易，中金所甚至通过多次电话指导对冲交易操作。此外，也有信息显示，上海证监局要求光大证券需将披露内容交由他们审核之后进行公告，一定程度上也影响了相关信息的及时发布。从“光大乌龙指事件”发生到发布停牌公告，中间已经过了几个小时的时间，资本市场必然充斥着诸多疑问与焦虑，监管机构的应急措施不足充分显现出来。上交所、上海证监局、中金所作为金融监管机构，在本案中是否应承担相应的责任引起了关注，有必要将对监管部门及相关人员的追责问题也纳入到《证券法》的立法中去。对金融监管机构的规制又是多层面多角度的任务，“在行政裁量性规制的同时，也逐渐更多的依赖自我规制，尤其是在金融和职业服务领域。”[①] 金融监管机构的自我规制，依赖金融监管机构责任意识的增强与金融监管人员素质的提高，使其在应对证券市场新型案件时，即便不能提出有效的解决方案，但只要把握证券法律的立法宗旨，以投资者权益保护为导向采取应对方案，则会最大程度地降低对投资者权益的损害。

本案对我国金融行政规制发展进程的重要意义，还体现为金融行政处罚等诸多金融行政执法行为在新的时代背景下规范化发展问题。金融行政处罚的过程是利益平衡的过程，有其内在的价值目标，在金融违法

---

① ［英］安东尼·奥格斯著，骆梅英译：《规制：法律形式与经济学理论》，苏苗罕校，中国人民大学出版社，2008 年版，第 56—57 页。

行为规制的基础上保障行政相对人与投资者权益。现代社会中的行政行为和行政手段，在总体上强制性色彩在减弱，民主性（非强制性）趋势在增强。[①] 因而，随着金融创新与新技术发展程度的日益加深，着眼于金融风险的防范，金融行政执法也应在行政处罚制度之外，将金融行政执法的方式进一步多样化，需要更多柔性行政执法行为的融入。

结语 衍生思考与愿景展望

一、域外金融行政规制法治经验

“光大乌龙指案”在我国金融市场上尚属新型案件，但在世界金融发展进程中绝非个案，类似案件的发生总给人们留下深刻的印象，颇有瞬间创造经典之感，因而有必要与域外应对类似案件的法治经验做一比较。之前有2010年5月6日华尔街“闪电崩盘事件”，广为人知。其与“光大乌龙指案”的相似之处非常多：瞬时发生、系统性风险、高频交易……华尔街“闪电崩盘”的发生，让全世界见证了华尔街股市的疯狂。当日下午2时40分，道琼斯股指盘中突然出现创纪录的急挫近千点，10分钟内跌穿9900点，跌幅最高时达到9.2%，其中最剧烈的600点下跌发生在5分钟内，之后指数又大幅回升，创1987年股灾以来最大单日盘中跌幅。[②] 华尔街证券交易系统的“系统性缺陷”，即股票在短时间内由“电子控制”代替人脑，是造成这场股灾的罪魁祸首，而“高频电子交易”也是值得怀疑的主要对象。ETF的卖空交易也可以为美国股市带来大灾难，甚至会使得某个单独的ETF完全崩溃。[③]

---

① 姜明安：《行政执法研究》，北京大学出版社，2004年版，第154页。

② 《华尔街股市闪电崩盘十分钟，美股蒸发上万亿美元》，载《中国青年报》2010年5月10日。

③ 徐向阳：《华尔街的新困扰——闪电崩盘及其进展》，国信证券博士后工作站专题报告，2011年5月12日。

那么，美国证券监管机构是如何应对此类案件的呢？应该说，美国金融行政规制体系之下，已经形成了多个机构共同应对诸如高频交易带来的金融监管新挑战。美国证券交易委员会（SEC）在2010年事件发生之后制定新规，规定只要交易资产的价格在5分钟时间内发生异常大幅度变动，其交易就被暂时停止。[①] 这一被称之为“限涨限跌机制”成为SEC监管证券市场异常波动的重要手段。同时，SEC对新型市场环境风险有充分的预案，对于那些在特定时间段下跌超过一定幅度的股票，还将会实施跨市场的交易限制。对待高频交易，SEC的态度是抨击并调查其合法性。高频交易已经成了市场操纵的重灾区，美国商品期货和交易委员会（CFTC）、司法部（DOJ）、联邦调查局（FBI）和SEC纷纷对其进行内幕交易调查，希望查明这些交易商是否利用非公开信息取得其他市场参与者没有的优势。SEC指责其通过制造虚假需求，人为操纵价格，将普通股民当猴耍。目前高频交易已经占到美国股市交易总量的70%。[②] SEC职权范围内的起诉权为高频交易及内幕交易行政规制起到了积极的作用，为投资者权益保障增加了砝码。2014年4月，SEC起诉了两家高频交易公司Visionary和Lightspped，指控它们在交易中涉嫌非法操纵价格，欺诈投资者。SEC表示，高频交易商欺诈投资者的手段之一，就是设置大量并不会执行的指令，造成虚假市场需求，引诱投资者在人为操纵的价格下买入或卖出股票。[③] 此外，作为公权力代表的州总检察长也加入到监管高频交易的队伍中来。2014年3月18日，纽约州总检察长施耐德曼宣布扩大对金融市场上高频交易的打击行动，并将高频交易称为“内幕交易2.0”，敦促监管者和证券交易所限制某些

---

① 蔡恩泽：《“乌龙指”敲出光大风控漏洞》，载《产权导刊》2013年第9期。

② 《美国调查高频交易合法性》，载新华网，http://news.xinhuanet.com/world/2014-04/07/c_126361940.htm，最后访问日期：2015年12月7日；《SEC抨击高频交易：把普通股民当猴耍》，载“华尔街见闻”，http://wallstreetcn.com/node/84277，最后访问日期：2015年12月7日。

③ 《SEC抨击高频交易：把普通股民当猴耍》，载“华尔街见闻”，http://wallstreetcn.com/node/84277，上网时间：2015年12月7日。

高频交易行为。[①]

二、中国金融创新与金融行政规制

现代社会是一个“风险社会”，经济与金融危机亦是风险表征之一。[②] 本案即关涉证券市场自营业务尤其是高频交易系统下的风险控制问题。目前证券公司普遍采用高频交易模式，利用软件系统完成交易，但任何软件都可能存在漏洞，因而对高频交易后果产生影响，该案件中的错单交易信息即是由系统漏洞产生的。虽然系统漏洞产生的信息对券商和投资者双方而言都是不可控的，但券商能够最先接触并掌握这些信息，因此使用高频交易的计算机软件，最大的受益人是券商。由此而言，由高频交易产生的系统漏洞信息必然造成券商与投资者处于不平等的地位。在这类金融创新行为中，如何判断相关投资机构的主观状态，其是故意为之还是存在过失，则对其行为的最终认定也将产生不同的影响。证券市场自营业务的风险控制，特别是相应主体的内部风险控制，是证券市场秩序维护的基本设置。内控机制不严，可能波及整个资本市场的动荡，证券市场自营业务的风险控制缺位、高频交易模式的采用等，加大了金融市场风险发生的可能性。因而，金融行政规制必然面临应对高频交易等金融创新的问题，金融行政规制需要对此做出回应。证券市场自营业务的风险控制问题已经不仅仅是证券经营机构个体的管理问题，而是事关整个资本市场稳定运行与否的问题。证券市场自营业务的风险控制必须遵循合规检验的标准，“一个标准是法律所规定的一种行为尺度，离开这一尺度，人们就要对所造成的损害承担责任，或者使他的行为在法律上无效。”[③]

此外，该案件还引发了关于错误交易处置制度设置的讨论。依据我国《证券法》第一百二十条的规定，按照依法制定的交易规则进行的交易，不得改变其交易结果。而这样的统一绝对化的规定，面对诸如本

---

① 《美国调查高频交易合法性》，载新华网，http://news.xinhuanet.com/world/2014-04/07/c_126361940.htm，上网时间：2015年12月7日。

② 沈岿：《风险规制与行政法新发展》，法律出版社，2013年版，总序。

③ [美] 罗斯科·庞德著，沈宗灵译，楼邦彦校：《通过法律的社会控制》，商务印书馆，2013年版，第23页。

案的错单交易情形，则无回旋空间，在事实上难以有效应对突发情况。未来能否在证券规制措施上进行错单撤回的设置尚待相应配套制度的完善。

（本章作者：孙秀丽）

第二章

金融规制领域——基于“光大乌龙指案”的行政诉讼研究

导论

一、研究背景

2014 年 2 月 18 日，北京一中院表示正式受理杨剑波起诉证监会一案。2014 年 4 月 3 日，“乌龙指案”主角杨剑波诉证监会一案在北京一中院开庭审理。5 月 16 日，该案获最高人民法院院批准延期审理三个月，定于 8 月 18 日宣判，其后又两次宣布延期审理三个月。2014 年 12 月 26 日，北京一中院开庭宣判杨剑波诉证监会一审败诉。杨剑波不服一审判决，向北京高院提起上诉。2015 年 5 月 4 日 ，北京高院做出终审判决，驳回杨剑波的上诉，维持北京一中院的一审判决。

二、关键问题

（一）争议焦点一：内幕信息的认定标准

光大案件中由高频交易软件产生的“错单交易信息”在法律，尤其是《证券法》上如何认定，是该案件所面临的一个首要问题。首先，此信息的定性决定着围绕此信息的产生所进行的对应行为的定性。根据《证券法》第七十五条可以看出，其对内幕信息的规定采取的是“概括式” + “列举式”相结合的模式。“概括式”具体表现为第七十五条第一款规定：“证券交易活动中，涉及公司的经营、财务或者对该公司证券的市场价格有重大影响的尚未公开的信息，为内幕信息。”由此可知，在抽象概括的意义上，内幕信息需要满足两个标准：其一是对市场价格有重大的影响；其二是尚未公开。“列举式”表现为第七十五条第二款（一）—（八）项所列举的8种具体形态。值得注意的是，第二款的列举也不是封闭的，第（八）项为兜底性规定：国务院证券监督管理机构认定的对于证券交易价格有显著影响的其他重要信息。由此看来，《证券法》实际上授予了证监会对内幕信息的认定权。由此北京一中院对于“杨剑波诉证监会”行政案件的合法性审查的对象即为证监会是否具有内幕信息认定权。其次，该行政诉讼中的合理性审查涉及的是内幕信息认定权是否合理的问题。影响证监会内幕信息认定权的行使有几个因素：其一是《证券法》的立法目的，即第一条所规定的，即为了规范证券发行和交易行为，保护投资者的合法权益，维护社会经济秩序和社会公共利益，促进社会主义市场经济的发展，制定本法。由此可知证券法的首要立法目的即在于保护投资者的利益。其二是《证券法》（2013）第三条的规定：证券的发行、交易活动，必须实行公开、公正、公平的原则。其三是《证券法》第七十五条第一款对内幕信息特征的概括，即“对市场价格有重大影响”和“尚未公开”两个标准。错单交易信息是否构成内幕信息成为该案件的关键问题之一。

（二）争议焦点二：信息披露时间的确定

信息披露的时间不仅关涉“杨剑波诉证监会”行政案件，此外对于该事件中利益受损投资者对光大证券提起民事赔偿诉讼也有关键性的意义。对于行政诉讼而言，即使错单交易信息构成内幕信息，但如果信息披露之前光大证券并未利用该信息从事相关交易，那么证监会以从事内幕交易为由对其进行处罚就是不正当的。同时对于投资者而言，其投资行为是在错单交易信息披露之前还是之后决定着其是否能获得民事赔偿。从法理上来看，内幕信息有一个重要的特征，即“尚未公开”，如果该信息在光大公司采取相关措施时已为广大投资者所知，那么即使其在一定时间段内构成内幕信息，但光大证券采取的应对措施也不构成内幕交易行为。因此，是否存在内幕交易行为的焦点落在光大证券采取“中性策略”是在信息披露前还是信息披露后。目前我国正式的法律规范文本，并没有规定内幕信息公开时间的认定标准。《中国证券监督管理委员会证券市场交易行为认定指引（试行）》（简称《指引》）第十一条规定：本《指引》所称的内幕信息公开，是指内幕信息在中国证监会指定的报刊、网站等媒体上披露，或者被一般投资者能够接触到的全国性报刊、网站等媒体上揭露，或者被一般投资者广泛知悉和理解。由此可知，《指引》规定的认定内幕信息的公开方式有三种：其一是信息披露义务人在指定媒体上披露，其二是全国性的报刊或者媒体予以揭露，其三是兜底性条款，即为一般的投资者所知。该案件的具体争议在于是否有全国性的报刊或者媒体将内幕信息予以揭露。杨剑波在诉讼中提交了当日 13 时之前诸家具有全国性影响的媒体发布了相关信息的公证证明。值得注意的是，当日 13 时 49 分，即有媒体发布消息，“今天上午的 A 股暴涨，源于光大证券自营盘 70 亿的乌龙指。”杨剑波经过公证证明，在当日 13 时之前，国内已有新浪财经、网易财经等全国性网站发布消息予以揭露。即使确定信息公开的时间为当日 13 时，但错单交易信息为光大证券所知悉的时间为当日 11 时左右。这其中有 2 个小时的信息实际上处于内幕信息状态。这期间采取的交易措施能定性为中性策略吗？显然值得怀疑。这是本案的第二个关键性问题。

（三）争议焦点三：内幕交易行为的认定

即使光大证券案件中的错单交易信息可以认定为内幕信息，如果光大证券并没有依据此信息进行相关交易活动，也不会产生内幕交易行为。因此，光大证券是否具有内幕交易行为成为该案件的焦点。原告杨剑波认为，光大证券在当日下午采取的对冲行为是按照策略投资部的计划和安排实施的，按照光大证券自营业务中为防范交易风险的策略实施的，以对冲巨额买入行为产生的风险；基于既定的计划、合同所从事的交易行为，不应认定为内幕交易行为。而证监会认为，光大证券在证券市场、股指期货市场进行交易构成内幕交易行为，中性策略是一种交易策略，而所提出的策略不能对抗法律法规的规定。同时光大证券的相关行为不属于按照订立的书面合同实现指令计划从事期货交易的情形，其所依据的光大证券策略投资部管理规定是一般规定，是为了规范策略投资部管理的部门管理规范。光大证券没有进行信息披露反而进行交易，并且因突发事件导致成交72亿元超过了光大证券的经营资本，不是可控、可承受风险，不应该认为是执行中性策略投资行为。证监会认为，光大证券合法的规避风险的方式，是将上午突发事件的发生具体原因告知公众后再进行操作，而其却利用自己知道的信息优势进行其所称的“紧急避险行为”。光大证券在内幕信息公开之前将所持股票转换为ETF卖出和卖出股指期货空头合约的交易，构成内幕交易行为。因而光大证券是否进行内幕交易为本案的第三个焦点问题。

三、研究述析

“光大乌龙指案”是近年来第二个重大的内幕交易案件（第一个是“黄光裕案”）。该案件涉及诸多方面的学理和实践问题，诸如高频交易、风险管控、内幕信息的认定标准、内幕交易行为、行政处罚、民事赔偿诉讼、公司管理机制等诸多方面。从第二部分中所列举的相关研究目录上就可以看出，诸多学者从不同的方面对“光大乌龙指事件”展开分析讨论。以“光大乌龙指”为关键词，在中国知网上也能搜集到众多的学术研究成果。“杨剑波诉中国证监会”行政诉讼案件是“光大乌龙指事件”中的一个重要组成部分。可以说该案件的判决结果决定了该事件的定型和后续行为的走向。同时，从学术研究上来说，“杨剑波诉证监会”一案也是金融规制领域一个典型的案件，极具研究价值和研究意义。从目前学界对该案件的研究来说，由于整体上从事经济行政法研究的学者较少，因此从经济行政法视角来分析、解读此次案件的研究成果也较为稀少。更多的学者是从民法或者经济法的角度来研究诸如“内幕交易行为”、“投资者利益保护”等问题。目前不论是“杨剑波诉证监会”，还是“投资者诉光大证券”，两个案件的一审判决均已宣告。从案件的判决中笔者发现了诸多值得行政法学者研究的新问题，如行政诉讼中行政行为的“合理性”问题、行政法的一些基本原则或者重要原则在行政诉讼中的适用问题（如《证券法》中“三公”原则在“杨案”中的适用）、行政诉讼与民事诉讼在证券领域的衔接问题、行政责任与刑事责任的衔接问题等。有些问题虽然从表面上看，并不是学界缺少研究的新问题，但其出现在金融规制领域即具有了新的特征，这都是值得注意的。此外，针对内幕交易的民事赔偿诉讼，历史上从未出现过投资者胜诉的情况。可以说，此次行政判决之后，在“光大乌龙指事件”中利益受损的投资者在民事赔偿诉讼中胜诉，是该领域的第一案。因此我们进而需要分析，为什么“民事赔偿之诉”能获得胜诉？与行政诉讼的判决之间有何关系？行政诉讼中对内幕交易行为的认定标准与民事诉讼中对内幕交易行为的认定之间有何差异？这些都是“光大乌龙指案”中值得行政法学者关注的问题。因此，笔者尝试通过自身的研究来弥补这一学术研究领域的薄弱环节。

第一节　“光大乌龙指事件”引发的诉讼案件分析

一、“光大乌龙指事件”过程简述

（一）事件简述

2013 年 8 月 16 日上午 11 时 5 分左右，上证指数突然直线拉升 100 点，涨幅 5.96%，包括中石油、中石化在内的 59 只权重股全部涨停。在这次戏剧性的变化中，光大证券成为造成该事件的主角。沪指在出现异常波动后，中国证监会对此迅速做出反应，并组织上海证监局、上海证券交易所、中国证券登记结算公司、中国金融期货交易所等单位进行应急处理和核查，随后发现引发市场巨大波动的交易是经由光大证券的自营通道完成的。上午休市期间，上交所要求光大证券股份有限公司查明事件原因并及时公告。经公司申请、上交所同意，13 时整，公司股票实施了紧急停牌。

其后光大证券启动了临时公告披露流程。由于事发突然，涉及的业务及系统较为复杂，为确保信息披露内容的准确性，公司要求相关部门进行自查，在对该事件发生的原因进行了初步的调查认定，并确认了出现问题的套利系统独立于公司其他业务系统、风险不会通过信息系统进行传递以影响公司客户交易后，同日 14 时左右，公司通过上交所信息披露电子化系统递交了编号为 2013—032 号提示性公告，向投资者披露了相关情况。经初步核查，认定本次事件产生的原因主要是光大证券策略投资部使用的套利策略出现了问题。该系统包含订单生成系统和订单执行系统两个部分。核查中发现，订单执行系统针对高频交易在市场委托时，对可用资金额度未能进行有效的检验控制，而订单生成系统存在的缺陷，会导致特定情况下生成预期外的订单。由于订单执行系统存在的缺陷，上述预期外的巨量市场委托订单被直接发送至交易所。这样，光大证券累计申报买入234亿元，实际成交72.2亿，实际支出远大于光大证券的计划。

该事件发生后，公司相关管理人员召开紧急会议。由于当天增加了72.7亿元的股票持仓，为最大限度较少风险暴露和可能的损失，公司需要降低持仓量，但当天买入的股票只能在t+1日实现卖出，为实现当天减仓，也可以通过卖出股指期货来对冲新增持仓的风险。为此光大证券做出如下的处置安排：对上午发生的时间所形成的过大风险敞口，尽量申购成ETF直接卖出；对于因ETF市场流动性不足而不能通过申购ETF卖出的持仓部分，逐步使用股指期货卖出合约做全额对冲。下午开盘后，光大证券策略投资部开始通过将已买入的股票申购成50ETF以及180ETF在二级市场上卖出，同时，逐步卖出股指期货IE1309、IF1312空头合约，以对冲上午买入股票的风险。据统计，下午交易时段，策略投资部总共卖出50ETF、180ETF金额约18.9亿元，累计用于对冲的股指期货合约6877张，其中IF1312空头合约分别为6727张和150张，加上上午卖出的253张IF空头合约，全天用于对冲而新增的股指期货空头合约共计为7130张。

（二）相关时间节点

2013年8月15日，上证指数收于2081点。

2013年8月16日，上证指数由2075点低开，到上午11时，上证指数一直在低位徘徊。

2013年8月16日11时5分，多只权重股瞬间出现巨额买单。大批权重股瞬间被一、二个大单拉升之后，又跟着涌现出大批巨额买单，带动了整个股指和其他股票的上涨，以至多达59只权重股瞬间涨停，指数的第一波拉升主要发生在11时5分到11时8分，然后出现阶段性的回落。

2013年8月16日11时15分起，上证指数开始第二波拉升，这一次最高摸到2198点，在11时30分收盘时收于2149点。

2013年8月16日11时29分，有媒体发布消息：“今天上午的A股票暴涨，源于光大证券自营盘70亿的乌龙指。”

2013年8月16日11时32分，有媒体发布新闻：《A股暴涨：光大证券自营盘70亿乌龙指》。

2013年8月16日下午13时，光大证券公告称，因重要事项未公布，临时停牌。

2013年8月16日13时16分左右，有境外通讯社发布快讯称，光大证券的董秘梅键表示，自营盘70亿元纯属子虚乌有。

2013年8月16日13时22分左右，有媒体连续拨打光大证券多名高管电话，均显示关机和未接通。

2013年8月16日14时23分左右，光大证券发布公告，承认套利系统出现问题，公司正在进行积极核查和处置工作。有传闻称光大证券方面下单230亿，成交72亿，涉及150多只股票。

2013年8月16日14时55分，光大证券的官网一度不能登陆，或因短时间内浏览量过大导致系统崩溃。

2013年8月16日16时整，上交所官方微博称，今日交易系统正常，已达成的交易将进入正常的清算交收环节。

2013年8月16日16时27分左右，中国证监会在下午召开的通气会上表示，“上证综指瞬间上涨5.96%，主要原因是光大证券自营账户大量买入。”“目前上交所和上海证券局正在对光大证券异常交易的原因展开调查。”①

（三）证监会对光大证券行政处罚

事件发生后，光大证券在当日下午1时即宣布停牌。上交所、中金所、证监会当天收盘后即有公告并表态：随后的周末证监会进一步公布初步调查结果。2013年8月18日下午，证监会及时通报了初步调查结果，同日下午中国证监会新闻发言人又一次通报了8月16日光大证券

---

① 《光大证券“乌龙指”事件》，载网易财经，http://money.163.com/baike/guangdawulongzhi/profile/，最后访问日期：2015年11月10日。

交易异常的应急处置和初步核查情况。发言人称，经过初步的调查，光大证券自营的策略交易系统包含订单生成系统和执行订单系统两个部分，存在程序调用错误、额度控制失效等设计缺陷，并被连锁触发，导致生成巨量市场委托订单，直接发送至上交所，累计申报买入234亿元，实际成交72.7亿元。同日，光大证券将18.5亿元股票转化为ETF卖出，并卖空7130手股指期货合约。发言人表示，在核查过程中尚未发现人为操作差错，但光大证券该业务内部控制存在明显的缺陷，信息系统管理问题较多，上海证监局决定先行采取行政监管措施，暂停相关业务，责成公司整改，进行内部责任追究。同时，中国证监会决定对光大证券正式立案调查，根据调查结果依法做出严肃处理，及时向社会公布。

2013年8月30日，中国证监会通报了对“光大乌龙指事件”的行政处罚决定。证监会认定光大证券异常交易构成内幕交易、信息舞弊、违反证券公司内控管理规定等多项违规行为。证监会表示，将对光大证券和相关的责任人员采取“顶格”行政处罚措施，没收光大证券违法所得8721余万元，并处以5倍罚款，罚没金额总计5.23亿元。将停止光大证券从事证券自营业务（固定收益业务除外），暂停审批其新业务，责令光大证券整改并处分有关责任人员，整改无期限。

证监会对光大证券ETF内幕交易直接负责的主管人员徐浩明，其他直接负责人员杨赤忠、沈诗光、杨剑波给予警告，分别处以30万元罚款；对光大证券股指期货内幕交易直接负责的主管人员徐浩明，其他直接责任人员杨赤忠、沈诗光、杨剑波予以警告，分别处以30万元罚款，上述两项罚款合计每人60万元。同日证监会下发［2013］20号《市场禁入决定》，决定内幕交易行为相关责任人徐浩明、杨赤忠、沈诗光、杨剑波为终身证券市场禁入者、期货市场禁入者。同时，证监会下发［2013］60号《行政处罚决定书》，对时任董事会秘书梅键的信息误导行为，责令改正，并处以20万元罚款。

二、“杨剑波诉证监会案”判决分析

杨剑波不服行政处罚，遂起诉证监会，一审败诉，不服，上诉，二审维持原判。此处主要讨论一审判决之内容。

2014年2月8日，光大证券“乌龙指事件”主角之一、原光大证券策略投资部总经理杨剑波不服证监会行政处罚及市场禁入决定，认为光大证券的错单交易信息不属于内幕信息，光大证券并未利用错单交易信息从事证券或期货交货交易，自己并非直接责任人员，将中国证监会作为被告向北京一中院提起行政诉讼，请求法院判决撤销证监会做出的［2013］59号《行政处罚决定书》和［2013］20号《市场禁入决定书》，判令被告承担诉讼费用。

2014年2月18日，北京一中院表示正式受理杨剑波诉中国证监会一案。2014年4月3日，杨剑波诉证监会一案在北京一中院正式开庭审理。5月16日，该案获最高人民法院批准延期审理三个月，定于8月18日宣判，后北京一中院以该案件案情重大复杂为由又两次延期审理三个月。2014年12月26日，北京一中院就光大证券高管杨剑波诉证监会行政处罚决定、市场准入决定两案进行一审宣判，两案均驳回了杨剑波的诉讼请求。

北京一中院认为，这两起案件是我国资本市场上首次发生的新型案件。维护证券期货市场秩序，保护投资者利益，保障证券期货交易的公开、公平、公正，是《证券法》和《期货交易管理条例》的重要立法精神。光大证券在2013年8月16日上午进行ETF套利交易时，因程序错误导致错单交易，对整个证券市场产生极为重大的影响。错单交易发生之后，上证综指迅速上涨5.96%，属重大错单交易，严重影响了资本市场秩序。光大证券在知悉内幕信息且未予公开的情况下，与其他处于信息不对称地位的投资者进行交易，不符合资本市场的“公开、公平、公正”的基本原则。证监会为维护资本市场秩序，保护投资者的合法权益，结合两案具体案情，将光大证券于当日下午实施的对冲交易认定为内幕交易并对原告杨剑波做出行政处罚，不违反《证券法》及《期货交易管理条例》关于维护资本市场秩序以及保护投资者合法权益的立法精神，因此，北京一中院依照最高人民法院《关于执行〈中华人民共和国行政诉讼法〉若干问题的解释》（简称《最高人民法院执行行政诉讼法解释》）第五十六条第（四）项的规定，两案均判决驳回原告杨剑波的诉讼请求。①

① 刘晓燕、常鸣：《光大证券高管杨剑波状告证监会一审败诉》，载《人民法院报》2014年12月17日。

北京一中院通过官方微博公布了该案件的三大争议焦点。

争议焦点一：本案错单交易信息能否构成《证券法》及《期货交易管理条例》所规定的内幕信息。

争议焦点二：光大证券案发当天下午的对冲交易是否构成基于既定投资计划、指令所做出的交易行为，从而不构成对内幕信息的利用。

争议焦点三：杨剑波是否构成其他责任人员。

以上的三个争议焦点围绕一个核心问题展开，即错单信息是否为我国现行法律法规所认定的内幕信息。该问题不仅决定了“光大乌龙指事件”中是否存在内幕交易行为，同时还决定了杨剑波等人是否应当承担行政责任的问题。因此，北京一中院公布的三大争议焦点中，第一个争议焦点是本案的核心议题。我国现行法律法规有关内幕信息的认定标准主要涉及《证券法》（2013）第七十五条和《期货交易管理条例》第八十二条。《证券法》第七十五条对于内幕信息的规定采取的是“概括式”+“列举式”相结合的方式。其第七十五条第一款规定：证券交易活动中，涉及公司的经营、财务或者对该公司证券的市场价格有重大影响的尚未公开的信息，为内幕信息。从该条款中可以明确《证券法》中的内幕信息有三个标准：其一是涉及公司的经营、财务；其二是对公司证券的市场价格有重大影响；其三是尚未公开。第七十五条第二款列举了七种具体的内幕信息。虽然《证券法》第七十五条第二款中没有明文列举“错单信息”即为内幕信息，但从《证券法》对内幕信息的认定可以看出，内幕信息需要符合该法第七十五条第一款的标准，而且该法第七十五条第二款的列举并未能穷尽所有内幕信息。同时，《证券法》第七十五条第二款第（八）项和《期货交易管理条例》第八十二条第（十一）项都明确授予了国务院证券交易监督管理机构享有对“内幕信息”的认定权。据此可以得出一个结论：国务院证券监督管理机构所认定的内幕信息在满足《证券法》第七十五条第一款“概括式”规定的前提下是合法的。从合理性考量的层面上分析，“错单信息”与《证券法》第七十五条第二款所列举的七种具体的内幕信息不论在实质内容还是表现形式上，都符合逻辑一致原则。由此看来证监会将“错单信息”认定为内幕信息是合法且正当的。

对于第二个争议焦点，即光大证券当日下午的对冲交易是否利用了错单交易信息。根据一般的交易惯例，如果交易者知悉了内幕信息后实施了相关的证券期货交易行为，原则上即应推定其利用了内幕信息，从而具有内幕交易的主观故意。在案件的审理过程中，北京一中院认为，如果该交易行为系基于内幕信息形成与制订的投资计划和指令，足以证明其实施的交易行为与内幕信息无关，可以作为内幕交易的抗辩事由。而根据光大证券《策略投资部门业务管理制度》的规定，当出现因系统故障等原因而导致交易异常，应考虑采取合适的对冲工具（包括但不限于股指期货、ETF 等），及时控制风险，进行对冲交易，以保证部门整体风险敞口处于可控范围，保持市场中立。但上述的规定并无具体的交易内幕，不足以构成既定投资计划。北京一中院认为在光大案件中，当日下午实施的对冲交易，是在错单交易信息形成之后，光大证券直接针对错单交易而采取的对冲风险行为，而非基于内幕信息形成以前已经制定的投资计划、指令错出的交易行为。北京市一中院的上述观点主要针对原告以“既定计划交易行为”所做出的抗辩。但从另一角度来看，如果证监会认定“光大乌龙指事件”中的错单信息为《证券法》上的内幕信息是合法的话，即使在光大证券《策略投资部门业务管理制度》中事前就已规定在交易异常的情形下利用错单信息实施相关的对冲交易行为，也不能否认本案中存在内幕交易的事实，作为公司的规章显然是无法抗辩其行为本身的违法性。但是在这种情形下，杨剑波个人承担的行政责任将会缩减。

三、基于本案行政诉讼判决的“投资者诉光大证券”民事赔偿诉讼简析

在遭遇证监会严厉处罚后的首个交易日，光大证券开盘跌停，尾盘在数亿资金的抄底介入下最终暴跌 8.54%，至此事件发生以来光大证券的市值蒸发已近百亿。2013 年 9 月 13 日，首批股民开始起诉光大证券要求索赔，不过多位律师表示，由于内幕交易纠纷案缺乏配套司法解释，起诉可操作性不强，胜诉难度较大。光大证券被处罚后，证监会明确表示，受到损失的投资者可以要求赔偿。2013 年 9 月 2 日，广州市番禺区人民法院开始收到首批股民的起诉材料。更多的受损股民则开始向

证券律师咨询相关的赔偿事宜。[①] 但在当时由于证监会最终的行政处罚决定书还没有下发，起诉的前置条件还不具备。从我国证券行业的立法现状来看，即使证监会最终的行政处罚决定书下发，股民胜诉的可能性也较小，甚至难以被法院受理。原因在于关于内幕交易行为的赔偿问题，只有《证券法》第七十六条有相关规定。该条第一款规定：证券交易内幕信息的知情人和非法获取内幕信息的人，在内幕信息公开前，不得买卖该公司的证券，或者泄露该信息，或者建议他人买该证券。该条第三款规定：内幕交易行为给投资者造成损失的，行为人应当依法承担赔偿责任。从《证券法》第七十六条来看，只是相对简单地表述了内幕交易受损的投资者可以索赔，但却没有配套相应的司法解释，哪些原告符合赔偿条件，如何界定因果关系，以及如何计算损失等，对法院而言都缺乏较为明确的法律指引。

2014 年 8 月 5 日，“光大乌龙指事件”引发的民事赔偿案在上海二中院开庭审理，庭审从上午 9 时持续到下午 6 时，61 件案件在这一天合并审理，其中证券内幕交易责任纠纷 31 件，期货内幕交易责任纠纷 30 件。据统计，法院受理的相关案件远不止这些，上海市二中院共受理 109 件，涉诉标的超过 1200 万。庭审围绕四个焦点展开：其一是是否存在内幕交易行为；其二是内幕交易行为人是否存在主观过错；其三是投资者的经济损失与行为人的内幕交易是否存在因果关系；其四是内幕交易行为给投资者造成怎样的经济损失。[②] 在上述焦点中，如何证明投资者的损失与行为人的内幕交易行为之间存在因果关系是核心问题。股价下跌的原因未必全部是由光大证券的抛售行为造成的，大盘下跌也是原因之一。同时，在民事诉讼中，举证责任为“谁主张，谁举证”，这对利益受损的投资者来说显然是相对困难的。在以往的司法实践中，法院对针对内幕交易提起的民事赔偿诉讼或者拒绝受理，或者予以驳回，或者通过调解结案。有学者提出，不仅仅是内幕交易，发生在资本市场的三大典型证券欺诈行为，除了虚假陈述外，内幕交易、操纵市场均未

① 吴海飞：《光大乌龙指民事索赔开庭光大证券被指欺软怕硬》，载《每日经济新闻》2014 年 8 月 6 日。

② 滑璇：《“光大乌龙指”系列案宣判内幕交易索赔胜诉零突破》，载《南方周末》2015 年 10 月 16 日。

有通过民事诉讼真正获得赔偿的先例。这表明了我国法院对于证券欺诈纠纷所持有的保守态度。2015年9月30日，上海二中院对首批八起同类型案件做出一审宣判，驳回两名投资者的诉讼请求，六名投资者分别获得2220元到200980元的民事赔偿。同年10月23日，上海二中院对于23起投资者诉光大证券股份有限公司内幕交易民事赔偿做出一审判决，支持投资者共计66万余元的赔偿款。

第二节　“杨剑波诉证监会案”中的行政诉讼问题研究

一、行政诉讼中的合法性审查——内幕信息的认定标准问题

“杨剑波诉证监会”行政诉讼中，人民法院对证监会行政处罚的合法性审查主要集中在内幕信息的认定标准上，即证监会认定光大证券案件中错单交易信息为内幕信息的行为是否合法。证监会在行政处罚决定书认定错单交易信息为内幕信息的理由主要有两点：其一是证监会具有法律、行政法规授权认定内幕信息的权力，具体依据为《证券法》第七十五条第二款第（八）项与《期货交易管理条例》第八十二条第（十一）项①的规定；其二是光大证券的行为符合内幕信息重大、公开性两项特征。第一条理由着眼于合法性问题，这种合法性是针对证监会认定内幕信息权限的法定性。第二条理由着眼于合理性问题，即是在认定证监会具备内幕信息认定权的基础上，通过对《证券法》第七十五条所列举的七类信息本质特征的分析，进而认定错单交易信息因具备上述特征而被

① 《期货交易管理条例》第八十二条第（十一）项规定：“内幕信息，是指可能对期货交易价格产生重大影响的尚未公开的信息，包括：国务院期货监督管理机构以及其他相关部门制定的对期货交易价格可能发生重大影响的政策，期货交易所做出的可能对期货交易价格发生重大影响的决定，期货交易所会员、客户的资金和交易动向以及国务院期货监督管理机构认定的对期货交易价格有显著影响的其他重要信息。”

认定为内幕信息。

然而，证监会列举的第二条理由刻意淡化了《证券法》第七十五条兜底条款中对内幕信息类型的描述（涉及公司的经营、财务或者对该公司证券的市场价格有重大影响）。这一瑕疵也即成为原告抗辩的理由的立足点。错单交易信息是由系统故障生成的，严格意义上不属于涉及公司经营、财务或者对其证券的市场价格有重大影响的信息，因而在表述形式上明显与《证监法》第七十五条第二款列举的前七项内幕信息的表述形式不一致。但这一瑕疵又被《期货交易管理条例》中第八十二条第（十一）项关于内幕信息内涵的定义表述所遮盖。《期货交易管理条例》中对内幕信息表述为“可能对期货交易价格产生重大影响的未公开信息”，其范围远大于《证券法》中对内幕信息界定的限制，由此证监会对错单交易信息认定为内幕信息的行为在《期货交易管理条例》的规定下同时兼具合法性与合理性。

此外在认定错单交易信息为内幕信息合理性的层面，有两点需要考虑的因素[①]：其一是考虑《证券法》以及《期货交易管理条例》的立法目的和社会效果；其二是内幕信息认定标准上的域外法例。关于立法目的和社会效果，首先从立法目的考察：证券立法的首要目的是保护投资

① 此处涉及行政解释以及法律解释的方法：法律解释根据解释权限的不同，可以分为立法解释、行政解释和司法解释，其中行政解释是指由国家行政机关对于不属于审判和检察工作中的其他法律的具体应用问题以及自己依法制定的法规进行的解释。此处涉及的法律解释方法主要有：与立法目的相关的立法者的目的解释，又称主观目的解释，是指根据参与立法的人的意志或者立法资料揭示某个法律规定的含义。这种解释方法要求解释者对立法目的或者意图进行证成，而要完成这个任务，解释者必须以一定的立法资料如会议记录、委员会的报告等为依据。与社会效果相关的客观目的解释，这种方法解释法律的目的，不是在于探求历史上立法者事实上的意思，而是认为法律从其被颁布之日起，就有它自身的目的。客观目的解释可以使法律决定与特定社会的伦理与道德相一致，从而使法律决定具有最大可能的正当性。与域外法例相关的比较解释，是将法律的相关规定或外国立法与判例作为参考资料，借以阐明法律规定真实含义的解释方法。法律解释方法位阶一般是：文义解释→体系解释→立法者的目的解释→历史解释→比较解释→客观目的解释。这一位阶关系不是绝对的，在具体案件中可能会有不同，在推翻上述法律解释方法之间的优先性关系时，必须要予以充分论证，存在更强理由。

者权益，进而维护作为公共利益的公平竞争的市场环境。由高频交易[①]软件系统漏洞产生的错单交易信息在《证券法》立法之初是无法预见的，某种程度上造成法律规制的空白，但是为了保护投资者权益、进而维护作为公共利益的公平竞争的市场经济秩序，证券公司不能因立法空白而排斥证券监管行政组织的监管。立法者分别在《证券法》以及《期货交易管理条例》中明文规定的证监会的内幕信息认定权，即为基于此的考虑。其次从该事件的社会效果考察，证券行业高频交易软件不可避免地会出现漏洞，但总体而言，高频交易软件的使用相较于一般投资者而言，对券商是较有利的，而且对于券商非故意行为产生的系统漏洞信息，券商与投资者获取信息的时间先后顺序是必然不同的，先掌握信息的券商若不及时披露信息或者暂停交易，其对投资者和证券市场的影响与内幕信息相比有过之无不及。该信息在两个多小时的时间内将上证指数拉升 100 多点，多家权重股瞬间涨停，其对证券市场的影响力度是其他内幕信息难以企及的。因此，从社会效果考虑，证监会认定错单交易信息为内幕信息，无疑在合法性与合理性上是充分的。

参考对于内幕信息认定标准的域外经验，《欧共体内幕交易指令》[②]和英国 1993 年《刑法》都对内幕交易规定了相对明确的定义。英国《刑法》将内幕交易定义为：“在证券交易中，交易的一方拥有将对证券有实质性影响的非公开信息，而另一方却没有这一信息。”[③] 这里所指的信息必须是一般外部人得不到的，并且一旦公开将会对证券价格有影响的信息。《欧共体内幕交易指令》和英国 1993 年《刑法》对内幕信息的认定标准，即为信息持有人的“单方性”，与该信息对证券交易影响的“实质性”。单方性涉及信息公布时间节点的认定，是一个客观

---

① 高频交易是指从那些人们无法利用的极为短暂的市场变化中寻求获利的计算机化交易，由计算机自动完成的程序化交易，交易量巨大，持仓时间很短，日内交易次数很多，交易每笔收益率很低，但是总体收益稳定。

② *See Council Directive* 89/592/*EEC of* 13 *November* 1989, *Coordinating regulations on insider dealing.*

③ See Seredynska, Iwona: *Insider Dealing and Criminal Law*, Springer Press, 2011.

的标准。而实质性则关涉基于实践经验的判断，在具体的证券交易市场，这种实质性具体体现在两个方面，其一是这种信息对投资者投资行为的主导性力度，另一方面则体现为在该信息影响下产生的交易额度及其社会影响。从“光大乌龙指事件”列举的一系列数据中，我们可以看出，错单信息不论是“单方性”，还是“实质性”都没有较大的疑问。

此外，美国1934年《证券交易法》第10条规定，构成美国证券法所禁止的内幕交易须具备四个要件：第一，持有不为公众所知悉的信息；第二，该信息具有重大性，即投资者合理地认为，该信息一旦公开将对证券市场价格产生重大影响；第三，利用该信息进行交易；第四，信息持有者/交易者事先负有披露义务。尽管成文法中的很多规定与内幕交易有关，但无论是证券交易法还是SEC的规则均未对直接“内幕交易”做明确界定，因此，对内幕交易的管制在很大程度上依赖于判例法的发展。①

美国《证券交易法》对内幕信息的认定，排除第三条交易行为外（该条不影响对内幕信息的认定），内幕信息的标准即为：其一，不为公众所知；其二，该信息被投资者“合理认为”具有重大性；其三，信息持有者有事先披露义务。由此可以看出，美国立法对于内幕信息的认定与欧盟、英国相关立法相比，有较为明确的认定标准，从其相对较强的客观性出发，美国标准相比而言，在该案件中更具有参照价值。

基于对以上域外立法的分析，对比我国《证券法》（2013）第七十五条第一款对内幕信息的定义，我们可以看出，我国对内幕信息的认定较为狭窄，除了需要具备“尚未公布”的一般条件外，这种狭窄性体现在两个方面，其一是该信息须是涉及公司“经营”、“财务”。这一点从《证券法》第七十五条第二款前七项的列举条款中可以看出。其二是对证券的“交易价格有显著影响”。该法第七十五条第八款对证监会授权的法定限制即为所认定的内幕信息须对证券交易价格有显著影响。从学理上讲，此处立法有一定的不合理性，原因在于《证券法》第七

① Public Law 73 - 291, 73d Congress, H. R. 9323: Securities Exchange Act of 1934.

十五条采用的认定标准是“涉及公司经营、财务”或“对证券交易价格有重大影响”，二者不需要同时具备。而《证券法》第七十五条第八款客观上对内幕信息的认定仅采取了“对证券交易价格有显著影响”这一标准。此标准与美国《证券交易法》第十条有一定的相似之处，但相较于美国标准，我国立法对内幕信息的认定在表现形式上没有相对客观的标准。这样一来，在法律的理解上，就内幕信息的表现形式而言，就会参照已列举的七种形式，这种解释主观性地赋予了证监会“内幕信息认定权”更多的限制。因此，在其后《证券法》修订的过程中，可以适当借鉴美国证券立法中对内幕信息表现形式标准上的规定，弥补立法上的缺陷。

二、行政法基本原则在行政诉讼中的适用

北京一中院在审理杨剑波诉证监会一案中认为，这两起案件是我国资本市场上首次发生的新型案件。维护证券期货市场秩序，保护投资者利益，保障证券期货交易的公开、公平、公正，是《证券法》和《期货交易管理条例》的重要立法精神。光大证券在知悉内幕信息且未予公开的情况下，与其他处于信息不对称的投资者进行交易，不符合资本市场“公开、公平、公正”的基本原则。证监会为维护资本市场秩序，保护投资者合法权益，结合两案具体案情，将光大证券于当日下午实施的对冲交易认定为内幕交易，并对原告杨剑波做出行政处罚，不违反《证券法》及《期货交易管理条例》关于维护资本市场秩序以及保护投资者合法权益的基本精神。①

2014 年 12 月 27 日该案件一审宣判后，杨剑波本人在《财经综合报道》中撰文发表了自己对案件判决结果的看法，其中提到：“本宣判用了大量没有法律依据，人为杜撰出来的原则和怀疑来判案，严重违背法律原则和市场规律。至少在此案中，证监会动则就用保护中小投资者利益的口号来做自己的挡箭牌，而非依靠法律的精神和法治的手段，这不过是一种民粹主义的政治技巧。鼓励一些

① 刘晓燕、常鸣：《光大证券高管杨剑波状告证监会一审败诉》，载《人民法院报》2014 年 12 月 27 日。

不合理的行为，其实对市场和法治带来更多的是伤害而非保护。”杨剑波所提到的“人为杜撰出来的原则”和“保护中小投资者利益的口号”，显然并非如此。我国《证券法》第一条规定：“为了规范证券发行和交易行为，保护投资者的合法权益，维护社会经济秩序和社会公共利益，促进社会主义市场经济的发展，制定本法。”该法第三条规定：“证券的发行、交易活动，必须实行公开、公平、公正的原则。”因此可以认为，人民法院在宣判中所援用的“原则”和“口号”是于法有据的。

从该案件的法律适用中我们可以看到行政法原则在司法实践中的灵活适用。从法理学的视角来看，法律原则蕴含着立法者通过法律调整社会关系所希望达到的目的。但相对于一般的行政法规而言，行政法的原则较为抽象，欠缺法律规则所具有的严密的逻辑结构，因此在一般的司法实践中，法律规则优先于法律原则得到适用。但相对于内容明确化程度，法律规则高于法律原则，这也决定了法律原则在调整社会关系方面具有更大的灵活性。从法律要素上看，法律既包括法律原则，也包括法律规则，法律原则是具体一部法律的有机组成部分。因此《证券法》第三条规定的“公开、公平、公正”原则即是行政法基本原则在证券法中的体现，也直接决定了证券法制度的基本性质、基本内容和基本的价值取向。从法律原则的适用方式来看，可有两种方式：其一是直接适用。直接适用的先决条件在于穷尽法律规则，填补法律漏洞，在某一领域欠缺具体明确的法律规则时，进而适用法律原则予以调整，同时在法院的判决书中直接援引。其二是间接适用，即通过法律原则来指导法律解释和法律推理，尤其是在某法律规则的解释存在多种可能性的含义时。在杨剑波诉证监会一案中，法院实际上采取的是法律原则的间接适用方式，是从“保护中小投资者利益”和“三公原则”出发，将错单信息认定为内幕信息的一种具体表现形式，虽然并没有在判决书中直接援引该原则定案，但实际上在解释相关法条和法律推理的过程中充分地发挥了该原则应有的作用。

三、“光大乌龙指案”中行政诉讼与民事诉讼的衔接问题研究

自2013年12月开始，投资者诉光大证券内幕交易责任纠纷案件陆续提交到上海二中院。2014年12月26日，北京一中院对原告杨剑波诉被告中国证监会行政处罚、市场禁入决定两案一审公开宣判，两案均判决驳回杨剑波诉讼请求。杨剑波不服上诉，2015年5月，北京市高级人民法院判决驳回上诉，维持原判。上海二中院在审理投资者诉光大证券民事赔偿一案中认为，中国证监会的行政处罚以及相关行政诉讼判决已经认定光大证券公司在内幕信息公开前将所持有的股票转换为ETF卖出和卖出股指期货空头合约的行为构成内幕交易行为，可以作为本案的定案依据。光大证券在不披露错单信息的情况下即进行所谓对冲交易操作以规避损失，应认定存在过错，其内部的《策略投资部业务管理制度》，不能违反禁止内幕交易的法律规定，不影响对光大证券公司过错的认定。在因果关系认定方面，光大证券公司在内幕交易期间，如果原告投资者进行50ETF、180ETF及成分股、IF1309、IF1312交易且主要交易方向与光大证券内幕交易方向相反的，推定存在因果关系，光大证券公司应对其过错造成的投资者损失予以赔偿。①

严格意义上来说，目前对于内幕交易行为造成投资者损失的民事赔偿，只有《证券法》有所规定。该法第七十六条第三款规定：内幕交易行为给投资者造成损失的，行为人应当依法承担赔偿责任。这里提到“依法承担赔偿责任”，但具体依据何法，事实上目前我国在立法层面还未有规定，在具体的操作层面也欠缺相应的司法解释。那么如何衔接内幕交易行为行政诉讼与民事诉讼呢？此次上海二中院的判决，实质上是依据2003年最高人民法院发布的《关于审理证券市场因虚假陈述引发的民事赔偿案件的若干规定》，② 该司法解释第六条第一款规定：投

---

① 黄安琪：《“光大乌龙指”民事索赔案：又有18名投资者胜诉获赔》，载新华网，http：//news. xinhuanet. com/fortune/2015 - 10/23/c_ 1116923903. htm，最后访问日期：2015年10月23日。

② 法释［2003］2号，2002年12月26日由最高人民法院审判委员会第1261次会议通过，2003年1月9日公布，自2003年2月1日起施行。

资者以自己受到虚假陈述侵害为由，依据有关行政机关处罚决定或者人民法院的刑事裁判文书，对虚假陈述行为人提起民事赔偿诉讼，符合《民事诉讼法》第一百零八条规定的，人民法院应当受理。该司法解释对于虚假陈述民事赔偿诉讼的诉讼时效也有明确的规定，其第五条规定：投资者对虚假陈述行为人提起民事赔偿的诉讼时效适用《民法通则》第一百三十五条的规定，其起算日即其中第（一）项规定的，“中国证券监督管理委员会或其排除机构公布对虚假陈述行为人作出处罚决定之日”。但问题在于上述司法解释是关于虚假陈述行为民事赔偿案件的规定，是否能够适用于内幕交易行为民事赔偿案件呢？

笔者认为，内幕交易行为民事赔偿在欠缺相应立法和司法解释规定的前提下，适用最高人民法院《关于审理证券市场因虚假陈述引发的民事赔偿案件的若干规定》是可行的。该司法解释第十七条规定，证券市场虚假陈述，是指信息披露义务人违反证券法律规定，在证券发行或者交易过程中，对重大事件做出违背事实真相的虚假记载、误导性陈述，或者在披露信息时发生重大遗漏、不正当的披露信息的行为。该条第二款规定，对于重大事件，应当结合《证券法》第五十九条、第六十条、第六十一条、第六十二条、第七十二条及相关规定的内容认定。虽然《证券法》中没有涉及错单交易信息的问题，但证监会及北京一中院均将错单信息定性为内幕信息，显然错单信息具有“重大性”，属于证券领域的重大事件。该条第六款规定，不正当披露，是指信息披露义务人未在适当的期限内或者未以法定方式公开披露应当披露的信息。由此看来“光大乌龙指事件”中的利用错单信息交易的行为完全能被该司法解释所定义的“虚假陈述行为”的概念所涵盖，同时该司法解释第六条规定，投资人以自己受到虚假陈述为由，依据有关行政处罚决定或者人民法院的刑事裁判文书，对虚假陈述行为人提起的民事赔偿诉讼，符合《民事诉讼法》第一百零八条规定的，人民法院应当受理。该司法解释中提到“相关行政处罚决定”，并未明确限定为“有关虚假陈述的行政处罚决定”，因此，法院在审理投资者诉光大证券内幕交易民事赔偿案件时，适用最高人民法院《关于审理证券市场因虚假陈述引发的民事赔偿案件的若干规定》是正确的。

第三节　“杨剑波诉证监会”行政诉讼案件相关行政法问题分析

一、“光大乌龙指事件”中的“信赖保护”问题分析

在杨剑波诉证监会一案中，针对是否存在内幕交易行为的辩论，原告提出了一个抗辩理由，即监管机构人员知晓对冲交易而并没有加以制止。“乌龙指”事发当天中午，上交所、上海证监局派员到光大证券调查，原告杨剑波向现场的监管者汇报了当日11时发生的情况，以及当天下午开始将进行对冲交易，但后者未加以阻止。通讯录显示，在被证监会认定的内幕交易时段，中金所一直与指挥对冲交易的杨剑波保持密切的电话联系，对冲交易在热线状态下完成。而多方知晓的对冲交易行为，之后证监会认定其所实施的对冲交易为内幕交易并加以处罚，相关监管机构并未事先采取积极的监管措施切实维护投资者的利益，一定程度上也说明了监管者对于该问题并未有充分的认识，因此这也成为其对内幕交易定性的抗辩理由之一。有律师认为，证监会的此种行为违反了《行政处罚法》的相关规定，可以理解为监管机构毫无诚信的权威可言，在支持光大证券进行对冲后，却又以监管机构的身份对光大证券进行处罚；从法治的角度看，这也是一种有悖“信赖保护原则”的做法。

从行政法学理出发，“光大乌龙指事件”是否存在证监会侵犯光大证券信赖利益的问题呢？行政法中的信赖保护原则主要体现在以下几个方面：其一，行政主体之间相互信任，同时须本着诚信的精神，以诚实信用的方法做出行政行为；其二，相对人信赖的对象既包括对具体行政行为的信赖，也包括对抽象行政行为的信赖；其三，对行政相对人而言，要有值得保护的信赖利益，即对行政相对人来说，已经产生了正当的信赖利益，这是信赖保护的基础；其四，对行政相对人的正当信赖利

益要以适当的方式予以保护。[①] 从上述可知，信赖利益的保护须有两个条件：其一是信赖利益产生于具体行政行为或者抽象行政行为；其二是值得保护的信赖利益在法律上必须是正当的。在“光大乌龙指事件”中，相关监管人员知悉杨剑波所指挥的内幕交易进行的具体情况，且未加以制止，是否能产生足以值得法律保护的信赖利益呢？答案是否定的。其理由之一，是在此过程中并没有产生信赖利益的行政行为，不论是具体行政行为还是抽象行政行为，有关监管人员都没有做出。其理由之二，即使监管人员没有采取制止行为的做法产生了观念意义上的信赖利益，但此种信赖利益因缺乏正当性而不值得法律予以保护。此外，《证券法》的立法目的是保护投资者的利益，为法律所禁止的内幕交易行为中内幕信息的公开对象是光大证券的投资者，而非监管者，因此，内幕信息出现监管者知悉而投资者不知悉情况，并不影响对内幕交易行为的定性。

二、内幕交易行为刑事责任问题研究

我国《刑法》第一百八十条“内幕交易罪”规定，证券、期货交易内幕信息的知情人员或者非法获取证券、期货交易内幕信息的人员在涉及证券的发行，证券、期货交易或者其他对证券、期货的价格有重大影响的信息尚未公开前，买入或者卖出该证券，或者从事与该内幕信息有关的期货交易，或者泄漏该信息的，或者明示、暗示他人从事上述交易活动，情节严重的……，并处违法所得 1 倍以上 5 倍以下罚金。该条的特殊条款为“利用未公开信息交易罪”，其主要涉及金融机构从业人员利用职务获取的内幕信息以外的未公开信息，违反规定，从事与该信息相关的证券期货交易活动，或者明示、暗示他人从事相关交易活动，情节严重的，依照第一款的规定处罚。“光大乌龙指”中是否有相关主体触犯刑法呢？从上述两条罪名的犯罪构成来看，其犯罪主体是个人而非单位，因此光大证券公司在该事件中不存在承担刑事责任的问题。但进而追问，是否相关责任人员应当承担刑事责任呢？

---

① 黄学贤：《行政法中的信赖保护原则》，载《法学》2002 年第 5 期。

不论是《刑法》第一百八十条对内幕交易行为规定的普通罪名还是特殊罪名，行为人在主观心态上都是故意而非过失，因此，具体操作对冲交易的杨剑波等人除非有故意进行内幕交易的行为，在《证券法》欠缺明确规定利用错单信息为内幕信息的前提下，很难将其定性为触犯《刑法》中所规定的内幕交易罪或者利用未公开信息交易罪。从《刑法》对内幕交易罪和利用相关信息交易罪的具体罪状的描述来看，行为人须是利用内幕信息或者相关信息为个人或者他人牟取不正当利益，而非为单位牟利。显然在“光大乌龙指事件”中，杨剑波等具体负责操作的人员并未在其中获取不正当利益，证监会对其处以的罚款，主要是针对其操作行为而非获取的不正当利益。从相关的司法解释规定也可以得出相似的结论，2012 年最高人民法院和最高人民检察院联合发布的《最高人民法院、最高人民检察院关于办理内幕交易、泄露内幕信息刑事案件具体应用法律若干问题的解释》[①] 第四条规定：“具有下列情形之一的，不属于刑法第一百八十条第一款规定的从事与内幕信息有关的证券、期货交易：……（二）按照事先订立书面合同、指令、计划从事相关证券交易的……”杨剑波在行政诉讼中针对是否进行内幕交易的行为提出的抗辩理由之一即是该条款。在案件的审理过程中，北京一中院否定了该条款的适用，但这仅仅说明了该条款不能在行政诉讼中作为证据使用，并不能说明其不能在刑事推理中适用。此外，在投资者诉光大证券民事赔偿一案中，该司法解释再次被提及，主审案件的上海二中院承认了该条款的效力，只是从民事诉讼的角度认为，即使光大证券从事的对冲交易是按照事先订立的书面合同、指令、计划进行相关证券交易，也不能对我国的证券法制产生抗辩。从以上分析可知，“光大乌龙指事件”中并不存在需要予以追究的刑事责任。

---

① 法释［2012］6 号，2011 年 10 月 31 日由最高人民法院审判委员会第 1529 次会议、2012 年 2 月 27 日由最高人民检察院第十一届检察委员会第 72 次会议通过，2012 年 3 月 29 日公布，自 2012 年 6 月 1 日起施行。

结语　从“光大乌龙指事件”看中国经济规制领域的行政诉讼

一、从现实问题看中国经济规制领域的行政诉讼

经济规制领域的行政诉讼作为行政诉讼的具体类型之一，体现着我国行政诉讼司法实践的一般特征。从数量上说，此类案件相对于庞大的民商事诉讼来说非常稀少，给学术化的研究造成了一定的困难。就“光大乌龙指事件”而言，中国证监会同时处罚了光大证券公司和杨剑波等相关责任人员，但为什么光大证券没有对证监会的处罚决定不满而提起行政诉讼呢？显然，这并非是光大证券对证监会的行政处罚心悦诚服。在“股民诉光大证券民事赔偿案”中，光大证券方仍然对是否存在内幕交易行为提出民事抗辩，且对当时尚未审结的杨剑波诉证监会一案的结果抱有一定的期待。如果北京一中院认定利用错单信息交易的行为并非证监会所认定的内幕交易行为，那么股民提起民事赔偿诉讼就欠缺一个核心的前提。但其为何不提起行政诉讼呢？这里折射出的是更深层次的“企业与政府”之间的关系问题。我国行政诉讼的现状不仅仅在于受案难、胜诉难，对于行政法律关系中一方当事人能提起行政诉讼也是较难的，即起诉难。为什么会出现这种状况？笔者认为有以下几方面的原因：

（一）行政立法以及经济规制领域的立法不完善

法律的不完善给予行政主体较大的法律解释空间。行政主体对法律的解释属于行政合理性的范畴，在以往的行政诉讼中，人民法院对行政行为的合理性审查局限于极小的范围。根据旧《行政诉讼法》第五十四条第（四）项规定，行政处罚显示公正的，可以判决变更。由此可知，在旧行政诉讼框架中，只有行政处罚行为显示公正，人民法院才可以进行合理性审查。这一点在 2014 年行政诉讼法修改过程中得到较大的改善，《行政诉讼法》（2014）第七十条规定：“行政行为有下列情形

之一的，人民法院判决撤销或者部分撤销，并可以判决被告重新作出行政行为：……（六）明显不当的。”从该条规定可以看出，新法赋予了人民法院较大的行政行为合理性审查权，对于行政相对人来说，使其在行政诉讼中获得了更大的胜诉机会。

（二）行政执法领域的法治化程度不高

行政执法领域法治化程度不高的主要表现之一，即行政执法领域存在着行政权滥用的风险。一般的行政诉讼是“民告官”的模式，而在经济规制领域更多的是“商告官”的模式。相对于普通人而言，市场主体的利益面临更多行政权的干预，这种干预不仅体现在行政权对市场主体经济活动的规制，在福利国家背景下，行政主体享有更多的实施行政给付的权力。通过行政诉讼僵化市场主体与某一行政机关的关系，显然不利于企业长远的发展。这种现象折射出两个法治现象，一是行政权运行的不规范。合理的诉讼关系往往使得企业主体产生基于自身利益考量的担忧。二是行政规制权力相对过大。行政主体拥有较多干预市场主体利益的权力和机会。党的十八大以后，着手我国的行政审批制度改革，缩减政府的行政审批事项和行政审批权，从中我们可以看到我们党在这方面的努力。

（三）法官的专业化问题

行政审判涉及行政管理的方方面面，对法官的专业素养要求较高。虽然我国行政诉讼实践已有30来年的历史，但因证券、期货交易领域的行政监管行为引发的行政争议诉至法院的行政案件较少，类似案件的发生，对于很多法官来说，都会面临新的挑战。杨剑波诉证监会一案就充分表明，审理这类行政案件的法官不仅需要扎实的行政诉讼理论功底和审判实践经验，同时对于证券、期货交易领域的相关知识和经验也要有一定的把握。在杨剑波诉证监会一案中，杨剑波多次提出法官欠缺对有关对冲交易行为的正确理解，对北京一中院判决书中的论证和措施的专业性表示不满，从某种意义上讲，即是对法官的专业化素养提出的质疑。由此来看，市场主体对于法官专业性的担忧也是影响其是否提起行政诉讼的一个重要因素。

二、从制度完善的视角看中国经济规制领域的行政诉讼

经济规制领域的行政诉讼相较于一般意义上的行政诉讼，在专业性层面上对案件的审理人员提出了更高的要求。若单纯提高法官在相关领域的专业知识和理论，就目前我国的法官培训体制而言或许不难实现。但要更好地解决这个问题，笔者认为，还有两条可供选择的路径值得探索：其一是借鉴英美法中的“法庭之友”制度。其二是借鉴我国民事诉讼和刑事诉讼中现已存在的“专家辅助人”制度。美国的“法庭之友”是指对案件中的疑难法律问题陈述意见并善意提醒法院注意某些法律问题的临时法律顾问，协助法庭解决问题的人。“法庭之友”制度为法院提供了不同于当事人的观点、意见、补充性的事实和证据，从不同角度影响法官、帮助法院做出公正的判决。[①]“法庭之友”通过提供意见书的方式补充法官尚未充分了解或当事人未充分陈述的信息。从我国近些年的司法实践来看，一些重大案件中出现了数量较多的专家意见书，主要是由知名律师或者法学教授通过案外人的身份提交专业意见。从实施效果上看，虽然其作用与美国“法庭之友”制度具有颇多相似之处，但二者之间还是存在着本质区别。首先，我国的成文立法中并没有对专家意见书规范化，因此其并不是一种较为成熟的制度。其次，相关领域的专家如何参与诉讼进程，“法庭之友”有明确的制度规定，其既可以通过主动申请来提交相关意见书，也可以通过法庭的指定来进入案件的审理程序。“法庭之友”在具体案件中的角色为案中无利害关系的第三人。而在我国的司法实践中，提供意见书的人则是案外人。“案内和案外”在对所提供意见书的责任上差别较大。从我国的诉讼制度来看，若非与涉案标的或案件的审理结果有利害关系，案外人并不能通过主动申请加入案件的审理进程。尤其是在行政诉讼中，不是具体行政行为的相对人是不能加入行政诉讼之中的。如果以借鉴美国“法庭之友”制度的方式来形成专家意见制度，需要在立法的层面对我国的行政诉讼参与人制度做出适度修改。

---

① 肖永平、李韶华：《美国法庭之友制度的价值纬度与实证研究》，载《东方法学》2011 年第 4 期。

此外，还可以借鉴在我国民事诉讼和刑事诉讼中现已存在的“专家辅助人”制度。2001 年最高人民法院颁布的《最高人民法院关于民事诉讼证据的若干规定》① 第六十一条规定：“当事人可以向人民法院申请由 1 至 2 名具有专门知识的人员出庭就案件的专门性问题进行说明，人民法院准许其申请的，有关费用由提出申请的当事人负担。审判人员和当事人可以对出庭的具有专门知识的人员进行询问。经人民法院准许，可以由当事人各自申请的具有专门知识的人员就有关案件中的问题进行对质。具有专门知识的人员可以对鉴定人进行询问。”该司法解释确立了民事诉讼中的“专家辅助人”制度。但在《行政诉讼法》（2014）和 2002 年最高人民法院颁布的《最高人民法院关于行政诉讼证据若干问题的规定》② 中并没有确立行政诉讼中的“专家辅助人”制度。对于行政诉讼中没有设置“专家辅助人”的原因，笔者认为，主要是行政诉讼法修改之前，法院对于具体行政行为的司法审查仅仅限于合法性审查。合法性审查主要审查行政机关在做出行政行为时是否存在证据不足、适用法律法规错误、程序违法、滥用或者超越职权等问题，并不对行政行为的合理性予以审查，因此在行政诉讼中对于具体的专业知识需求并不迫切。随着 2014 年《行政诉讼法》的修改，法院有权对行政行为的合理性问题予以审查，这样就会在案件的审理过程中涉及更多的专业性问题，因此，适时地在行政诉讼中引入民事诉讼中较为成熟的“专家辅助人”制度，对于克服行政庭法官在审理日趋复杂的行政案件尤其是经济规制领域发生的行政案件中专业知识的缺陷问题，也是一种相对可行的路径。

（本章作者：张翔）

① 法释［2001］33 号，2001 年 12 月 6 日由最高人民法院审判委员会第 1201 次会议通过，2001 年 12 月 21 日公布，并自 2002 年 4 月 1 日起施行。

② 法释［2002］21 号，2002 年 6 月 4 日最高人民法院审判委员会第 1224 次会议通过，2002 年 7 月 24 日公布，自 2002 年 10 月 1 日起施行。

第三章

投资规制领域——基于“可乐—汇源案”的行政法问题研究

导论

一、研究背景

2008年9月3日，中国汇源果汁集团有限公司（简称“汇源公司”）发布公告称，荷银投资管理（亚洲）有限公司（简称“荷银”）将代表可口可乐公司（简称“可口可乐”）全资附属公司Atlantic Industries以约179.2亿港元收购汇源公司股本中的全部已发行股份及全部未行使可换股债券，可口可乐提出的每股现金作价为12.2港元。如果此次交易完成，汇源公司将成为Atlantic Industries的全资附属公司，并将撤销汇源股份的上市地位。公告称，倘若收购建议完成，可口可乐有意让汇源继续经营其现有业务，并做出重大承诺，依靠汇源公司的现有品牌及业务模式壮大业务，提高其固定资产的利用率，并为汇源公司雇员提供更多发展空间。

可口可乐提出每股现金作价12.2港元，比汇源公司停牌前的收盘价4.14港元溢价1.95倍，涉及资金约179.2亿港元。此次收购采取的是要约收购的方式，要约收购设定的最后期限是2009年3月23日。

公告发布后，引起了国内相关企业及民众的激烈讨论。讨论基本围绕垄断、民族企业保护等问题展开。鉴于事件影响深远，商务部在审查是否构成垄断的过程中召开了听证会，以北京牵手果蔬饮品有限公司

（简称“牵手”）为首的国内饮料企业向商务部递交了三个替代方案，以避免“品牌流失”及“市场垄断”的出现：一是将汇源公司分拆出售，由中国的各大企业分别购买；二是将汇源公司的资产与品牌分离，“把资产当猪卖，把品牌当人留”，品牌由中国企业购买；三是组织一个“人民币基金”共同购买。

2008 年 12 月 5 日，经过几次材料补充与沟通，商务部网站公开资料显示该收购已经立案审批。

2009 年 3 月 18 日，商务部正式宣布，根据《中华人民共和国反垄断法》（简称《反垄断法》）禁止可口可乐收购汇源公司。这也是《反垄断法》自 2008 年 8 月 1 日实施以来首个未获得通过的案例。

这一并购案例中主要涉及以下几个问题：

第一，中国的《反垄断法》是否适用于该案例?

第二，该案例中是否构成了垄断？商务部的决定是否合理?

第三，该案例是否表明中国对待外资乃至对外开放的态度有根本性转变?

此外，从外资并购的角度来看，在此之前也有诸多并购案例：

2003 年 10 月，“乐凯与柯达合资事件”。该并购收购价格 1 亿美元，收购股份比例 20%。该事件后，七家感光企业进入柯达阵营，柯达市场份额达到 50%；乐凯被踢出“中国名牌”名单。

2005 年 4 月，“AB 公司增持青岛啤酒事件”。该事件收购股份比例 27%，收购后 AB 公司成为青岛啤酒第二大股东，国内啤酒厂商纷纷与外国巨头合资。

2005 年 10 月，“凯雷并购徐工事件”，该事件收购价格 3.75 亿美元，收购比例 85%。不过“凯雷徐工并购案”最终未获批复，徐工启动独立重组计划。

2005 年 11 月，“拉法基收购四川双马投资集团事件”。该事件收购价格 3800 万美元，收购股份比例 100%，收购后国内大的水泥企业基本成为合资企业。

2006 年 12 月，高盛控制的罗特克斯并购双汇发展事件。该事件的收购价格为 20 亿元，收购比例 60.72%，收购后高盛实际控制双汇和雨润两大公司。

2006 年 9 月，“壳牌收购统一石化两公司事件”，收购比例 75%，此事件后，壳牌成为中国润滑油市场排名第一的国际能源公司。壳牌在中国润滑油市场份额升至第三。

2007 年 3 月，“强生收购大宝事件”。该事件的收购价格为 23 亿元，收购比例 100%，此事件后有媒体称，“自此民族品牌全军覆没”。这也是《反垄断法》实施前的最后一个外资并购案。

2007 年 4 月，法国 SEB 收购苏泊尔，收购后法国 SE 持有苏泊尔 52.74% 至 61% 的股权，成为控股股东。

二、研究述评

目前有关理论研究大致分为两类：一类研究集中于从商业角度和国家安全角度分析这一案件的合法性问题。重点在于对该案是否真的违反了我国的《反垄断法》做出回应。另一类研究则集中于对商务部公告所透露出来的有关我国对待外资态度的信息进行解读。

例如《“可口可乐—汇源收购案”的综合分析》[①] 一文重点分析了该案件是否适用中国《反垄断法》、该案件涉及的民族品牌保护、商务部公告的合法性等问题，认为商务部此次否决符合现有法律原则和精神。按照《关于外国投资者并购境内企业的规定》第五十三条规定，商务部不必举行听证会，但考虑到反垄断“第一案”性质，有必要举办听证会并进行详细说明，披露审查的六个内容和相关数据，这样程序上就比较完美。

再如《对我国外资并购的反垄断法思考——以美国可口可乐收购我国汇源为例》[②] 一文重点分析了外资并购对我国市场的影响、反垄断的审查标准等问题，认为外资并购的法律规制，不仅仅是一个法律问题，还涉及经济理论和经济分析，同时与国家的产业政策休戚相关，甚至与国家的经济安全也有关联，但绝不是简单的民族主义情绪宣泄。

---

① 孙章伟：《“可口可乐—汇源收购案”的综合分析》，载《管理评论》2011 年第 1 期。

② 孙晋、翟孟：《对我国外资并购的反垄断法思考——以美国可口可乐收购我国汇源为例》，载《新疆大学学报（哲学人文社会科学版）》2009 年第 3 期。

又如《〈反垄断法〉初亮红灯之后——中国政府否决可口可乐收购汇源说明什么》[①] 一文重点解读了商务部公告以及该案件所传递出来的中国如何对待外资并购、反垄断等相关的信息，认为该案无关中国的外资政策，也不会影响中国的开放进程。

现有研究大多从合法性角度考量商务部所做决定的理由，至此尚未发现基于行政法的理论对此问题进行深入系统的分析，鲜有从合理性角度考量这一案例，从行政规制角度来研究这一案例的也不多。笔者认为，这一案例已经过去七年，但是我国正在快步走向全球化道路，经济发展对我国的经济规则制定能力提出了更高的要求。因此有必要从行政规制的角度来研究这一案例带给我们的启示。

三、主要观点

此次收购从一开始就受到了社会的广泛关注。针对商务部的决议，各方也有不同的观点。支持方有观点认为，商务部叫停可口可乐收购汇源公司，有助于中国企业尽快走出金融危机的阴影，是提振信心之举；[②] 认为很多国际品牌在中国采取的策略是“消灭式”合资，打得赢就打，打不赢就收购，然后将其束之高阁，目的是慢慢消灭这个品牌；也有观点认为，此案是2008年8月1日《反垄断法》实施以来首个未获通过的案例，这对反垄断执法产生积极影响，今后执法将更加规范化、透明化，让公众对《反垄断法》产生信心，这是最大的收获；[③] 还有观点从汇源公司自身出发，认为并购案受到否定对于汇源公司来说，也不完全是坏消息。从2008年并购消息传出至今，我国的消费者都出现极大反弹，极力反对汇源出售果汁业务，说明“汇源”品牌在消费者、政府层面上，认可度都极高。汇源可以通过营销等各种手段，将品

① 邢厚媛：《〈反垄断法〉初亮红灯之后——中国政府否决可口可乐收购汇源说明什么》，载《中国外资》2009年第5期。

② 《叫停收购汇源是提振信心之举：救品牌比救市更重要》，网址：http：//blog. sina. com. cn/s/blog_ 483476660100cvry. html，上网时间：2016年1月26日。

③ 罗瑞明：《否收购是维护中国法律尊严》，网址：http：//finance. sina. com. cn/roll/20090319/04265995536. shtml，上网时间：2016年1月26日。

牌提升到一个新的档次。[①]

而反对方则有观点认为，汇源公司作为一家年销售额超20亿的果汁企业，并购案拖延这么长时间，并非正常现象。单从行业来讲，以反垄断为由否决，对汇源公司并不公平。因为在太多垄断行业存在过多的垄断行为，都没有被禁止。而且国家应该在鼓励创业的同时，鼓励退出，而并购就是退出的一种方式；[②] 还有观点认为，从生意的角度来看，汇源公司这一单生意做得极其成功，因为“可以在高价被买入”，而此后股市大跌，现在却被裁定不能并购，汇源公司将“再也找不到这么好的主顾”。而且，说此次可口可乐并购汇源公司是“垄断”，也是“无从谈起的”。因为饮料是竞争性很强的行业，“垄断不是说你的市场份额有多高，而是说是不是可进入的”，饮料行业是高度可进入性的，因此商务部的理由是非常牵强，不能成立的。[③] 还有观点认为，果汁行业的进入门槛很低，属于高度竞争的行业。其实可口可乐并购汇源公司业务并不会产生垄断。从市场竞争层面上来看，并购案遭到否决，应该是控制过度。[④]

与此同时，西方媒体也对这一事件进行了不同角度的解读。对此次事件，大部分外媒都持有相对消极的态度。例如，路透社指出，不管禁止是否合情合理，商务部的决定将引发外界对中国经济民族主义升温的担忧；《经济学人》指出，中国否决可口可乐收购将成为那些反对中国近期海外收购行动者的口实；彭博社认为，这桩最大的外资收购中国公司交易将对该国本土饮料市场上的“竞争带来负面”影响；美联社指出，国家叫停汇源公司收购案或许是针对在美国的中国投资争议所做出的回应，不过，这一做法极可能造成负面影响；英国《金融时报》指

① 何力：《可口可乐并购汇源案遭否决未必是坏消息》，网址：http：//finance. sina. com. cn/chanjing/b/20090318/17265993998. shtml，上网时间：2016年1月26日。

② 牛文文：《并购案遭否决对汇源不公平》，网址：http：//finance. sina. com. cn/chanjing/b/20090318/17405994041. shtml，上网时间：2016年1月26日。

③ 赵晓：《可口可乐收购汇源不垄断》，网址：http：//finance. sina. com. cn/g/20090318/23255994812. shtml，上网时间：2016年1月26日。

④ 秦朔：《汇源并购案遭否决引发过度控制担心》，网址：http：//finance. sina. com. cn/chanjing/b/20090318/18375994186. shtml，上网时间：2016年1月26日。

出，可口可乐的经历会让那些希望中国重振交易流的银行家黯然神伤，但反对党政界人士则兴奋异常。

此外，针对商务部这一决议表达的中国政府“改变外资政策”、“实行贸易保护主义”等担忧，国内研究人员提出了不同的看法。例如，商务部研究院研究员指出，这不意味着中国在搞贸易保护主义，但是商务部需要在否决本次并购后做好解释工作，以透露给市场这样的消息——“这并非意味着中国对符合条件的外资收购关闭大门，也不意味着中国在搞贸易保护主义”；① 也有人指出，这件事情无论是否还有峰回路转的悬念与可能，都不要再将它与国家经济安全、民族品牌、民族感情等国家主义话语联系在一起了，商务部虽然是国家级行政部门，但它做出决定的依据是法律条款而不是国家经济安全。②

本章从合法性和合理性两个视角出发，认为商务部这一决议从当时的法律规定来看合法有效，但从政府信息公开、行政许可、国际经济行政法等角度来看，这一决议合理性不足。以此为基础，笔者认为从行政合理性原则和行政法治发展趋势来看，我国反垄断制度仍有很大的完善空间。

第一节 从《反垄断法》角度看商务部禁止收购的合法性

一、商务部禁止收购的基本理由

商务部《关于禁止可口可乐公司收购中国汇源公司审查决定的公告》③ 指出，根据《反垄断法》第二十七条，商务部从如下几个方面对

① 梅新育：《不意味着中国在搞贸易保护主义》，网址：http：//finance. sina. com. cn/g/20090318/16175993746. shtml，上网时间：2016 年 1 月 26 日。

② 任孟山：《禁止可口可乐并购汇源无关国家主义话语》，网址：http：//finance. ifeng. com/a/20090318/456375_ 0. shtml，上网时间：2016 年 1 月 26 日。

③ 中华人民共和国商务部公告 2009 年第 22 号。

此项经营者集中进行了全面审查：一是参与集中的经营者在相关市场的市场份额及其对市场的控制力；二是相关市场的市场集中度；三是经营者集中对市场进入、技术进步的影响；四是经营者集中对消费者和其他有关经营者的影响；五是经营者集中对国民经济发展的影响；六是汇源品牌对果汁饮料市场竞争产生的影响。审查工作结束后，商务部依法对此项集中进行了全面评估，确认集中将产生如下不利影响：一是集中完成后，可口可乐公司有能力将其在碳酸软饮料市场上的支配地位传导到果汁饮料市场，对现有果汁饮料企业产生排除、限制竞争效果，进而损害饮料消费者的合法权益。二是品牌是影响饮料市场有效竞争的关键因素，集中完成后，可口可乐公司通过控制“美汁源”和“汇源”两个知名果汁品牌，对果汁市场控制力将明显增强，加之其在碳酸饮料市场已有的支配地位以及相应的传导效应，集中将使潜在竞争对手进入果汁饮料市场的障碍明显提高。三是集中挤压了国内中小型果汁企业生存空间，抑制了国内企业在果汁饮料市场参与竞争和自主创新的能力，给中国果汁饮料市场有效竞争格局造成不良影响，不利于中国果汁行业的持续健康发展。

为了减少审查中发现的不利影响，商务部与可口可乐公司就附加限制性条件进行了商谈。商谈中，商务部就审查中发现的问题，要求可口可乐公司提出可行解决方案。可口可乐公司对商务部提出的问题表述自己的看法，并先后提出了初步解决方案及其修改方案。经过评估，商务部认为可口可乐公司针对影响竞争问题提出的救济方案，仍不能有效减少此项集中产生的不利影响。

有鉴于此，根据《反垄断法》第二十八条和第二十九条规定，商务部认为，此项经营者集中具有排除、限制竞争效果，将对中国果汁饮料市场有效竞争和果汁产业健康发展产生不利影响。鉴于参与集中的经营者没有提供充足的证据证明集中对竞争产生的有利影响明显大于不利影响或者符合社会公共利益，在规定的时间内，可口可乐公司也没有提出可行的减少不利影响的解决方案，因此，决定禁止此项经营者集中。

二、该案法律适用的合法性

（一）案件涉及事实

判断该案法律适用问题，最主要的是“该案是否应当适用中国法律”的问题。并且，这一问题也存在一定的争议。

《国务院关于经营者集中申报标准的规定》① 第三条规定，经营者集中达到下列标准之一的，经营者应当事先向国务院商务主管部门申报，未申报的不得实施集中：参与集中的所有经营者上一会计年度在全球范围内的营业额合计超过100亿元人民币，并且其中至少两个经营者上一会计年度在中国境内的营业额均超过4亿元人民币；参与集中的所有经营者上一会计年度在中国境内的营业额合计超过20亿元人民币，并且其中至少两个经营者上一会计年度在中国境内的营业额均超过4亿元人民币。第四条规定，经营者集中未达到本规定第三条规定的申报标准，但按照规定程序收集的事实和证据表明该经营者集中具有或者可能具有排除、限制竞争效果的，国务院商务主管部门应当依法进行调查。

在“可口可乐收购汇源公司案”中，由于交易后可口可乐公司将取得汇源公司绝大部分股权，从而取得了汇源公司的决定控制权，因此，该交易符合集中的法定标准；同时，可口可乐公司和汇源公司2007年在中国境内的营业额分别为12亿美元（约合91.2亿人民币）和3.4亿美元（约合25.9亿人民币），分别超过4亿元人民币，达到并超过了《国务院关于经营者集中申报标准的规定》的申报标准，因此该项并购必须接受商务部的反垄断审查。

从实践来看，可口可乐公司与汇源公司也认可此次并购应接受商务部的反垄断审查。2008年9月18日，商务部收到可口可乐公司收购中国汇源公司的经营者集中反垄断申报材料。2008年9月25日至11月19日，可口可乐公司根据商务部要求先后四次对申报材料进行了补充。11月20日商务部对此项集中予以立案审查，由于此项集中规模较大、影响复杂，初步审查工作结束后，2008年12月20日，商务部决定在初步审查基础上实施进一步审查，并书面通知了可口可乐公司。

① 中华人民共和国国务院令第529号（2008年8月3日）。

（二）特殊目的公司并购的法律适用

在此次并购交易中，还有一个前置性问题略有争议，即对于两家非中国注册的公司之间的并购是否应当适用中国法律的问题。

首先，《反垄断法》第二条规定，中华人民共和国境内经济活动中的垄断行为，适用本法；中华人民共和国境外的垄断行为，对境内市场竞争产生排除、限制影响的，适用本法。

其次，按照2005年外管局《境内居民通过特殊目的公司融资及返程投资外汇管理有关问题的通知》第一条、第四条、第五条、第六条，以及2006年六部委专门出台的《外国投资者并购境内企业的规定》①第二章第九条、第四章第三十九条至第五十条规定，类似汇源公司这种在开曼注册的内资控股企业被界定为“特殊目的公司”。《外国投资者并购境内企业的规定》标志着中国法律制度首次承认“特殊目的公司”。特殊目的公司虽然是“外资企业”，但本质上并不改变作为中国境内法人或自然人直接或间接控制的“境外企业”这一事实。而且，汇源公司2005年就表示，选择在开曼注册是为了利用开曼授权注册资本制度的便利，解决毋须完全缴足注册资本金问题并便于到香港上市融资。此外，按照《中华人民共和国外资企业法》（简称《外资企业法》）第二条规定，外资企业是指“依照中国有关法律在中国境内设立的全部资本由外国投资者投资的企业，不包括外国的企业和其他经济组织在中国境内的分支机构”。从严格的角度看，《外资企业法》并不适用于汇源公司。因为汇源公司不是“在中国境内设立的全部资本由外国投资者投资的企业”，而是“在中国境外设立的由国内民营资本控股的企业”。可见，汇源公司这种中国境内法人或自然人直接或间接控制的境外公司，与诸如花旗、丰田等外资企业有着本质区别，是一种境内民营资本控股的特殊“外资企业”，是中国的本土民族品牌。

综合上述分析可以看出，此次并购应当适用中国法律，也应当受到

---

① 中华人民共和国商务部、国务院国有资产监督管理委员会、国家税务总局、国家工商行政管理总局、中国证券监督管理委员会、国家外汇管理局令2006年第10号，中华人民共和国商务部第七次部务会议修订通过，2006年8月8日公布，自2006年9月8日起施行。

《反垄断法》的规制。

三、该案法律事实认定的合法性

法律事实，就是法律规定的、能够引起法律关系产生、变更和消灭的现象。法律事实的一个主要特征是，它必须符合法律规范逻辑结构中假定的情况。本案中，最重要的法律事实认定问题在于以下两点：一是可口可乐合并汇源公司后的市场份额是否能够达到垄断地位；二是本案关于合并后的市场份额应当如何认定。

（一）垄断的界定

美国著名经济学家萨缪尔森曾说过，垄断只停留在经济上的描述性解释，尚不能精确成一法律概念[①]。关于何为垄断，代表性的观点有：

（1）垄断是指“某一或少数几个企业占据相关市场的很大份额，从而具有支配市场，特别是市场价格的力量”。“垄断并不以违法为前提”。[②]

（2）垄断是指“竞争者以单独或联合、支配、协调一致等方式，凭借市场优势或者其他行政权力，控制支配市场，限制和排斥竞争的状态。除国家竞争立法政策基于经济发展和国民经济整体利益考虑，对一些行业或领域内的垄断给予法律适用的豁免外，垄断是为竞争立法所反对和禁止的”。[③]

（3）垄断是指“与自由竞争相对的一个概念，是指排斥、限制竞争的各种行为的总称”，是一种“具有社会危害性的违法行为”。[④]

（4）垄断亦即市场支配地位，是指单个或多个企业或企业联合组织在相关市场上具有控制产品数量、价格和销售等，从而能够削弱甚至

---

① ［美］萨缪尔森著，胡代光等译：《经济学》，北京经济学院出版社，1996年版，第310—311页。

② 张瑞萍：《反垄断法理论与实践探索》，吉林大学出版社，1998年版，第44页。

③ 文海兴、王艳林：《市场秩序的守护神——公平竞争法研究》，贵州人民出版社，1995年版，第53页。

④ 种明钊：《竞争法》，法律出版社，1997年版，第283—285页。

消除竞争的能力或状态。①

从以上分析我们可以看出，垄断的概念是一个综合性的概念，对垄断的认定不是一个单一要件的分析过程，而是建立在对各种因素进行综合分析的基础上。就本案而言，可口可乐公司是世界上最大的饮料生产企业，拥有全球48%的市场占有率以及占据全球三大饮料中的两个品种。从理论上来说，这一并购行为不符合垄断的构成要件。如上所述，对垄断进行分析需要从主体、相关市场上的企业能力、造成的法律后果等多个方面入手。现代反垄断法出现了从结构主义向行为主义转变、由本身违法原则向合理原则发展的趋势，这就说明现代反垄断法以控制限制竞争和形成垄断的市场行为为重点。可口可乐公司并购汇源公司的行为会增强可口可乐在市场上的竞争力，造成可口可乐公司在中国市场上的市场份额大幅提升，但是这并不意味并购行为就一定会产生饮料市场限制竞争的效果，更不意味着该行为一定会产生垄断的弊害。因为限制竞争的效果和垄断的弊害都需要在大量的实证调查的基础上经过科学的分析才能确定。

（二）市场份额的认定

根据商务部的公告信息可以推断，在本次收购审查中，商务部将碳酸饮料市场与果汁饮料市场划分为两个独立的产品市场，因此本案涉及的是一个跨市场兼并（或混合兼并）。所谓跨市场兼并是指不同行业、不同产品生产企业之间的收购兼并。一般认为跨市场兼并对竞争的威胁小于同一市场内企业之间的横向合并。但由于其特殊性，审查机关通常将审查重点集中在交易进行后将会对目标市场竞争产生的不利影响。考虑的因素除了市场集中度之外，还包括：兼并对相关市场竞争结构的影响；兼并是否造成其他企业进入相关市场障碍或合并后企业竞争是否变得更加困难；以及相关市场结构和市场特征等。

本案中不同的机构对汇源公司在市场上所占的份额有不同的测算。可口可乐提供的数据称，其与汇源公司合并后在我国所占的非碳酸饮料市场份额低于20%。但据北京一家咨询公司东方艾格的测算，在我国

---

① 漆多俊：《经济法学》，武汉大学出版社，2004年版，第137页。

134家上规模饮料企业中，汇源公司产销量目前在我国国内市场的占有率已达13.95%。另外，根据AC尼尔森数据，汇源公司在我国的纯果汁领域的份额已经高达46%。不同的机构对汇源公司的市场份额得出不同的结论，主要是因为各个机构对相关市场的界定不同，即在界定相关市场时作为“分母”的市场不同，有的是以非碳酸饮料市场作为分母，有的是以纯果汁市场作为分母。

现有的很多分析都着眼于是否超过50%的问题。然而从商务部的公告来看，商务部使用了“传导效应”这一理论，进而判定“此项经营者集中具有排除、限制竞争效果，将对中国果汁饮料市场有效竞争和果汁产业健康发展产生不利影响”。

商务部对“传导效应”的运用主要参考了美国反垄断法中的堑壕理论（entrenchment doctrine）以及欧盟采用的跨市场兼并中的杠杆理论（Leveraging in conglomerate mergers）。

（1）美国反垄断法中的堑壕理论，是针对跨市场兼并的特殊理论。该理论关注的是兼并是否造成在其他市场上占据垄断地位的收购方赋予了目标企业独特且显著的竞争优势。如果兼并将会实质性地增加目标企业的竞争优势，或对将来的市场进入者造成竞争障碍，那么就可以认定兼并会对未来的市场竞争产生不利影响。堑壕理论是美国最高法院在1967年的联邦贸易委员会诉宝洁公司一案（F. T. C. v. Procter & Gamble Co. 386U. S. 568，87 S. Ct. 124）中提出的。在该案中，被收购方科罗拉斯公司是一家最大的日用漂白剂生产商，占全国总销售额的48.8%。宝洁公司是一家大型的综合性日用品生产商。在收购科罗拉斯公司之前，宝洁公司并不生产日用液体漂白剂。公司的主要经营范围是肥皂、清洁剂以及洗涤剂。作为一家综合性的生产商，宝洁公司在广告以及促销方面具有显著优势。1957年时，宝洁公司成为全国最大的广告商，广告投入超过8000万美元，其他的促销费用达到4700万美元。宝洁公司可以同时推销多种产品，因而摊薄了每一产品的广告费、邮寄费及其他费用。

（2）欧盟反垄断中的杠杆理论认为，如果进行跨市场兼并的企业所提供的产品具有相近性，由于产品密切相关并且拥有相同的客户群（中间客户或者最终客户），该兼并可能会造成对于竞争的不利影响。

一般认为这种不利影响包括三方面：其一是对于下游市场经销商施压以实现产品搭售，其二是基于定价激励的搭售，其三是技术性搭售。

除此之外，真正对中国“可口可乐并购汇源公司案”产生了重大影响的是 2003 年美国可口可乐公司并购澳大利亚贝里公司的案例（Amatil/Berri）。澳大利亚竞争与消费者委员会在将果汁饮料市场和碳酸饮料市场界定为相邻市场的基础上，进一步分析认为，可口可乐很可能利用杠杆效应将其在碳酸饮料市场上的优势地位传导至果汁饮料市场。

综合上述分析，尽管关于垄断问题当时中国的法律法规没有具体的规定，从决定的结果来看，商务部也没有公布相关依据。但值得注意的是，商务部公布的决定中，认为需要禁止收购的理由在于“对现有果汁饮料企业产生排除、限制竞争效果”、“集中将使潜在竞争对手进入果汁饮料市场的障碍明显提高”、“集中挤压了国内中小型果汁企业生存空间，抑制了国内企业在果汁饮料市场参与竞争和自主创新的能力”，而没有提及“垄断”本身。商务部禁止收购决定更多的是依赖于“传导效应”而做出的，因此“并购不会构成垄断”并不能成为判定商务部决定违法的理由，该案中法律事实认定符合当时的法律规定。

第二节　从行政法角度看商务部禁止收购的合理性

一、从政府信息公开角度看商务部禁止收购的合理性

（一）我国的政府信息公开制度

曾有学者指出，政府信息公开法治化是指政府基于公共利益将其掌握的公共信息依法定条件、程序、方式、时间通过适当的信息渠道向社会公布，以及公民、法人及其他组织依法获得、使用政府信息资源的制度模式；而我国政府信息公开立法有三种模式可选：分散式立法模式、

地方先行立法模式、中央集中立法模式。[①] 事实证明我国运用的是地方先行立法模式，由广州、上海、北京等地先行尝试，随后采用中央集中立法模式，颁布《中华人民共和国政府信息公开条例》（简称《信息条例》）。

应当说，我国政府信息公开，从提出构想到最终实施，经历了漫长的过程。我国推行政府信息公开，始于1989年《政府工作报告》中的“公开办事”制度，其后，在中共中央和国务院办公厅的大力倡导下，“政务公开”作为一项重要的制度建设逐步提上了政策议程。在此背景下，广州市、上海市率先推行政务公开试点。此后，政府信息公开在各地、各级政府的政务工作中得到了有效落实和大力发展，政府信息公开工作也日趋成熟。1996年，中央纪委明确提出，要实行政务公开制度。1999年，中国社科院成立“政府信息公开立法问题”专门研究机构，2002年5月，该机构接受国务院委托着手起草政府信息公开的相关立法；2002年7月，《政府信息公开条例》草案成文。2003年6月，全国政务公开领导小组成立。2004年3月，国务院印发《全面推进依法行政实施纲要》，将政府信息公开作为推进依法行政的重要内容。2006年1月，国务院信息办会同法制办制定完成了《信息条例》草案，并上报国务院；同年10月，中共十六届六中全会提出将政务公开作为促进和谐社会建设的重要制度保证。2007年1月，《信息条例》经国务院常务会议讨论通过。2008年3月，十一届全国人大一次会议的政府工作报告中指出，“大力推行政务公开，健全政府信息发布制度，完善各类公开办事制度。”2008年5月，《信息条例》正式实施[②]。至此，《信息条例》以行政法规的形式，对我国政府信息公开的范围和主体、方式和程序、监督和保障等内容做出了全面、系统的规定，明确了各级政府开展政府信息公开的法定义务，标志着我国政府信息公开工作步入制度化建设的新台阶。[③] 在此前后，国务院办公厅分别于2008年4月29日和

---

① 韩大元、杨福忠：《试论我国政府信息公开法治化》，载《国家行政学院学报》2004年第2期。

② 2007年4月5日公布。

③ 张秀吉、关欣：《我国省级地方政府信息公开工作的比较分析——基于〈政府信息公开条例〉的实施情况》，载《山东社会科学》2013年第9期。

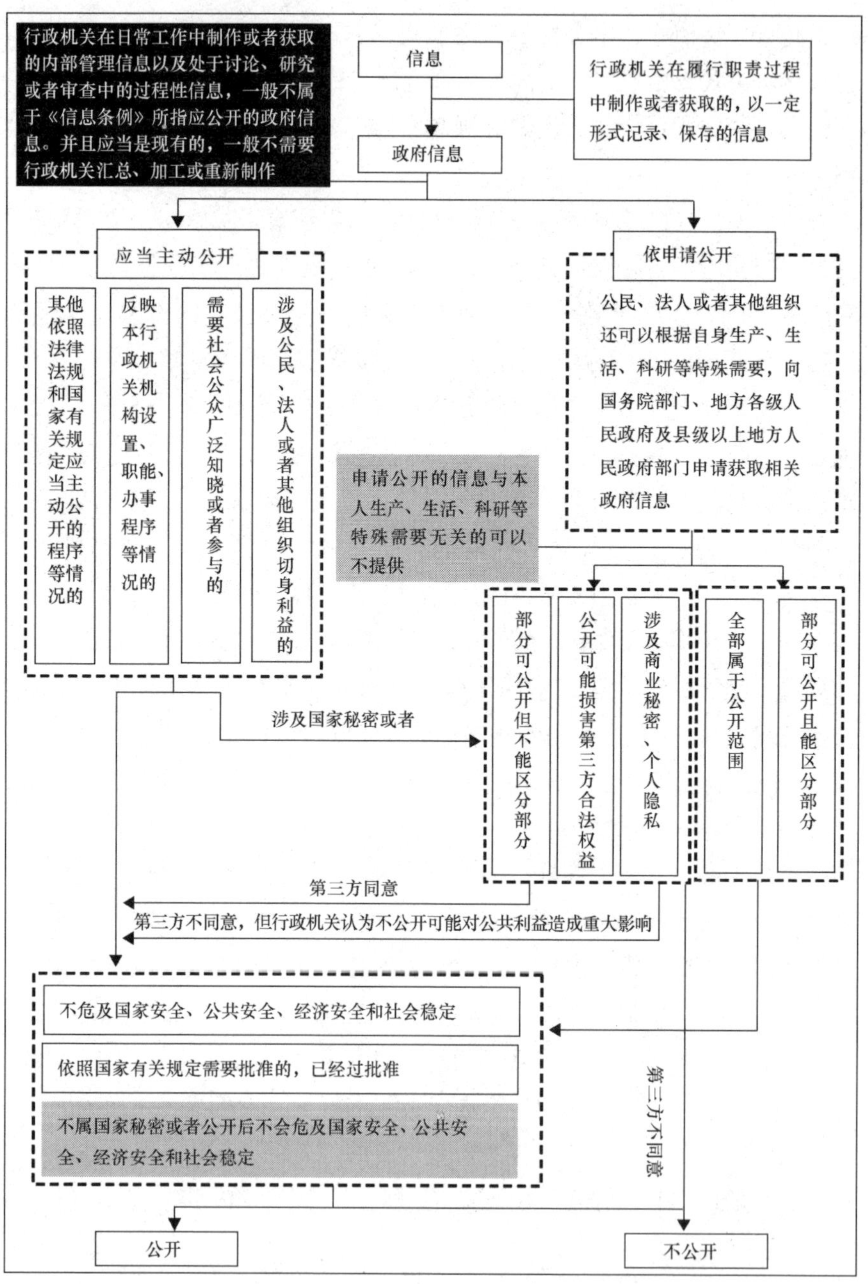

注：示例 白底方框表示《信息条例》规定的内容；

示例 灰底方框表示《国办信息条例施行意见》规定的内容；

示例 黑底方框表示《国办做好依申请公开工作的意见》规定的内容。

2010年1月12日颁布了《国务院办公厅关于施行〈中华人民共和国政府信息公开条例〉若干问题的意见》（简称《国办信息条例施行意见》）① 和《国务院办公厅关于做好政府信息依申请公开工作的意见》（简称《国办做好依申请公开工作的意见》）②。

本案发生时，有观点认为商务部公布的信息不够具体，其做出决定所依据的数据不清。在当时，我国已经颁布并且正式施行了《信息条例》，那么依据该条例，上述观点中提及的信息及依赖数据是否应当属于商务部应当公开的内容呢？

上图是对《信息条例》《国办信息条例施行意见》和《国办做好依申请公开工作的意见》中公开范围的梳理。其中《信息条例》和《国办信息条例施行意见》皆颁布于商务部公布决定之前；而《国办做好依申请公开工作的意见》则颁布于商务部公布决定之后。

（二）以信息公开为原则的合理性要求

但同时，我们也可以看到，商务部公布的《商务部公告2009年第22号——关于禁止可口可乐公司收购中国汇源公司审查决定的公告》，全文共1473个字，分为立案和审查过程、审查内容、审查工作、竞争问题、附加限制性条件的商谈和审查决定六个部分，平均每个部分200个字左右，应当说十分简洁。笔者认为，即便如上所述，做出决定所依据的数据、信息有可能涉及商业秘密或第三方利益，但是这些数据和信息应当属于可以区分的部分，除此之外还有大量不涉及商业秘密或者第三方利益的信息可以作为做出决定的必要说理补充。

当然，这些分析都基于合理性而非合法性的视角，毕竟无论是可口可乐公司还是汇源公司均没有就此提出信息公开申请，也没有在信息公开方面采取救济措施。应该看到，从合法性角度来看，由于“损害第三方利益”，“危及国家安全、公共安全、经济安全和社会稳定”等限制性条件的存在，在现有法律框架下，很容易让政府信息获得不公开的机会。

---

① 国办发［2008］36号。

② 国办发［2010］5号。

结合上图可以发现，本案中涉及的决定依据和信息符合《信息条例》中关于“政府信息”的要求，而且属于应当主动公开中所规定的“涉及公民、法人或者其他组织切身利益的”这一条件。当然，这些信息会有一部分可能涉及商业秘密，也有可能涉及第三方利益。在这一情况下，对于涉及商业秘密或者可能涉及第三方利益的部分，需要征得利益相关方的同意。此外，由于我们不知道商务部做出决定所依赖的信息为何，也就无法判断这些信息的公开是否会涉及“危及国家安全、公共安全、经济安全和社会稳定”。

然而，从合理性角度来看，尽管《信息条例》没有将“以信息公开为原则，以不公开为例外”作为政府信息公开的基本原则，也有观点指出，尽管《信息条例》中出现了诸多有利于知情权保障的内容，但从《信息条例》遵循的原则、对申请公开中申请人资格的限制、规定的政府信息公开范围等角度来看，知情权保障始终不是《信息条例》的初衷，其立法目的是要发挥政府信息的服务作用，为了达到依法行政、提高行政透明度和促进服务所产生的客观效果。[①] 但是，政府并没有放弃政府信息公开应“以信息公开为原则，以不公开为例外”的价值取向，反倒在《信息条例》颁布之后，把政府信息公开应“以信息公开为原则，以不公开为例外”直接写入了相关的中央文件中。《国务院关于加强法治政府建设的意见》[②] 明确提出，“坚持以公开为原则、不公开为例外，凡是不涉及国家秘密、商业秘密和个人隐私的政府信息，都要向社会公开”；同样，中共中央办公厅、国务院办公厅《关于深化政务公开加强政务服务的意见》也明确提出，“按照公开为原则、不公开为例外的要求，及时、准确、全面公开群众普遍关心、涉及群众切身利益的政府信息。”十八届四中全会，更是明确提出“坚持以公开为常态、不公开为例外原则，推进决策公开、执行公开、管理公开、服务公开、结果公开”。

---

① 王玉林：《〈政府信息公开条例〉立法目的解读——是保障知情权抑或其他?》，载《云南大学学报法学版》2010 年第 23 卷第 3 期。

② 国发［2010］33 号。

从上述发展趋势来看，政府信息公开应当“以信息公开为原则，以不公开为例外”，而在做出禁止可口可乐公司收购中国汇源公司审查决定的时候，政府部门应当尽到合理的说理义务。如果相关理由、依据的公开涉及“不能公开”的范畴，政府部门应当对“不能公开”本身做出解释或者说明。尤其在我国超过半数的信息资源都掌握在行政机关手中的情况下，这种解释与说明显得格外重要。①

换个角度来看，适当的信息公开，也有利于降低商务部做出决定的压力，强化自身公信力。例如有学者在分析政府信息公开域外经验的时候指出，总的来看，美国行政机关是将事实形成和价值抉择的压力部分地转移到社会和专家那里，而通过更高明的行政技术来达到政策导向的目的；行政机关既减轻了行政压力，又可强化自身的公信力，达成自身利益与全局利益的一致。②

二、从行政许可角度看商务部禁止收购的合理性

（一）我国的行政许可制度

在《中华人民共和国行政许可法》（简称《行政许可法》）颁布之前，学界曾经就行政许可与行政审批之间的关系做过探讨。关于二者之间的关系探讨，大致可以归纳如下：③（1）行政审批仅为“行政行为中的一个环节（审查、批准），既用于外部行为，也可用于内部行为，并且只指行政机关作出的特定行为；而行政许可只用于指代行政机关对外作出的具体行政行为”。④（2）两者之间应该是内部行政行为与外部行政行为的关系。如有的学者认为不少法律、法规中使用的“批准、审批”的实质就是行政许可，所以用批准或审批是概念不清、

① 韩大元、杨福忠：《试论我国政府信息公开法治化》，载《国家行政学院学报》2004年第2期。

② 湛中乐、苏宇：《论政府信息公开排除范围的界定》，载《行政法学研究》2009年第4期。

③ 王克稳：《我国行政许可与行政审批关系的重新梳理与规范》，载《中国法学》2007年第4期。

④ 张兴祥：《中国行政许可法的理论与实务》，北京大学出版社2003年版，第19页。

用词混乱所致，并建议立法上应当对许可与审批的概念严格加以区分："凡行政机关对外实施许可的行政行为一律使用许可一词，凡行政机关内部程序的许可行为可称为批准或审批。"①（3）行政审批是行政许可的一部分。广义的行政许可包括了行政机关的各项批准、核准等行为。②（4）两者之间相互交叉。认为行政审批是指政府行政系统在特定当事人的请求下对法律禁止的状态或法律不予许可的状态赋予其是否在广延范围内取得权利或利益的行政行为，在行政许可中也有行政审批行为，但这种审批基本上是对具体权利的审批，是附着于个人对某种单一事项提出请求的审批，而行政审批中的权益是存在于广延领域内的事项，其涉及的权利内容和影响的强度都要大得多。③

而《行政许可法》正式颁布之后，将行政许可定义为"行政机关根据公民、法人或者其他组织的申请，经依法审查，准予其从事特定活动的行为"。结合草案说明，可以看出根据《行政许可法》，行政审批就是行政许可。④

原本从规范意义上说，这一问题随着《行政许可法》的实施已经得到解决，然而，在《行政许可法》的实施和执行中，行政审批与行政许可两个概念之间出现了分离的倾向，大量的行政审批不断从行政许可中分离出来，出现了所谓的"非许可类行政审批"⑤、"不属于行政许可的行政审批"⑥、"不作为行政许可的行政审批"⑦、"不作为行政审

① 熊文钊：《现代行政法原理》，法律出版社，2000年版，第301—302页。

② 马怀德：《行政许可》，中国政法大学出版社，1994年版，第8—9页。

③ 关保英：《行政审批的行政法制约》，载《法学研究》2002年第6期。

④ 杨景宇2002年8月23日在第九届全国人民代表大会常务委员会第二十九次会议上所作的《关于〈中华人民共和国行政许可法〉（草案）的说明》。

⑤ 2004年8月6日国务院办公厅发布的《关于保留部分非行政许可审批项目的通知》（国办［2004］62号），《通知》中保留了211项非行政许可的审批项目。

⑥ 武汉市政府2004年发布的《关于明确部分审批事项不作为行政许可事项的通知》（武政发［2004］98号），《通知》中规定了不属于行政许可的四类行政审批事项。

⑦ 同上。

批事项”、[1]“不属于行政许可法调整的其他行政审批”（简称“其他审批”）、[2]“涉密类行政审批”[3] 等一系列与行政许可的概念相并列的非许可的行政审批的概念。[4] 尤其在国务院办公厅颁布《国务院办公厅关于保留部分非行政许可审批项目的通知》[5] 之后，“非行政许可审批项目”得到官方认可。

那么此次商务部的批准行为是否属于行政许可范畴呢？

首先，根据《行政许可法》的规定，行政许可是指行政机关根据公民、法人或者其他组织的申请，经依法审查，准予其从事特定活动的行为。从这一定义看，行政许可具有以下特征：（1）是针对行政相对人做出的外部行政行为；（2）是一种依申请的行政行为；（3）是行政机关的职权行为；（4）是一种要式行政行为；（5）是一种准予申请人从事特定活动的行政行为。从这五个特征出发，笔者认为商务部的批准行为应当符合行政许可的特征。

其次，从国务院办公厅颁布的《国务院办公厅关于保留部分非行政许可审批项目的通知》来看，并未涉及反垄断、限制竞争的事项，在211 项栏目中，商务部作为实施机关（包括与其他机关同为实施机关）的审批包括民族贸易县审批、享受民族贸易优惠政策的省州民族贸易公司审批、老旧汽车报废更新补贴资金计划审批、国家边销茶储备库点审批、援外项目有关事项审批这五项审批，没有包括对经营者集中或限制竞争等行为的审批。

---

① 江苏省人民政府《江苏省省级行政审批事项第二批清理方案》（2004 年 4 月 13 日发布），该《方案》中明确了 88 项不作为行政审批事项。

② 深圳市人民政府《关于发布深圳市行政审批事项清理结果的决定》（2004 年 7 月 5 日发布），该《决定》中明确“不属于行政许可法调整的其他行政审批，暂作其他审批予以保留”。

③ 苏州市人民政府《关于公布苏州市市级行政许可实施主体及实施的行政许可项目、非行政许可项目的通知》（苏府［2004］141 号），该《通知》中除了非行政许可类审批项目之外，涉密类审批项目也是不适用《行政许可法》的行政审批。

④ 王克稳：《我国行政许可与行政审批关系的重新梳理与规范》，载《中国法学》2007 年第 4 期。

⑤ 国办［2004］62 号。

（二）行政许可的合理性要求

综合上述分析，笔者认为商务部的批准行为属于行政许可范畴。那么从行政许可的角度出发，我们该如何衡量商务部的决定呢？

首先，从行政许可的法理角度来看，行政许可是一种政府介入社会、市场的行为。而政府介入市场，通过行政许可管制经济生活，必须有合理的理由。应该说，市场的缺陷和不完善是经济领域实施政府规制与许可的存在根据，以经济学界的一般观点看，经济规制与审批的根据在于市场的失效。[①] 从这个角度来看，商务部在做出禁止决定的同时，应当说明如果允许可能会造成的不当市场影响。

其次，从我国《行政许可法》规定的许可审查方式来看，《行政许可法》第三十四条将行政许可审查区分为两种情况，即形式审查（也有学者称为书面审查、初步审查）和实质审查。从法律条文的含义来看，形式审查只负责审查申请材料是否齐全、是否符合法定形式，不负责审查申请材料内容的真实性，而实质审查是指对申请材料的实质内容进行核实。而在此案中，显然商务部采用的是实质审查的方式。实质审查过程中必定涉及到诸多判断所依赖的基础材料和数据。虽然具体的材料和数据有可能涉及商业秘密或者第三方利益，但是作为审查主体的商务部，应当在公布决定的同时公布做出决定考察、依赖了哪些方面的数据，这样也有利于其他想要从事类似行为的主体提前进行自我审查。

再次，从整个案件的材料提供及其时间来看，《行政许可法》第三十二条第四项规定，申请材料不齐全或者不符合法定形式的，应当当场或者在5日内一次告知申请人需要补正的全部内容，逾期不告知的，自收到申请材料之日起即为受理。本案中，可口可乐公司于2008年9月18日开始申报，到11月20日达到商务部满意的程度和开始立案，时间长度是两个月，期间有过四次材料补充。这一方面可能有可口可乐公司材料提供不全、不及时的问题，另一方面也可能是商务部告知的补充材料清单不够完整。

---

① 肖金明：《行政许可制度的反思和改革》，载《中国行政管理》2001年第6期。

最后，根据《行政许可法》第七条和第三十八条分别规定，“公民、法人或者其他组织对行政机关实施行政许可，享有陈述权、申辩权；有权依法申请行政复议或者提起行政诉讼；其合法权益因行政机关违法实施行政许可受到损害的，有权依法要求赔偿”；“行政机关依法作出不予行政许可的书面决定的，应当说明理由，并告知申请人享有依法申请行政复议或者提起行政诉讼的权利”。从商务部公布的决定来看，可口可乐公司多次递交了材料，同时商务部也就“附加限制性条件”问题与可口可乐公司进行了商谈，在形式上尊重了可口可乐公司的陈述权，但是决定最后并没有告知申请方有权提起行政复议或者行政诉讼。虽然这一点不能推断商务部阻断了申请方的司法救济权，但是在救济途径告知方面，商务部存在一定的程序瑕疵。从上述第三十八条的规定来看，行政机关依法做出不予行政许可的书面决定的，应当说明理由。虽然《行政许可法》没有规定理由说明应当达到什么样的程度，但是结合前述行政许可存在的法理以及该案中采用实质性审查的事实，笔者认为，针对一起179.2亿港元的并购交易，其行政许可的禁止决定仅有1473个字符，这是远远不够的。[①]

综上所述，从行政许可的角度来看，商务部在做出禁止决定的同时，应当：说明如果允许可能会造成的不当市场影响；公布做出决定考察、依赖了哪些方面的数据；严格遵照《行政许可法》规定的受理期限规定；针对决定进行充分说理。

三、从国际经济行政法角度看商务部禁止收购的合理性

（一）国际经济行政法及其基本原则

国际经济行政法，是一个在国际经济自由化背景下所产生出来的新兴法律分支，是经济治理法的交融化与法律治理跨国化的产物。它是调整跨国经济行政关系的国际、国内公法规范的总和，是协调国家政府规制市场经济制度的法律规范。它是政府经济规制法的国际协调，内容包括国家间关于经济行政管理规制的国际公法法律规范，以及各国国内的

① 与本案相对应的，2003年发生在澳大利亚的美国可口可乐公司并购澳大利亚贝里公司一案中，最后收购也被禁止，但是其决定书就有9页之多。

涉外经济行政法。[①]

从实体法规范的角度来说，国际经济行政法包括调整国际（跨国）经济关系的国际公约、条约、协定以及属于公法性质的各种国际惯例，如1995年在关贸总协定（GATT）基础上诞生的新的全球性经济组织及其相关协定、争端解决机制（DSM）、惯例等；还包括调整跨越国境的经济关系的经济行政法的涉外部分，像关税、进出口货物管理、外汇管理、外资管理等涉外经济行政法律规范，如我国的《中华人民共和国对外贸易法》（简称《对外贸易法》），日本的《出口管理条例》《对外贸易外汇管理条例》等等。

从诸多实体法规范、国际惯例来看，国际经济行政法的主要原则有：国家经济主权原则、国际经济合作原则、权利平等保护原则、正当程序原则以及国际经济行政法的其他原则（如广义比例原则、诚信原则、公平原则等）、利益平衡原则等。[②]

在本案中，可口可乐公司是一家在全世界近200个国家和地区进行销售的大型跨国公司，汇源公司为了实现上市融资采取了境外注册的方式，因此其注册地不在国内。毫无疑问，如前面的分析，此种情况下中国享有管辖权，也应当适用中国法律。但是，这并不意味着可以完全忽视国际经济行政法的基本原则。

（二）国际经济行政法基本原则的合理性要求

以利益平衡原则和正当程序原则为例。利益平衡原则是指我国的涉外经济行政管辖机关在依据利益运动的规律、在符合多元利益特性的基础上，根据涉外经济行政法律规则和其他相关法律去调整该多元利益体系中的冲突，以实现涉外经济行政法律体制下的利益最大化而应遵循的指导法则。[③] 而正当程序原则的实质是公平正义在程序领域的体现。这

① 朱淑娣主编：《国际经济行政法》，学林出版社，2008年版，第3页。

② 朱淑娣、周诚：《国际经济行政法基本原则：平等保护与正当程序》，载《北方法学》2011年第5期；朱淑娣、黄莉娜：《跨国并购行政程序的法治化——涉外经济行政法的理论视角》，行政法学研究会2009年年会论文。

③ 朱淑娣、黄莉娜：《跨国并购行政程序的法治化——涉外经济行政法的理论视角》，行政法学研究会2009年年会论文。

包括：行政机关和司法机关的行为必须基于客观事实而非主观臆断，要在程序上平等对待各方当事人，保障当事人的程序权利，如知情权，申辩权，对行政决定或司法判决、裁定不服的控告权等。① 正当程序的基本原则体现在公开、公正、正当、参与、复审、效率等方面。②

随着改革开放的不断深入，我国参与全球经济的程度不断加深，近年来对外投资业务更是不断扩展，参与国际规则制定的需求也变得越来越强烈。在此背景下，笔者认为，利益平衡原则是涉外经济行政法律视角下，我国跨国并购行政程序制度应当和必须遵循的指导性法则，是体现我国跨国并购经济政策价值取向的指导性原则。这也意味着，政府在处理国际事务的过程中要更加重视国际规则、研究国际规则、尊重国际规则，进而更好地参与国际规则的制定。

当然，从正当程序角度来看，我们无法忽视“中国行政程序法典化尚在建设过程之中，统一的行政程序法典的制定尚待时日”③ 这一事实，但同时我们也无法忽视“跨国并购活动日益频繁，行政程序法治建设时不我待，因而行政程序类型化导向的法治化路径具有相当的合理性”这一迫切性的现实需求。从这一立场出发，笔者认为，商务部的决定在充分说理和开放救济途径方面仍然存在一定的不足。事后招致社会对于中国反垄断“有强烈产业政策导向”的猜疑正是这种不足的具体体现。

第三节 从行政法角度看中国反垄断制度的可完善空间

一、从行政法角度看中国反垄断制度的突出问题

1987 年，我国开始准备制定一部统一的全国性的竞争法。由原国

① 朱淑娣、周诚：《国际经济行政法基本原则：平等保护与正当程序》，载《北方法学》2011 年第 5 期。

② 季卫东：《法律程序的意义》，中国法制出版社，2004 年版，第 22—34 页。

③ 朱淑娣、黄莉娜：《跨国并购行政程序的法治化——涉外经济行政法的理论视角》，行政法学研究会 2009 年年会论文。

务院法制局牵头，国家体改委、国家工商行政管理局等七部门成立联合小组，开始了竞争法的起草工作。1988年，起草小组提出了《禁止垄断和不正当竞争条例》，此后一年之中，经过五次修改，最终立法者的立法意图从统一制定反垄断和反不正当竞争法改为分别制定两部法律。此后，1994年5月，由原国家经贸委和国家工商行政管理局联合成立《反垄断法》起草小组，开始了《反垄断法》的起草工作。直到2001年底，形成了《反垄断法（草案)》。这期间，由于思想认识不统一，乃至对中国当前阶段是否需要《反垄断法》，《反垄断法》的主要内容、适用范围等关键问题争论激烈，所以《反垄断法（草案)》的审查走走停停，不能立即出台。直到2001年中国加入WTO之后，《反垄断法》的立法工作才再次提上日程，并于2003年12月由全国人大列入立法规划，最终于2007年8月30日通过，并于2008年8月1日实施。《反垄断法》第四章专章就经营者集中反垄断规制进行了规定，涉及集中的概念、申报、审查程序、标准、救济措施等内容。

与“可口可乐收购汇源公司案”同一年，商务部还公布了另外四个收购案：“三菱丽阳公司（Mitsubishi）收购璐彩特公司（Luctie）案”(2009年4月24日)、“通用汽车公司（GM）收购德尔福公司（Delphi）案”（2009年9月28日)、“辉瑞公司（Pfizer）收购惠氏公司（Wyeth）案”（2009年9月29日）和“松下公司（Panasonic）收购三洋公司（Sanyo）案”（2009年10月30日)。这四例收购案都以“附加限制性条件”的方式予以通过。

综合“可口可乐收购汇源公司案”、上述四个案例的决定，以及上述分析可以发现：

（一）信息公开不够

从政府信息公开的角度来看，商务部决定不够详实。这五个案例的决定都较为简单，对于相关市场界定、交易可能导致的反竞争效果等问题缺乏必要的说明。在“可口可乐收购汇源公司案”中，虽然决定文书中提及果汁饮料和碳酸饮料市场，但是仅从决定并不能明晰该案所依赖的相关产品市场如何具体界定。其他几起案件中，也都只是大致介绍相关产品市场与地域市场，对于市场界定赖以成立的相关经济证据以及具体分析方法与分析过程均未提及。此外，《反垄断法》第三十条关于执法部门的信息公示义务，明确规定为禁止与附条件通过这两类案件，对于无条件通过的案件，执法部门并没有法定公开义务。对此，有学者质疑，经有关政府部门如国资委批准的并购（如2008年的电信业重组）是否受制于《反垄断法》?[①] 同时，这也容易招致我国反垄断带有强烈的产业政策色彩的猜疑。

虽然在后续经营者集中案件的决定书中，商务部逐步开始将当事人提出的承诺方案作为决定文书的附件一并公开，但是决定文书仍然没有就案件涉及的竞争关注点进行分析，更没有细化对不同交易导致的不同反竞争效果的描述。

（二）权益保障不够

从行政许可的角度来看，申请者获得充分救济的权利没有得到充分保障。一方面，在上述几起“附加限制性条件”通过的案例中，部分限制性条件的期限要求很不明确。比如“通用汽车公司收购德尔福公司案”中，有关无歧视供货和无歧视多源采购的要求就没有期限限制。这种期限限制的缺失不利于权利义务的明确，也增加了申请者未来的法律风险。另一方面，上述几例案件的决定中，并没有按照《行政许可法》的要求告知申请者相关救济途径。此外，就算告知了，由于行为救济措施的监督成本很高，申请者寻求救济的成本也很高，申请者很难有动力主动寻求救济。

此后，虽然最高人民法院公布了《最高人民法院关于审理因垄断行为引发的民事纠纷案件应用法律若干问题的规定》，但是该规定对适格当事人、举证责任等规定过于粗糙，而且没有改变申请者寻求救济成本过高、行政诉讼动力不足的现实。

二、从行政合理性原则看中国反垄断法律制度的可完善空间

行政合理性原则，是指行政机关不仅应当按照法律、法规规定的条

---

① 《中国竞争法律与政策研究报告2010年》，法律出版社，2011年版，第154页。

件、种类和幅度范围做出行政决定，而且要求这种决定应符合法律的意图和精神，符合公平正义等法律理性。行政合理性原则的必要性主要体现在：（1）由于社会活动的复杂多变，使国家行政活动也呈现出多变性与复杂性，而法律不可能规范全部行政活动；（2）法律对行政活动的规范，应当留出一定的余地，以便行政机关根据具体情况灵活处理，但是这种灵活处理又不可以毫无章法可循。

而从域外经验来看，在英美法系国家，由于合理性原则的产生来自司法的判例，根据判例法原则，合理性原则无疑具有了法律渊源地位。而在大陆法系国家，行政合理性原则同样取得了法律渊源的地位，成为这些国家的法律渊源之一。例如，在德国，作为法律渊源的法律原则属于基本法律规范，法律原则是实在法，而不是“超实在法”。①

从行政合理性的角度来看，其作为一项普遍适用的行政法基本原则，要求行政主体的行为应当符合立法目的、出于正当考虑、合乎情理、彼此协调，否则就要承担相应的法律后果。具体说来，其要求有：②（1）行政行为应符合立法目的，凡是有悖于法律目的的裁量行为肯定都是不合理的行为；（2）行政自由裁量权行使中对法律的解释必须符合法的原意；（3）行政自由裁量权的行使必须符合法的授权要求，出于合理的正当动机；（4）行政自由裁量权的行使必须做到事实客观、依据充分，将相关因素纳入考虑，不将不相关因素纳入考虑；（5）行政自由裁量权的行使必须符合法的公正适用原则；（6）行政自由裁量权的行使必须符合执法的效能原则，注重法律效益。

基于上述行政合理性对行政行为的要求，笔者认为，商务部的决定应当更加注重决定理由的说明，同时引入专家论证机制。对经营者集中审查的过程实质上是经济分析的过程，对经营者集中问题的分析涉及大量市场认定、公司经营情况分析、潜在竞争影响推定等经济学领域的专业问题。从域外经验来看，在美国、欧盟、澳大利亚和新西兰，经济分

① ［德］汉斯·J. 沃尔夫、奥托·巴霍夫、罗尔夫·施托贝尔：《行政法》第一卷，商务印书馆，2002 年版，第 254 页。

② 莫于川主编：《行政法与行政诉讼法》，中国人民大学出版社，2012 年版，第 28—29 页；毛光烈：《试论行政合理性原则对行政自由裁量权的控制》，载《汕头大学学报》1999 年第 1 期。

析在垄断案件的审理过程中都受到重视，突出地表现在三个方面：（1）用经济学理论解释法律法规和判例规则；（2）采用经济学家的分析作为证据或参考；（3）聘请经济学家作为助手或顾问，或在反垄断执行机构或法院中补充经济学家，甚至设立专业法庭。[①] 而经济分析方法的高度专业性和技术性使得反垄断法的实施很难与相关的专家相分离。

此外，由于垄断分析具有高度复杂性的特征，行政执法资源又处于相对匮乏的状态，因此引入专家论证机制有利于化解当前的这一矛盾。与此同时，由于专家在社会中的公信力较高，将事实形成和价值抉择的压力部分地转移到专家那里，有利于行政机关减轻自身行政压力，同时强化自身的公信力，达成自身利益与全局利益的一致。

有鉴于此，从更进一步完善的角度来看，我国反垄断法律制度中应当对主管部门审查决定有基本形式上的要求，明确审查决定应当具备特定的框架性内容，如事实说明、审查经过、审查依据、审查结论、救济途径等；同时，引入专家论证机制，对审查决定的理由要有基本的门槛要求。

三、从行政法制发展趋势看中国反垄断法制度的可完善空间

伴随着我国改革开放以后经济、社会的深刻变革，行政法也取得了很大的发展。《行政诉讼法》《国家赔偿法》《行政处罚法》《行政复议法》《行政许可法》《政府信息公开条例》等重要的行政法律制定和实施，对我国经济、社会的发展做出了巨大贡献。尽管目前我国行政法制仍然存在诸多问题，但呈现以下主要发展趋势：

第一，行政法呈现民主化的发展趋势。[②] 改革开放以来，我国行政法学界对于行政民主转型和行政法的民主化发展的认识逐渐统一和深化。例如，被授权组织、受委托组织、特邀监察员等主体制度的发展；

---

① 王传辉：《反垄断的经济学分析》，中国人民大学出版社，2004年版，第60页。

② 莫于川：《中国行政法20年来民主化发展与未来趋势》，载《南都学坛（人文社会科学学报）》2006年第26卷第1期。

行政契约、行政指导、行政奖励等行为制度的发展；公开、告知、听证、证据、公民参与等程序制度的发展；代表评议、行政申诉、行政复议、行政诉讼、行政赔偿、行政补偿等监督与救济制度的发展。这些制度或者直接赋予和保护公民的民主权利和其他合法权利，或者通过制约行政权力从而保护公民的民主权利和其他合法权利。

第二，行政法呈现服务行政的发展趋势。2004 年人权概念通过修宪的方式"入宪"以后，我国行政法的立法、执法、司法和救济过程都更加重视行政民主的价值追求和制度创新，更加注重公民的民主参与和对公民权利的保护。近年来，政府行政更加注重公平与效率的统一，注重秩序与自由的统一，行政合同、行政指导等非强制性行政行为在实践中得到广泛运用。与此同时，政府还在探求与非政府组织（NGO）、非营利组织（NPO）等社会自治组织合作，通过与社会自治组织互动而达成行政目标，论证会、听证会、网上讨论、辩论和征询民意等方式也越来越成为行政决策、行政立法的必经前置程序。

第三，行政程序价值日益受到重视。[①] 改革开放以来，我国在行政程序法价值定位方面已经达成了越来越多的共识，行政程序法制有了较大的发展。1989 年《行政诉讼法》颁布，此后在行政诉讼制度发展的 20 多年间，最高人民法院通过多个司法解释完善了行政诉讼制度，2014 年新修订的《行政诉讼法》得以颁布施行。罗豪才教授甚至认为，随着行政程序法典化条件的日渐成熟，应在适当的时候考虑制定一部统一的行政程序法典，旨在对行政程序中具有共性的部分加以系统、全面的规定。

第四，行政法法源形式更加多样化。[②] 随着改革开放的深入，我国参与国际竞争也不断深入，尤其加入 WTO 之后，相应的国际规则对我国法律体系产生了深远的影响。有学者认为，传统行政法基本上由单一的国家法构成，而新行政法的构成除了国家法以外，还包括社会法、国际法，并且社会法和国际法的比重在新行政法中的比重有逐步增加的趋

① 罗豪才：《现代行政法制的发展趋势》，载《国家行政学院学报》2001 年第 5 期。

② 姜明安：《全球化时代的"新行政法"》，载《法学杂志》2009 年第 10 期。

势。此外，法源形式多样化还表现在“软法”在其法律规范中逐渐占有重要地位。

基于上述行政法制发展趋势的判断，笔者认为，相应地，我国反垄断法制度也应当更加注重民主性、服务性、程序性和开放性。这些特性落实到具体的实务过程中即表现为：

第一，反垄断相关的法律修改要体现民主性和开放性，鼓励公民参与，同时参考国际协定中的立法精神和立法技术。全球化的市场势必需要全球化的行业标准和可衔接的法律制度，只有这样才能更好地融入全球化的经济体系，以方便能够更好地吸引外资，另外也能够更好地方便国内企业的对外投资。

第二，执法机关审查过程中遵循服务行政的精神，采用便民化、人性化的案件受理方法。行政机关的职权行使越来越追求有限性与有效性的共存，各国的发展经验也表明在科技越来越方便物理空间上全球化的同时，要使制度跟上全球化的步伐，政府职权行使的有效性功不可没。

第三，案件审查过程中严格遵守行政程序，保障当事人的合法权益和依法获得救济的权利。严格的行政程序是提高行政效率、完善行政监督、防止行政腐败、推进行政公开的重要保障，对行政程序的遵守还能降低行政运行成本，提高政府公信力和政府管理水平，促进行政管理良性发展。

结语

2014年新修订的《行政诉讼法》正式颁布，针对行政诉讼目的、受案范围、管辖、诉讼参加人、诉讼证据、诉讼判决等方面做出了修订，其中增加“明显不当”作为人民法院判决撤销或者部分撤销，并可以判决被告重新做出行政行为的情形。尽管这并不是全面的合理性审查，但不可否认新修订的《行政诉讼法》在推动实质解决行政争议方面做了努力，将行政机关行使自由裁量权过程中极端不合理的情形纳入合法性审查范围，并规定撤销判决形式适用于明显不当的情形。由此可见，我国规范行政合理性问题已经从学术研究领域逐渐走入司法实践。

结合我国行政法制的发展趋势，可以预见，行政合理性原则在司法实践中的地位将越来越受重视。从这一视角来看，作为一种规范属于行政行为的反垄断制度，有必要跟上我国行政法制发展的步伐，在信息公开、行政程序、审查标准等方面进一步完善。

（本章作者：江国强）

第四章

贸易规制领域——基于“GPX 国际轮胎案”的国际贸易行政诉讼研究

导论

一、研究背景

在经济全球化不断发展的情况下，世界贸易经济交融更加密切，但与此同时，我国与世界其他国家之间的贸易摩擦也呈现上升的趋势。国际经济的竞争与合作使每个国家都非常关注国际贸易纠纷的解决，国际贸易行政诉讼的重要性更是不言而喻。

加入 WTO 后，我国加强了关于国际贸易行政诉讼制度的立法与规范，但传统的普通法院实施审查解决国际贸易行政纠纷的做法在实践中不断受到挑战，相关制度还有待进一步完善。

“GPX 国际轮胎公司和河北兴茂轮胎有限公司诉美国案”（简称“GPX 国际轮胎案”）对于我们研究美国国际贸易法院（USCIT）的机构设置及运行机理以帮助涉讼的中国当事人更好地维护其合法权益，以及通过借鉴反思进一步完善我国现行的国际贸易行政诉讼制度，具有重要意义。

二、研究述评

在前期资料的搜集与分析中可以发现，关于“GPX 国际轮胎案”已有国内外学者做了比较全面和深入的研究。但是，国内外学者对

“GPX 国际轮胎案”的研究，主要集中于从国际法角度研究反倾销税与反补贴税同时适用于“非市场经济”国家是否合理的问题，而从比较研究和国际经济行政法视野下系统地对本案进行分析的成果并不丰富。

通过对现有研究的形式考察梳理可知，国内外学者对“GPX 国际轮胎案”的研究大多为论文形式，尚未见诸专门著作，以专著形式研究该案的成果亦并不丰富。

三、关键问题

从国际经济行政法视角下解读分析，本案所涉关键问题主要有以下三个方面：一是审查依据视角下，中国国际贸易行政诉讼如何完善？二是审查对象视角下，中国国际贸易行政诉讼如何完善？三是审查主体视角下，中国国际贸易行政诉讼如何完善？

本章试图基于司法的角度对上述关键问题进行解答并提出完善的建议。

四、主要观点

对于本案涉及主要问题可做如下阐释与总结：

从审查依据视角审视本案。我们将中美关于国际贸易行政诉讼的立法实践进行对比，可以发现，我国与美国国家贸易诉讼规则体系相比仍存在着许多不足之处。具体而言，一是立法层级较低。具体审判实践依托的《最高人民法院关于审理国际贸易行政案件若干问题的规定》性质上只是司法解释，效力级别低，发挥不出应有的作用。二是规定过于原则性，缺乏可操作性。《最高人民法院关于审理国际贸易行政案件若干问题的规定》仅有 12 条，多是一些原则性、宣示性的规定，缺乏配套的、具体的、可操作的规则。另外其中还存在其他诸多问题，如国际贸易诉讼机制缺乏专业性，国际贸易诉讼的立案标准不够明确，国际贸易行政诉讼机关的管辖范围过于狭窄、管辖权零散，国际贸易诉讼缺乏专门且系统的相关法律规范，诉讼机构的审判缺乏效率、缺乏专业性等。

从审查主体视角审视本案。关于我国国际贸易行政诉讼的完善方面，长远来看应尽快探索建立国际贸易行政诉讼专门法院。在探索建立我国专门国际贸易行政法院的过程中，应该强调其中的行政性和专业性。另外，也需要强调发挥司法能动在引导法律规则和社会政策形成方面的积极作用。目前，在国际贸易行政诉讼完善的进程中，把发展的重心仅仅放在立法上是不可取的，我们应该更多地关注到司法在法治建设中的重要地位。通过总结我国国际贸易行政诉讼中存在的实体与程序实践，为立法提供借鉴，通过司法实践改革，形成对行政立法进行完善的倒逼之势。从短期来看，除了进一步完善相关具体规则，由于上海自贸试验区除了吸引国外投资，还承担着政府职能转变、应对全球多边贸易体制的使命。在这个过程中，利益的冲突与矛盾不可避免，而自贸试验区法院应为改革保驾护航，可以考虑由上海自贸区法院先行探索国际贸易行政法院的立法设计，如此必将推动我国国际贸易行政法院制度的完善。

从审查对象视角审视本案。关于补贴与反补贴问题，随着我国经济体制和政治体制改革的不断深入，在WTO框架体制之内探索达到补贴与反补贴之间的平衡愈发重要。我国目前存在的补贴制度的实质仍然是政策导向，与现行“立法先行”的理念并不契合，应进一步梳理相关政策，以立法方式明确下来，从而更好地实现行政管理与国家调控目标。首先，针对新形势，中国应适时调整国内政策，强化自身的补贴纪律，对国外提起反补贴调查的补贴类型进行分析总结，有意识地进行清理、规避。其次，发达国家在补贴方式上，侧重于为企业营造良好的国内竞争环境，主要在信息技术、组织、培训方面给予企业辅助性的支持，这种与补贴相关的扶持政策值得我国借鉴和学习。最后，应改变过去以政策为主的体例，制定与补贴制度相关的行政法规和规章，把政府的优惠措施法律化，做到有法可循，通过法律干预产业发展，体现扶持政策，使企业在获取相应政策支持时有法可依。就反补贴而言，应针对立法层级较低，规定过于原则性，缺乏可操作性和法律条文规定粗浅、内容存在空白等问题进行完善。就上海自由贸易试验区而言，建立自由贸易区，使其内部市场的作用进一步得到强化，贸易自由更加得到实现，但是又由于自贸区内企业享有很多政策优惠，仅以融资租赁和出口退税为例进行说明，使其容易成为国外反倾销、反补贴调查的对象，存在一定风险。因此，必须对此进行前瞻性了解和研究，尽量避免可能存在的风险，才能真正保证和促进自贸区内的企业发展，为上海自由贸易区的建设助力。

第一节 美国国际贸易行政诉讼案例研究

一、“GPX 国际轮胎案”[①] 简述

（一）案件背景

2007 年 6 月，美国两家轮胎生产公司向美国商务部提起申诉，要求对来自中国的“非公路用轮胎”同时展开反倾销和反补贴调查。

2007 年 7 月，美国商务部决定立案。GPX 国际轮胎公司是美国一家轮胎进口商，在中国全资拥有河北兴茂轮胎公司。

2008 年 7 月，美国商务部公布最终裁定：认定对中国河北兴茂轮胎有限公司适用反倾销税和反补贴税，税率分别是 29.93% 和 14%。

2008 年 9 月，因对美国商务部的裁决不满，美国 GPX 国际轮胎公司和中国河北兴茂轮胎有限公司针对反倾销裁定、反补贴裁定以及实际损害认定向美国国际贸易法院提起诉讼。同时，原告提出由于这三个案件的法律依据非常明晰，因而要求美国国际贸易法院发布临时限制令以及初步禁令以防止进口预缴押金的收取。

2008 年 11 月 12 日，美国国际贸易法院对此做出判决，原告要求法院发布临时限制令和初步禁令的动议被否决。

2009 年 1 月 20 日，美国国际贸易法院合并了关于反补贴和反倾销终裁的诉请。

2009 年 9 月 18 日，美国国际贸易法院做出本案判决：美国商务部

---

① GPX INTERNATIONAL TIRE CORPORATION and Hebei Starbright Tire Co., Ltd., Plaintiffs, v. UNITED STATES, Defendant, and Bridgestone Americas, Inc., Bridgestone Americas Tire Operations, LLC, Titan Tire Corporation, and United Steel, Paper and Forestry, Rubber, Manu-facturing, Energy, Allied Industrial and Service Workers International Union, AFL - CIO - CLC, Defendant - Intervenors.

在视中国为“非市场经济国家”的情况下，采用替代国方法，同时征收反倾销税和反补贴税存在双重救济，要求美国商务部停止征收对中国涉案企业的反补贴税。

美国商务部不服判决，上诉至美国联邦巡回上诉法院（简称“上诉法院”）。上诉法院维持了美国国际贸易法院的判决，但是判决理由完全不同。上诉法院从法律授权的角度出发，认为美国国会反补贴法的立法历史表明：美国目前的法律并未明确规定美国商务部可对“非市场经济国家”的出口产品征收反补贴税。[①]

（二）争议焦点

本案争议问题，包括美国商务部对“非市场经济国家”同时征收反倾销税和反补贴税的现行做法是否合法，美国国际贸易法院对此类案件的审查标准等。具体而言，美国国际贸易法院对于本案的审查标准是Chevron标准，即如果法条表述明确，以法条为准，法院会驳回行政机关与法条字面规定不符的解释；如果法条含糊，即使法院认为其他解释更合理，也要遵从行政机关合理的解释。[②]

1. 美国1988年《综合贸易与竞争法》没有明确规定反补贴法适用于非市场经济国家

美国商务部提出，在2007年之前，美国商务部不会对任何非市场经济国家的产品使用反补贴法，因为在国家控制的经济体制下将补贴行为估量出来是相当困难的。相应地，当美国商务部决定一个国家或地区的地位从非市场经济转变为市场经济之后，就应该对其适用反补贴法。然而，美国商务部认为，中国虽然是一个“非市场经济国家”，但仍然可以对中国商品适用反补贴法。美国商务部提供的理由是，中国在经历了重大而持续的经济改革之后，其经济已经不再是苏联计划经济模式，

---

① 2012年2月29日，美国众议院筹款委员会提出一项要求对非市场经济国家适用反补贴法的提案（众议院立案编号为H. R. 4105，参议院的立案编号为S. 2153）。3月5日，美国参议院通过S. 2153法案，3月6日众议院通过H. R. 4105法案。3月13日，总统奥巴马签署了该法案（公法112—99）。修订后的关税法明确规定美国可对来自“非市场经济国家”商品征收反补贴税。

② 33 C. I. T. 1368，645 F. Supp. 2d 1231.

所以美国商务部现在可以对某项中国产品从政府帮助中获得多少“好处”做出估量。美国商务部发现，目前在中国，雇佣者与被雇佣者可以自主协商工资，大多数外国投资得到允许，许多国有企业进行了私有化改制，计划经济成分减弱并且大多数产品的价格已经市场化。美国商务部由此认为，中国目前的经济兼具市场经济与国家主导的特点。尽管如此，美国商务部仍然将中国定性为“非市场经济国家”，其原因是中国持续存在的政府限制，例如人民币自由化进程缓慢使得中国无法形成“正常”的外汇市场、对于外国投资以及私有制仍然存在限制、银行改制的进程缓慢等。

美国国际贸易法院认为，之前支持美国商务部类似做法的判决对此没有进行明确的说明。如在“乔治城钢铁（Georgetown Steel）案”中，上诉法院在解释美国贸易法时，既没有明确说明其是否遵从一个美国商务部基于不明确的法律做出的决定，也没有清楚地指出其是否认为此处只有一个法律上有效的解释。由于上诉法院在“乔治城钢铁案”中并没有毫不含糊地说反补贴法不适用非市场经济国家，因此，美国国际贸易法院就必须在此认定，美国反补贴法的相关条文即《美国法典》第19卷第1671节和第1677（5）节内容本身是否含糊。如果法条表述本身就是含糊的，那么美国商务部对法条的新解释是否与其旧的解释冲突就无关紧要了，因为美国国际贸易法院现在要考察美国商务部的新解释，如果其合理，美国国际贸易法院将对该解释给予尊重。

根据《美国法典》第1671节规定，美国商务部决定“外国”补贴的事实存在与否。法律没有对“外国”的类型做出限制，也没有任何条款专门规定非市场经济国家。尽管对非市场经济国家的反倾销法中涉及非市场经济国家问题，但它并没有提到对非市场经济国家征收反补贴税是否可参考。综观“乔治城钢铁案”之后的立法历史说明，反补贴法和反倾销法的立法并不能解释新近美国商务部采取的混合（hybrid）做法。法规经历几次变化，但是都没有对非市场经济国家与反补贴法做出修改。

GPX认为，美国国会不断地修改“非市场经济国家”反倾销法而没有对反补贴法做出改动的做法，表现出美国国会认为反补贴法不适用于非市场经济国家的意图。与之形成对比的是，美国政府坚持主张反补贴法赋予了美国商务部自主决定反补贴法适用对象的权利。美国政府解释说“因为商务部之前没有考虑对非市场经济国家适用反补贴法，因此国会没有对这方面进行修改”。美国政府进一步说，它十分重视国会给予美国商务部“运用双反措施保护美国不受来自中国产品冲击”的授权。

针对 GPX 的前述主张，美国国际贸易法院认为，国会在这方面的沉默表明国会从没有预计到反补贴法会适用于一个仍然被认为是“非市场经济体制”的国家。美国商务部对该法规的解释遵循很明确的规则，一国如果是市场经济国家，则征收反补贴税；一国如果是非市场经济国家，则不征收反补贴税。因此国会也没有必要做出那样的修改。然而美国商务部拥有广泛的授权去决定是否存在反补贴法下的补贴。因此，美国国际贸易法院认为，其不能仅仅根据法律的文本意思来判断商务部没有权利对非市场经济国家适用反补贴法。

针对反补贴法和反倾销法对于一个非市场经济国家适用时存在重合的问题，美国国际贸易法院认为，关于美国商务部在这种情况下应该怎样做没有明确规定。在过去，反倾销法适用于非市场经济国家来防范其国家干预造成的价格扭曲，而反倾销法和反补贴法在矫正非市场经济国家政府干预所导致的不公正的功能是部分重合的。

2. 美国商务部对其适用“双反”措施的解释以及计算方法不合理

“乔治城钢铁案”确定，对于已经适用非市场经济反倾销计算的产品，美国商务部无需对其适用反补贴措施。虽然如此，在本案中，美国商务部意图对一种产品同时适用反倾销和反补贴这两种措施。因为反补贴法和反倾销法中相关规定不明确，美国国际贸易法院必须判断美国商务部关于如何适用“双反”措施的解释是否合理。根据以下的理由，美国国际贸易法院认为美国商务部的解释及其导致的结果不合理。

GPX 提出，适用“双反”措施容易导致税收的双重计算，因为它针对中国公司同一种所谓“不公平的贸易实践”实施了两次惩罚。美国政府则坚持，“反倾销法和反补贴法为两种独立的不公正贸易实践提供了独立的救济措施”。

美国商务部认为，国会既然为出口补贴提供了反补贴措施，就理应同时也考虑到了国内补贴，不能武断地假设国内补贴自动降低了出口价格从而导致了补贴和倾销幅度计算时的重复。美国商务部还认为，虽然出口补贴和出口价格之间的关系是直接的，但是国内补贴和出口价格之间的关系是间接的，并且受其他因素影响。

GPX 主张，当美国商务部适用反补贴措施以抵消“政府补贴”，然后继续将一个不含补贴的正常价值和最初有补贴的出口价格相比来计算反倾销程度时构成了双重计算。GPX 称，正如美国商务部为了避免双重计算而对出口补贴的反倾销幅度做出调整一样，美国商务部也必须调整其计算方法，以将那些已经根据反补贴法获得救济又再次基于“非市场经济”反倾销法计算的反倾销幅度的“国内补贴”纳入考虑之中。同时，GPX 认为，假设一个外国生产者总是为了公司目的而保有所有从“国内补贴”得到的好处而不降价，但是在其获得出口补贴时通过降价来放弃这种好处是“没有经济意义”的。GPX 承认“国内补贴”对于出口价格的影响取决于经济环境，但是它主张在美国商务部已经对补贴的全额价值采取了反补贴措施的时候，必须同时“在做出关于并行的反倾销的决定时考虑到这个行为”。GPX 进一步认为，在被告没有提供关于否认双重救济证据的情况下，美国商务部没有提供合理依据也没有提前给当事方通知就假设了一个可辩驳的前提，认为“国内补贴”没有降低出口价格。GPX 称，美国商务部要求被告提交相关证据的做法给被告施加了一个不实际的、繁重的，并且是出口补贴调整时被告不需承担的负担。

美国国际贸易法院认为，若美国商务部不对其计算方法做出调整则很容易导致双重救济。其原因是：通常假设“国内补贴”会同时降低目标商品在其生产国和美国的价格，不会对任何因此造成的倾销的计算造成影响。但是本案中，美国商务部没有将出口价格同中国的国内价格做比较（此种情况下双方会受到相同的影响），相反，出口价格尽管被补贴所影响，美国商务部还是将出口价格与假设的没有经过补贴的出口价格相比较。

美国国际贸易法院认为美国商务部要求 GPX 提交证据证明双重计算存在的行为是不合理的。理由是：补贴对于价格的影响是难以计算的，因此这种价格影响不在反补贴的计算范围之内。一般认为，反补贴措施通过提高进口产品的价格从而达到公平市场竞争的目的。如果双重计算的风险很大，并且美国商务部很难确定双重计算发生的程度，则美国商务部在准备好通过改良过的方法或者法规来解决这个问题之前，都不应该对非市场经济产品采取反补贴措施。并且美国商务部是有自由裁量权的，在“乔治城钢铁案”中所确立的是，美国商务部有权在使用非市场经济反倾销的方法时不采取反补贴措施。因此，只要出口商获得的竞争优势是可计算的，美国商务部就可以根据非市场经济反倾销法采取所有的救济方法。如果美国商务部现在决定对“非市场经济国家”的产品采取反补贴措施，美国商务部必须同时使用包括避免双重计算在内的相应的方法使得这种平行的救济合理。

美国国际贸易法院将此事项发回美国商务部，由美国商务部决定放弃反补贴法对于争议商品的适用；或者由美国商务部采取另外的政策和程序来调整其“非市场经济国家”的反倾销和反补贴方法，以对中国产品采取反补贴措施。如果美国商务部决定采取反补贴措施，起码在中国仍然是一个“非市场经济国家”的时候，美国商务部不能以一刀切的日期来认定和衡量来自中国的补贴，美国商务部必须根据每一项补贴的具体情况来决定该补贴是否存在，以及在某一个时间段里此补贴是否是可评估的。

二、相关案例

（一）对华低定量热敏纸的反倾销反补贴案

2007年10月31日，美国商务部对华低定量热敏纸启动反倾销和反补贴调查，涉案产品海关编码为48119080.40、48119090.90。2008年10月2日，美国商务部做出反倾销终裁，中国涉案企业所获最终税率为115.29%；同日，美国商务部做出反补贴终裁，中国涉案企业所获最终税率为13.17%—137.25%不等。

2013年7月11日，美国国际贸易法院就涉及美国商务部对Paper Resources　LLC在中国用第三国生产的大直径纸卷包装的低定量热敏纸的反倾销和反补贴的征税范围终裁裁决的诉求做出判决。

本案诉讼双方具体如下：

原告：美国阿普莱顿纸业公司（Appleton Papers Inc.）

被告：美国政府

被告介入方：Paper Resources　LLC

案件争议点：该案为合并诉讼，原告美国阿普莱顿纸业公司（简称“阿普莱顿”）就美国商务部对 Paper Resources LLC 在中国用第三国生产的大直径纸卷包装的低定量热敏纸反倾销和反补贴的征税范围终裁裁决提出质疑。美国商务部和被告介入方 Paper Resources LLC 对阿普莱顿的诉求表示反对。

司法管辖权和审查标准：根据《1930 年关税法（经修订）》第 516A（a）（2）（B）（vi）节、19U. S. C. §1516a（a）（2）（B）（vi）（2006）以及 28U. S. C. §1581（c），美国国际贸易法院对该案具有司法管辖权。根据 19U. S. C. §1516a（b）（1）（B）（i），美国国际贸易法院必须维持美国商务部的征税范围裁决，除非该裁决“不具备案卷记录中存放的实质性证据的支持，或在其他方面不符合法律”。其中，“实质性证据”是指“一个合理的心智可视为足以支持一个结论的相关证据”（Huaiyin Foreign Trade Corp v. United States）。

判决结果：美国国际贸易法院认为，美国商务部关于征税范围的终裁裁决具备案卷记录中存放的实质性证据的支持，并在其他方面符合法律，因此驳回了原告阿普莱顿的诉讼请求。

（二）美国 Nucor 公司告美国商务部拒绝就人民币汇率补贴展开调查案①

2010 年 10 月 22 日，美国国际贸易法院做出裁定，不支持美国 Nucor 公司告美国商务部拒绝就人民币汇率补贴展开调查而进行司法审查。美国国际贸易法院认为，美国商务部的决定不是“最终决定”，根据“成熟原则”不具备可诉性。本案涉及人民币汇率在被假定低估的情况下，是否构成反补贴协定下的补贴问题。本案的裁定，对阻止美国企业试图从美国的反补贴诉讼中挑战人民币汇率有着重要意义。

2009 年 9 月，美国 Nucor 公司向美国商务部和美国国际贸易委员会（ITC）请求，对从中国大陆和中国台湾进口的标准紧固件征收反倾销

---

① United States Court of International Trade. NUCOR FASTENER DIVISION, Plaintiff, v. UNITED STATES, Defendant, and XL Screw Corporation, et al., Defendant-Intervenors. Court No. 09－00534. Oct. 22, 2010.

税和反补贴税。美国Nucor公司是美国第二大钢铁生产商，总部设在美国北卡罗来纳州夏洛特市，主要业务是制造和销售钢铁制品。全国涉案金额最大也是全球最大的紧固件生产企业为嘉兴晋亿实业股份有限公司。

2009年9月，美国国际贸易委员会依请求开始了一项先决调查，以确定是否存在证据，能合理证明美国的某项产业由于从中国大陆、中国台湾的进口行为而受到实质性损害或受到实质性损害的威胁。

2009年10月14日，美国商务部进行了一项反补贴税初次调查，以确定中国的标准钢紧固件的制造商、生产商以及出口商是否得到可诉性补贴，调查的时间段是2008年一整年。美国商务部根据美国Nucor公司的指控进行了26项定向的反补贴调查。美国商务部拒绝对指控中提出的“操纵汇率”问题进行调查。美国Nucor公司指控中国政府“维持”人民币汇率从而有效地防止了人民币兑美元的升值。这样在中国境内的生产商及出口商按法律规定将美元卖给官方外汇银行时，生产商换得的人民币要比按市场机制确定人民币汇率时更多。美国商务部认为，美国Nucor公司指控称，中国政府事实上“维持”了汇率，以避免中国货币（人民币）相对美元的升值。但其未能充分阐明这些超额获取的人民币以出口量或出口实绩为前提条件，因为超额获取的人民币与获得美元的商业行为或交易的类型无关，和兑换美元的特定公司或个人的身份也无关。美国商务部认为，由于不存在“专向性”因素，因而不对此提出调查。2009年10月19日，中方聘请的美国律师向美国国际贸易委员会递交了答辩状，就涉案产品未对美国内产业造成任何损害进行了全方位答辩，并伴随美国国内利益相关方的游说支持。

2009年11月6日，美国国际贸易委员会以6∶0的投票结果做出否定性裁决，认定没有合理迹象表明，美国的某个产业由于来自中国的进口行为而受到实质性损害或受到实质性损害的威胁。在其报告中，美国国际贸易委员会提出了下列内容作为其判断依据：一是并不存在“合理迹象证明进口商品对象在调查针对的时间段内对美国国内产业造成负面影响”；二是“2006年至2008年美国国内相关产业的营业利润基本保持了原有水平并有所增长”；三是“在进口商品对象和相关产业盈利能力的降低之间并不存在‘显著的相关’”。基于美国国际贸易委员会的否定性先决判断，美国商务部和美国国际贸易委员会均决定依法“终止”其调查。

2009 年 12 月，美国 Nucor 公司分别针对美国国际贸易委员会和美国商务部的决定向美国国际贸易法院提起了双重诉讼。XLScrew 公司、Hillman 集团、Bossard 北美公司和 HeadsandThreads 国际有限公司作为第三人加入诉讼。2010 年 10 月 22 日，美国国际贸易法院做出判决，支持美国商务部（被告）和第三人的主张，全部驳回原告美国 Nucor 公司的诉讼请求。

三、案例引发的思考

美国从 2006 年开始一反其长期坚持的不对非市场经济体适用反补贴的立场，此后，同时进行反倾销与反补贴调查成为美国对中国产品实施贸易救济的常用方式。“GPX 国际轮胎案”就是美国对中国提起的比较早的同时征收反倾销税和反补贴税的“双反”案件之一，该案的进展反映了各种利益的博弈与衡量，有极大的研究意义。

首先，以“GPX 国际轮胎案”为契机，美国商务部正式确立了对中国产品实施反补贴措施的基调。而对本案的关注是因为美国联邦上诉法院对于“美国商务部不能基于中国非市场经济国家地位的基础上对中国适用反补贴调查”这一判决，美国国际贸易法院和联邦巡回上诉法院（上诉法院）对美国商务部的权限和做法做出了自己的解释。有人认为这甚至预示着美国商务部对华反补贴时代的终结。在当时这一结果十分鼓舞人心。对中国所面临的几十起反补贴案来说，是否有重新推翻的可能性，对于将来的中国产品是否将不再受到美国反补贴调查的刁难，被认为是可期待的。中国企业利用贸易救济途径保护自己是可以取得实质性的成效的。

其次，对美国法院贸易救济程序进行研究，总结其中的特点和规律，可以加深对美国国际贸易法院的了解，在此基础上结合国内实际情况完善我国的国际贸易行政诉讼。

而事实上，中方通过贸易救济途径起诉美国商务部，获得有利判决后，2012 年 3 月 13 日，美国总统奥巴马签署了重新修改的《1930 年关税法》。修改后的法律允许政府对来自“非市场经济”国家的进口产品适用反补贴措施，并追溯至 2006 年美国对中国第一个反补贴裁决时生效，对来自于“非市场国家”的产品是否征收反补贴税做出了明确规定，使之又进入新一轮的博弈。

尽管中国当事人的若干请求在“GPX 国际轮胎案”中得到了支持，但总体上难以改变美国商务部对中国产品适用反补贴法以及大量利用法律推定确定补贴金额的大局。[①] 这体现了政府完善补贴制度的现实意义。从中国政府宏观关注和考虑的角度，更应该重视国内补贴与反补贴制度的建设问题，以便在面对来自美国等国家的贸易救济措施以及贸易制裁时，综合考虑选择最合适的诉讼方法，以求在 WTO 体制下更好地实现国家利益。

第二节 审查依据视角下的中国国际贸易行政诉讼制度完善

一、美国国际贸易诉讼立法实践

美国虽然是判例法国家，但是国际贸易诉讼案件的法律渊源，主要采取的是成文法形式。虽然有关法律规范并不集中于一部统一的法典，而是散见于不同的法律规范中，表现形式比较复杂零散，但美国“两反一补”法律体系可以分为国会制定法和相关行政法两个部分。[②]

当然，美国是英美法系国家典型的代表。虽然在近年来两大法系的融合过程中，英美法系制定法的数量在不断增多，但判例法作为主

① 彭岳：《美国对华产品适用反补贴法中的行政方法与司法方法》，载《北方法学》2015 年第 2 期。

② 具体主要包括《1921 年反倾销法》(Antidumping Act of 1916)、《1930 年关税法》(Tariff Act of 1930)、《1974 年贸易法》(U. S. Trade Law of 1974)、《1979 年贸易协定法》(Trade Agreements Act of 1979)、《1984 年贸易和关税法》(Trade and Tariff Act of 1984)、《1988 年综合贸易和竞争法》(Omnibus Trade and Competitiveness Act of 1988) 以及《1994 年乌拉圭回合协议法》(Uruguay Round Agreements Act of 1994)、《美国商务部反倾销条例》(U. S. Department of Commerce anti – dumping regulations) 等。

要的法律渊源仍然不会改变。相关判例仍然对美国相关法律制度具有重要的影响。该类判例主要是美国国际贸易法院和上诉法院有关贸易救济案件的判决，其判决理由、适用法律依据、所确立的原则对后一案件的审理具有重要的参考价值。一般来说，联邦巡回上诉法院的判决对其本身以及国际贸易法院均有约束力，除非该判决在后来被联邦巡回上诉法院全体法官推翻，或者被美国联邦最高法院推翻。另外，美国行政机构对某一案件裁决所确立的原则对于后来的相同或相似案例也具有“先例”效力。美国国际贸易法院通过对先例的遵循，使得美国国际贸易法院的判例在总体上形成了一个较为稳定、可预测的体系。当然，司法判例也具有灵活性，这为美国国内政策的调整提供了方便。

美国国际贸易法院在长期的发展中已经形成了一套完善的规则体系，根据美国国际贸易法院官网的资料显示，目前该体系主要包括《美国国际贸易法院规则》、相关表格、指导和行政命令（USCIT Rules, Forms, Guidelines and Administrative Orders）。其内容具体包括：第一部分：范围和诉讼方式；第二部分：提起诉讼，修改传票，送达传票，诉状，动议和命令；第三部分：诉状和动议；第四部分：当事人；第五部分：书面证词和披露；第六部分：庭审；第七部分：判决；第八部分：临时的和最终的救济；第九部分：正式文件的提交；第十部分：律师；第十一部分：法院及其成员；第十二部分：法庭日历和一般条款。

二、中国国际贸易诉讼立法实践与完善

梳理我国目前关于国际贸易行政诉讼的法律规范如下：

（一）法律

《中华人民共和国行政诉讼法》（简称《行政诉讼法》）。2015 年《行政诉讼法》进行了修改，但在涉外行政诉讼方面，对涉外行政诉讼的范围和原则并未进行修改，只是删去了适用外国条约的规定，理由是

目前学界对此讨论争议较大。[①]

（二）司法解释

《最高人民法院关于审理国际贸易行政案件若干问题的规定》和《最高人民法院关于审理反补贴行政案件应用法律若干问题的规定》。我国关于国际贸易行政诉讼的立法从无到有，从不完善到相对完善，其进步不容忽视。但是，我们也必须承认，与美国国家贸易诉讼规则体系相比仍存在着许多不足之处。一是立法层级较低。我国目前国际贸易行政诉讼在法律层面只在《行政诉讼法》中进行了原则性规定，没有实践操作性。具体审判实践主要依托于《最高人民法院关于审理国际贸易行政案件若干问题的规定》，而性质上，《最高人民法院关于审理国际贸易行政案件若干问题的规定》只是司法解释，效力级别低，发挥不出应有的作用。二是规定过于原则性，缺乏可操作性。《最高人民法院关于审理国际贸易行政案件若干问题的规定》仅12条，多是一些原则性、宣示性的规定，缺乏配套的、具体的、可操作的规则。此外还有其他一些问题，如国际贸易诉讼机制缺乏专业性，国际贸易诉讼的立案标准不够明确，国际贸易行政诉讼机关的管辖范围过于狭窄、管辖权零散，国际贸易诉讼缺乏专门且系统的相关法律规范，诉讼机构的审判缺乏效率、缺乏专业性等。

第三节　审查主体视角下的中国国际贸易行政诉讼审判制度完善

一、美国国际贸易法院研究

美国贸易救济体系主要由美国国际贸易局、美国国际贸易委员会和美国国际贸易法院组成。其中尤其需要注意的是美国国际贸易法院的设

① 江必新、邵长茂：《新行政诉讼法修改条文理解与适用》，中国法制出版社，2015年版，第367页。

置机构及运行。研究美国国际贸易法院，一方面可以帮助在与美国国际贸易中涉讼的中国当事人更好地利用其司法机制来维护中国企业的合法利益，另一方面有助于反思我国现行的国际贸易纠纷司法解决机制的不足，进一步完善我国的国际贸易行政诉讼的发展。

（一）设立背景

美国国际贸易法院的前身——首席验估师局是财政部内的一个准司法机构，不属于司法体系中的一部分。直至 1926 年国会将其改成海关法院，确立了法院的法律地位和专门法院的性质。然而，名称的改变并没有立即带来性质与职能的变化。“这个改变在联邦最高法院后来的陈述中表明海关法院当时至多是一个从属于立法机关的法院。”联邦最高法院解释说，尽管国会已经将首席验估师局改为海关法院，但对其管辖权、职责和人员却没有任何的改变。而且首席验估师局的职能都是“按行政机构性质设的大部分是准司法的职能”，也就是说联邦海关法院和联邦海关上诉法院与其他联邦地方法院的地位是不平行的，还处在司法与非司法机构之间。尽管 1956 年依据联邦宪法第 3 条规定，看似已把海关法院纳入了联邦法院体系，但管辖权、职能变化不大。直至海关法院改为美国国际贸易法院，才真正确立了其具有司法权法院的法律地位。从联邦海关法院到美国国际贸易法院，名称上的改变，准确地反映了它改制以后的管辖权以及得到强化的与国际贸易纠纷有关的司法功能。

从美国首席验估师局到国际贸易法院，不仅是法院名称的变化，更重要的是其性质从行政法院演变成司法法院，真正体现了它的职能实质性的改变，使国内外的当事人能准确把握其性质和功能，体现了其发展历程是一个不断自我完善的过程。①

国际贸易救济案件的司法审查，虽然在程序上及审查内容上与其他类型的司法审查有很多相似之处，但是仍有很大不同，这是因为国际贸易案件涉及的争议，特别是反倾销、反补贴及保障措施等案件，关系着

---

① 梁小尹、向秋英：《论美国国际贸易法院的发展及对我国的启示》，载《湖南涉外经济学院学报》2010 年第 3 期。

美国的对外经济政策，可能影响美国的外交与政治关系。这种兼具司法和政治使命的任务，若由地方法院来处理，则很难确保实现立法机关的立法意图。因此，自 1980 年以来，各类国际贸易案件就集中于美国国际贸易法院管辖，为国际贸易行政部门的行政行为准备了一个监督关口。它属于“宪法第三条设立的法院”，是一个联邦法院，也是司法机关的一部分，独立于立法机关和行政机关。在参议院的建议和同意下，由总统任命九名法官组成美国国际贸易法院。国际贸易法院法官为终身委任，按照宪法第 3 条设立的法院的法官，可由美国最高法院首席法官任命或临时指定，在美国上诉法院或美国地方法院履行司法职务。美国国际贸易法院的首席法官是美国司法会议法定成员，定期召集国际贸易法院的司法会议。

在司法程序上国际贸易法院有明确的司法地位。它处理的是公民与美国或政府机构及其官员之间的纠纷，具有行政法院的职能，但又间接地涉及到平等主体之间的利益关系，而且其案件具有涉外性质。因此国际贸易法院虽属联邦法院体系，但其专门法院的性质，决定了其诉讼程序在具体细节方面与美国联邦民事诉讼程序不尽相同。

（二）受案与管辖

美国国际贸易法院的管辖权地理范围遍及全美国，法院对全国范围内任何地方发生的案件可以进行审理并做出判决，法院也有权在国外进行审理。法院有权判决的各种案件，即“专题事项”管辖权，受宪法及国会颁布的特定法律所限制。法院的专题事项管辖权因 1980 年关税法院的成立而大大扩展了。根据此法，加上某些特定类型的专题事项管辖权，该法院被授予一种附加专属管辖权。美国国际贸易法院的管辖权包括因进口业务所产生的针对美国或其机构与官员的一切民事诉讼。具体而言，对传统的有关商品分类、税费、海关与进口人之间因进口货物价值评估而产生的争议所做裁决的司法审查；违法披露商业秘密引起的纠纷；对拒绝偿付退税索赔的争议及在反倾销税和反补贴税案件存在争议时进行司法审查；对财政部长拒绝颁发、停止或吊销报关经纪人资格证的行为不服而提起的诉讼，以及个人、公司和社会团体是否有因进口产品而遭受损失时向法院请求获得贸易调节补助条件资格审查权等其他由法律明确列出的案件。美国国际贸易法院拥有美国地区法院享有的或者法律赋予美国地区法院的普通法和衡平法上的一切权力，因此它有权对经它审理的案件做出禁止性补救和赔偿金判决。

美国国际贸易法院管辖权的明确，具有十分重要的现实意义，首先，它解决了管辖权混乱的问题，在此前，由于联邦地方法院和海关法院对国际贸易案件都具有管辖权，从而当事人不知道向谁起诉；同时它也解决了重复起诉与多头诉讼的问题，节约了诉讼资源，提高了诉讼效率；并且它还解决了司法裁判的统一性问题，避免了由不同的裁判机关对案件做出裁决结果导致同类案件出现不同的裁判结果的问题。

（三）案件审理实践

美国通过完善司法体系，形成了国际贸易法院、联邦巡回上诉法院和最高法院审理国际贸易案件的三级法院机制，以保障美国自由贸易秩序的协调和稳定。美国国际贸易法院受理的是一审的国际贸易案件，且向其提起诉讼的前提必须是穷尽行政救济手段。

美国国际贸易法院成立以来的司法实践表明，作为被美国国会委以重任的司法机构，在完善的法律体系框架内，利用其专业知识和经验，充分发挥了其美国国际贸易中司法审查公断人的作用，尤其在反倾销及反补贴案件中表现突出，仅以 2015 年为例，根据美国国际贸易法院官网数据显示，其 2015 年已审查案件 144 个。

这种现实效果犹如一柄双刃剑悬于美国行政机关的头顶，迫使并监督它们在法律规定的范围和方式中行事，一旦越轨将给予相应的制裁，从而达到限制它们的自由裁量权和不作为的目的。与此同时，它也确保行政机关在行使法律授予的权力时的效率、自由裁量权、美国国家利益、美国国内利益等等，它犹如美国行政机关的护身之甲，保护其不受不必要的干扰，为美国的外贸经济发展和繁荣保驾护航。

如果美国国际贸易法院推翻有关机构的决定或认为其有错误，有权将案件发回原决定机关重新做出决定。国际贸易法院在审理新决定时允许各方提出自己的看法，并有权批准原决定机关做出新决定或再次发回重审。如果当事人起诉后原决定被维持，原决定就在国际贸易法院发出判决10天后生效。当事人如果不服国际贸易法院的判决，可在判决做出之后10天内向联邦上诉法院联邦事务巡回审判庭提出上诉。但国际贸易法院审查与反倾销和反补贴有关的裁决时，将不再对裁决进行重新审理，如判决与被异议的裁决不一致，也可发回重审，以做出与法院最终处理结论相一致的处理。

如果当事人对联邦巡回上诉法院的判决不服，还可以向联邦最高法院上诉。联邦最高法院拥有宪法解释权，所做判决为终审判决。美国正是通过这三级法院机制使国际贸易案件的审理最大程度地公正、合理，从而保障美国对外自由贸易的顺利开展和对外贸易环境的稳定。另外，其中还涉及到众多原则，如穷尽行政救济原则。当事人必须先将其请求向有关行政机关提出并受其裁判，若其目的不能在行政裁决中达到时才可向美国国际贸易法院提出诉讼请求。此原则的目的是为了防止国际贸易法院草率地介入到行政程序中，换言之，它也是美国三权分立原则的要求所在，通过该原则来保障行政机关的正当职权。尊重行政机关自由裁量权原则。与中国等其他国家不同，国际贸易案件在美国被作为民事诉讼而立案审查，在举证责任上实行的是“谁主张，谁举证”的规则，因此行政机关的行政行为应当首先被推定为是正确的，尤其是在涉及到法律解释的问题时，只要行政机关为其行为提供了充足的法律依据，司法机关就必须对行政机关的合理解释给予尊重。保障行政相对方正当利益的原则：除了行政机关的程序是否合法之外，提起诉讼的当事人是否在国际贸易中遭受了实质性的损害也是法院在审理中必须考虑的因素之一。①

二、中国国际贸易行政诉讼审理现状

国际贸易行政诉讼是涉外行政诉讼的一种，是指世界贸易组织（简称“世贸组织”或WTO）成员的法定司法审查机构，基于对政府行政权力不当行使的担心，应行政相对人的申请而依法对行政主体（及其工作人员）所实施的国际贸易行政行为的合法性（部分地也包括合理性）

---

① 胡晴：《论美国国际贸易法院对完善我国国际贸易诉讼机制的启示》，载《劳动保障世界（理论版）》2013年第8期。

问题进行审查，并做出相应裁判的一项重要的法律制度。[①] 由于受到国际法与国内法的交融、公法与私法的交融的影响，我国国际贸易行政诉讼已经形成并将继续发展。

虽然我国与美国的国情不一样，但都是世界经济组成的一部分，国际贸易是经济的重要组成部分。随着国际交易的不断深入，实践中已经出现越来越多关于国际贸易的新问题。总的来说，我国对外贸易的现状对法院体制提出了新的需求，但是，目前却无法通过司法途径较好地解决出现的问题。相比于美国国际贸易法院在审理相关案例上发挥的重要作用，我国法院在这方面还有很长的路要走。笔者并未对此进行穷尽搜索，但以《最高人民法院关于审理国际贸易行政案件若干问题的规定》为案例审判依据在“北大法意”等进行检索，只检索到三个案例。这三个案件分别为：2013 年 11 月 8 日北京市第一中级人民法院审理的“柯荣元诉国家工商行政管理总局商标评审委员会行政裁决案”、2014 年 10 月 20 日广东省中山市中级人民法院审理的“永嘉信有限公司诉中山市国土资源局案”和 2007 年 8 月 31 日最高人民法院审理的“四川华蜀动物药业有限公司与国家工商行政管理总局商标评审委员会案”。这些案件虽然不能完全展示我国国际贸易行政审判的全貌，但其在一定程度上已经可以揭示我国目前法院在相关案件方面发挥的作用实在有限。

三、中国国际贸易行政诉讼的发展路径

（一）完善中国国际贸易行政诉讼的长期建议

随着中国加入 WTO 以来中国与其他国家贸易摩擦的不断增多，我国传统的由普通法院行政审判庭实施国际贸易纠纷司法审查的做法在解决实际问题时已然显得有些捉襟见肘，要解决过去发展历程中面临的种种问题，适应加入 WTO 以来在国际贸易方面的巨大飞跃，尽可能满足变化了的涉外行政诉讼的需要，在借鉴国外国际贸易法院的基础上成立中国特色的国际贸易法院就很有必要。

美国设立的国际贸易法院，在给予民众诉讼方面的便利及专业性服

① 朱淑娣、刘峰：《WTO 与国际贸易行政诉讼》，学林出版社，2011 年版，第 188 页。

务方面，非常有特色；在调整国际经济贸易关系中，是美国完成国际贸易诉讼司法审查的最重要的司法机构；在解决与国际贸易有关的各种纠纷中，为维护美国的国家利益与贸易秩序扮演着十分重要的角色。

建议在中国设立国际贸易法院，并非盲目模仿和照搬美国的经验，而是确有实际需要的客观存在。

首先，这是现实需要。随着国际交易的不断深入，实践中已经出现越来越多关于国际贸易的新问题。如不设立专门的国际贸易法院，普通法院就技术和效率等方面是远不能满足要求的，会严重影响国际经济的交流和国际贸易纠纷的解决。有了国际贸易法院专业性的平台，更能扩大国内外贸易的自由和公平竞争，真正便利于有关商品分类、估价、反倾销税等案件的有效解决，避免或减少经济损害，维护有关当事人的权益。美国国际贸易法院也是“随着国际贸易对美国经济影响的扩大，国际贸易社会——国家、个人、国内外制造商、消费者集团、贸易社团、工会和有关公民之间发生的争议也相应增加”的背景下为完善联邦司法机关而发展起来的。总的来说，我国对外贸易的现状对法院体制提出了新的需求。

其次，建立中国特色的国际贸易行政法院具有法律上的依据。我国目前已经建有军事法院、海事法院等专门法院，而且这些专门法院的设立都由《宪法》第一百二十四条第一款以及《人民法院组织法》给予了法律支持。由此我们可以推断，顺应国际贸易潮流的需求而建立专门的国际贸易法院也是符合我国宪法及法律要求的。

另外，这由国际贸易行政案件本身的特点决定。关于法院设置，目前世界上主要有两种类型：一种是由普通法院管辖，如欧盟、澳大利亚；另一种是由专门法院管辖，如美国的国际贸易法院、加拿大的国际贸易法庭。考虑到反补贴反倾销案件专业性较强，兼具国际性、技术性和复杂性等特点，目前我国法院行政审判庭的专业技术力量恐难完全适应此类案件的要求，将这类案件全部置于现有规范规定的中级人民法院，也难以保证及时结案或者将影响其他行政案件的审理。因此，从长远来看，应探索建立我国国际贸易行政法院。

在探索建立我国专门国际贸易行政法院的过程中，应该强调其中的行政性和专业性。在美国贸易救济体系中，国际贸易法院是其重要组成部分，但它不同于一般法院的独立性和中立性。国际贸易法院的决策在很大程度上受其官僚机制的影响，具有很强的行政性；专业化又使其缩小了与行政机构在裁判逻辑上的差别，加剧了其行政性。①

之所以要强调我国国际贸易行政法院的行政性，原因在于国际贸易纠纷与一般的国内纠纷不同，在国与国之间的贸易关系中，国家角色更为突出且纠纷在性质上又往往是经济性的。② 作为世界第二大经济体的中国在国际贸易以及纠纷解决的政策与法律的定位上，与美国并没有实质差别。在我国国际贸易纠纷解决法律机制建设中，基于本国保护与发展的需要，应该坚持我国国际贸易行政法院的行政性。

美国国际贸易法院运用自由裁量权对专向性与市场基准等核心问题进行“个案认定”时，显示了高度的灵活性和专业性。国际贸易行政案件本身专业性较强，兼具国际性、技术性和复杂性的特点。在审理过程中涉及到国际法和国内法、实体法和程序法，甚至涉及到国际惯例的运用，对审理法院具有相当大的挑战，因此尤其需要强调其专业性。专业性一方面体现在有专门而统一标准的国际贸易行政法院，专业的涉外经贸法律人才；另一方面也需要强调发挥司法能动在引导法律规则和社会政策形成方面的积极作用。目前，在涉外国际贸易行政诉讼完善的进程中，把发展的重心仅仅放在立法上是不可取的，我们应该更多地关注到司法在法治建设中的重要地位。实践中通过总结我国国际贸易行政诉讼中存在的实体与程序制度方面的问题，提供借鉴，强调司法实践形成对行政立法进行完善的倒逼之势。

（二）完善中国国际贸易行政诉讼的短期建议

考虑到上海自贸试验区除了吸引国外投资，还承担着政府职能转变、应对全球多边贸易体制的使命，在这个过程中，利益的冲突与矛盾不可避免，而自贸试验区法院应为改革保驾护航。因此，短期内，如果可以由上海自贸区法院先行探索国际贸易行政法院的立法规范设计、法

① 陈立虎：《美国国际贸易法院的设置及其启示》，载《苏州城市建设环境保护学院学报（社科版）》2001 年第 3 期。

② 石岩、李卫华：《论美国国际贸易法院的行政性》，载《山东社会科学》2014 年第 2 期。

院层级安排等方面，必将推动完善我国国际贸易行政法院制度的发展。

2013年11月5日，上海浦东法院成立自贸区法庭。当时确定的受案范围是：由浦东法院管辖的与上海自贸试验区相关联的投资、贸易、金融、知识产权及房地产等民商事案件，并根据上海自贸试验区建设和运行实际，对受案范围做相应调整。

自贸区法庭（自贸区知识产权法庭）受理、审理依法由上海浦东法院管辖的与上海自贸试验区相关联的投资、贸易、金融等商事案件及知识产权民事、刑事、行政案件和与浦东新区开放型经济相关联的民商事案件及知识产权民事、刑事、行政案件，并根据上海自贸试验区建设发展实际，对受案范围适时做相应调整。具体包括：

1. 海关特殊监管区案件（地域管辖）

即上海浦东法院管辖的与上海自贸试验区所包括的上海外高桥保税区、上海外高桥保税物流园区、洋山保税港区和上海浦东机场综合保税区四个海关特殊监管区域相关联的投资、贸易、金融等商事案件和知识产权民事、刑事、行政案件。

识别标准：（1）民商事案件：上海浦东法院管辖的当事人一方或双方法人、其他组织的住所地在四个海关特殊监管区域内，或者诉讼标的物在四个海关特殊监管区域内，或者产生、变更或者消灭民事关系的法律事实发生在四个海关特殊监管区域内的投资、贸易、金融等商事案件和知识产权民事案件，信用卡纠纷、汽车消费贷款金融商事案件和破产清算商事案件除外。（2）知识产权刑事案件：上海浦东法院管辖的犯罪地或者被告单位住所地在四个海关特殊监管区域内的知识产权刑事案件。（3）知识产权行政案件：上海浦东法院管辖的做出行政行为的行政机关所在地，或者行政相对人住所地，或者知识产权权利人住所地在四个海关特殊监管区域内的知识产权行政案件。

2. 涉外案件（集中审理）

即上海浦东法院管辖的与上海自贸试验区所包括的陆家嘴金融片区、金桥开发片区和张江高科技片区三个扩展区域以及上海浦东新区其他区域相关联的涉外、涉港澳台、涉外商投资企业（含港澳台）投资、贸易、金融等商事案件和知识产权民事、刑事、行政案件。

识别标准：（1）民商事案件：上海浦东法院管辖的涉外、涉港澳台，或者当事人一方或双方为外商投资企业（含港澳台）的投资、贸易、金融等商事案件和知识产权民事案件，信用卡纠纷、汽车消费贷款金融商事案件和破产清算商事案件除外。（2）知识产权刑事案件：上海浦东法院管辖的涉外、涉港澳台，或者被告单位或知识产权权利人为外商投资企业（含港澳台）的知识产权刑事案件。（3）知识产权行政案件：上海浦东法院管辖的涉外、涉港澳台，或者行政相对人或知识产权权利人为外商投资企业（含港澳台）的知识产权行政案件。

3. 其他与制度创新、开放型经济相关案件（集中审理）

即上海浦东法院管辖的与上海自贸试验区制度创新和与上海浦东新区开放型经济相关联的其他民商事案件。

识别标准：根据上海自贸试验区等各项创新措施落地情况及最高人民法院关于与开放型经济密切相关的民商事案件由涉外审判机构归口审理的相关要求，由自贸区法庭（自贸区知识产权法庭）实时以类型列举方式报院司法服务保障自贸试验区工作办公室确定将相关案件列入自贸区法庭（自贸区知识产权法庭）受案范围。

4. 根据区域发展情况宜由自贸区法庭（自贸区知识产权法庭）审理的案件（动态调整管辖）

根据上海自贸试验区发展运行实际情况、制度创新辐射实际情况和上海浦东新区外向型经济新体制建设实际情况，适时对自贸区法庭（自贸区知识产权法庭）的受案范围做相应调整。

上海自贸区法院并不是一个独立层级的法院，而是上海浦东新区法院的派出法庭。法庭设立的目的是为了适应自贸试验区改革创新对区域审判机构功能综合性和审判专业化的需求，顺应自贸区建设法治化要求，更好地为自贸试验区提供强有力的司法保障和优质高效的法律服务。根据现行《最高人民法院关于审理国际贸易行政案件若干问题的规定》第5条规定："第一审国际贸易行政案件由具有管辖权的中级以上人民法院管辖。"因此，上海自贸区法院并不具有审理国际贸易行政案件的资格。在这个意义上，如果可以由上海自贸区法院先行探索国际贸易行政法院的立法规范设计、法院层级安排等方面，必将推动完善我国国际贸易行政法院制度的发展。

第四节　审查对象视角下的中国反补贴制度完善

一、补贴与反补贴的法律特征分析

WTO《补贴与反补贴措施协议》① 第一条对“补贴”的定义是：“由政府或任何公共机构提供的财政资助并因此而授予一项利益，其中的财政资助具体包括：涉及资金的直接转移、放弃或未征收在其他情况下应征收的政府税收、政府提供除一般基础设施外的货物或服务或购买货物。”《补贴与反补贴措施协议》，作为世贸组织一揽子协议的组成部分，适用于WTO所有成员，但并不是所有补贴都会成为反补贴的对象。符合上述补贴定义的“补贴”要成为其他成员反补贴的对象还须符合两个条件：一是具有“专向性”；二是对其他成员国内同类产业造成了严重损害。依WTO《补贴与反补贴措施协议》（简称《反补贴协议》）第一条的规定，补贴是某一成员方境内的政府对国内产品的生产和销售给予财政扶持的行为，如出口补贴、进口替代补贴等，并可分为禁止性补贴、可诉补贴和不可诉补贴。

补贴从其性质上讲，是一国政府为执行其产业政策采取的行政授益行为。一国政府对国内企业或行业给予补贴，是世界上普遍存在的现象，特别是经济不景气的情况下，各国政府采取各种措施刺激工业增长，支撑衰退的领域，刺激消费需求，推动出口，通过补贴的形式来维持竞争优势。补贴可以采取多种形式：资金的直接注入、政府对本应收取的资金给予豁免或不予征收、提供特定的服务等等。

但是需要注意的是，补贴具有双重性质。一方面，它是发展国内经济、支持产业政策的有利措施，另一方面，由于某些补贴措施是直接针对国际贸易而采取的，其目的就是要促成某种产品的出口，或减少某种产品的进口，这类补贴必然会对自由贸易体制带来不公平竞争。

① Agreement on Subsidies and Countervailing Measures 1994 (WTO) art. 1.

WTO 框架下的《补贴与反补贴措施协议》正是各国利益协调的结果，旨在管辖那些会给国际贸易带来不利影响的补贴措施，亦即针对应当抵销的补贴提供一套国际规制方案。各国也纷纷制定反补贴法律，抵制外国产品补贴，消除补贴可能造成的负面影响，制止不正当竞争。然而，反补贴理论上是允许进口国在其企业由于国外不公平贸易竞争受到严重损害时所采取的补救措施，可是在经济全球化加速发展的今天，在反补贴过程中往往会矫枉过正，事实上使反补贴成为贸易保护主义的工具。甚至，有学者认为，反补贴法律从出现之日起就与对国内产业的保护政策密切联系在一起，也被自由贸易理论的支持者视为国际贸易政策的一种扭曲和损害。①

补贴与反补贴作为两种相互对立的实践，体现了不同的利益追求，都有其存在的必要性和可能性。我们希望达到“通过法律的权威来协调各方面冲突因素，使相关各方的利益在共存和相容的基础上达到合理的优化状态”这一平衡状态。在法律的制定或实施过程中需要全面考虑涉及的各方利益关系，对各方利益进行充分的选择、评价和衡量，而不过分损害任何一方的利益。

二、中国的补贴与反补贴制度现状

中国加入 WTO 以来，面临各方面的机遇与挑战。在 WTO 规则下，中国必须调整现有的补贴制度以适应全球性的挑战。一方面，推进工业化进程需要保护与扶持相关产业；另一方面，为顺应贸易自由化潮流，必须约束补贴行为，开放国内市场。如何在此过程中达到两者的平衡是抉择的关键。在 WTO 框架体制下如何完善中国的补贴与反补贴制度是本章所要研究的问题。

（一）补贴制度

作为发展中国家，补贴一直是我国经济政策的重要组成部分，尤其是改革开放以来，各种各样的优惠措施对吸收外资、扩大出口，加速国

---

① 于蕾：《从对华反补贴案的剧增看国际贸易保护主义发展的思潮》，载《国际贸易》2013 年第 8 期。

民经济增长起了巨大的作用。但是自 2004 年中国首次遭遇加拿大的三次反补贴以来，在全球被反补贴案例中的占比急剧上升，已经成为世界第一大反补贴调查对象国。

面对国外对华反补贴加剧的形势，我们首先应对国内现有补贴政策全面梳理，而这正是较为薄弱的环节。目前，我国中央层面的补贴立法主要涉及出口实绩补贴政策、外资产业政策、外资税收政策、信贷资金政策、经济技术担保政策、西部开发优惠政策等几个方面。加入 WTO 以来，我国已对相关法律法规进行清理，因此中央层面并不存在明显的与《补贴与反补贴措施协议》相违背的法律法规，但是地方层面关于补贴的规定繁多、复杂。且我国补贴主要是以政策的形式加以规定的，例如我国的信贷资金政策，各级、各地银行贷款政策和贷款办法都各不相同。

首先，针对新形势，中国应适时调整国内政策，应对国外提起反补贴调查的补贴类型进行分析总结，有意识地进行清理、规避。国外对华反补贴案件中被提起的补贴政策是应当引起重视的焦点，通过总结归纳，这些案件中涉及的补贴政策包括以下几类：（1）政府政策性优惠贷款。（2）税收优惠。但是，在政策调整过程中，某些还未调整到位的税收优惠政策仍在国外反补贴调查中被视为补贴政策而成为问题的焦点。（3）低价提供基础设施投入和原料投入项目。（4）行业五年发展规则。[①] 既然中国在外向型经济发展中无法回避大量使用补贴措施的客观现实，那么还是应当严格按照专向性标准要求，对以后出台的补贴政策进行专向性审查。尤其要审查与产业发展、出口促进、结构调整等有关的税收、金融、财政政策，尽量做到不使用禁止性补贴，特别是法律专向性补贴；灵活使用可诉性补贴，尤其是隐性的事实专向性补贴；有效使用不可诉补贴。[②]

其次，发达国家在补贴方式上侧重于为企业营造良好的国内竞争环境，主要在信息技术、组织、培训方面给予企业辅助性的支持，这种与

---

① 杨荣珍：《国外对华反补贴现状及中国补贴政策分析》，载《国际经贸探索》2011 年第 3 期。

② 陈利强、屠新泉：《美国对华实施“双轨制反补贴措施”问题研究》，载《国际贸易问题》2010 年第 2 期。

补贴相关的扶持政策值得我国借鉴和学习。政府虽然没有直接对企业支出但通过这些方式使所有企业间接获益，所以具有等同于补贴的效果，同时这也不会受到 SCM 协定的限制。今后我国补贴的思路也应朝这个方向发展：政府可以建立以下六方面的补贴扶持体系，即生产服务体系、出口金融服务体系、技术服务体系、信息服务体系、组织服务体系和法律准备体系。①

最后，应改变过去以政策为主的体例，制定与补贴制度相关的行政法规和规章。我国应当根据《补贴与反补贴措施协议》及其他相关规则，把政府的优惠措施法律化，做到有法可循，通过法律干预产业发展，体现扶持政策，使企业在获取相应政策支持时有法可依。同时，补贴政策的法律化还有利于我国更好地在 WTO 规则下充分运用补贴，降低他国对我国提出的补贴争端或采取反补贴措施的可能性。

（二）反补贴制度

反补贴法律制度纳入中国法律体系最早见之于 1994 年颁布的《对外贸易法》②。1997 年 3 月 25 日，根据《对外贸易法》，国务院颁布了《中华人民共和国反倾销和反补贴条例》（简称《反倾销和反补贴条例》）③，第一次在中国法律上明确了反补贴的法律地位，标志着中国政府开始采用符合国际协议和国际惯例的方式来保护国内产业。它使我国保护国内产业的方式与国际协议和国际惯例接轨，对我国保护对外贸易中的经济利益开了个好头。但是该法缺乏明确的针对反补贴的规定，大部分反补贴的规定都套用反倾销的模式。虽然反补贴与反倾销有很多相似的特征，但是就本质来说，两者是性质根本不同的两个概念，反倾销

① 李本：《补贴与反补贴制度分析》，北京大学出版社，2005 年版，第 182 页。

② 第三十一条：进口的产品直接或者间接地接受出口国给予的任何形式的补贴，并由此对国内已建立的相关产业造成实质损害或者产生实质损害的威胁，或者对国内建立相关产业造成实质阻碍时，国家可以采取必要措施，消除或者减轻这种损害或者损害的威胁或者阻碍。第三十二条：发生第二十九条、第三十条、第三十一条规定的情况时，国务院规定的部门或者机构应当依照法律、行政法规的规定进行调查，做出处理。

③ 1997 年中华人民共和国国务院令第 214 号。

针对的是企业的个人行为，属于企业的市场竞争策略，而反补贴所针对的则主要是政府行为，涉及的是政府产业政策。

为适应中国加入WTO的需要，2001年国务院颁布了《中华人民共和国反补贴条例》（简称《反补贴条例》）[①]，这是中国第一次将反补贴单独立法。1997年国务院发布的《反倾销和反补贴条例》中关于反补贴的规定同时废止。《反补贴条例》遵循GATT有关条款和SCM协议制定，共分为6章58条，包括总则、补贴与损害、反补贴调查、反补贴措施、反补贴和承诺期限与复审、附则等内容，并附有出口补贴清单。2004年进行了修改。[②] 之后，为了使《反补贴条例》更具操作性，国务院有关部门以及最高人民法院还陆续制定了有关反补贴的一系列部门规章和司法解释。[③] 这些规章和司法解释的出台，标志着中国反补贴法律体系日益完善。梳理我国现行反补贴的法律体系如下：

（1）法律。《对外贸易法》（2004）第三十七、三十八、三十九、四十、四十三条。

（2）行政法规。《反补贴条例》（2004）。

（3）部门规章。《反补贴调查立案暂行规则》《反补贴问卷调查暂行规则》《对外贸易经济合作部反补贴调查听证会暂行规则》《反补贴调查实施核查暂行规则》和《反补贴产业损害调查规定》等。

（4）司法解释。《最高人民法院关于审理国际贸易行政案件若干问题的规定》和《最高人民法院关于审理反补贴行政案件应用法律若干问题的规定》。

随着全球化进程的不断加快，世界范围内的经济贸易逐渐增多，各个国家之间的贸易摩擦也日益频繁。美、欧等地区国家近年开始对本国反补贴制度进行修改，尤其是针对过去没有采取反补贴手段的“非市场

---

① 2001年中华人民共和国国务院令第330号。

② 2004年中华人民共和国国务院令第403号。

③ 如外经贸部于2002年2月颁布了《反补贴调查立案暂行规则》《反补贴调查听证会暂行规则》，2002年3月颁布《反补贴问卷调查暂行规则》《反补贴调查实地核查暂行规则》，2003年10月《反补贴产业损害调查规定》等；分别规定了反补贴调查问题、产业损害的调查与裁决问题、规避与反规避问题等。商务部颁布了《反补贴产业损害调查规定》；最高人民法院颁布了《关于审理反补贴行政案件应用法律若干问题的规定》等。

经济问题”频频提出修正和调整，加大对本国产业的保护力度。

就我国国内反补贴法而言，应当实现的功能为，禁止其他国家违反WTO《补贴与反补贴措施协议》提供补贴，针对外国受补贴产品发起反补贴，从而达到保护国内产业的目的。我国的反补贴立法从无到有，从不完善到相对完善，其反补贴体制和WTO规则日趋一致，取得了长足的进步，成就是不能忽视的。但是由于我国反补贴立法的历史较短，与国际反补贴体制相比仍存在着许多不足之处。

（1）立法层级较低。从上文梳理的我国反补贴体系可以看出，属于法律层次的立法只有《对外贸易法》，而该法多是原则性的规定，缺乏实践操作性。《反补贴条例》是行政法规，其效力低于法律，权威性相对不足，其余的则为部门规章和司法解释。根据相关规定，在诉讼中作为法官判案依据的是法律、法规，规章不能作为依据，效力级别低，发挥不出应有的作用。

（2）规定过于原则性，缺乏可操作性。《反补贴条例》多是一些原则性、宣示性的规定，缺乏配套的、具体的、可操作的规则。

（3）法律条文规定粗浅，内容存在空白。我国《反补贴条例》对补贴的界定较为狭窄，只规定了出口补贴一种情况，而《补贴与反补贴措施协议》明确定义并引入了“专向性补贴”的概念，并根据补贴的性质将其分为不同的类型以及对应的救济手段。

三、上海自贸区的补贴与反补贴政策

2013年8月，国务院正式批准设立中国（上海）自由贸易试验区，9月29日正式挂牌成立。自贸区范围涵盖上海市外高桥保税区、外高桥保税物流园区、洋山保税港区和上海浦东机场综合保税区四个海关特殊监管区域，总面积为28.78平方公里。自由贸易试验区成为中国实行政府职能转变、金融制度、贸易服务、外商投资和税收政策等多项改革措施的试验田，并大力推动上海市转口、离岸业务的发展。截至2014年12月底，上海自贸试验区内企业累计达23243家，其中挂牌后新设14860家，新设外资企业2342家。2014年，区内企业完成经营总收入16000亿元，同比增长11.0%。其中，商品销售额13800亿元，增长11.5%；航运物流服务收入1180亿元，增长15%。完成进出口额7623

亿元，同比增长8.3%。[①]

（一）竞争中立

上海自由贸易区内市场的作用进一步得到强化，贸易自由更加得到实现。以竞争中立为例，“竞争中立”要求政府最大限度地维护自由、公平竞争，减少政府对竞争的限制、扭曲，确保所有企业面临相同竞争制度环境所做出的制度安排。自贸区内政府职能转变，从审批者变成监管者正是其中的重要体现。在政府采购、竞争政策、国企和特定行业监管等方面，如果能推动实现不再给国有企业特殊待遇补贴等措施，国企将不可能享受政府的各种优惠，在经营准入和出现问题的救助方面，也将不会享受政府的优惠政策，在整个行业规则制定方面，将不会有一家独大的情况，这将导致国有企业更像商业企业的发展，与目前国企改革的大方向有所吻合。而离开政府补贴后，国企面临的市场风险也会比以前更大，很多国企将不再是唯一的行业规则的制定者和政策的享受者。这些类别的国企性质会变得更加市场化，政府性、公共性逐渐减弱，对盈利性要求增加。

（二）优惠补贴

同是由于自贸区内企业享有很多政策优惠，仅以融资租赁和出口退税为例进行说明，其也可能成为国外反倾销、反补贴调查的对象，也存在一定风险。必须对此进行前瞻性了解和研究，尽量避免可能存在的风险，才能真正保证和促进自贸区内企业的发展，为上海自由贸易区的建设助力。

自贸试验区内注册的融资租赁公司，可享受上海浦东新区针对金融业的专项财政扶持政策。《浦东新区促进金融业发展财政扶持办法》（执行至2015年12月31日止）规定：对新引进的融资租赁企业，给予一次性落户补贴；对融资租赁企业增资，给予一定补贴。实施细则规

① 参见保税区片区，载中国（上海）自由贸易试验区官方网站：http://www.china-shftz.gov.cn/NewsDetail.aspx?NID=c6961675-bb91-4ced-bdae-107bff21b986&CID=7c03c577-3e11-482d-85b1-61b999c11127&MenuType=2&navType=1，最后访问日期：2016年1月19日。

定：享受落户补贴的最低到位资本为1亿元。注册资本1亿元（含）至5亿元，给予500万元；注册资本5亿元（含）至10亿元，给予1000万元；注册资本10亿元（含）以上，给予1500万元一次性补贴。

出口退税政策，早已于1985年在我国推行，是我国重要的关税政策之一。出口退税有利于推广我国策略性工业的发展，其中不同的退税率档次方便政府控制国家的经济发展方向，并根据政府的相关政策对不同的行业做出适当的税率调整。出口退税的政策也有利于国家资助和补贴优先企业的发展，如所退的税务金额不超过出口商向当地政府缴纳的税务金额，出口退税政策并不属于禁止性的补贴。出口退税政策虽然符合世贸组织的规条，但我国却因该政策屡次被其他成员国投诉。早在2004年3月，美国向世贸组织投诉我国对半导体产品行业提供的销售税退税政策有违《补贴与反补贴措施协议》，我国后来与美国就此达成了和解协议，并撤销了该退税政策。2008年12月，美国、墨西哥和危地马拉联合向世贸组织投诉我国对“名牌”产品提供的出口退税政策，一年后，我国与美国签署了和解协议，撤销了该出口退税政策。

根据学者实证研究发现，美国认为中国给企业/产业提供各种形式的禁止性补贴，目的在于推动出口增长和发展国内产业，基本手段就是采用税收减免或优惠措施。根据美国利用DSM指控中国提供禁止性补贴的措施，绝大多数涉及税收减免或优惠政策，因此必须加强对WTO体制下，特别在WTO后过渡期中国税收体制改革问题的研究。①

根据《国务院关于印发中国（上海）自由贸易试验区总体方案的通知（2013）》，自贸区内实施促进贸易的税收政策：“将试验区内注册的融资租赁企业或金融租赁公司在试验区内设立的项目子公司纳入融资租赁出口退税试点范围。对试验区内注册的国内租赁公司或租赁公司设立的项目子公司，经国家有关部门批准从境外购买空载重量在25吨以上并租赁给国内航空公司使用的飞机，享受相关进口环节增值税优惠政策。对设在试验区内的企业生产、加工并经‘二线’销往内地的货物照章征收进口环节增值税、消费税。根据企业申请，试行对该内销货物

① 陈利强、屠新泉：《美国对华实施“双轨制反补贴措施”问题研究》，载《国际贸易问题》2010年第2期。

按其对应进口料件或按实际报验状态征收关税的政策。在现行政策框架下，对试验区内生产企业和生产性服务业企业进口所需的机器、设备等货物予以免税，但生活性服务业等企业进口的货物以及法律、行政法规和相关规定明确不予免税的货物除外。完善启运港退税试点政策，适时研究扩大启运地、承运企业和运输工具等试点范围。”其中涉及出口退税的部分，在实施退税政策时可能仍会面临同样的风险。

结语　衍生思考与愿景展望

对于本案涉及主要问题可做如下阐释与总结：

在讨论解决方案与路径时，首先应确定的共识前提是：(1) 我们将中美关于国际贸易行政诉讼的立法与实践进行对比，可以发现，我国与美国国家贸易诉讼规则体系相比存在着许多不足之处。(2) 最终目的是在借鉴国外国际贸易法院的基础上成立中国特色的国际贸易法院。

有鉴于此，关于我国国际贸易行政诉讼未来发展的建议包括：

一是立法上统一规范补贴与反补贴及国际贸易纠纷解决机制，而最为适当的办法就是通过修改现行立法，进一步完善相关规则，为其提供规范、可行、最优的纠纷解决机制。

二是司法解释对国际贸易行政诉讼做出统一而明确的司法解释，在诉讼机制和适用规则上协调统一至关重要。

三是在理论研究上强调中美相关法律的融通研究，避免全盘接受美国法律制度的倾向，进一步提升我国行政法学研究，为国际贸易行政诉讼制度的构建提供强大的理论支持。

四是在实践中可以进行大胆的探索，通过总结我国国际贸易行政诉讼中存在的实体与程序制度建设方面的经验，设立国际贸易诉讼专门法院。

（本章作者：李敏）

第五章

电子商务规制领域——基于“阿里巴巴 VS 工商总局事件”的行政指导行为研究

导论

一、研究背景

2015年1月23日，国家工商总局（简称“工商总局”）发布了一份网络调查报告——《2014年下半年网络交易商品定向检测结果》。调查结果显示，淘宝网的样本数量最多，但是正品率最低，仅为37.25%。该报告发布后，1月27日，淘宝官方微博以一个“80后”淘宝运营“小二”的口吻言辞激烈地炮轰工商总局，并点名指责工商总局网监司“吹黑哨”。在这份公开信中提到，工商总局此次抽检了92批次的商品，某电商抽查了1件，得出正品率为零的结论，另一家电商抽取了3件，得出正品率100%的结论，而对淘宝抽取了51件商品，得出正品率为37%的结论，淘宝强调其日均在线商品数量超过10亿件，是拥有数百万商家经营的大平台，“居然和其他自营的B2C商家放在同一纬度上比较，如果不是疏忽，那么就是故意的”。同时公开信中提到，根据规定，抽样检验应当保证被抽检人的复检申诉权利，但在两次抽检中，许多卖家并没有收到抽检的结果通知，工商总局也没有告知当事人有申请复检的权利，就向社会直接公开，显然程序失当。

对于阿里巴巴在微博上的公开炮轰，工商总局在1月27日下午召开新闻发布会，网络商品交易监管司某副司长表示，“这次的检测结果是我们委托中国消费者协会进行检测的，他们也是委托第三方进行抽检，抽检的范围都是事先划定的。”同时提出，“双十一”检查和2014年下半年的抽检是两个不同的部门在操作，属于不同的第三方，所以他们的抽检方案肯定是不一样的。对于工商部门而言，不管交给谁做抽样检查，目的是发现违法现象进行查处，维护消费者的合法权益，维护经营秩序。这次有针对性的监测，目的就是为了找问题，有可能这次监测出现的问题比较多，是正常的，这个数字不是反映我们的市场质量有多差，这只是抽检的一个结果，不存在公平不公平的问题。1月28日上午，工商总局再度抛出“重磅炸弹”，其公布了一份名为《关于对阿里巴巴集团进行行政指导工作情况的白皮书》(简称《白皮书》)，猛烈回击阿里巴巴。《白皮书》称，阿里巴巴网络交易平台存在主体准入把关不严、对商品信息审查不力、销售行为管理混乱、信用评价存有缺陷、内部管理人员管控不严五大突出问题，并对阿里巴巴集团提出相关工作要求。这份《白皮书》其实是半年前一次内部座谈会的纪要。《白皮书》指出，2014年7月16日，工商总局网监司行政指导工作小组联合浙江省工商局、杭州市工商局（市场监管局）在浙江省工商局召开了行政指导座谈会，阿里巴巴集团主要负责人及核心部门管理团队与会，接受行政指导。座谈会由工商总局网监司有关领导主持。《白皮书》显示：“为了不影响阿里上市前的工作进展，该座谈会以内部封闭的形式进行。鉴于目前监管情势，为廓清种种认知，现将行政指导座谈会有关情况如实披露。”

1月29日晚，阿里巴巴在公布了一份不错的2014年第四季度的财政报告后，股价却大跌了8%，最终收报89.81，是阿里股价在11月份攀升至120美元高峰之后的最低点，暴跌的重要诱因是工商总局发布的《白皮书》，以及之后阿里巴巴与国家工商总局就假货和执法问题产生的公开争议。某种程度上来看，工商总局的“《白皮书》事件”甚至在一定程度上影响到整个中国概念股（简称“中概股”）市场，两天时间，170多家在美国挂牌的中概股有近100家下跌，全体中概股跌去600亿美元，其中阿里巴巴有330亿美元的市值蒸发，更深的影响是，资本市场对阿里巴巴的政府关系产生了担忧。

截至2015年2月3日，至少有六家美国律所宣称将对纽交所上市不足一年的阿里巴巴发起集体诉讼调查，并可能进一步起诉，指控阿里巴巴未能尽到信息披露的义务。其中，罗宾斯·盖勒律师事务所（Robbins Geller Rudman & Dowd LLP）已经正式向纽约南区法院提起对阿里巴巴以及高管团队马云、蔡崇信、陆兆禧和武卫四人的集体诉讼。向阿里巴巴发起调查声明的霍华德·G. 史密斯律师事务所（law offices of howard·G. Smith）和罗宾斯·盖勒律师事务所（Robbins Geller Rudman & Dowd LLP）在其网站上公布的起诉书草案中，援引了《美国1934年证券交易法》中的第10（b）及第20（a）条，以及美国证监会（SEC）根据第10（b）条制定的10b－5号（Rule 10b－5）。根据斯坦福法学院证券集体诉讼数据中心的研究显示，2012年至2014年，超过85%证券集体诉讼案件中援引的条例为“10b－5”规则：任何人在买卖证券时不得就任何与交易有关的重大信息做虚假陈述或者隐瞒该信息，或从事其他与交易有关的欺骗行为，否则即构成证券欺诈，将承担民事乃至刑事责任。在中国召集阿里巴巴受损投资者的律师郝俊波说，形式上工商总局把它叫作“白皮书”还是“会议记录”都不重要，重要的是其内容的真实性。如果阿里巴巴没有办法否认这些事实，那么其败诉的可能性就很大。不过值得注意的是，根据美国国家经济研究协会的数据，在1991年到2001年期间，平均有81%的证券集体诉讼在开庭前和解，18%的案件被法院驳回，只有1%的诉讼案件走完一审的全过程，本案美国法院也鼓励双方达成和解。

1月30日，国家工商总局领导在工商总局会见阿里巴巴董事局主席马云。工商总局官网中称，“监管部门将进一步加强网络市场监管，公平公正依法履行，依托大数据等信息技术提升监管水平。”马云称阿里巴巴将配合政府打假，加强日常线上巡查和抽检。同时，国家工商总局发言人强调，此前网监司发布的对阿里巴巴行政指导的《白皮书》，实质上是行政指导座谈会的会议记录，不具有法律效力。对此华尔街的分析师表示，阿里巴巴和政府的和解在意料之内，但是“damage is done”（损害已经造成）。同时该分析师认为政府力挺阿里巴巴虽然有一定的作用，但不会完全奏效。因为大家都记住了工商总局发布的《白皮书》中存在的问题是阿里巴巴上市之前就有的，如果现在再出来替阿里巴巴说好话，可信度将大打折扣，这些都是长远的影响，需要阿里巴巴花更多的时间来慢慢澄清。

二、关键问题

（一）《白皮书》的性质

阿里巴巴集团和国家工商总局之间的争议源于2015年1月23日工商总局网监司发布的一份网络调查——《2014年下半年网络交易商品定向检测结果》，调查结果显示淘宝网的正品率仅为37.25%。随后淘宝网公开指责工商总局网监司“吹黑哨”，并存在一系列检测程序违规的问题。其后国家工商总局公布了《白皮书》，使得二者之间的纷争白热化。那么这份《白皮书》究竟为何物呢？实际上《白皮书》与此次检测以及公布行为毫无关系，是2014年阿里集团上市之前，工商总局对于阿里集团内部管理存在的一系列问题进行行政指导产生的会议纪要。《白皮书》中指出了阿里集团在上市之前存在的一系列问题：主体准入把关不严、对商品信息审查不力、销售行为管理混乱、信用评级存有缺陷、内部工作人员管控不严等。追问这份《白皮书》的性质，其仅为行政指导座谈会的内部纪要，既非法律性文件，也非规范性文件。那么为何要称其为“白皮书”呢？同时根据2013年工商总局颁发的《工商行政管理机关行政指导工作规则》[①] 第四条第（四）项的规定：“公开原则。除依法应当保密的以外，实施行政指导应当公开进行。”为何该《白皮书》没有在2014年7月座谈会召开之后公布，而在2015年1月份进行公布呢？虽然在其后工商总局发言人称该《白皮书》仅为一份会议纪要，不具有法律效力而予以撤销，但其行为亦有许多商榷之处。

（二）行政指导的法律效力和社会效果

2004年国务院规范性文件《全面推进依法行政实施纲要》第九条规定：“要充分运用间接管理、动态管理和事后监管管理等手段对经济社会事物实施管理，充分发挥行政规划、行政指导、行政合同等方式的

① 工商法字［2013］3号。

作用。”由此可以看出行政指导已经逐渐成为一种常规的行政管理方式。从行政法学理上讲，行政指导不具有强制力保障实施，由此一般认为，行政指导不具有法律效力。但我们从“阿里巴巴事件”中可以看出，《白皮书》公布之后产生了一系列的重要影响：美国多家律师事务所发起了针对阿里巴巴的集体的诉讼调查；170 多家在美国挂牌的中概股有近 100 家下跌，全体中概股跌去 600 亿美元，其中阿里巴巴有 330 亿美元的市值蒸发。虽然工商总局称《白皮书》不具有法律效力，但它的杀伤力是显而易见的。《白皮书》虽然不具有法律效力，但其中所反映出阿里巴巴集团内部管控方面的问题是否依旧存在？政府与阿里巴巴集团之间的关系是否恶化？这些问题的影响实际上已经超出了 2015 年 1 月 23 日公布的网络调查报告的影响。由此我们可以看到，在经济规制领域的行政指导，虽然在行政指导内容的实施上没有强制力保障，但围绕行政指导的一系列信息实际上更为重要，这些信息具有更加深远的社会效力，由此行政指导的规范化是本事件引发的另一个关键性问题。

三、研究述评

从行政法学理上讲，追问《白皮书》的效力实际上就是探究行政指导行为的效力。从中国人民大学法学院莫于川教授开始，学界对行政指导行为效力的研究已有较为成熟的研究成果。梳理学界对于行政指导行为的研究，从 20 世纪 80 年代中期开始，行政指导这一新型的行政活动方式逐渐走入我国行政法学者的视野，杨海坤教授在 1985 年就从我国的行政管理实际出发，对当时存在的行政指导进行了起步性研究；罗豪才教授在 1988 年主编的《行政法论》一书中也设立专节，专门对行政指导问题进行了探讨。进入 20 世纪 90 年代以后，行政指导现象引起了更多学者的关注，学者们对行政管理实务中出现的行政指导行为产生了极大的研究热情，围绕行政指导行为产生了众多的学术研究成果。总体来说，在行政指导理论研究的过程中，虽然学者们对行政指导的法律性质等问题尚存在争议，但在行政指导存在的价值、功能、分类，行政指导与依法行政之间的关系等问题上都形成了一定的共识。如学界普遍认为，行政指导同时具有正反两个方面的效应，其中弥补法律的漏洞与不足、促进法律实施的弹性、实现行政主体和行政相对人之间的双赢是其积极的功能；而法治主义的空洞化、行政腐败的滋生则是行政指导具有的消极功能。[①] 对于“阿里巴巴 VS 工商总局事件”中的《白皮书》问题，从学理上来说，实际上经济规制领域中行政指导的问题从某种角度来讲，具有一般意义上的行政指导行为的法律特征。这种法律特征主要体现在其外部特征上，即缺乏法律强制力保障实施其欲实现的效果，但也有经济规制领域独特的特征。虽然行为本身在规范层面没有强制力保障，但对于行政相对人来说并不是没有效力。虽然有些学者在论文中也捎带着提到了行政指导行为在实践中的保障措施，但却没有深刻地解释经济规制领域行政指导行为保障措施出现的原因、表现形态、法律属性等相关问题。在经济规制领域（特别是贸易规制和金融规制领域）普遍适用行政指导的今天，进一步深刻地揭示经济规制领域行政指导行为的新特征，不论对学理层面的研究，还是实践中的应用，显然都有重大的意义。本章着重于从法律效力的角度揭示经济规制领域行政指导的相关问题，从现有立法、行政体系中寻求与经济规划领域行政指导实践之间若干不相契合之处，从而为完善行政指导制度提供一定程度上有益的思考。

第一节　“阿里巴巴事件”中的行政指导行为研究

一、行政指导行为的法律特征分析

2009 年 11 月 25 日，国家工商总局发布了《工商总局关工商行政管理机关全面推进行政指导工作的意见》，决定在全国工商行政管理系统全面推进行政指导工作。该文件中将工商行政指导定义为：“工商行政管理机关在职权范围内，运用非强制性手段，引导行政相对人作出或者不作出某种行为，以实现一定的行政目的。”同时该文件列举了几种

① 杨海坤、章志远：《中国行政法基本理论研究》，北京大学出版社，2004 年版，第 372 页。

典型的工商行政指导，诸如建议、辅导、提醒、规劝、示范、公示等。从以上的概念以及所列举的工商行政指导行为的方式可以看出行政指导行为的基本法律特征：其一，行政指导行为的实施主体是行政主体。在一些具体的行政指导中，即便行政相对人有不同程度的磋商参与，也不能改变行政指导行为实施主导权在行政主体一方。其二，行政指导行为不具有法律的强制力保障。上述文件中提到“运用非强制性手段”，这是行政指导行为区别于一般行政职权行为的本质特征，它不同于传统的“命令—控制”式的行政行为结构，其行为的实践不依赖于行政强制力保障，辅之以更多柔性的措施。在某种意义上说，行政指导行为并非不具有法律效力，其仅仅欠缺法律强制力的保障。其三，行政指导的目的是特定的行政目的。虽然行政指导行为与一般的行政行为在行为结构上有所不同，但都是为了实现一定的公共目的，期待行政相对人做出或不做出某种行为。其四，行政指导行为的实施有一定的限制。即行政指导行为需要在行政职权的范围内做出，不能超越立法授予行政主体的职权范围。

二、行政指导行为的效力问题分析

在“阿里巴巴 VS 工商总局事件”中，工商总局的新闻发言人称其所发布的《白皮书》是行政指导行为会议的纪要，不具有法律效力。就行政指导行为而言，其是否具有法律效力？具有何种法律效力？探讨行政指导行为的法律效力首先需要明确行政指导行为的法律属性。在现有的行政法框架下，行政行为的法律属性分为法律行为和事实行为，在一般的法学理论上，法律行为和事实行为区分的重要标志就是某一行为是否能够产生法律效果。有学者提出，行政指导是一种不发生或不直接发生法律后果的事实行为。由于行政指导没有法律上的强制力，相对人可以接受也可以不接受，行政主体不能因为相对人不接受而实施法律上的强制措施。因而行政指导是非权力性的。[①] 但如果说行政指导是一种事实行为，也存在诸多理论上的争议。笔者认为行政指导和行政事实行为也有本质区别，主要体现如下：其一，在很多情况下，根据法律的规

① 罗智敏：《试论行政指导》，载《行政法学研究》1999 年第 3 期。

定，行政指导也会产生一定的法律效果。因为在某些情况下，行政指导行为本身可能是行政主体行使自由裁量权的一种具体选择。其二，行政指导行为虽然从规范意义上讲是非强制性的，但行政指导行为的背后仍然有行政权力作为后盾，行政指导的做出以及指导行为赖以发挥实效的诸种措施都是基于行政权力。其三，行政指导行为虽与一般的具体行政行为有所区别，但合法的行政指导行为不论是其行为目的还是其所期待相对人实现的目的，都与该行政主体所具有的行政职权相关。

从以上的论述中可知，行政指导行为与行政事实行为有本质区别，但将行政指导行为纳入具体行政行为的范畴中，从学理层面也会加剧行政行为理论的混乱。从学理层面来看，行政行为的效力体现为公定力、确定力和执行力等效力。但这些效力在行政指导领域难以得到实现。由此正如有些学者提出的观点，行政指导行为之所以在理论上存在诸多疑难之处，其根本原因在于其与传统行政法中行政行为理论存在根本的不契合。如果要对行政指导行为进行理论上的有序梳理，势必要重构或者改造由德国行政法最早确立的，在行政法学研究中具有深厚传统和认识基础的行政行为理论。杨海坤教授主张引入德、日等国家的“行政作用”概念作为行政行为、行政契约、行政指导等同位阶概念的上位概念。① 这种理论演进路径虽然有一定的合理之处，但与我国现行行政诉讼法有关受案范围的规定又会产生不契合。旧行政诉讼法的受案范围是建立在区分行政法律行为和行政事实行为基础之上的，2014 年《行政诉讼法》修改中将旧法中的“行政法律行为”一律修改为“行政行为”，表明了行政行为理论的范围在司法实践中的扩大。行政指导行为在很大程度上具有增进行政效益的功能，如果不能将行政指导行为在行政执法层面制度化，可能会产生更多的社会问题。

三、经济规制领域行政指导行为的效力特征

在我国的实践中，行政指导制度的作用在经济规制领域尤为凸显。一方面由于社会主义市场经济体制不断完善，对多元化的规制方式提出

① 杨海坤、章志远：《中国行政法基本理论研究》，北京大学出版社，2004 年版，第 383 页。

需求；另一方面由于政治体制改革，逐渐转变了以往较为僵化的政府与市场之间的关系。早在20世纪90年代，产业结构调整过程中，就开始在经济规制领域有条件地实行行政指导制度。如1990年《乡村集体所有制企业条例》第三条规定，乡村集体所有制企业是我国社会主义公有制经济的组成部分，国家对乡村集体所有制企业实行积极扶持、合理规划、正确引导、加强管理的方针。相比于现代经济规制领域的行政指导行为，以往的行政指导与其说是一种具体的行为方式，不如认为其是一般行政法律行为的指导思想。此阶段的行政指导行为欠缺较为详细的规定，在实践中也欠缺具体的操作程序，因此该阶段的行政指导的效力特征，本质上来讲，就是一般行政法律行为的效力特征。

经济规制领域的行政指导行为的效力特征主要体现在以下方面：其一，没有强制力保障实施。从学理上来看，行政行为具有三大效力：公定力、确定力、执行力（公定力指行政行为一经成立，不论合法与否，即具有被推定为合法有效而要求所有机关、组织和个人承认其效力。确定力意指已成立的行政行为所具有的限制行政主体一方依职权随意对其予以改变的作用力。执行力指行政行为生效后，行政相对人必须自己履行相应的义务，如拒绝履行或者拖延履行，相应的行政主体可以依法采取强制措施）。① 以上三个效力中，公定力是一般行政行为的核心。从传统行政行为的效力视角来分析行政指导行为的效力，显然行政指导行为具有公定力。公定力象征着行政权力的权威性和法律的安定性，但行政行为之“公定”与行政指导之“公定”仍有一定的区别。行政行为的公定力一方面来源于法律的规定，另一方面其行为的做出完全由行政主体主导。而行政指导行为的公定力虽然一部分源于实在法的规定，同时还有行政主体较多的自由裁量因素在其中。此外，二者之间最大的区别在于行政指导行为虽然仍然由行政主体主导，但行政相对人可以协商，参与其中。由此看来，行政指导行为的做出具有更多协商民主的基础。就确定力而言，行政指导行为的确定力和行政行为的确定力体现出相同的内涵，即通过确定力的要素来保障由该行为对行政相对人产生的

① 杨海坤、章志远：《中国行政法基本理论研究》，北京大学出版社，2004年版，第235页。

信赖利益。传统行政行为的执行力在行政指导行为中遇到最大障碍，这也是行政指导行为在效力上最大的特点，即行政指导行为不具有执行力。行政相对人是否实施由行政指导行为确定的义务，更多地是依靠相对人的自觉以及该义务人的认同。即使相对人拒绝实施相应的义务，行政主体也不能采取后续的强制措施迫使其实施。这是行政指导效力的第一个显著特征。其二，以利益诱导为保障。这一效力特征在经济规制领域的行政指导行为中尤为凸显。市场经济中，企业以追求利益最大化为行事准则。既然行政指导行为对行政相对人所设定的义务欠缺强制力的保障，行政主体如何能够确信该行为具有实践的可能性呢？显然是该义务的实施对于行政相对人而言能够产生大于其实施成本的利益。进而追问，为何来源于行政主体所设定的义务能够对相对人产生利益呢？笔者认为主要有三个原因：第一是源于行政主体的信息优势。政府作为市场经济的规制者，在某些方面获取的信息和做出的判断优于作为市场中个体的企业，这些信息对企业作出市场预测和经济规划非常重要。第二是出于改善行政相对人与行政主体关系的考量。企业与政府之间关系是生硬和僵化的，构建一种和谐的规制者与被规制者协同合作的良好关系，不仅能够提高政府进行经济规制的效率，同时也能改善市场经济的法治氛围。第三是基于主导行政给付的考量。在福利国家的背景下，政府掌握着实施行政给付的权力，如何实施行政给付的分配则由行政主体来考量。一般而言，即使行政指导中，基于公共利益的考量，行政相对人的利益在承担相应义务的过程中有所减损，而相对人实施损益行为的动因在于来源于政府后续或者其他方面的行政给付报偿。

第二节 从“阿里巴巴VS工商总局事件”看中国行政指导制度的完善

一、中国经济规制领域行政指导的实施现状及问题

从生成模式上来看，我国经济规制领域的行政指导实践，是基于

“地方试验、政府主导型”模式而产生的。以工商行政指导为代表，我国工商行政领域的行政指导首先是通过地方试点方式开启的。2005 年福建省工商行政管理局在泉州试点工作的基础上，先行先试，进而在全省范围内全面推行。全省确定了行政指导试点单位 523 个，工商行政指导制度的推行对于提高行政效率、优化公共服务起到了重要的作用。有学者统计，在行政指导制度推行的五年内，全省各级工商局在各类市场上即时开展指导 218855 次，实施一般行政指导项目 15003 个，重大行政指导项目 1208 个，促进了企业的发展壮大，维护了市场经济秩序，有利地推动了福建的工商行政管理工作。[①] 2009 年工商总局发布了《工商总局关于工商行政管理机关全面推进行政指导工作的意见》，文件中提到在全国工商行政管理系统全面推进行政指导工作。文件中较为系统地制定了实施行政指导的基本原则，以及行政指导的适用范围和实施方式。该文件在规范意义上确立了我国工商行政管理领域的行政指导制度。但客观地说，在经济规制领域中只有工商行政指导具有系统的构建，其他领域如金融、保险等行业行政指导制度并未全面确立，仍然处于地方试点和探索之中。仅从工商行政指导的实践现状中就能发现我国行政指导制度的一些问题：

第一，我国的行政指导是一种“政府主导型”。这种模式的生成与我国的政治体制和市场环境密切相关。从理论意义上来说，一种成熟的市场规制制度的产生是经济体制和政治体制自然磨合的结果。一方面既有来源于市场主体以及政治休制改革的需求，另一方面也需要成熟的社会实践氛围。这种氛围不仅包括该制度与相关规制体制的恰当衔接，也有来源于市场和社会文化的认同。但我国的行政指导制度缺乏一种成熟的文化和法治氛围。具体而言，工商行政指导是由福建省试点进而在全国推行，虽然在福建省有较为成熟的实践经验，但由工商总局通过国家政策的方式在全国范围内推行，使得行政指导在一些缺乏前期实践经验的地区发生了异化。有学者将这种“异化”总结为：行为不够透明、

① 莫于川、郑宁：《泉州经验的行政管理和行政法制创新意义——福建泉州工商行政机关推行行政指导的调研报告》，载《宪政和行政法治评论（第二辑）》2007 年第 1 期，中国人民大学出版社，2007 年版，第 259 页。

动机不纯正、关系尚未理顺、责任不够明确、救济缺乏力度等问题。[①]这些问题使得行政指导行为的效果大打折扣。此外社会大众对行政指导行为欠缺成熟的理解。以“阿里巴巴事件”中的《白皮书》为例，一份不具有法律效力的行政指导座谈会的内部纪要在社会上产生了极大的影响。同时，既然行政指导行为不具有法律效力，为何工商总局为了降低事件的影响力，通过新闻发言人告知媒体，强调其作为行政指导行为不具有法律效力的特征？究其原因，即为社会公众对于行政指导行为和一般行政法律行为之区别并非有清楚的把握。

第二，行政指导制度与我国的行政执法方式不契合。我国传统的行政执法方式为“命令—强制”结构。行政相对人不服从行政主体的指令、命令，则有后续的强制或者处罚措施予以保障。此种行政执法方式使得行政执法人员形成一种思维惯性，这种思维惯性一方面使得行政主体在制定行政指导的过程中忽视对行政相对人利益的考虑，在行政执法的过程中忽视行政指导行为所要求的柔性手段，仍然以强制性的执法手段来处理行政指导的相关事务，这种行为不仅减损了行政指导行为的实施带来的规制效益，另一方面也打击了行政相对人的参与行政指导的积极性。由此一来，使得行政指导行为异化为行政指令，失去了行政指导制度设置的初衷。这种现象在实践中并不罕见。

第三，行政指导制度与我国的行政诉讼制度不衔接。虽然从行为模式上来看，行政指导行为本身不具有强制力保障，即使行政相对人不予实施行政指导行为所设定的义务也不会受到来自公权力的制裁。但是在行政指导实践中，因出现行政指导行为的异化或者来源于其他因素损害行政相对人的利益如何得到救济呢？在目前我国的行政诉讼框架之下，似乎很难通过司法救济的途径来保障行政相对人的利益。从我国《行政诉讼法》规定的受案范围来看，我国《行政诉讼法》对受案范围采取“正面列举 + 负面排除”的方式，正面列举了 12 类人民法院应当受理的行政案件，负面排除了四类不予受理的行政案件。其中并未涉及行政指导行为。2000 年发布的《最高人民法院关于执行〈中华人民共和国

① 莫于川：《我国实施行政指导的原因、现状及法治化对策》，载《渝州大学学报（社科版）》2001 年第 3 期。

行政诉讼法〉若干问题的解释》（简称《行诉执行解释》）对受案范围采取了“抽象概括＋负面排除”的方式。根据该司法解释第1条第二款规定，不具有强制力的行政指导行为不属于人民法院行政诉讼的受案范围。这一规定明确地将行政指导行为排除出行政诉讼的受案范围。这样一来，使得行政指导行为的司法救济遇到障碍。但上述规定存在两点值得探究的问题：其一是《行政诉讼法》（2014）第十二条第十二款规定，人民法院受理公民、法人或者其他组织提起的下列诉讼：“认为行政机关侵犯其他人身权、财产权等合法权益的”，从此条款出发，行政指导过程中行政相对人的人身权、财产权等合法权益受到侵犯可以通过该兜底条款纳入行政诉讼的受案范围。其二是行政指导行为本身即不具有法律效力，为何在2000年的《行诉执行解释》中在行政指导行为之前加以“不具有强制”的限定？这是否意味着一旦行政指导行为在实施过程中发生异化，将能够纳入行政诉讼的受案范围？司法实践证明，答案是肯定的。

二、经济规制行政指导制度的发展路径

对于行政指导制度的实践学界并非一致性看好。台湾行政法学者陈新民教授认为，行政指导固然是一个立意颇佳的制度，但涉及到执行者“人”的因素太大，而且行政指导制度先天存在若干无法解决的矛盾现象，以现行中国的现状，要将此制度明白的法治化，并借此提高行政效率及促成行政合法化，反而会“拔苗助长”，因此，行政指导在中国的推行很难取得成功，未来中国的行政程序法典也不宜将行政指导纳入其中。陈新民教授的观点代表着反对行政指导制度的学者们的看法，深刻地洞见了行政指导制度的实践在我国现行政治和社会状态下的困境，这种困境在上文中已有较为全面的分析。

基于这种状况，对于行政指导制度而言，一种可行性的路径是逐渐收缩行政指导制度的适用范围，保留已有经过成熟实践，且收到良好行政效果的部分领域的行政指导，不再在新的领域开展行政指导制度的探索和实践，等到社会条件发展成熟再行探索。另一条途径即是遵循发现问题、解决问题的路径，通过正视行政指导制度存在的问题来完善我国的行政指导制度。行政指导制度的根本缺陷在于没有完善的法治保障，

使得在行政指导的运行过程中不具有法律强制力保障的行政指导演变为强制性的行政指令，且在其具有行政指导之法律外观下，难以通过司法救济保障行政相对人的合法权益。笔者认为，基于这个本质问题，可以从以下几个方面着手完善行政指导制度：其一，完善行政指导的立法。对于我国行政指导的立法现状，法律层面的规定较为零星，散见于各部法律之中，其法律位阶较高，但在立法层面普遍缺乏具体的操作方式及相关细则。对于行政指导制度规定比较完善的，一般都是各部委发布的规范性文件，其权威性普遍较低，适用范围也相当有限。因此需要加强立法，对于行政指导进行专门立法，或者借鉴我国台湾地区的立法经验，在行政程序法典中对行政指导制度的程序性问题予以较为细致的规定。其二，完善行政指导的司法救济制度。将行政指导纳入行政诉讼法的受案范围。考虑到《行政诉讼法》刚刚修改，可以通过最高人民法院出台相关司法解释或者通过最高人民法院颁布有关行政指导的指导性案例，以便在全国范围内参照适用。案例指导制度作为正在进行的司法改革的一项具体措施，通过指导性案例来改变以往法院对行政指导行为的受案态度，显然更为合适。其三，加强行政指导行为的理论研究。克服现有行政指导行为理论存在的逻辑缺陷，将行政指导行为纳入现代行政行为理论之中。其四，强化行政指导执法理念。加强行政机关工作人员对行政指导行为的认知，转变其僵化和较为落后的行政执法方式，自觉地践行行政指导行为所要求的柔性行政的法治理念。

结语 经济规制领域的软法治理之展望

不论在制度层面行政指导行为的发展将遵循何种路径，“阿里巴巴事件”中的行政指导行为所产生的一系列问题，客观且全面地反映了我国经济规制领域软法治理的现实困境。这种困境折射出一对深刻的矛盾，即在全球性公共管理改革背景下，市场主体内在地需要软法治理，而这与现行行政管理体制不契合。这种不契合使得现行法律法规中存在的软法治理在实践中并没有产生预期的效果。经济规制领域软法治理，不论在行政管理层面还是学理研究层面，其必要性毋庸置疑。以经济规制领域的行政指导行为为例，其在提高行政规制效率、改善政企关系、增进经济规制中的协商民主等方面有诸多的优势。同时反思其在具体实践中出现的诸多问题，并不是该种行政规制方式本身有什么缺陷，而是长期的硬法规制模式下僵化的行政体制以及行政习惯所导致。从行政管制体制自身不断完善的视角来看，该种模式也不是一成不变的。2013 年党的十八届三中全会通过的《中共中央关于全面深化改革若干重大问题的决定》标志着行政体制改革的开始，其中第四十七条“改进社会治理方式”举措中提出，要发挥政府主导作用，鼓励和支持社会各方面参与，实现政府治理和社会自我调节、居民自治良性互动。由此看出，该文件明确地将创新治理体制作为我国行政体制改革的一个重大方向。2014 年党的十八届四中全会通过了《中共中央关于全面推进依法治国若干重大问题的决定》，提出要推进多层次领域的依法治理，支持各类社会主体自我约束、自我管理，发挥市民公约、乡规民约、行业规章、团体规制等社会规范在社会治理中的积极作用。由此可见我国的行政体制改革的两个特征：其一是规制手段由单一向多元化发展；其二是行政体制改革须在法治化的轨道中进行。这两个特征解决了软法治理与现行行政管理体制的不契合问题。

此外，对于经济规制中的软法治理问题，在具体的治理方式上不仅需要学理研究层面的多元化，在具体的实践中也需要以多元化的方式展开。“阿里巴巴事件”中所涉及的工商行政指导行为，是目前在行政实践中应用较多的一种，也是最为典型的一种。但其他的软法治理方式却缺乏较多的学理研究和实践。从具体的法律条文中梳理，立法在很多的领域都采用符合软法治理形式的表述，但却欠缺系统和规范的表达，使其容易与一般的行政行为相混淆。因此，对于学界而言，在软法治理成为一种不可逆的背景下，需要对软法的治理模式进行系统的研究。虽然以罗豪才教授为代表的法学家大力倡导软法研究，但对于软法治理的研究在行政法学界还处以较为初级的阶段，对于软法的概念及其具体的治理方式并没有形成共识。因此，软法治理研究需要在学界引起重视，通过成熟的学理研究成果来指导行政实践。除了在行政体制层面的改革外，这对于推进经济规制领域的软法治理而言，是另一个需要解决的问题。

（本章作者：张翔）

第六章

电子商务规制领域——基于“阿里巴巴 VS 工商总局事件”的行政指导诉讼研究

导论

一、研究背景

行政指导根植于现代市场经济的土壤之中，是现代行政发展的产物。1949 年中华人民共和国建立以来，在一段时期内，中国通过指令性计划的方式管理各经济运行，在实践中日益凸显其弊端。各微观市场经济主体迫切需要摆脱国家的强制性计划，按市场经济规律来自主地决定企业的经营管理模式、投资决策、生产计划等。但微观经济主体因其规模的局限性、信息资源的局限性，在国际经济竞争日益加剧的国际大背景下，无法与资金、人力资源、信息资源充足，实力雄厚的跨国集团相抗衡。为解决这一矛盾，国家经济行政指导制度的完善迫在眉睫。

目前理论界对行政指导的概念界定、行政指导的性质仍存在较大分歧。并且，自 20 世纪 80 年代以后，针对行政指导透明性差、动机不尽纯正、关系尚未理顺、保障变成强制、责任不甚明确、监督救济乏力等缺陷，学者们开始了对行政指导可诉性的探讨。无救济便无权利，无责任即无行政，将行政指导行为纳入司法审查的范围有助于防止行政指导的功能性缺陷。因此，应当建立起行政指导的责任、救济制度，从而保护行政相对人的合法权益。在我国司法实践中，行政指导诉讼仍然是一个很大的争议焦点。2014 年，全国工商系统共实施了 1 万余次行政指导，较好地帮助了经营者自我管理与规范，一定程度上缓解和避免了传统行政管理方式在实施中可能引发的矛盾。然而，2015 年年初，阿里巴巴集团与国家工商总局展开了一场“激战”，国家工商总局针对淘宝假货问题发布了一份《关于对阿里巴巴集团进行行政指导工作情况的白皮书》（简称《白皮书》），正是这份行政指导文件引发了一系列的民事诉讼与经济行政诉讼。这一事件不仅反映出我国行政指导行为的制度性缺陷，也再次引发了我们对经济规制领域的行政指导行为及其救济途径的思考。

二、研究述评

基于行政指导的非强制力，传统的行政诉讼法学理论认为，行政指导是一种事实行为不应该受到司法审查。如我国台湾地区的行政诉讼法学者普遍认为，“行政指导不具有‘行政处分’的性质，故不能对其提起行政诉讼。”[①] 大陆不少学者也认为，行政机关不得强迫行政相对人按照行政指导的内容作为或者不作为，行政指导不会因行政相对人不接受而导致其承担不利的法律后果，因此，行政指导不具有可诉性。理论界的上述观点在我国的司法实务中得到了体现。1999 年最高人民法院颁布的《关于执行〈中华人民共和国行政诉讼法〉若干问题的解释》第 1 条第二款规定，公民、法人或者其他组织对“不具有强制力的行政指导行为”不服提起诉讼，不属于人民法院行政诉讼的受案范围。参与该司法解释起草的最高人民法院甘文博士指出，该规定在行政指导前增加“不具有强制力”的定语，是为了进一步说明行政指导的性质，并非对行政指导进行分类，而是一种提示性的表述。[②]

但是，行政指导不可诉，并非是法学理论界一致的认识。在 20 世纪 80 年代以后，针对行政指导透明性差、动机不尽纯正、关系尚未理顺、保障变成强制、责任不甚明确、监督救济乏力等缺陷，学者们开始

① 翁岳生：《行政法》（下册），中国法制出版社，2002 年版，第 915 页。

② 甘文：《行政诉讼法司法解释之评论——理由、观点与问题》，中国法制出版社，2000 年版，第 26 页。

了对行政指导可诉性的探讨。学者们的研究，有的是以对行政指导的法律救济为视角，有的是直接研究行政指导的可诉性。莫于川教授认为，“无论从法、理、情还是现实生活中的诸多案例及其效果来看，应以具有损害后果和一定的联系因素为判断标准，通过完善行政诉讼法律规范将行政指导行为逐步纳入司法审查的范围。”① 学者王士如认为：“从人权保障、权力监督和依法行政的角度出发，如果行政指导行为使行政相对人受到损害，相对人有权获得司法救济。应根据行政指导的合法性、强制性，行政机关是否履行其承诺的义务，相对人可以自由选择接受指导与否、是否有寻求救济的其他途径等因素，区别行政指导的具体性质，为相对人确定相应的救济手段。”② 杨海坤教授认为“行政指导的可诉性并没有多少理论上的障碍，因为既然行政指导也是行政权的一种表现形式，那么它同样面临着被滥用的可能，同样会影响到行政相对人的合法权益。因此，与其说将行政指导纳入行政诉讼的受案范围是一个理论问题，毋宁说它仅仅是一个立法技术的问题”。③ 由此，学界现在大多学者致力于行政指导可诉性问题研究，主张将行政指导纳入到司法审查的轨道上来，从而为进一步探讨行政指导诉讼问题奠定了理论基础。

第一节　“阿里巴巴事件”引发的行政指导诉讼问题

一、行政指导视域下的阿里案案情解读

2015 新年伊始，阿里巴巴集团和工商总局之间的“隔空角力”，彻底引爆了舆论场。这或许是自互联网时代以来，最具开放性的一起“非

① 莫于川：《应将行政指导纳入我国行政诉讼受案范围——兼析国外行政指导诉讼的典型案例和特点》，载《重庆社会科学》2005 年第 8 期。

② 王士如：《中国行政指导的司法救济》，载《行政法学研究》2004 年第 4 期。

③ 杨海坤、章志远：《中国行政法基本理论研究》，北京大学出版社，2005 年版，第 398 页。

典型性事件”。

第一回合：网监报告。2015 年 1 月 23 日，国家工商总局发布了一份网络调查——《2014 年下半年网络交易商品定向监测结果》。报告显示，监测共采样淘宝网、京东、天猫、1 号店、中关村电子商城、聚美优品等平台的 92 个批次样品，正品率为 58.7%。而在淘宝网采集 51 个样品，数量最多，但其正品率最低，仅为 37.25%，不足四成。

第二回合：“小二”叫板。1 月 27 日上午，淘宝官方微博转发名为《一个 80 后淘宝网运营小二心声》的文章，文中点名指出国家工商总局网络监管司“吹黑哨”，并指出此次定向监测抽取样本太少、类比逻辑混乱、行政程序违规等问题。“淘宝小二”认为，国家工商总局“违规查处”的根源在于，根据《流通领域商品质量抽查检验办法》的规定，抽检应当保证被抽样人的复检申诉权利。但是，两次抽检中，许多卖家并没有收到抽检结果通知，也没有告知当事人有申请复检的权利。

第三回合：工商回应。工商总局有关领导在 1 月 27 日下午回应称：“本次抽查是由工商总局委托第三方机构开展的，第三方去抽检几家，抽检什么，他们有他们的工作方案，但整个过程是合理合规的。数据并不是为了反映电商整体假货环境有多差，而仅仅是一次抽查结果的数据，不能过度解读。网络商品交易监管司一直秉承依法行政的原则开展网络市场监管执法工作，相关法律法规赋予了工商机关依法开展市场检查、商品质量监测等监管权限。”

第四回合：《白皮书》。1 月 28 日上午，国家工商总局在官网挂出《关于对阿里巴巴集团进行行政指导工作情况的白皮书》，指出阿里巴巴网络交易平台存在主体准入把关不严、商品信息审查不力、销售行为管理混乱、信用评价存有缺陷、内部工作人员管控不严五大问题，并对阿里巴巴集团提出相关工作要求。

第五回合：淘宝投诉。1 月 28 日下午，淘宝在官方微博上称，针对工商总局在监管过程中的程序失当、情绪执法等行为，用错误的方式得到的一个不客观的结论，对淘宝以及对中国电子商务从业者造成了非常严重的负面影响，我们决定向国家工商总局正式投诉。

第六回合：握手言和。1 月 30 日，国家工商总局局长张茅在工商总局与阿里巴巴董事局主席马云会面。晚间，就 1 月 28 日工商总局网监司发布的《白皮书》，国家工商总局发言人正式表态，表示该文并非“白皮书”，实质是行政指导座谈会会议记录，不具有法律效力。

六大回合“对战”后，事态并未因此平息。淘宝和工商总局的“大战”引发了数家中美法务机构相继对阿里巴巴提起集体诉讼，其中包括罗宾斯·盖勒律师事务所、霍华德·G. 史密斯律师事务所等等。引发他们起诉的直接因素之一，就是工商总局发布的那份针对淘宝假货的《白皮书》。由于该《白皮书》的调查是在阿里巴巴上市之前，由此引发了阿里两个层面的被诉风险：一是未在上市前及时披露被政府机构调查；二是假货问题。霍华德·G. 史密斯律师事务所是阿里巴巴集体诉讼案的发起方之一，在 2015 年 1 月 30 日第一家律所发起诉讼的同天晚上，国家工商总局发言人正式澄清，有关淘宝《白皮书》只是会议记录，不具法律效力。这会使阿里巴巴的压力大大减轻，使美国的诉讼失去证据支持。但对此，Laurence Rosen 认为，工商总局的声明确实澄清了一些问题，但是从美国法律的角度来看，《白皮书》本身还是一个正式文件。他指出，“我们还是会认为这里面讲的这些事实上的东西还是准确的，我们现在‘推断认为’白皮书里讲的事实是真实的，是可以被当作证据的。未来会不会有新的更好的证据还需要调查。”

北京中闻律师事务所的律师吴革在 2 月 1 日向工商总局递交政府信息公开表，要求其公开在 2015 年 1 月 28 日公布《关于对阿里巴巴集团进行行政指导工作情况的白皮书》的依据，及该“公布”行为的依据和 1 月 30 日收回的理由和依据。工商总局在 2 月 25 日出具的“工商公开字［2015］26 号”《政府信息公开告知书》称，吴革申请公开的有关信息，不属于《政府信息公开条例》规定应该公开的政府信息。根据《政府信息公开条例》第 2 条的规定：“本条例所称的政府信息，是指行政机关在履行职责过程中制作或者获取的，以一定的形式记录、保存的信息。”吴革认为工商总局“做出”“公布”“收回”《白皮书》以及宣告该文件无效的行为是其履行职责的行为，应有法律依据或者事实依据，且这些依据是应当由工商总局公开的政府信息，工商总局的答复是适用法律错误。其后，吴革因国家工商总局在“阿里巴巴事件”中侵犯其知情权，将国家工商总局诉至北京市第一中级人民法院，要求法院判决被告履行法定职责，即向原告依法公开所申请的政府信息。截止目前，北京一中院已经受理了该案件。

由此可以看出，“阿里巴巴事件”是由行政指导和政府信息公开行为引发的一起经济行政诉讼案件，该案争议的焦点主要围绕在公布《白皮书》行为的性质、依据与收回行政指导的理由和依据，以及政府信息公开中不作为的问题。由工商总局发布的这份行政指导《白皮书》引发了一系列围绕行政指导行为的争议：首先，做出并公布《白皮书》是一种什么性质的行政行为，如何理解其效力。工商总局发言人在1月30日晚专门提到该《白皮书》不具有“法律效力”，仅是一份内部会议纪要，但这种做法实际上放大了阿里巴巴本身存在的过错以及这种过错产生的不利影响。国外媒体质疑阿里巴巴在上市之前隐瞒了自己遭遇调查的信息，属于信息披露不充分，不少机构投资者开始怀疑中国企业是否处于“非市场化竞争环境”，这种不利影响波及海外上市的所有中国企业。其次，工商总局的行政指导行为是否侵害了相对人的权益，能否获得救济。虽然工商总局发言人在发布会上强调，行政指导是国家工商总局从2009年11月开始在全国工商系统全面推行的，此后还规范了行政指导的适用范围、实施程序等，但这仍然无法掩盖通过此次事件反映出来的我国行政指导行为的制度性缺陷。

二、“阿里巴巴事件”中的行政指导行为法律属性之界定

（一）目的性

行政指导的行政目的属性是行政指导制度赖以存在的前提。在行政管理实践中，一种行政手段之所以会被政府所采用，就在于其能帮助政府实现特定目的。随着市场经济的高速发展，政府往往不会满足于仅完成经济计划、经济监督这些任务。除此之外，还要预先主动地、有方向有重点地规范和调控经济行为，以保持或达到在总体经济及特定领域中所期望的经济目标。行政指导的目的性是实现政府的特定行政目标，行政指导的目的决定了政府的指导方式与范围。比如，“国有资产管理部门对国有资产投资委员会就具体选择投资对象所为的建议与引导，与国家计委为使产业结构合理而进行产业引导，因两者的目的不同，故行政

主体采用具体的指导方式与指导范围也会随之不同”。[①]行政指导的目的属性也正好解释了行政指导已逐渐成为现代政府经常采纳的施政手段之原因。

（二）权力性行政行为

行政权是国家权力的重要部分，其目的属国家的目的，它通过一定的手段即国家方针、政策、法律、法规的贯彻执行，实现国家的意志。权力的含义除了强制力之外，还可以是一种影响力，这种影响力可以是“非强制性”的，但它仍是一种权力作用。因此，强制性并不是认定政府行为的必要条件。干涉行政主要采取的是强制性手段，而行政指导作为给付行政则采取非强制性手段。“公共利益不只是安全之需，还包括普遍的社会福利和细致的公共服务，故行政权实施的直接来源发生了很大变化。”[②] 现代行政权发生了目的转向，行政权亦在逐步扩张。由此，行政指导的做出以及行政指导赖以发挥实效的诸种措施都是基于行政权力的。而行政权力一经做出必然会对行政相对人的权益产生直接或间接的影响。因此，行政指导行为也不可能是一种没有法律效果的事实行为。

（三）非强制性

行政指导行为不具有法律上的强制力，但具有事实上的强制性。“根据向服从行政指导的人提供一定的利益，或凭借国家权力为背景的行政机关的支配地位，行政指导对相对人具有事实上的强制力，但它不是法律上的。”[③] 首先，行政指导不具有法律强制性。其原因在于行政主体的行政指导决定并不直接产生法律效果。根据《日本行政程序法》的规定，行政主体不得迫使相对人接受该行政指导；仅能基于相对人完

---

① 郭润生、宋功德：《论行政指导》，中国政法大学出版社，1999 年版，第 49 页。

② 郭润生、宋功德：《论行政指导》，中国政法大学出版社，1999 年版，第 57 页。

③ ［日］室井力主编：《日本现代行政法》，中国政法大学出版社，1995 年版，第 152 页。

全的自愿协力，不得以相对人不遵守行政指导为由，对之为不利之处置。[①] 其次，行政指导具有事实上的强制力。这主要表现为：其一，大部分行政指导以设置利益诱导为存在前提。如果行政主体只单纯地表达其行政意愿，并无利益诱导，行政相对方一般不会主动、自愿地协作行政。一方面，政府承诺杜绝以强制手段推行行政指导；另一方面，为实现特定的行政目标，又不断地施之以事实上的强制力。因此，利益诱导成为行政指导能够具有事实上的诱导性与强制力的主要原因之一。[②] 其二，这是由其具有的权力性所决定的。行政指导本身是具有权力性的行政行为，其展示了行政权的另一个侧面，代表行政权扩张的一种倾向和现实。具有权力性的行政指导虽然不直接产生法律效果，但必然会间接影响相对方的权利义务关系，因此，其并非纯粹的事实行为，具有法律上的意义。

第二节　将行政指导纳入中国行政诉讼受案范围的现实必要性

一、现代行政法治原则的要求

20 世纪中后期以来，由于行政指导在现代市场经济条件下的行政实务中日益显现出特殊的功效性和适应性，因此，作为一种灵活有效的行政活动方式，行政指导不仅在日本的行政实务中起到了推动行政权积极运作的作用，而且其他许多重要市场经济国家（如德、法、英、美等国）对行政指导的态度也陆续发生了否定—暧昧—肯定—注重采用的变化。现在行政指导已被越来越多的市场经济国家运用于政府对经济与社会的管理过程中。

现代行政法治要求行政法上的一切纠纷最终应服从司法机关的裁

① 《日本行政程序法》第 32、33、34 条的规定。

② 郭润生、宋功德：《论行政指导》，中国政法大学出版社，1999 年版，第 57 页。

决，接受司法审查，保证司法救济。然而，行政指导的产生和发展使传统的“依法行政”面临一些亟待解决的课题，行政指导在实践中运用的广泛性、灵活性与其司法审查的保守性形成了鲜明的反差。基于前文对行政指导法律性质的分析，既然行政指导是具有权力性的行政行为，那么行政主体开展行政指导活动时，就应当在其权限范围内依照法律的规定来进行，以法律控制行政指导的运作，这也正是现代行政法治的要求。当然，基于行政指导的非强制性特点，要求所有的行政指导行为都必须有行为法上的依据也是不现实的，因为现实生活中总会存在缺少具体法律规范予以调整的“法律空域”。“行政指导按其具有的功能，可分为三种情形：一是规制性或抑制性的行政指导；二是调整性或调停性的行政指导；三是促进性或辅助性的行政指导。其中最易引起行政纠纷的是规制性行政指导中的告诫、规劝等具有某种变相强制性的指导行为。”① 如“阿里巴巴事件”中，工商总局对阿里巴巴实行的行政指导行为，从《白皮书》和座谈会内容的表述方式上均可以看出，其属于规制性或抑制性的行政指导行为。因此，基于行政指导所具有的事实上的强制力，必然要对行政指导行为予以有效的法律制约。从合法性原则的要求角度看，如果是促进性或调整性的行政指导，可以组织法上的权限为依据，遵循法律优先原则即可；如果是规制性的行政指导，则必须有行为法上的依据，严格遵循法律保留原则。由此，如何使行政指导行为与现代依法行政原则相契合，特别是如何克服其缺陷和负面效应，建立起有效的监督、责任与救济机制，已成为行政指导理论与实践的重要课题。

二、中国当前行政指导实践存在的诸多弊端

我国当前的行政指导实践客观上仍存在着诸多弊端，“由于行政指导本身的灵活性，并不需要法律的明确授权，在是否采用行政指导手段上有很大的自由裁量权，这就可能出现不受法律约束的行政活动”。②

① 莫于川：《应将行政指导纳入我国行政诉讼受案范围——兼析国外行政指导诉讼的典型案例和特点》，载《重庆社会科学》2005 年第 8 期。

② 应松年主编：《行政行为法》，人民出版社，1993 年版，第 578 页。

而这些行政活动很可能侵害到行政相对人的合法权益。其中最突出的表现是：

其一，行政指导活动的随意性。由于行政指导缺乏行为法上的具体法律规定，行政主体指导往往具有随意性，囿于传统强制权力的惯性作用，导致行政指导异化为行政命令的情形多有发生。从“阿里巴巴事件”中就可以看出，行政主体对行政指导具体内涵的理解不够充分，在具体的实施过程中操作很不规范。此外，行政指导的决策和执行属于两个环节，行使者不同，这使得行政主体极可能滥用其垄断的审批、财政、税收、信贷等资源手段，严重侵犯行政相对人的合法权益。①

其二，行政指导过程不公开。“阿里巴巴事件”就突出体现了这个问题。工商总局网监司所做出的行政指导基于阿里巴巴海外上市的原因并没有向社会公布，仅仅作为一个内部文件。《白皮书》虽然作为会议纪要不具法律强制力，但工商总局可以建议阿里巴巴对其存在的问题进行信息披露，如果工商总局公开了其行政指导的内容，将会以此行为更好地督促阿里巴巴集团遵循美国《证券法》的规定履行信息披露义务。此外，行政机关对阿里巴巴集团所施行的具体行政指导行为的过程，则基于《政府信息公开条例》的要求，需要作为政府信息公开。行政指导行为过程的不透明，必然会使相对人对行政指导做出的背景、动因、主要依据以及行政指导是否处于指导者的权力范围内无从知晓，从而损害到相对人的合法权益。

其三，行政指导缺乏必要的责任和救济机制。行政职权的笼统性，具有行政指导权的行政机关不明确，使得行政机关的责任不易确定。由于传统的行政指导理论将行政指导定性为“非权力性”行为，使得行政主体的“赔偿责任”往往流于形式，行政主体违法指导所造成的损害也得不到应有的救济。

---

① 朱淑娣、张华：《入世背景下的行政指导制度——美日胶卷案引发之思考》，载《天津行政学院学报》2003 年第 1 期。

第三节 中国建立行政指导诉讼制度的可行性

一、建立行政指导诉讼制度的规范依据

（一）国内法角度

在法律层面上，2014 年 11 月 1 日最新修订的《行政诉讼法》第二条第一款规定："公民、法人或者其他组织认为行政机关和行政机关工作人员的行政行为侵犯其合法权益，有权依照本法向人民法院提起诉讼。"该条将 1989 年《行政诉讼法》中规定的行政诉讼受案范围由"具体行政行为"扩展到了广义的"行政行为"上，也就是说除该法第十三条规定的四种行政行为外，其他行政行为均具有可诉性。同时该法第十二条第一款第（十二）项还规定了，人民法院受理公民、法人或其他组织提起的认为行政机关侵犯其他人身权、财产权等合法权益的诉讼。然而，在最高人民法院所做的司法解释层面上，2000 年《最高人民法院执行〈行政诉讼法〉解释》第一条第二款规定："公民、法人或者其他组织对下列行为不服提起诉讼的，不属于人民法院行政诉讼的受案范围：……（四）不具有强制力的行政指导行为。"2015 年新的行诉解释，则并没有对受案范围的内容做出详细解释。也就是说，2000 年《最高人民法院执行〈行政诉讼法〉解释》否定了行政指导行为的可诉性。2014 年新修订的《行政诉讼法》虽未明确列举公民可对行政指导行为提起行政诉讼，但其概括性规定的受案范围中已将行政指导行为涵盖在了可提起行政诉讼的行政行为范围内。由此，可以理解为最新修订的《行政诉讼法》同时修正了之前《行政诉讼法》与相关司法解释的规定，将行政指导行为纳入到了行政诉讼受案范围之列。

（二）国际法角度

加入 WTO 以后，我国的行政诉讼制度，包括行政诉讼受案范围，应当根据 WTO 法律规则和我国加入 WTO 所做的承诺进行调整。WTO 规则对司法审查范围的规定使用的是"行政行为"或"所有行政行

为”。GATT1994 第十条第三款（b）项规定：“每一缔约方应维持或尽快设立司法、仲裁或行政程序，目的在于迅速审查和纠正与海关事项有关的行政行为。”WTO 规则对行政行为采取何种形式并没有做出特别的要求，既没有将行政指导列入司法审查的范围，也没有对行政指导的司法审查进行特别的排除。WTO 规则做出这样的规定，是因为 WTO 的宗旨是充分保障国际贸易的健康发展，它并不关心成员国如何构建具体的法律制度。为了防止成员国以国内立法来设立不符合 WTO 精神的贸易壁垒，对司法审查范围的要求就不能采用形式标准，只要行政行为对国际贸易产生了实质影响，无论行政行为采取什么样的形式，即使以行政指导的形式出现，也应当纳入司法审查的范围。我国加入 WTO 的承诺使用的是“所有行政行为”。中国加入 WTO《议定书》第二条（D）节第 1 段规定：“中国应设立或指定并维持审查庭、联结点和程序，以便迅速审查所有与 GATT1994 第十条第一款、GATS 第六条和《TRIPs 协定》相关规定所指的法律、法规，普遍适用的司法决定和行政决定的实施有关的所有行政行为。”由此可以看出，2000 年《最高人民法院执行〈行政诉讼法〉解释》的所谓“不具有强制力的行政指导行为”不属于人民法院行政诉讼受案范围的排除规定，已经不再适应 WTO 规则的要求。我国为适应这一发展要求对《行政诉讼法》所进行的修改，正是呼应了我国加入 WTO 时承诺使用的“所有行政行为”。

二、构建行政指导诉讼制度的学理基础

在 20 世纪 80 年代以后，针对行政指导透明性差、动机不尽纯正、关系尚未理顺、保障变成强制、责任不甚明确、监督救济乏力等缺陷，学者们开始了对行政指导可诉性的探讨。学者们的研究，有的是以对行政指导的法律救济为视角，有的是直接研究行政指导的可诉性。从行政指导的法律救济出发，有学者指出，“从人权保障、权力监督和依法行政的角度出发，如果行政指导行为使行政相对人受到损害，相对人有权获得司法救济。应根据行政指导的合法性、强制性，行政机关是否履行其承诺的义务，相对人可以自由选择接受指导与否、是否有寻求救济的其他途径等因素，区别行政指导的具体性质，为相对人确定相应的救济

手段。”[①] 直接从行政指导可诉性入手进行研究的学者中，有的认为，“无论从法、理、情还是现实生活中的诸多案例及其效果来看，应以具有损害后果和一定的联系因素为判断标准，通过完善行政诉讼法律规范将行政指导行为逐步纳入司法审查的范围。”[②] 还有的指出，“行政指导的可诉性并没有多少理论上的障碍，因为既然行政指导也是行政权的一种表现形式，那么它同样面临着被滥用的可能，同样会影响到行政相对人的合法权益。因此，与其说将行政指导纳入行政诉讼的受案范围是一个理论问题，毋宁说它仅仅是一个立法技术的问题。”[③] 由此，学界现在大多数学者致力于行政指导可诉性问题研究，主张将行政指导纳入到司法审查的轨道上来，从而为进一步探讨行政指导诉讼问题奠定了理论基础。

第四节　经济规制领域下行政指导诉讼的制度建构

一、行政指导诉讼特殊性下的制度建构要点

建构行政指导诉讼不仅因为行政指导行为本身的可诉性，还在于经济规制领域下行政指导诉讼所具有的特殊性。这种独特性要求建构起行政指导诉讼的相应制度规范。经济规制领域下行政指导诉讼的特殊性主要表现为以下几个方面：首先，行政指导诉讼处理的对象是经济行政争议，这也是经济行政诉讼的共同特性。经济行政争议是经济行政主体在经济行政管理过程中与作为相对方的公民、法人或其他组织发生的，具有经济内容的行政争议。当事人双方的争议始终是围绕着某项与行政权

① 王士如：《中国行政指导的司法救济》，载《行政法学研究》2004 年第 4 期。

② 莫于川：《应将行政指导纳入我国行政诉讼受案范围——兼析国外行政指导诉讼的典型案例和特点》，载《重庆社会科学》2005 年第 8 期。

③ 杨海坤、章志远：《中国行政法基本理论研究》，北京大学出版社，2005 年版，第 398 页。

相关的经济上的权力或权利。其次，审查范围的特殊性。由于行政指导行为的非强制性特点，以及行政指导有时是在法律欠缺或不备的情况下做出的，因此对于具体的行政指导是否可诉，还应当基于行政指导行为是否属于行政自由裁量的范围、受行政指导损害的权益的性质及损害程度等因素进行具体的分析。再次，审查标准的特殊性。各国行政诉讼的审查标准有二：合法性审查与合理性审查。前者指法院审查行政主体是否遵循行政合法性原则，以决定是否撤销行政行为。合理性审查原则指法院审查行政主体的行为时不仅要求其按法律、法规规定的条件、种类和幅度范围做出行政决定，而且要求这种决定符合法律的意图或精神，符合公平、正义等法律理性。经济行政指导诉讼要同时遵循以上两个审查原则。最后，法律适用上的特殊性。经济行政指导诉讼首先必然要遵循一般行政诉讼的法律适用规则，然而由于经济行政诉讼是由经济规制领域中的行政行为引起的，所以还涉及到了行政审判对民事法律的适用。此外，行政指导的灵活性与非强制性，使得法律原则在经济行政指导诉讼中的适用成为了该诉讼类型的一大特色。

二、行政指导诉讼的审查范围

行政诉讼中审查范围的意义在于，其“同时决定着司法机关对行政主体行为的监督范围，决定着受到行政主体侵害的公民、法人和其他组织诉权的范围，也决定着行政终局裁决权的范围”。[①] 由此，行政指导诉讼的审查范围问题关系着利害关系人可获得救济的利益范围、可受监督的行政指导行为的范围。现代行政是责任行政，行政指导也不例外。采取行政指导既可以达到预期的行政目的，也可能失误失败和违法侵权而损害相对人的合法权益。行政指导引起的纠纷具有可诉的法定利益，政府没有兑现业已承诺的诱导利益便构成了明确、直接而法定的可诉利益。[②] 当受指导一方认为，在行政指导过程中因指导一方的责任造成其

---

① 姜明安主编：《行政法与行政诉讼法》，北京大学出版社、高等教育出版社，2001 年版，第 309 页。

② 朱淑娣、张华：《入世背景下的行政指导制度——美日胶卷案引发之思考》，载《天津行政学院学报》2003 年第 2 期。

合法权益受到损害时，则有权寻求及时有效的司法救济。那么，是否所有的行政指导均是可诉的呢？这就涉及到了经济行政指导诉讼的审查范围问题。由于行政指导具有灵活主动性、没有明确的法律依据等特点，对于具体的行政指导是否可诉，还应当从行政指导是否存在违法或者不合理等情形进行具体的分析。

事实上，可以提起行政诉讼的行政指导主要有以下几种情形：[①] 其一，违法的行政指导。违法的行政指导主要包括内容违法的行政指导、程序违法的行政指导。根据依法行政的要求，行政行为不得与法律规定相抵触，至少应以组织法上规定的权限为依据。由于行政指导的灵活性，其合法性并不强调法律保留原则的约束，而是主要通过程序规则来对其进行规制。此外，如果违法的行政指导已发展到“被异化”的程度，如行政机关名为行政指导，实际上实施具有强制力的行政行为，使行政相对人不得不接受指导，损害行政相对人的合法权益，那么，这种行为实际上与行政强制、行政命令无本质区别，当然可以提起行政诉讼。但由于这种行为已超出对行政指导行为的界定，则不将其归入行政指导诉讼范围之内。其二，不合理的行政指导。从我国现行行政诉讼立法的精神来看，法院原则上只审查行政行为的合法性而不审查合理性。但行政指导有相当一部分并没有明确的法律依据，行政主体一般是根据法律的原则、精神以及国家的政策来实施行政指导，拥有很大的自由裁量权。根据比例原则的要求，当行政指导不合理而发生重大偏差，导致严重损害行政相对人的合法权益时，行政机关应当依法承担责任。如果将不合理的行政指导排除出行政诉讼受案范围，就难以对行政相对人的合法权益提供有效的司法救济。其三，违反信赖保护原则的行政指导。行政相对人基于对行政主体权威性、专业性的信任，一般都会积极响应政府的行政指导。行政机关实施行政指导违反信赖保护原则，主要包括违反禁反言原则和不兑现承诺两种情形。允许对违反信赖保护原则的行政指导提起行政诉讼，不仅是行政法诚实信用原则的要求，而且有利于打造诚信政府，塑造政府权威，从而更好地发挥行政指导的作用。

---

① 向忠诚：《WTO与行政指导可诉性研究》，载《河北法学》2012年第7期。

三、行政指导诉讼的审查标准

行政诉讼的核心就是对被诉的经济行政行为进行审查。而所谓的审查标准，是指“在明确了争议事项的审查管辖权后，审查主体经过进一步审理，对其中的哪些问题有权做出最终评价的基本依据，是对行政行为是否合法或适当的最终判断”。[①] 也就是说，行政指导诉讼的审查标准，是指法院能对被诉行政指导行为在哪些方面以及多大程度上进行审查。审查标准与审查范围是两个不同的概念，虽然两者都反映了司法权与行政权之间的张力，但审查范围表明的是司法权对行政权干预的广度，而审查标准则表明了这种干预的强度和深度。因此审查标准本质上是平衡两权之间关系的一个“度”的问题。审查标准过于宽松或过于严格都不利于实现行政法治，因此，要达到两者的平衡，则既要充分尊重行政权在服务社会公共利益方面的优势，又能发挥审查主体司法性质的功能，规范和约束行政权的行使，使之在法律框架内运作。近年来，行政法基本原则的理论有了进一步发展，许多学者逐渐认识到应全面理解依法行政的内涵，主张依法行政不仅仅局限于依照法律明文规定行使行政权，还应当依据法律的基本原理、原则，[②] 将审查的标准从合法性审查扩大到合理性审查。

我国对行政行为的审查标准是经历了一系列变化的。1989 年《行政诉讼法》第五条规定：“人民法院审理行政案件，对具体行政行为是否合法进行审查。”由此确立了人民法院对具体行政行为进行合法性审查的原则。但是，此后合法性审查的范围一直是学界争议和讨论的焦点问题之一，即合法性审查是仅仅包括形式合法性审查，审查具体行政行为是否违法，具体行政行为在主体、权限、内容、程序等方面是否符合法律的外在规定，还是合法性审查的范围也包括了对实质合法性的审查，即审查具体行政行为是否符合法律规定的内在精神和要求，符合法律的目的，考虑相关因素，符合公正法则等。直到 2014 年，新修订的

① 朱淑娣、刘峰主编：《WTO 与国际贸易行政诉讼》，学林出版社，2011 年版，第 154 页。

② 姜明安：《依法行政的三个“不仅仅”》，载《市场报》2004 年 6 月 29 日。

《行政诉讼法》开始对1989年《行政诉讼法》做出了一定的修改。虽然新《行政诉讼法》第六条仍然延续1989年《行政诉讼法》第五条的规定，人民法院审理行政案件，对行政行为是否合法进行审查，但新法第七十条同时规定："行政行为有下列情形之一的，人民法院判决撤销或者部分撤销，并可以判决被告重新作出行政行为：（一）主要证据不足的；（二）适用法律、法规错误的；（三）违反法定程序的；（四）超越职权的；（五）滥用职权的；（六）明显不当的。"可以看出，该条增加了第（六）项"明显不当"，开始由合法性审查标准扩大到了合理性审查。该法第七十七条还规定："行政处罚明显不当，或者其他行政行为涉及对款额的确定、认定确有错误的，人民法院可以判决变更。"因此，新《行政诉讼法》对审查标准进行了扩大，开始纳入了合理性审查原则。但是合理性审查也是受到限制的，只有在行政行为"明显"不当或不合理时，才可以判决撤销或部分撤销。这意味着对行政指导行为要审查其是否合理适当，是否遵循了合理性要求的比例原则，从而强化对行政指导自由裁量权的约束，使之与法律授权的目的相符合。

四、行政指导诉讼的法律适用

既然法治包含了良法制定与普遍服从的双重含义，那么具有规范属性的法律就必然要在社会现实中得以实现，从而使其自身的有效性尽可能地转化为实效性。"法律的一般性与法律调整对象的个别性之间的矛盾必须得以解决，这个矛盾化解的过程就是法律从一般到个别的适用过程，即法律适用。因此，法律适用的法学内涵就是一般的法律在个别情况中的适用。"① 同样，行政诉讼的法律适用也是在行政审判活动中，将一般性的法律运用于具体个别的案件事实中的过程。

行政指导诉讼作为行政诉讼中的一个特殊的类型化诉讼，必然首先要遵循行政诉讼的一般法律适用规则和方法。我国行政诉讼的法律适用经历了一系列的变化过程，最新修订的2014年《行政诉讼法》第六十三条规定："人民法院审理行政案件，以法律和行政法规、地方性法规为依据。地方性法规适用于本行政区域内发生的行政案件。人民法院审

---

① 胡建淼主编：《法律适用学》，浙江大学出版社，2010年版，第4页。

理民族自治地方的行政案件，并以该民族自治地方的自治条例和单行条例为依据。人民法院审理行政案件，参照规章。”第六十四条规定：“人民法院在审理行政案件中，经审查认为本法第五十三条规定的规范性文件不合法的，不作为认定行政行为合法的依据，并向制定机关提出处理建议。”根据新《行政诉讼法》有关法律适用的规定，可以看出当前我国行政诉讼的一般法律适用方法为：第一，依据法律、行政法规和地方性法规，地方性法规仅适用于本行政区内的行政案件；第二，参照规章；第三，除规章以外的，由国务院部门和地方人民政府及其部门制定的规范性文件经审查认为不合法的，不作为行政审判依据。除此之外，2000 年《最高人民法院执行〈行政诉讼法〉解释》第六十二条补充规定：“人民法院审理行政案件，适用最高人民法院司法解释的，应当在裁判文书中援引。人民法院审理行政案件，可以在裁判文书中引用合法的规章及其他规范性文件。”也就是说，除法律确立的上述三条原则外，法院审理行政案件时还可以适用司法解释与合法的其他规范性文件。

上述原则是行政诉讼均应当遵循的法定法律适用方法。除此之外，经济行政指导诉讼基于其自身的特殊性，在法律适用问题上也具有一定的独特性：

首先，行政指导诉讼对民事法的适用。人民法院在审查行政行为合法性的过程中，其主要的法律依据无疑应为行政法。然而，由于行政指导行为主要发生在经济规制领域，行政指导诉讼也主要是由有经济内容的行政争议引发的，因此经济行政指导诉讼还需要适用民事法来确定民事法律关系。经济行政指导诉讼对民事法的适用表现为以下两个方面：其一，适用民法中的一般法律原则与普适的技术性规定。主要体现在对民法诚实信用原则与禁止权利滥用原则的适用。民事活动应当尊重社会公德，不得损害社会公共利益，一切民事权利的行使不得超过其正当界限。其二，适用民事诉讼法中的相关规定。我国的行政诉讼制度是在民事诉讼制度的基础上逐步发展而来的，同时行政诉讼法与民事诉讼法具有诉讼法的一些共性，可以在共性处参照适用。对此，我国也有相应的规定，2000 年《最高人民法院执行〈行政诉讼法〉解释》第九十七条规定：“人民法院审理行政案件，除依照行政诉讼法和本解释外，可以参照民事诉讼的有关规定。”2014 年《行政诉讼法》第一百零一条规定：“人民法院审理行政案件，关于期间、送达、财产保全、开庭审理、调解、中止诉讼、终结诉讼、简易程序、执行等，以及人民检察院对行政案件受理、审理、裁判、执行的监督，本法没有规定的，适用《中华人民共和国民事诉讼法》的相关规定。”因此，在经济行政指导诉讼中可以参照适用民事诉讼法的有关规定。

其次，行政指导诉讼对行政法原则的适用。基于行政指导非强制性、灵活性的特点，加之行政管理实践中总会存在着缺少具体法律规范予以调整的“法律空域”，所以并非所有的行政指导行为都有相应的行为法上的依据。现代行政法治所要求的依法行政不再仅局限于依照法律明文规定行使行政权，还应当以行政法的基本原理、原则为依据。对于我国行政法的基本原则问题，不同学者说法不一，总体归结起来，较为共性的原则主要有：合法性原则、合理性原则、诚实信用原则、程序正当原则。2004 年国务院制定的《全面推进依法行政实施纲要》也明确了“合法行政、合理行政、程序正当、高效便民、诚实守信、权责统一”六项依法行政的基本要求。基于我国深受成文法传统的影响，法律原则并不是我国法律渊源体系中的一员，而法官在审理案件时也偏好寻找法律的明文规定，认为只有法律明文规定的才可以作为裁判依据。同时，根据我国新《行政诉讼法》的规定，行政法基本原则也并不在行政审判依据之列，除非法律原则被明确写入法律规范之中。由此，我们对行政指导诉讼中法律原则的适用也应当分开进行讨论。其一，是明确写入法律之中的行政法基本原则。我国现行行政法律规范中有相关法律明确规定的行政法原则有：(1)《行政许可法》第八条规定的信赖保护原则；(2)《行政处罚法》第四条规定行政处罚遵循公正、公开的原则，设定和实施行政处罚必须以事实为依据，与违法行为的事实、性质、情节以及社会危害程度相当；(3)《行政强制法》第四条规定的合法原则，第五条规定的适当原则。上述几项原则可以认为是我国行政法的法定原则，但是这种法定性又依赖于具体法律的相关语境下。国务院《全面推进依法行政实施纲要》虽然不是狭义的法律，但有关依法行政的规定不依赖于具体语境，是普遍的要求。在行政指导诉讼中，法定性的基本原则应该成为审判的依据。其二，法律未明文规定的行政法原则。随着现代行政法治的发展和经济规制领域出现的新情况，依据法律的明文规定，裁判案件已经不能适应经济行政指导诉讼的现实需要。由此，在建构经济行政指导诉讼时，必须要考虑到行政法原则在行政审判中的适用，通过法官自由裁量权的行使，发挥法律原则对于弥补成文法局限、填补法律规范漏洞的重要作用。尤其要注重正当程序原则、比例原则和信赖利益保护原则等行政法基本原则在行政指导诉讼中的适用。从比例原则的适用来看，经济行政指导诉讼的审查标准由合法性审查扩大到了合理性审查，然而合理性标准过于宽泛，在具体司法审查中很难把握，也给办案法官较大的自由裁量空间。合理性标准中掺杂着较多的主观性因素，这种不明确的司法审查标准主观性强、可操作性差，而比例原则的适用恰恰可以弥补这一不足。法院在适用比例原则时，首先审查适当性，审查行政机关采取的手段是否合乎目的，是否适当；其次审查相称性，即审查行政主体所采取的手段措施是否与所要实现的行政目的相称或者说成正比；最后审查必要性，审查行政机关采取的措施是否在几个有效的措施中侵害最小。这样分步进行审查和判断，便于法官操作，也有利于案件得到公正的处理。从信赖利益保护原则的适用看，由于大多数行政指导行为都具有利益诱导性因素，很多行政指导纠纷也都是因为行政主体做出利益承诺，行政相对人基于此做出一定行为和安排后，行政主体却没有兑现相应承诺。因此，信赖利益保护原则在经济行政指导诉讼中的适用对于保护相对人合法权益、监督行政主体合法合理行使行政权力有着十分重要的意义。

结语

“阿里巴巴 VS 工商总局事件”自爆发伊始，便在社会各界引发一连串的诸多反映和一系列诉讼案件。阿里巴巴案在我国电子商务规制领域可谓一则新型案件。阿里巴巴案所引发的两次诉讼案件：一是数家中美法务机构相继对阿里巴巴提起的集体诉讼；二是北京中闻律师事务所的律师吴革提起的政府信息公开诉讼，事实上均不是直接的行政指导诉讼。虽然两则诉讼均是围绕着工商总局针对阿里巴巴集团所做的行政指导行为展开的，但该案也并未真正引起行政指导诉讼。换句话说，我国仍未有真正意义上的直接针对行政指导行为所提起的行政指导诉讼。

阿里巴巴案不仅反映出我国当前行政指导行为存在的诸多问题，如行政主体对行政指导具体内涵的理解不够充分，具体操作过程极不规范，行政指导过程不公开等等，同时也反映出了将行政指导纳入我国行政诉讼受案范围，对行政指导行为予以司法救济的现实必要性。依照现代行政法治的要求，行政法上的一切纠纷最终应服从司法机关的裁决，接受司法审查，保证司法救济。2014 年《行政诉讼法》第二条第一款规定："公民、法人或者其他组织认为行政机关和行政机关工作人员的行政行为侵犯其合法权益，有权依照本法向人民法院提起诉讼。"该条将 1989 年《行政诉讼法》中规定的行政诉讼受案范围由"具体行政行为"扩展到了广义的"行政行为"上，笔者理解，这就是说除该法第十三条规定的四种行政行为外，其他行政行为均具有可诉性。因此，电子商务规制领域的行政指导行为已逐渐纳入我国的法治框架，未来能否对行政指导行为予以更具有规范性、可操作性的救济措施，尚待相应配套制度的完善，行政指导诉讼的制度建构亦有待法律进一步予以明确化、清晰化的规定。

（本章作者：王瑶）

下　编

国外及国际层面的经济规制行政法新问题

第七章

美国金融规制——基于司法判例的金融信息披露标准

导论

一、研究背景

本章研究的背景为阿里巴巴同国家工商管理总局在《白皮书》事件上产生争议，进而在美国引发了美国证券交易委员会（SEC）针对阿里巴巴未尽到信息披露义务从而提起相关证券行政诉讼的可能法律风险，而对于信息披露问题的有关诉讼在美国实际上并不是第一次，此前包括SEC在内的诸多诉讼主体均发起过有关诉讼，又由于英美法系所具有的遵循先例之特点，因此对之前美国所发生的几桩著名判例有深入研究的必要。当然本章并非孤立地对案例进行简单的分析梳理，而是试图在对案件进行分析解读的基础上，从中寻找到存在于这些案例中的纵向发展线索，并且同时在一个相对比较高的角度对于其中所牵扯到的制度机构安排、理论与法律依据以及未来可能的发展趋势这几个方面进行较为深入的研究。

二、研究述评

通过对现有研究内容的梳理分析，国内学者针对证券交易中信息披露所涉及的有关问题有一定的研究，对于其中所牵涉到的一些基本的制度框架、法律规范有所涉猎，然而在研究的深度上有所欠缺，更多的时候还停留在就事论事的层面，而缺乏对于整个信息披露认定标准的有机认识，无法同时对其中所有问题有一个整体性把握。与此同时，还可以发现在对相关问题的研究上，更多地还是由民法、经济法学者来完成，行政法学者在这一问题上似乎存在着失言的情况，行政法学针对这些问题也应当发出自己的声音。

通过对现有研究形式的梳理分析，国内学者针对信息披露司法认定标准的研究大多数都是论文形式，尚未见诸专著。由此我们可以认为，以专著形式来研究有关问题的有关成果并不丰富。

国外学者的研究成果，限于资料获取方式的限制，全部集中于论文，并且由于国外学者尤其是英美学者在资料搜集等方面具有先天优势，故而在针对证券信息披露问题的研究上相较于其他国家的学者有更多的成果。

三、关键问题

证券交易市场作为自由市场的一个重要组成部分，在传统西方政治理论中同政府权力之间一直存在着一种复杂张力。市场“无形的手”与政府管制“有形的手”两者总是在整个社会经济的运行过程中牵扯到一起。在证券市场上，由于其本身存在的一些特殊性，首先面临的一个问题就是传统的行政权力以及司法权力能不能够对证券市场进行管控与干涉。实质上，这一问题一直困扰着西方世界，直到 20 世纪美国罗斯福新政也仅仅是以一种结果导向的既存事实为政府管控提供了某种现实参考，而很难说在理论上可以自圆其说。与之对应的，司法审查在证券交易中应当以一种怎样的身份出现，其所依托的理论与制度依据又是怎样的，都亟需论证。其次，在涉及到信息披露标准问题上，则又会出现针对具体标准应该如何划定的问题，SEC 当然可以提出自己所认为的标准，然而最后的裁判权力则又是由司法机关所享有的，其中所蕴含的问题有行政机关同司法机关之间权力的划分，这两者各自秉承何种根本准则，司法机关在认定相关信息披露标准之时又受到了哪些主观以及客观原因的影响？最后，从历史纵向发展角度来看，司法判例中认定标准的变化隐含着怎样一种思维路径？以后的变化方向又会是怎样的？

四、主要观点

重大信息披露标准这一问题无论在英美法系当中还是在我国这样的大陆法系国家中都是一个复杂的问题，信息披露的尺度标准如何规定恐怕更多时候是一个动态的问题，而法官在应对这个问题上往往面临着复杂的局面，如何在公平、公正的前提下合理安排有关标准，是一件颇为困难的事情。美国司法制度下的重大信息披露标准问题和其所引发的有关行政审查以及司法审判给我们的启发最为重要的一点恐怕就是在纷繁复杂的局面之下，如何平衡上市公司以及股民之间的利益，并能够进一步保障整个证券市场的稳定、有序运行。当然关涉到我国这一问题则显得更为复杂，既涉及到民事诉讼制度的构建也牵扯到了司法、行政等公权力同市场本身之间的博弈。显然，想一蹴而就式地解决问题是不现实的，甚至在当下想一劳永逸地去阐明其中的因果联系都是十分困难的，目前所能做的恐怕还是逐步去厘清其中存在的问题以及基本的法理逻辑关系。

随着深圳证券交易所以及上海证券交易所的先后成立，20 多年来我国建立了一个可以运行的证券交易市场，但是其中也出现了不少法律问题，甚至出现了诸如“银广夏事件”“国债 327 事件”等震惊中外、引发严重后果的违法事件。从这些事件中不难发现，其中牵扯到的实质是与重大信息披露有关的一些问题。重大信息的披露标准一直影响着我国证券交易活动的有序发展。作为世界上证券制度最为发达的国家，美国针对这一问题有一些比较成功的经验，从某种程度上可以为我国有关制度的构建提供一些启发。本章的目的即是通过对美国证券交易市场、美国证券交易委员会以及几大著名案例进行分析评述，进而从中搜寻到可于中国所适用的经验。

第一节　美国证券交易市场与证券交易委员会

一、美国证券交易市场

美国可以说是世界上证券市场最为发达的国家，在美国的证券交易主要分为四级市场，本章所要着重研究的是其中的二级市场，也即交易所市场或者说叫场内市场。具体而言，在美国主要的证券交易所有纽约证券交易所 NYSE（简称“纽约交易所”或者“纽交所”）、纳斯达克 NASDAQ 和美国证券交易所 AMEX。①

在美国证券发行之初，并不存在集中交易的证券交易所，证券交易往往在咖啡馆和拍卖行里进行。纽约交易所的起源最早可以追溯至 1792 年 5 月 17 日，当时由 24 个证券经纪人在纽约华尔街 68 号外的一颗梧桐树下签署了“梧桐树协议”，协议规定了经纪人的“联盟与合作”规则，通过华尔街现代老板俱乐部会员制度交易股票和高级商品，这就是纽约交易所的诞生。1817 年 3 月 8 日这个组织起草了一项章程，并把名字更改为“纽约证券交易委员会”。1863 年改为现名纽约证券交易所。从 1868 年起，只有从当时老成员中买得席位方可取得成员资格。纽约证券交易所因为历史较为悠久，因此市场较为成熟，上市条件也较为严格，像那些还没有赚钱就想上市筹资的公司是无法进入纽约交易所的，而历史悠久的大企业往往都在纽交所挂牌。在 200 多年的发展历程中，纽约证券交易所为美国经济的发展、社会化大生产的顺利进行、现代市场经济体制的构建起到了举足轻重的作用。

纳斯达克是由美国全国证券交易商协会为了规范混乱的场外交易和为小企业提供融资平台于 1971 年 2 月 8 日创建的。纳斯达克的特点是收集和发布场外交易非上市股票的证券商报价，它现在已经成为了全球第二大证券交易市场。纳斯达克是一个完全采用电子交易、为新兴产业提供竞争舞台、自我监管、面向全球的股票市场，并是全美乃至世界最大的股票电子交易市场。

100 多年前，在美国证券交易所的成立之初，其主要是交易那些不能在纽约证券交易所挂牌的企业的股票，而且交易的地方也非常简陋，是在路边的大街上，类似于一个自由市场。美国证券交易所的运营模式大致和纽约证券交易所一样，除了纽约证券交易所以外，美国证券交易

① 1998 年 3 月美国证券交易所与纳斯达克交易所合并成为 NASDAQ - AMEX 集团公司。其他还有一些诸如 OTCBB、PINKSHEET 等交易市场。

所过去曾是全美国第二大证券交易所，所不同的是，美国证券交易所是唯一一家同时能够进行股票、期权和衍生产品交易的交易所，也是唯一一家关注于易被人忽略的中小市值公司并为其提供一系列服务来增加其关注度的交易所。美国证券交易所通过和中小型上市公司形成战略合作伙伴关系来帮助其提升公司管理层和股东的价值，并保证所有的上市公司都有一个公平及有序的市场交易环境。

二、证券交易委员会

美国证券交易委员会是根据《1934 年证券交易法》于当年成立的美国联邦政府专门委员会，旨在监督证券法规的实施。委员会由五名委员组成，主席每五年更换一次，由美国总统任命。为了保证交易委员会的独立性，委员会成员不得有三人以上来自同一政党。美国证券交易委员会的管理条例旨在加强信息的充分披露，保护市场上公众投资利益不被玩忽职守和虚假信息所损害。美国所有的证券发行无论以何种形式出现都必须在委员会注册；所有证券交易所都在委员会监管之下；所有投资公司、投资顾问、柜台交易经纪人、做市商及所有在投资领域里从事经营的机构和个人都必须接受委员会监管。

在 20 世纪 20 年代，由于证券市场上的公司通过不公开向投资者提供相关信息的手段来获得巨额利益，由此导致了美国 1929 年 10 月的股市崩盘，投资者的利益遭到巨大的损失。于是美国国会分别通过了《1933 年证券法》和《1934 年证券交易法》，确认在证券交易中要公允地公开企业状况、证券情况等，以投资者利益为重。到了当代，证券交易委员会负责七部证券相关法律的执行工作，包含：《1933 年证券法》《1934 年证券交易法》《1939 年信托契约条例》《1940 年投资公司法案》《1940 年投资咨询法》和《2002 年公众公司会计改革和投资者保护法案》（《萨班斯—奥克斯利法案》），以及《2006 年信用评级机构改革法案》。

第二节　美国证券交易市场中的行政监管与民事诉讼

一、美国证券交易市场之行政监管

美国证券交易委员会具有准行政、准司法以及准立法职能。因此，美国证券交易市场中的行政监管主要由美国证券交易委员会来执行。

起初，证券交易委员会的执法权限相当有限，仅仅限于通过法院发布有关的司法禁令和针对被监管对象的行政处理程序来执行具体且有限的行政权能。[①] 到了20世纪70年代，证券交易委员会开始积极寻求更多样化的执法手段，诸如任命接管人、成立特别董事会委员会、没收违法所得、免除上市公司有违法行为董事与高管的职务等。[②] 到了20世纪90年代，随着《证券执法救济和小额证券改革法》的颁布，证券交易委员会被赋予了更多的执法权，其行政职权扩展到了实施罚款、处以罚金、发出停止—禁制令等一系列范围。通过该法，SEC[③] 可以在行政程序中采取民事制裁措施，从过去的制止与纠正转变成了惩处。而在经历了2002年的“安然事件”之后，由于《萨班斯—奥克斯利法》的出台，SEC的执法权限甚至扩展到了没收首席执行官和首席会计师非法所得、向法院申请冻结令、对上市公司的高管和董事实施市场禁入、建立公平基金以没收和罚款的收入赔偿受害人等。到现在为止，SEC的执法权能已经涵盖了调查取证、传唤、冻结相关账户、搜查、起诉、移交刑事案件以及行政处罚等一系列权力，处罚的种类也扩充到了包括发出停止—禁制令、阻止令、撤销从业许可、禁止从业、取消执业资格、返还违法所得、罚款等等。

---

① 郭雳：《美国证券执法中的行政法官制度》，载《行政法学研究》2008年第4期。

② 须通过法院。

③ 即前文所提及之美国证券交易委员会（Securities and exchange commission），缩写为SEC。

二、美国证券交易市场中的民事诉讼

司法权力作为一项被动权力，在美国证券交易市场中往往是由集团诉讼所引发的。由于证券行业本身所具有的特殊性，权利所损害的对象往往是不特定的多数，因而集团诉讼在涉及证券交易诉讼中往往具有重要的地位，具体来说其经历了这样一些变化：

在1995年之前，美国投资者提起证券集团诉讼的门槛是比较低的。根据当时《联邦民事诉讼法》的规定，原告只需向被告提出清楚的权利主张就可以启动诉讼程序，即使原告在起诉时没有什么证据也无关紧要，因为在法院开庭审理之前，原告有权依据证据开示制度要求被告出具与具体案情有关的材料，进而通过筛选，选出对自己有利的信息或证据。这种情形下，被告公司无论是否存在实际的违法行为，大都会因为负面消息的出现从而导致股价急剧下跌，进一步的就会引起集团诉讼。这就导致了在很多起案件之中，原告起诉的动机并不是为了纠正被告的违法行为，而是异化成为一种“合法化”的勒索，背离了此项制度设置的初衷。此外，又由于“先来先占”规则的存在，在实践中出现了一批“职业原告”投资者。这种情况的产生无情地嘲弄了原有的诉讼体系，使得诉讼制度成为某些别有用心之人合法谋取不法利益的工具。

而在1995年以后，为了实现对证券集团滥诉现象的有效法律控制，恢复社会公众对资本市场的信心，在经过几年的反复讨论之后，美国国会在1995年底正式通过了《私人证券诉讼改革法》。国会认为“一个适当平衡的体系应当给予两种竞争性利益以适当的考虑：一种利益是遏止证券欺诈及在其发生时予以矫正；另一种利益是确保诉讼程序不被滥用，以及无过错不会被不公正地列为被告”。遵循着这一改革精神，《私人证券诉讼改革法》改革了首席原告与首席律师的产生规则，提高了起诉的标准。不同于过去法律的规定，在该法当中，首席原告由法院指定，而不再是由第一个起诉投资者自动成为首席原告。首席原告既可以是一个投资者，也可以是合计持有最大股份的众多集团成员。该法希望借此方式提高机构投资者担任首席原告的比例，因为机构投资者是美国大多数公司中的最大股东，他们从理论上与诉讼的利益关联度最大，相对于较小利益份额的集团成员能够更有效地代表原告集团的利益。同时，《私人证券诉讼改革法》改变了首席原告的原有利益激励，限制了职业原告的投机性诉讼行为。首席原告从集团诉讼的和解或最后判决中有权获得的赔偿均只能限于其持股比例所对应的份额，法院仅可根据案件具体情况，判决支付给首席原告因从事代表行为而直接发生的费用。与此同时，首席律师的产生规则也发生了实质性变化：法院在首席律师的选任上拥有了决定权，首席原告选择首席律师的行为，需要经过法院的同意，在这种模式下律师已经无法通过控制个别小投资者首先提起诉讼而成为原告集团的首席律师，并继而控制诉讼的进行。最后，《私人证券诉讼改革法》还改变了以往简单的通知起诉标准，规定起诉时需要满足这样一些条件：当原告主张被告存在实质性虚假或误导性陈述行为时，必须详细说明所主张的每个陈述行为的虚假或误导之处及其构成虚假或误导的理由；如果相关主张建立在特定的信息或信任上，原告必须说明与该等信任（息）形成有关的所有特定事实。当原告主张被告存在主观故意时，原告必须说明能够推论出被告故意行为的特定事实，而在改革前，原告起诉时只需要简单地说被告存在欺诈故意或明知即可，无须提供任何证据。

在提高原告起诉标准和原告律师风险的同时，《私人证券诉讼改革法》也降低了被告的诉讼成本以及风险。该法首先完善了证据开示规则，除非是为了保存证据或防止不当损害，法院应在审核被告要求驳回原告起诉的动议期间、暂停所有证据开示行为，此举减少了原告律师的投机性诉讼行为，增加了被告的抗辩能力。其次取消了惩罚性规则的适用，具体而言就是取消了原本规定于《反欺骗与反腐败组织法》中的“原告有权要求被告就其证券欺诈行为承担三倍的赔偿责任”这一条款，规定除非被告的欺诈行为构成了犯罪，原告无权援引该条要求三倍赔偿规则，这就从根本上消除了惩罚性赔偿规则对被告的威胁。此外，原告必须证明其损失与被告的欺诈行为之间具有直接的因果关系，并将原告的损失计算方式规定为：原告买入证券价格和纠正性信息公开后90日内证券的平均交易价格之间的差额。最后，故意违法行为同其他违法行为被做了区分，不存在故意的被告只对判决所确定的份额内部分承担相应责任。此外，《私人证券诉讼改革法》增设了预测性陈述的“安全港”规则，对高科技公司给予特殊保护；明确了律师费的收取比例，强化了有关责任，遏制其进行投机性诉讼的冲动。通过以上这些制度的建设，基本扭转了此前证券集团诉讼过程中出现的一些问题。

尽管如此，在《私人证券诉讼改革法》颁布以后，美国律师依然发现了多种规避该法的方法，并且由于联邦制下的美国司法具有州与联邦两个层级，律师往往可以依据州法在州法院提起诉讼，这种“合法”的规避方式依然大行其道，这实际意味着原告律师依然可以选择对自己最有利的州进行诉讼，从而实现自己的目的。甚至有研究发现，在《私人证券诉讼改革法》颁布以后，原告在联邦法院提起证券集团诉讼案件的数量呈现急剧下降趋势，[①] 相关规定有被架空的趋势，危及到了该法预期立法目的的实现。为了扭转这种局面，美国国会于1998年又出台了《证券诉讼统一标准法》，规定只要原告主张的核心行为能被《证券交易法》第10（b）条合理涵盖，原告律师就必须接受《私人证券诉讼改革法》的约束。根据《证券诉讼统一标准法》的规定，对于与特定的证券交易有关的欺诈主张，联邦法院有独占性管辖权，法律特别规定此类案件应移送到联邦法院审理。但是值得注意的是，该法并未涵盖所有涉及证券欺诈的州级案件，而仅仅适用于“特定的集团诉讼”，即包括任何代表50个以上个人或潜在的集团成员进行索赔的单个诉讼，或者一个或者多个名义当事人基于代表其自身或者其他具有类似地位的非名义当事人提起索赔的单个诉讼，只要这些个人或者潜在的集团成员存在显著的共同法律或事实问题。

通过这样一些制度安排，美国证券交易市场基本建立起了一套比较成熟且行之有效的司法审查制度。

第三节　证券交易重大信息披露标准：行政程序

一、证券交易重大信息披露标准制度概述

信息披露是美国联邦证券监管制度的核心。信息披露制度认为一切

① 任自力：《美国证券集团诉讼变革透视》，载《环球法律评论》2007年第3期。

同证券及其发行有关的重大信息应当充分、及时和准确地披露，它是上市公司为保障投资者利益、接受社会公众的监督而依照法律规定必须将其自身的财务变化、经营状况等信息和资料向证券管理部门和证券交易所报告，并向社会公开或公告，以便使投资者充分了解情况的制度。它包括了发行前披露、上市后的持续信息公开等等，主要由招股说明书制度、定期报告制度和临时报告制度组成。信息披露制度是证券市场发展到一定阶段，相互联系、相互作用的证券市场特性与上市公司特性在证券法律制度上的反映。世界各国证券立法莫不将上市公司的各种信息披露作为法律法规的重要内容，信息披露制度源于英国和美国。英国的“南海泡沫事件”导致了1720年欺诈防止法案的出台，而后1844年《英国合股公司法》中关于“招股说明书”的规定，首次确立了强制性信息披露原则。当今世界信息披露制度最完善、最成熟的立法在美国，它关于信息披露的最初要求起源于1911年堪萨斯州的“蓝天法”。1929年华尔街证券市场的大阵痛，以及阵痛前的非法投机、欺诈与操纵行为，促使了美国联邦政府《1933年证券法》和《1934年证券交易法》的颁布。在《1933年证券法》中美国首次规定实行财务公开制度，这被认为是世界上最早的信息披露制度。

从信息披露法律制度的主体上看，它是以发行人为主线、由多方主体共同参加的制度。从各个主体在信息披露制度中所起的作用和具体的地位看，它们大体分为四类：第一类是信息披露的重要主体，它们所发布的信息往往是有关证券市场的大政方针，因而也是较为重要的信息，这类主体包括证券市场的监管机构和政府有关部门。特别是证券市场的监管机构，它们在信息披露制度中既是信息披露的重要主体，也是有关信息披露的法律得以实施的执行机关，因此它们在披露制度中处于极为重要的地位。第二类是信息披露的一般主体，即证券发行人，它们依法承担披露义务，所披露的主要是关于自己的及与自己有关的信息，是证券市场信息的主要披露人。第三类是信息披露的特定主体，它们是证券市场的投资者，一般没有信息披露的义务，而是在特定情况下，它们才履行披露义务。第四类主体是其他机构，如股票交易场所等自律组织、各类证券中介机构，它们制定一些市场交易规则，有时也发布极为重要的信息，如交易制度的改革等，因此也应按照有关规定履行相应职责。

信息披露制度在信息公开的时间上是个永远持续的过程，是定期与不定期的结合。各国企业股份化的经验证明，证券市场是股份制发展的必然结果，只有给股份持有人创设一个可以随时变现其股份的制度，股份制改造才能获得更为广泛的群众基础，才能更快地推广，从而实现资金规模化所产生的效益。

有关市场主体在一定的条件下披露信息是一项法定义务，披露者没有丝毫变更的余地。虽然从证券发行的角度看，发行人通过证券发行的筹资行为与投资者购买证券的行为之间是一种契约关系，发行人从而应按照招募说明书中的承诺，在公司持续性阶段中履行依法披露义务，但这是投资者之间关系的一个次要方面，而更主要的方面，还在于法律规定的发行人具有及时披露重要信息的强制义务。即使在颇具契约特征的证券发行阶段，法律对发行人的披露义务也做出了详尽的规定，具体表现在发行人须严格按照法律规定的格式和内容编制招募说明书，在此基础上，发行人的自主权是极为有限的，它只有在提供所有法律要求披露的信息之后，才有少许自由发挥的余地。这些信息不是发行人与投资者协商的结果，而是法律在征得各方同意的基础上，从切实保护投资者权益的基础上所做的强制性规定。并且，它必须对其中的所有信息的真实性、准确性和完整性承担责任。

信息披露制度在法律上的另一个特点是权利义务的单向性，即信息披露人只承担信息披露的义务和责任，投资者只享有获得信息的权利。无论在证券发行阶段还是在交易阶段，发行人或者特定条件下的其他披露主体均只承担披露义务，而不得要求对价。无论是现实投资者或是潜在投资者均可依法要求有关披露主体提供必须披露的信息材料。

二、证券交易重大信息披露标准：行政程序

1929 年以前，美国证券市场前所未有的兴旺，导致了对证券市场的监管在当时得不到公众支持，要求披露财务信息和防止证券欺诈的提议也从未被认真考虑过。此后，随着大萧条的来临，证券市场陷入了泥潭，为了重振证券市场，美国国会先后通过了《证券法》以及《证券交易法》，同时授权成立了证券交易委员会，在这样一些活动之下联邦证券法律体系诞生。《证券法》以及《证券交易法》均以保护投资者利

益和防止证券欺诈行为为核心目标，都以信息披露要求为基本内容，但侧重点上有所不同。

《证券法》主要针对一级市场，根据其规定，除了发行“豁免登记证券”以及SEC根据具体情况予以个别豁免的证券发行以外，任何证券的公开发行都必须向SEC登记，并同时披露这样一些内容：（1）发行人的财产和业务状况；（2）欲发行证券的主要条款及其与发行人其他资本证券的关系；（3）发行人的管理状况；（4）经独立的公共会计师审计过的财务声明。

《证券交易法》则主要针对二级市场，根据其规定，无论是在全国性证券交易所上市交易的公司还是总资产在1000万美元以上且股东人数在500人以上的公司以及依据《证券法》进行过登记发行的公司，都必须定期向SEC提交年报、季报和经常性报告，披露其经营、财务和管理状况。

《证券法》的登记是行为定位，着眼于发行行为而非发行人，发行人每次发行都必须提交新的登记声明，重新登记和披露；而《证券交易法》的登记则是身份定位，着眼于作为交易主体的公司，因此登记都是一次性的，一经登记就始终负有披露和报告义务。

第四节　证券交易重大信息披露标准典型案例[①]

一、SEC同Texas Gulf Sulphur（TGS）之间的系列诉讼

（一）本案

SEC同Texas Gulf Sulphur之间的诉讼是可查资料中最早有关于金融规制标准司法认定方面的重要案例。

该案例总体上来说比较复杂，经历了从地区法院直到联邦最高法院的多次审理，往往存在后一个案例推翻或者部分推翻前一个案例的

① 这里所引用之具体案例均通过westlaw数据库检索，在检索得到的相关材料、判决书基础上进行翻译。

情形。

该案的基本案情是这样的：

成立于1909年的Texas Gulf Sulphur是当时世界上最大的硫化物供应商，其股份分为1500万份，其中已经公开发行了1152万份（其中的150万份为公司持有）。TGS的股票在纽交所公开发行交易，同时也在中西部股票交易所进行非公开交易。而根据每股收益波动的情形分析来看，由于硫化物的过度开采供应，使得硫化物的价格不断走低，进而导致了TGS收入的降低。

时间到了1963年11月12日，TGS开始在加拿大东部进行勘探工作，而这次勘探最后发现了储量巨大的硫化物矿藏。然而包括公司董事长、副董事长等在内的主要管理人员却向公众隐瞒了这一信息，并在公开信息之前的一定时间内低价购买了大量的公司股票。接着，随着相关信息公开，TGS的股价有了比较大的上涨，也就是说之前TGS董事长、副董事长等内部人员的买入行为为他们赚取了巨额的利益。这引发了SEC对TGS的诉讼。

案件审理的基本过程：

在最初1966年由地区法院做出的判决当中，法庭经过审理认为TGS内部人员“内部交易”行为并未违反法律。法官们认为包括董事、总经理以及其他雇员在内的内部人员应当被鼓励去认购本公司的股份，这种行为对公司本身以及股份持有人都有着激励作用，而这一点在自由市场体制下非常重要。同时，法官们还认为SEC提供的证据无法证明隐瞒开采成果的消息对股价波动产生了影响，进一步地，内部人员的获利行为也无法同对信息的隐瞒行为形成必然的联系。在这样一种思路之下，地区法院的法官做出了最后的审理决定。

时间到了1968年，在此期间，SEC因为不满1968年地区法院的判决向巡回法院提起了上诉。巡回法院的法官指出，信息披露制度是为了使外部投资者能够在获得同内部人员同一水平级别信息的条件下通过自己的判断做出投资决定。而SEC的规定本身实际上也将那些通过包括各种方式做虚假陈述的行为视为非法。换句话说，1968年的司法判决实际上推翻了1966年形成的司法判决，整个SEC诉Texas Gulf Sulphur案实际也是在1968年的判决中奠定了一个大的方向，其后的多次诉讼多是集中于个别细节方面的问题。

（二）本案确立的标准

在本案当中，法院实际发展出了这样一套理论，即决定重大信息与否的标准应当取决于两个因素间的平衡：时间发生的可能性和该事件对公司行为整体影响的程度。同时还明确如果一项不实陈述可能导致理性投资者的信赖并且出于这种信赖而买卖证券，这种不实陈述便是重大事件。

二、Northway Inc 同 TSC Industries Inc 之间的诉讼

（一）本案

原告 Northway 公司是被告 TSC 公司的股东之一。National 公司通过购买 Charles. E. Schmidt 家族的有表决权的股票从而获得了 TSC 公司 34% 的股权。而 Schmidt 为 TSC 公司的创始人和主要股东。在 National 公司完成收购以后，Schmidt 与儿子便辞去了他们在董事会的相关职务，于是 National 公司指定了五个人在 TSC 公司的董事会担任职务，TSC 公司董事会在与会的 National 公司人员弃权的情况下，批准了对 TSC 公司进行债务清算并将其所有资产卖给 National 公司的提案。这次合并实际上是采用股票置换的方式进行的。National 公司以自己的 B 种优先股和权证置换 TSC 公司的普通股和 A 种优先股。此后，TSC 公司同 National 公司联合发布了一份面向股东的征集委托投票说明书，号召股东同意上述提案。征集委托股票权是成功的，于是 TSC 公司进行了全面的结算与解散，股票置换得以完成。Northway 公司反对的基础在于 National 公司在其委托投票说明书中并没有说明 Schmidt 将其股权转移后，National 公司取得了对 TSC 公司的控制权。Northway 公司认为这是一个重大事实，但却被 TSC 公司和 National 公司隐瞒了。召开股东大会的前一天，Northway 公司向伊利诺伊州北区美国联邦地区法院起诉请求禁令，但是没有成功。后来，Northway 公司修改了诉状，希望得到金钱赔偿、恢复原状以及其他平衡法上的救济。之后，Northway 公司请求对 TSC 公司和 National 公司的责任进行即决判决。地区法院驳回了该请求，但是准予 Northway 公司上诉。美国联邦第七巡回法院上诉法院审理本案以后，

National 公司和 TSC 公司向美国联邦最高法院提起了上诉。

Northway 公司的诉求以及意见观点为：反对 TSC 公司和 National 公司合作，声称它们的委托投票说明书违反了《1934 年证券交易法》中的第 14（a）条和其后颁布的规则 14a－3 和 14a－9，因为说明书中存在重大隐瞒和误导。由于被告的隐瞒属于重大性的和实质性的，所以法院不必再进行审理，直接就可以判决被告承担责任。

案件审理的基本过程：

最初，联邦地区法院经审理认为：由于当事人对事实尚存争议，因而拒绝了原告的请求。进而做出了驳回请求之判决，但赋予了原告相应的上诉权利。

而第七巡回上诉法院在受理上诉以后，首先同意了地区法院针对"National 公司获得 Schmidt 股票是否等同于获得对被告公司控制权是一个事实问题"的判断，即这一问题仍然存在争议，进而 Northway 公司根据《1934 年证券交易法》的第 14a－3 而提出的请求不适合进行即决判决。然而，这并不意味着原审法院的判决是毫无问题的。上诉法院指出，在委托投票说明书当中存在某些事实的隐瞒，从法律上来看构成了重大性或实质性隐瞒，原告根据规则 14a－9 的请求可以进行即决判决。而根据这样一种逻辑，第七巡回上诉法院做出判决：支持原告有关委托投票说明书当中存在某些事实隐瞒的诉请，判决被告承担相应责任。

案件上诉至联邦最高法院以后，最高法院指出，本案最为重要的争议焦点是"什么是重大事实，以及对重大性进行即决判决是否合适"。最高法院法官认为，原告没有法律上的义务去证明 TSC 公司以及 National 相关行为的缺陷实际上对投票结果有决定性影响。只要虚假陈述或隐瞒是重大的，只要交易确实是通过委托投票达成的，虚假陈述或隐瞒与损害之间的因果关系就可以成立。对重大性的一般判断标准是，一项事实到底有多么重要，或者换句话说，该事实对一个合理的投资者的决策有多大的影响。一个比较通用的标准是：如果委托投票说明书中包含虚假陈述或隐瞒，并且股东做出了支持投票征集人的决定，如果没有这样的虚假陈述或隐瞒，股东则不会做出这样的决定，甚至会站到对立面，那么，该虚假陈述或隐瞒就是实质性的或重大的。

然而，公开也是有限度的。坚持公开某些非常重要的信息可能会弊大于利。违背 14a -9 规则的行为的潜在法律责任重大，如果实质性的标准太低，不仅会使公司及其管理层可能因一些小遗憾或错误陈述承担法律责任，并且管理层对承担重大法律责任的恐惧可能导致股东要处理过多的琐碎信息，这种结果将不利于做出信息全面的决定。进而，联邦最高法院指出上诉法院在审理本案时对实质性事实的定义就呈现出了这样一种危险。

与 14a -9 规则的公开要求最相称的关于实质性的一般标准是：一个合理的股东在投票时认为某项信息是重大的或实质性的，而该信息又恰恰被做了虚假陈述或隐瞒，则可以说此项虚假陈述或隐瞒是重大的或实质性的。

“实质性”既是事实问题也是法律问题，它是将一项法律标准运用到一系列特定事实。对于这个问题进行即决判决是否适当，当事人一般贸易争议引发争执的客观事实，只是判断实质性的起点。要做出这一决定，必须衡量一切事实，从而评估其对一个合理的股东的影响，这些评估主要是由事实的审判者进行的。只有事实的审判者确认隐瞒对投资者的意义非常重大，任何一个合理的人都会认为其具有实质性时，才可以最后考虑做出即决判决。

实质性与否既是事实问题也是法律问题，因此，在事实问题彻底解决前，不适合进行即决判决。原告所声称的关于事实的隐瞒没有一项是实质性的，没有权利得到部分的即决判决。

综合以上论述，美国联邦最高法院做出判决：推翻了上诉法院的判决，不批准即决判决。

（二）本案确立的标准

该案实际上修正了 SEC V. Texas Gulf Sulphur 中有关于重大性标准的某些定义，该判决认为如果一个理性投资者在决定时认为某事实是重要的，那么该事实即是重大事实。

三、Basic Inc 同 Levinson 之间的诉讼

（一）本案

该案基本案情是这样的：

Basic Inc 是美国一家主要为钢铁业制造耐火化学材料的上市公司，Combustion Engineering Inc 则是一家主要生产铝制耐火材料的公司。早在 20 世纪 60 年代中期，Combustion Engineering Inc 就有意收购 Basic Inc，但因反垄断法方面的顾虑而未付诸实施。1976 年，美国的反垄断监管有所放松，促使 Combustion Engineering Inc 重新将此事提上日程。1976 年 9 月，Combustion Engineering Inc 的代表与 Basic Inc 的董事和领导开始就合并的可能性举行会议和电话会谈。有关合并的小道消息开始在市场上流传，Basic Inc 的股票交易变得异常活跃，并有股东和媒体向公司管理层询问有关事宜。由于担心过早泄漏合并谈判的信息会引起对方的不安，并有可能招致半路杀出的恶意收购者，Basic Inc 在 1977 年和 1978 年间先后发布了三份公开声明，否认其正在进行合并谈判。到了 1978 年 12 月 18 日，Basic Inc 请求纽约证券交易所暂停其股票交易，并宣布有公司正与其接触，商谈合并事宜。12 月 19 日，Basic Inc 董事会批准 Combustion Engineering Inc 以每股 46 美元的价格要约收购 Basic Inc 全部股份，并在次日对外公布了这一消息。

Levinson 等人原为 Basic Inc 股东，在 Basic Inc1977 年 10 月 21 日发布第一份公开声明到 1978 年 12 月 18 日该公司股票暂停上市交易期间，卖出过该公司股票。他们代表在此期间卖出过 Basic Inc 股票的所有投资者，对 Basic Inc 及其董事提起证券集团诉讼，指控后者在公开声明中进行虚假陈述，有意隐瞒当时已经在进行中的合并谈判，导致 Basic Inc 股票的价格被人为地压低，在此期间卖出股票的投资者因此受到了损失。

案件审理的基本过程：

原告指控被告的行为违反了《1934 年证券交易法》第 10（b）规则和 SEC 第 10b－5 号规则，应当对原告及其他受到损失的投资者承担民事赔偿责任。联邦俄亥俄北区地区法院一审判决原告败诉，联邦第六巡回上诉法院二审改判原告胜诉。Basic Inc 向联邦最高法院提起申诉，并被受理；Basic Inc 成为申诉人，Levinson 等人成为被申诉人。

本案最初由俄亥俄北区地区法院做一审审理，Levinson 指控 Basic Inc 的行为违反了《1934 年证券交易法》第 10b 规则和 SEC 第 10b－5 规则，应当对原告及其他受到损失的投资者承担民事赔偿责任。一审法院的法官判决原告败诉，其后原告上诉，在联邦第六巡回上诉法院，法官改判 Levinson 胜诉。最后，Basic Inc 向联邦最高法院提起上诉，并被最高法院受理。

在上诉过程中，Basic Inc 提出，法院根本不应允许 Levinson 等人对证券集团提起诉讼。因为，根据 1934 年证券交易法和 SEC 规则的规定，虚假陈述民事诉讼案件的原告必须证明虚假陈述与投资损失之间存在因果关系，即原告是基于对被告声明的信赖才决定买入或卖出股票，这是被告承担赔偿责任的前提之一；由于各个投资者的具体情况不同，他们如果要起诉，必须各自证明其买卖证券的决定是基于对被告声明的信赖，从而其损失与虚假陈述之间存在因果关系。

如果 Basic Inc 的主张成立，那么投资者起诉 Basic Inc 的过程将变得非常复杂，难度也将大大增加。因为不同投资者接触到该公司声明的时间、地点、方式各不相同，从而他们对这些声明的信赖程度，或者说这些声明对他们卖出股票决定的影响程度也各不相同；有的投资者甚至可能根本没有看到过这些声明。在这种情况下，要所有的原告分别提起诉讼，证明自己确实是因为知道并且相信被告的声明才卖出股票，不仅会增加投资者的诉讼负担，也会大大增大法院的工作量，从而使类似的证券民事赔偿诉讼难以进行。

针对 Basic Inc 的主张，联邦最高法院进行了反驳。法院指出，在一个开放、成熟和有效率的证券市场上，公司股票的市场价格会充分反映与该公司及其经营情况有关的重大信息，无论是真实的信息还是虚假的信息。因此，虚假陈述会反映到股票价格中，从而使得股票价格被人为地扭曲，不能体现其真实的价值。投资者按市场价格买卖股票，是基于对该价格的信赖，因此无论投资者是否知悉并且直接信赖公司的虚假陈述，这些虚假陈述都会通过对股票价格的扭曲而间接影响投资者买卖股票的决定。换句话说，股票价格相当于充当了虚假陈述公司与投资者之间的中介。在这个意义上，投资者甚至不需要证明自己实际看到或听到过虚假陈述，只要公司对有关重大信息做出了虚假陈述，就推定其对在此期间买入或卖出股票的投资者的决定产生了影响，从而与投资者的损失之间具有因果关系。当然，公司可以通过证明即使没有虚假陈述投资者也会做出相同的买卖决定来反驳这一推定，从而切断虚假陈述与损失之间的因果关系。但是，这无疑是一件极其困难的工作。

联邦最高法院在上述分析中运用了著名的“欺诈市场”理论，其精髓在于，在规模巨大、人数众多、交易并非面对面进行的现代证券市场上，虚假陈述所影响和欺诈的不是单个的投资者，而是整个证券市场，是股票的价格。在这个意义上，虚假陈述以相同的方式和程度影响了在此期间买卖股票的每一个投资者，这些投资者当然可以基于相同的诉因对虚假陈述公司提起集团诉讼。具体到本案中，法院根据上述分析支持了 Levinson 等人的集团诉讼请求，判决 Basic Inc 承担民事赔偿责任。

（二）本案确立的标准

在本案当中，联邦最高法院采用了“TGS 案”中的一个标准，即重大性取决于事件发生的可能性与该事件的发生对公司整体活动预测影响程度之间的平衡。最后，联邦最高法院再次重申，事件的重大性完全取决于理性投资者会如何看待未公开或者不实公开的信息。

第五节 证券交易重大信息披露标准司法认定标准之演进

一、历史脉络中的认定标准变化

（一）认定标准变化的范围

通过对以上三大案例的基本探讨，我们可以从中发现某些端倪。结合前文当中对于美国证券信息披露制度的分析梳理，我们可以发现有关重大信息的认定范围实质是有一定的变化的，但是在变化中又蕴含着一条贯穿前后不变的主线。

首先来谈一下变化。其实观察三大案例中最后的司法结论，就会发现，所谓重大信息的认定，经历了某种从要求上市公司仅仅不做虚假陈述便为合法的标准逐步转向上市公司应当主动尽可能地向理性投资者做有关的信息披露，帮助理性投资者做出有关独立判断的标准，合理投资者的需求被摆在了一个相当重要的地位。进一步地，我们可以认为，信息披露标准从一个行政问题更多地转向成为一个司法问题，由原本单一的 SEC 界定某几个范围而到了由司法机关依据个案来做具体判断，形成了一套比较全面且复杂的上市公司—SEC—理性投资者—司法机关协力组成的信息披露制度体系。

（二）认定标准变化的原因

证券交易市场是一个日新月异的市场，其所面临的问题同其所面临的挑战是同时存在的，金融市场的机遇也正来自于其不确定性以及由不确定性所蕴含的风险。随着新技术的不断产生，由此而拔地而起的各类企业不断增多，证券市场中上市企业的行业也在不断扩充，同时就必然引发出许多之前不为人们所注意的问题，单纯通过实现立法或者其他准立法的规制行为已经不足以弥补因为信息不对称而引发的损失，具体到信息披露标准问题，我们就可以发现这种趋势。故而，我们会发现不论是 SEC 还是美国的法院，均在不断重申或者强化自我职能，希望能够从简单的“守夜人”角色向更广阔领域发展，这种趋势是不可避免的，而这种趋势在司法审查或者说行政监管方面的表现，自然就如上文中三大案例所述那般。

二、司法认定标准未来发展方向

综上所言，司法认定标准在未来的发展，大体应当是向更为广阔的方向发展，所依据的恐怕也不会仅仅是法律或者法规，更可能会结合英美法系中已有的一些原则或者法理，对有关具体案例进行诠释，并且可以预见到的是，在逐步提升对于信息披露的要求达到某一顶点时，必然又会因为市场的实际需要而逐步转为保守，整个司法认定标准会呈现出一种波浪式的变化动态，而非简单地垂直向上发展。

结语　衍生思考与愿景展望

社会科学的一切出发点及归宿，都必然是结合本国实际的，在探讨本章中所涉及的问题也莫不如此。

在我国，当争论某项信息是否重大时，法官依据的是法律与法规，因而，无论所谓的投资者决策标准还是证券价格标准，都是在立法者眼中的投资者决策或证券价格。按照投资者标准，法律要求发行人一律从理性投资者的角度出发来考虑何谓重大，当立法者与发行人对“理性投资者”的理解不一致时，如果法律没有明确规定某项信息应该披露，而只规定了披露的原则，那么，只要发行人可以按照理性人对该原则的理解说明其认为无需披露的理由，即使其理解不符合证监会本意，发行人也不应受到责难。由此可见，投资者决策标准是一个飘忽不定的、使人迷惑的标准。相比之下，证券价格的变动却具有客观性，可以作为一个有力的客观参照物来衡量信息是否重大，以证券价格为标准是一个更客观的选择。但事实上，市场价格波动只是信息的反映，而不是信息本身，所以这客观标准亦不易估计。综上所述，我国在选择“重大性”标准的时候，不妨采取二元性的标准：以投资者决策标准——比证券价格标准更符合投资者这一证券市场基石的利益的标准——来考虑各种可能出现的重大事项并将其详细列举，而当需要考虑某件未经规定的事项是否重大时，给发行人一个客观的标准——让发行人按证券价格标准来衡量其是否重大。即，在法律、法规中列举应披露的重大信息时，依据投资者决策标准选择应披露的信息逐一列举；发行人衡量未经列举的信息是否重大时，让其依据证券价格标准为一般原则进行筛选。因此，证监会所应做的是，将按投资者决策标准应披露的信息尽量细化、量化，使投资者有章可循，而不能采取将标准模糊而依赖法官具体分析的方法；对于游离于细化规定之外的信息，应让发行人按证券价格标准决定是否进行披露。这样，才能起到重大性标准所应有的作用：在使证券市场和投资者得到投资判断所需要的信息的同时，尽量减轻发行人的披露负担，从而在客观上避免因证券市场充斥过多的噪音而使投资者陷于众多细小琐碎却无关紧要的信息之中。

（本章作者：黄正华）

第八章

美国投资规制——基于“罗尔斯案”的行政法基本原则研究

导论

一、研究背景

经济全球化背景下，跨国公司已成为世界经济的主体，其投资活动的数量和交易额的快速增长尤其不可忽视。外资并购[①]作为跨国公司国际投资的主要方式之一（另一种方式为新建企业），已成为推动经济快速增长的有效力量。于东道国而言，外资公司的进入可以促进国内市场的有效竞争、注入先进技术和理念以及促进国内产业结构的优化。但其带来的负面效应也不可忽视，如其可能带来对国内市场的垄断、国内优势企业及国内品牌的逐渐流失以及最终影响到国内产业的竞争力和经济安全。为此，对外资并购进行严格的规制和监管是世界各国的通行做法。而作为世界上吸收外资最多和外资并购额度最高的国家之一——美国，其政府对外资并购的规制也日益严格。“罗尔斯案”是美国外商投资并购中的典型案例，其中所涉外资并购的安全审查、正当程序和国民待遇原则等焦点引起了外界极大的关注。美国外国投资委员会

① 外资并购，通常又称为跨境并购或国际并购，具体是指一国企业为了达到某种目的，通过一定的经济市场渠道或支付手段，购买他国企业的一部分或全部份额的股份或资产，从而对后者的经营管理得到实际的或完全的控制。见胡意意：《我国关于外资并购的行政审查制度研究》，复旦大学，2014年。

(CIFUS)、总统奥巴马和财政部等诸多部门牵涉其中，对于涉及中国背景的美国公司在美国的风电场项目进行禁止，也显示了中国“走出去”的艰难，反映了投资规制制度在一国经济发展和国际地位提高中的重要地位。该案也将对我国金融行政规制制度，尤其是外资投资规制的制度完善及良性运行提供重要的发展契机。

二、研究述评

“罗尔斯案”是近年来美国外资投资规制领域的典型案件，由本案的争议问题引申开去，是对美国外资投资规制制度中基本原则，尤其是平等保护原则和正当程序原则的探讨，同时本案也提供了对于行政法基本原则和理论与时俱进的反思，促进了我国行政规制制度发展完善的新思考。

就检索资料来看，目前国内对美国外资并购规制方面的研究为数不多。现有关于外资并购的研究，也主要立基于民商法、经济法领域，多集中于外资并购的结构、流程设计及法律风险等方面的研究。而对外资并购的规制方面，甚少从行政法，尤其是经济行政法角度着手研究。大多集中于“美国外资并购国家安全审查制度”“美国外资并购与国家经济安全审查”“外资并购的反垄断审查程序之完善”等这些方面，并且绝大多数的研究或者限于美国制度的介绍，且多为历史发展研究，尤其是美国 CIFUS 的历史演变，以及相关法律法规的发展变化方面的介绍与分析；或者基于比较视角，在研究美国制度的基础上，提出中国借鉴相关制度的启示及建议。①

如此现状或许一方面归因于外资并购“热”从而导致的实务倾向，

---

① 在关于美国外资并购规制的研究方面，期刊有：孙效敏：《论美国外资并购安全审查制度变迁》，载《国际观察》2009 年第 3 期；孙效敏：《美国外资并购安全审查制度研究》，载《华东政法大学学报》2009 年第 5 期；王小琼、何焰：《美国外资并购国家安全审查立法的新发展及其启示——兼论〈中华人民共和国反垄断法〉第 31 条的实施》，载《法商研究》2008 年第 6 期；陈业宏、陈伟翔：《论东道国对外资并购的管制制度及母国的法律对策——以中国企业在美国的海外并购为例》，载《武汉大学学报（哲学社会科学版）》2006 年第 6 期。相关学位论文：陈晶：《从三一集团诉奥巴马案析美国外资并购安全审查制度》，中国政法大学，2014 年；高秀丽：《美国外资并购国家安全审查制度研究》，外交学院，2013 年；汪娜娜：《完善我国外资并购国家安全审查制度的研究》，华东政法大学，2013 年；刘剑：《外资并购的政府规制研究》，华中师范大学，2012 年。

并且国内理论界与实务界对于外资并购的关注也并无过多地从行政法角度出发，研究者与实践者也绝大多数为民商法、经济法领域的专业人士。而另一方面则是由于经济行政法这一新兴的综合性的法律领域，尚无公认的统一的成熟理论体系。尤其是在从事域外制度研究时，既需要专业化训练，从而具备专业化视角与知识储备，又需要一定的外语能力，从而能够对域外制度进行专业化和真实化的再现，并在此基础上进行系统化研究。这些都反映出对域外投资制度的研究，既极具新意，极富延展空间，又充满挑战与难题。

三、关键问题

本案涉及多方面法律问题，以行政法及行政规制视角，本案涉及的关键问题主要有：

首先，须关注美国的投资规制相关制度，尤其是针对“罗尔斯案”，集中于美国外资并购安全审查制度，着重于以下几方面的研究：其一是，美国投资规制制度遵循哪些基本原则；其二是，美国投资规制制度所依据的法律法规有哪些；其三是，美国投资规制所涉机构及其相应权限如何分配。

其次，就“罗尔斯案”而言，其案情背景及相关当事人情况如何？如罗尔斯公司股东背景是否构成投资禁止的正当理由？再如该案件中，行政执法机构 CFIUS 和美国总统的行政行为是否遵循了行政法和国际法的基本原则？

再次，从行政法角度分析，尤其是基于行政法基本原则来看，需重点关注平等保护原则和正当程序原则。就平等保护原则而言，其一是，该原则的基本内涵为何？其二是，该原则在国内法和国际法中如何体现、如何要求？其三是，美国投资规制制度中，如何体现和保障平等保护原则？而就正当程序原则来说，也需就该原则的基本内涵、具体体现和制度保障，美国投资规制中的体现和保障进行相关方面的详细研究。

此外，在就“罗尔斯案”的分析和美国关于投资规制制度，尤其外资并购安全审查制度的基本框架及原则了解后，以及结合本案的相关行政法基本原则——权利平等保护原则和正当程序原则的详细研究基础之上，着眼于我国投资规制制度现状，尤其是外资并购行政审查制度的相关缺陷，就完善我国外资规制制度从基本原则、具体要求等方面做进一步思考。

四、主要观点

本章对投资规制领域“罗尔斯案”中的行政法基本原则进行研究，梳理了“罗尔斯案”的发展过程，及美国在外资并购审查制度中的基本框架，并从理论层面就投资规制制度中的基本原则——平等保护与正当程序原则进行相应的解读。在此理论与实践相结合分析的基础上，反思我国投资规制制度，尤其是外资并购行政审查制度的现状及其缺陷，并就具体制度的完善和健全做进一步思考并提出相应的建议。

理论层面上，权利平等保护原则和正当程序原则都是行政法的基本原则。在全面深化改革、全面依法治国的背景下，我国行政执法制度建设离不开对行政法基本原则的遵循，以及相应制度机制的完善和健全。而经济全球化时代，外资并购的巨大作用不容忽视，坚持“引进来”与“走出去”相结合的战略，也就必须致力于推动国际经济行政法基本原则的实现，努力推动平等公平互利的国际经济规则的建立。

实践层面上，就“罗尔斯案”而言，美国 CFIUS 和美国总统对罗尔斯公司的“风电项目”进行国家安全审查，CFIUS 颁布禁令和总统决定，不仅是因为罗尔斯公司并购的 Butter Creek 项目处于军事禁飞区，还因为 CFIUS 调查发现罗尔斯公司与中国公民甚至中国企业存在直接、间接的联系。从单纯考虑美国相应法律法规的字面规定来说，本案存在针对罗尔斯公司的歧视嫌疑，相应行政行为也存在程序失当之处。但国家安全审查本身具有较大的灵活性和主观性，也存在较多的政治考量和民族情感的因素在内。这也反映出，在中国进一步深化改革开放进程中，企业“走出去”进行跨国并购时面临很多的挑战甚至障碍，有来自东道国外资并购审查制度的审查，也有与国际政治经济局势的微妙关联。因此中国在进一步“走出去”进程中，需明确国际经济规则，并努力推动构建平等公平互利的国际经济“游戏规则”。另一方面，也应从规范自身投资规制制度着手，努力实现权利平等保护原则和正当程序原则。

第一节　“罗尔斯案”引发的投资规制问题

一、投资规制背景下的“罗尔斯案”案情解读

行政规制是政府职能的重要方面，对于规范和推进市场经济发挥着不可替代的作用。[①] 而“行政国家”“法律社会化”的出现，积极行政、服务行政日益凸显，行政法的调整范围从传统的仅调整公域到现代既调整公域也调整私域；同时经济全球化背景下，各国行政规制也面临着国际性的问题，尤其在诸如反倾销、反补贴、反非关税壁垒以及国际环境保护等领域对国家公权力进行必要和适当的限制。[②] 对经济发展进行相应、适时的行政规制，既是政府的重要职能，也是行政法应对全球化新问题的合理回应。尤其应对频发的跨国并购项目进行相应的行政审查，既通过确保行政机关遵循公平无偏私的决策程序、在立法机关授予的制定法权限内行事、尊重私人权利等方式来实现法律之治和对自由的保障，又需通过新的程序要求或司法审查的新途径，承担保证规制行政机关以合理和回应性的方式，来对受其决定影响的广泛的社会和经济利益（包括那些管制计划的受益者或受到管制控制和制裁的对象）行使政策制定裁量权的正面的任务。[③] 美国作为全球经济大国，一向欢迎外资进入，随着对经济安全重视程度的提高，为维护公共利益及保障国家社会经济安全，美国也越来越注重对外资并购的行政审查制度。而在美国现行关于外资并购的行政审查中，最为重要的方面是国家安全审查制度，由 CFIUS 承担主要审查任务，而美国总统享有最终决定权，同时就该审查决定可进行司法救济。“罗尔斯案”正是 CFIUS 和美国总统就中国三一集团有限公司两位高管所有的罗尔斯公司在美国进行风电场项目建设

---

① 梁智俊、杨建生：《美国行政管制的“非行政化”及其启示——美国行政法学发展新趋势》，载《学术论坛》2009 年第 5 期。

② 姜明安：《全球化时代的“新行政法”》，载《法学杂志》2009 年第 10 期。

③ ［美］L. B. 斯图尔特著，苏苗罕译：《二十一世纪的行政法》，载《环球法律评论》2004 年夏季号第 166 页。

进行国家安全审查所引起的争议案件。具体案情进展情况如下：

2012年3月，罗尔斯公司（Ralls Corparation）[①] 收购了美国俄勒冈州的风电项目“Butter Creek”，该项目下管理四家风电项目公司。四个风电项目的位置与美国海军的空中禁区和轰炸区部分重叠。其中三个风电场距离空中禁区不到七英里，而名为“Lower Ridge”的风电场就在空中禁区以内。收购完成不久，应美国海军的要求，罗尔斯公司便将Lower Ridge风电场搬离，但新址依然在海军的空中禁区内。而在“Butter Creek”项目附近及所谓的“空中禁区”内已经开发了数个风电项目，这些风电项目所使用的数百台涡轮机都是非美国厂商生产或非美国人所有的。

根据美国外国投资审查制度，2012年6月28日，罗尔斯公司就并购交易向CFIUS进行了申报。经过审查，CFIUS于7月25日以涉嫌威胁美国国家安全为由，发出临时禁令，包括：立即停工；禁止堆放任何设备，立即移走全部设备；禁止任何人进入，只允许CFIUS同意的美国人进入移走设备等要求。

罗尔斯公司试图将该项目转让给美国人持有的美国公司。但8月2日，CFIUS又颁布临时禁令的修改令，包括禁止该项目使用三一设备；在所有设备移走之前，不得将“Butter Creek”项目转让给任何第三方；在所有设备移走之后，才可将“Butter Creek”项目转让给CFIUS同意的第三方等内容。

9月13日，CFIUS将审查结束的并购交易提交给总统进行进一步审查。奥巴马总统经过审查，于9月28日下发了总统禁令，包括：禁止此项并购交易，罗尔斯公司、三一集团、段大为和吴佳梁对于“Butter Creek”项目不具有所有权；罗尔斯公司须在90日内放弃对“Butter Creek”项目的一切权益；三一集团须将所有设备撤离涉案风电场等内

---

① 罗尔斯公司（Ralls Corparation）于2010年8月19日在美国特拉华州注册成立，为中国三一集团有限公司两位高管段大为和吴佳梁所有，与三一集团并无股权关系，但有业务关联。罗尔斯公司主要从事美国境内的风电场建设，通过在其开发建设的风电场中使用三一集团的设备来向美国风电行业展示三一设备的质量和可靠性，从而扩大三一集团的海外市场。罗尔斯公司的运营模式：不负责风电站的运营，项目建成后随即转让。

容。同时，禁止三一集团的人员进入涉案风电场；不得为了在涉案风电场使用的目的，将三一集团生产的设备卖给任何第三方；不得将“Butter Creek”项目转让给任何第三方。还规定三一集团必须定期向 CFIUS 汇报命令的执行情况，而 CFIUS 有权采取一切适当的措施来确保总统命令得以执行。

9 月 12 日，罗尔斯公司以 CFIUS 随意执法损害企业合法财产为由，将 CFIUS 诉至美国哥伦比亚地区联邦地方分区法院。

10 月 1 日，罗尔斯公司递交更新修改的诉状，将奥巴马列为共同被告。

11 月 28 日，该案举行首场听证会。双方就是否能对奥巴马关闭风电场的行政命令进行司法审查展开辩论。法官以案件较为复杂为由未做出裁决。

2013 年 2 月 22 日，法官签署庭审初步意见，认定法院对于三一集团的大部分诉求没有管辖权，只对总统剥夺三一集团财产权的程序正当性问题享有管辖权。但分区法院于 2013 年 10 月 10 日裁定驳回三一集团的此项诉求，至此罗尔斯公司全部诉求均被驳回。

2013 年 10 月 16 日，罗尔斯公司向美国哥伦比亚特区上诉法庭提起上诉。2014 年 7 月 15 日上诉法院做出判决，奥巴马政府禁止罗尔斯公司在美风电项目的行为，违反程序正义，剥夺了罗尔斯公司受宪法保护的财产权。美国政府需要向罗尔斯公司提供相应的程序正义，包括 CFIUS/总统做出相关决定所依赖的非保密信息和在了解相关信息后回应的机会。

2015 年 11 月 4 日，罗尔斯公司与美国政府正式就此案达成全面和解。罗尔斯公司撤销了对奥巴马总统和美国外国投资委员会的诉讼，美国政府也相应撤销了对罗尔斯公司强制执行总统令。罗尔斯公司诉美国总统奥巴马一案由此画上句号。

从行政法尤其经济行政法及其基本原则视角进行审视，该案件具体体现了美国行政机关就外资并购进行国家安全审查的相关分工及程序操作，体现了行政执法中对于行政相对人的权利予以平等保护的基本要求和行政执法正当程序的基本要求。以下将从美国外资投资规制制度基本框架入手结合本案进行行政法基本原则方面的深入思考。

二、美国外资投资规制制度的基本框架

美国在对外资并购进行国家安全审查方面，有其较为完整成熟的制度及法律保障。其一是明确外资准入的产业领域；其二是从立法上形成了系统的法律法规体系以保障外资并购国家安全审查制度有法可依；其三是就外资并购安全审查形成专门机关审查制度，并就该项审查的具体权限、执法程序及期限、司法审查等一系列制度做了完整的规定。

美国对外资准入产业及领域有明确划分。首先，美国法律明文限制外国直接投资进入如核能、广播电视、航空运输、河运海运、采掘、捕鱼等行业；其次，外国直接投资在非限制行业领域并购需通过国家安全并购审查，由 CFIUS 履行安全审查程序，审查核心为并购交易是否存在国家安全威胁；最后，外国直接投资并购还需遵守美国对公司设立、运营、证券发行等方面的规范，如反托拉斯法、公司法、证券法及各具体行业法律法规。

CIFUS 成立于 1975 年，最初是根据行政命令设立的，2007 年 FINSA① 以法律形式明确了 CIFUS 的地位，使其成为美国专门负责对外国投资进行审查的行政机关。根据法律授权，CIFUS 主要负责审查可能控制美国企业的外籍人士所进行的交易（即受管辖交易，Covered Transactions），以确定这类交易对美国国家安全的影响。②

就国家安全审查而言，美国业已形成较完备健全的法规体系，主要包括联邦证券法律体系、联邦反垄断法律体系、公司法律体系以及州一级的并购法律体系和涉及外资并购的特殊法律等几部分。外资并购与国内并购大多数情形下享受国民待遇，即这些法规体系的规制既针对外资并购也针对国内企业之间的相互并购。美国对外国投资持欢迎态度，从而对之限制较少。随着外资并购的迅速发展，以及考虑到经济社会的稳

---

① 《2007 年外商投资与国家安全法案》（Foreign Investment and National Security Act of 2007，简称 FINSA）于 2007 年 7 月 26 日由布什总统签字，并于 2007 年 10 月 24 日起正式生效。

② CFIUS 对外资并购的审查主要考虑的是该项交易对美国国家安全的影响。但 CFIUS 的立法依据和各项法规一直对国家安全进行间接地界定，并没有给出直接定义。

定、国家安全等因素，出现了专门针对外资并购的特殊法律。包括：《武器出口控制法》、《国防业安全计划法》、《埃克森—佛罗里奥法案》(Exon-Florio Amendment)[①]、《1950年国防产品法》和《国防授权法》。其中重点是《埃克森—佛罗里奥法案》和《2007年外国投资和国家安全法》(The Foreign Investment and National Security Act of 2007)。前者授权总统正常状态下即可对外资并购进行审查，同时指派CFIUS承担外资并购审查责任，经过1992年的修订，该法案成为美国规制外资并购、保护国家安全的核心立法。后者突出对美国基础设施的保护和对外国国有企业收购的审查监管，总体上对外资并购的限制更为严格和细致。

总体而言，三类限制中，国家并购安全审查具有较大裁量权，审查结果可能会因国会压力、民主舆论影响，甚至被某些利益集团所左右。外国企业赴美并购面临巨大挑战，尤其对于中国投资者而言，不仅存在两国文化差异，还因我国企业跨国并购经验缺乏，中美政治经济关系波动也会影响美国国家安全审查的力度，从而导致影响并购成本和不确定性程度。

三、“罗尔斯案”引发的思考——投资规制领域下行政法基本原则

现代国家是法治国家，也是行政国家。行政权力是国家权力中最为活跃的权力，是最需要自由空间又最容易膨胀、最容易被滥用的权力。作为国家干预经济生活的经济行政权力无疑也应受到法律的有效控制。而最有效的方式莫过于通过正当程序加以控制。用程序制约权力、正当运用权力是现代法治关注的重要问题，正当程序原则也是经济行政法中的基本原则之一，[②] 能够从程序上实现和保证经济行政法中的公平正义。另一方面，从实体上考察，平等也是法治原则的应有之义。平等原则作为宪法原则，对一国立法机关、行政机关和司法机关都设定了权利

① 1988年美国国会通过《1950年国防生产法》第721条修正案，即《埃克森—佛罗里奥法案》，也简称为“721法案”。

② 朱淑娣、万玲：《全球化与金融消费者权益行政法保护》，时事出版社，2013年版，第76页。

平等保护的义务。在国际经济法领域中亦通过国民待遇原则和最惠国待遇原则等非歧视原则予以保障。尤其在外资并购业务中，往往涉及东道国对外资并购的产业准入审查、反垄断审查和国家安全审查等多方面的规制，尤其在国家安全审查方面极易因为东道国的政治考量而使得外资并购业务止步于此，甚至因为东道国相关规制制度不完善不健全，从而存在审查方面实质上或者程序上不平等、不公正。“罗尔斯案”即为典型。一方面，美国相关部门对罗尔斯公司的并购业务进行国家安全审查名正言顺；另一方面，该审查似乎有违反美国宪法、行政程序法等法律，乃至有选择性执法、歧视性执法之嫌。由此，对“罗尔斯案”进行梳理，并对其中所涉行政法基本原则，尤其是平等保护与正当程序原则进行剖析，有助于对美国投资规制制度形成框架性认识，并就其中关键性问题加深理解，同时为我国投资规制制度的完善提供有益经验。

第二节　“罗尔斯案”中的平等保护原则研究

一、平等保护原则的基本内涵

平等是人类永恒追求的目标之一。在法律用语中，平等是指法律规则应同等适用于社会中进行有关活动的所有成员，除非有充足和明显的理由，任何人不得被豁免或区别对待。平等体现在公民权利上，表现为平等权，并且这已成为各国宪法普遍承认的公民基本权利。平等保护则更侧重于一种权利保护机制，对公民而言体现为程序上的平等保护请求权和实体上臻于平等的权利，有权要求行政机关或司法机关对公民权利给予保护，在行政诉讼中可请求法院审查行政机关有“歧视”之嫌的行政行为；对于公权机关，平等应表现为原则，特别是行政法上平等保护原则，对于共同处于特定的相同情况的人，法律必须同样对待，不能对其中个别的人或少数人加以歧视，使他们和其他同类相比处于不利地位。[①]

在行政法领域，平等保护原则可以理解为："如果相同情况被恣意地差别对待，或者不同情况被恣意地同等对待，则违反平等条款"，[②]包含两层含义：[③]

其一，相同的情况相同对待，即相对人之间的情况相同，就应受到相同的对待。这种解释侧重于正面理解，着眼于相对人之间情况的相同性或者同一性；只要备齐相同性的要件，相同对待则构成了另一方的义务。

其二，不同的情况差别对待，即相对人之间情况不同，则可以受到不相同的对待。这种理解则侧重于反面解释，即只要相对人之间的情况有足够的、实质性的差别，另一方就可以不受"相同对待"规则的约束，并做出不同的处理决定。由此，平等要求行政执法者禁止恣意，而判断"差别"的标准应当去主观化，才能把出现在判断"差别"过程中的恣意控制在最小范围内。

总之，平等不意味着无差别和平均主义，差别对待也是平等的含义之一。平等原则随着社会实践的发展，也渐渐开始强调实质平等，即从对抽象个体的关注转变为对具体个体的关注，充分考虑个体的差异性，体现了对弱者的适当保护，防止整个社会的失衡而最终损害社会的整体进步和个人利益的实现。这一方面，平等思想的实质是一个价值判断问题，归根结底是一个区别对待的正当性的价值判断问题。如在国内法中，出现了很多社会保障和经济干预的立法；在国际法中，也出现了对发展中国家适当照顾的规则。但总体上，平等保护还没有得到完全充分的解决。

---

① 解志勇、侯晓光：《行政诉讼中的平等保护研究》，载《国家行政学院学报》2004年第4期。

② ［德］克里斯托夫·默勒斯著，赵真译：《德国基本法：历史与内容》，中国法制出版社2014年版，第52页。

③ 章剑生：《"选择性执法"与平等原则的可适用性》，载《苏州大学学报（法学版）》2014年第4期。

二、平等保护原则的具体化

平等原则作为一个宪法原则和一项宪法权利，为一国的立法、行政、司法机关都设定了权利平等保护的义务：立法机关制定的法律必须遵循宪法的平等原则；行政权的行使也必须不带歧视和偏私地对待行政相对人；公正则是司法权的基本要求，也是创设司法制度的宗旨。尤其在当下行政权扩张，自由裁量权空间扩大的趋势下，行政权的配置和行使，对权利平等保护的意义日益关键。尤其在行政执法方面，“选择性执法”问题及其解释，是诠释平等原则中不可回避的法理问题。在“选择性执法”是否合法合理问题上，学界尚未达成共识。但其法律价值不可轻易否定，基于执法成本有限性等客观因素考虑，行政机关在遵守平等原则的前提下，选择性执法并非都是违法行政，它的合法性取决于它不得损害平等权所包含的法益。而行政相对人基于平等权，可以在行政程序、诉讼程序中抗辩选择性执法的违法性，维护自己的合法权益。①

在国际经济行政法视角下，平等保护原则还体现为一国根据其参与或签署的国际条约和协定对别国居民所承诺的义务。国际经济法律规则的最终目的也在于创造和维持非歧视性的、不受扭曲的市场竞争。具体而言，平等保护原则在 WTO 法律体系中，首先体现为以最惠国待遇原则和国民待遇原则为主要内容的非歧视原则（无差别待遇原则）。前者是指一国（或地区）根据条约给予另一国（或地区）的利益、优惠、特权或豁免，无论在何时，都不应低于其给予任何其他第三国（或地区）的各种优惠待遇。后者则指一国以对待本国国民之同样方式对待外国国民，即外国人与本国人享有同等的待遇。其次，平等保护原则还表现为反补贴措施。针对一国的补贴行为，即在一成员方领土内由一国政府或者任何公共机构向本国的生产者或者出口经营者提供的资金或财政上优惠措施，补贴涉及现金补贴或者其他政策优惠待遇，使其产品在国际市场上比未享受补贴的同类产品处于有利的竞争地位。反补贴措施

---

① 章剑生：《“选择性执法”与平等原则的可适用性》，载《苏州大学学报（法学版）》2014 年第 4 期。

则是针对补贴行为的法律救济途径，受补贴影响的成员方政府采取临时反补贴税、补救承诺等方式，以对抗和抵消补贴所造成的不利影响。①

三、美国投资规制制度中的平等保护原则及制度保障

在美国外资并购审查制度中，CFIUS负责执行外资并购安全审查，总统拥有国家安全法律审查方面的最终决定权。国家安全审查范围为：造成外国人控制美国州际商业的外资并购交易。国家安全审查对“外国人”“美国人”“控制”等相关概念均有明确规定。CFIUS和总统在进行审查时，除了遵循美国宪法及其宪法原则之外，还需遵循美国行政法律制度，同时，因涉及外国投资者利益和国际经济制度，故不得违反WTO框架下相关原则和制度，且须遵循中美双边投资协定和相关国际条约。②

细察之，美国宪法第四条修正案，“人民的人身、住房、文件和财物不受无理搜查和扣押的权利，不得侵犯。除非有合理的根据，以宣誓或郑重声明保证，并详细开列应予搜查的地点、应予扣押的人或物，不得颁发搜查和扣押证”。同时，美国宪法第十四条修正案要求，“任何人，凡在合众国出生或归化合众国并受其管辖者，均为合众国及所居住州的公民。任何州不得制定或执行任何限制合众国公民特权或豁免的法律。任何州，未经正当法律程序，均不得剥夺任何人的生命、自由或财产；亦不得对在其管辖下的任何人，拒绝给予法律的平等保护”。由此确定了作为在美国注册的美国公司罗尔斯公司，其依法享有财产权，并且行政机关不得对此拒绝给予法律的平等保护。

并且，根据美国《行政程序法》第七百零二条、七百零四条、七

---

① 朱淑娣、周诚：《国际经济行政法基本原则：平等保护与正当程序》，载《北方法学》2011年第5期。

② 郑雅方：《美国外资并购安全审查制度研究》，中国政法大学出版社，2015年版，第173—176页。

百零六条等相关条款，[①] 因 CFIUS 和美国总统等相关机关的行政审查行为而遭受权利不法侵害的相对人有权向法院提起诉讼。此外，根据国际经济行政法中的相关原则和规则，美国相关机关在对外资并购进行审查时，不得违反非歧视原则。由此可知，美国在外资并购安全审查制度中，通过其宪法、《行政程序法》等法律法规对平等保护原则有原则性规定。

遗憾的是，本案中，奥巴马总统和 CFIUS 就“Butter Creek”项目针对罗尔斯公司的各项命令，均突出罗尔斯公司的中国属性，即三一集团关联公司罗尔斯公司控制人为三一集团高管，为中国公民，而对罗尔斯公司拥有“Butter Creek”项目做出选择性执法，侵犯了罗尔斯公司享有的平等保护的宪法权利。尽管所涉禁令等行政行为乃基于国家安全的考虑，但事实上，美国公司——俄勒冈风电公司在“Butter Creek”项目附近及所谓的“空中禁区”内已经开发了数个风电项目，这些风电项目所使用的数百台涡轮机都是非美国厂商生产或非美国人所有的。这无疑使奥巴马总统及 CFIUS 的禁令的选择性执法更加明显。这也深刻体现了在外资并购审查领域，尤其是国家安全审查方面，CFIUS 及总统都承担了一定的政治考量任务，也与国家间利益关系具有莫大关系。

第三节　“罗尔斯案”中的正当程序原则研究

一、正当程序原则的形成与基本内涵

“程序”一词在《现代汉语》中是指事情进行的先后次序。从法学

① 美国《行政程序法》第七百零二条规定：“因行政行为而致使其法定权利受到不法侵害的人，或受到有关法律规定之行政行为的不利影响或损害，均有权诉诸司法审查。”第七百零四条规定，法院不仅审查法律规定的可审查的行政行为，而且审查在法院没有其他充分救济的行政机关的最终行为。第五百五十一条第（十三）项规定，这里的行为是指包括机关规章、命令、许可、制裁、救济以及相应的拒绝和不作为等各种行为的一部分和全部。

角度来看，即法律程序，[①] 表现为复数以上的人按照一定的步骤、方式、顺序、手续和时限，做出选择或决定的过程以及在这一过程中当事人之间的相互关系。[②] 它包括选举、立法、行政和审判等法律行为的过程。其中以审判程序最为典型，发展最为成熟。现代社会随着行政权不断扩张，需要对其进行有效制约，行政程序，即行政机关在管理过程中必须遵循的一定的方式和步骤，也逐渐受到人们的重视。来自于英美法系的正当程序原则从最初只适用于司法领域，后来扩展到一切行使公权力的领域，包括行政法中，即行政法亦须遵循正当程序原则。

正当程序（Due process of law），从理论上难以对其含义进行规范明确的界定，但在法律运作实践中，尤其是英美法系传统中一直备受关注。英国历来重视法律程序的公正性，其普通法传统中古老的“自然公正”原则包含着两个基本要求，即任何人不得作为自己案件的法官、任何人在其利益有可能受到不利影响时应当享有表达意见并为自己辩护的机会，主要就是为了保障法律程序的公正和公平。在美国宪法[③]中，正当程序最初含义也仅指一个程序性原则，即在公民的生命、自由和财产被剥夺之前必须经过正当的法律程序，而且也只适用于法院的诉讼程序，不涉及立法机关法案的实体内容。经过一系列判例的发展，正当程序原则发展为既包含程序限制也包含实质限制的原则。从行政法角度看，这些原则成为行政机关在行使行政权过程中应当遵循的程序性要求。如果这些要求得不到满足，行政机关的行为有可能被法院以违反正

① 一般认为18世纪英国的功利主义哲学家边沁最先将程序理念引入法学领域，在其1789年出版的《道德与立法原理导论》中把规定人们事实上的权利义务的法律称为实体法，把用来实现这些权利义务的手段或权利受到侵害时能够得以补偿的法律称为程序法。引自罗英：《福利行政的正当程序研究》，人民出版社，2014年版，第1页。

② 王锡锌：《行政程序法 理念与制度研究》，中国民主法制出版社，2007年版，第31—32页。

③ 美国1791年通过的十条修正案，其中第五条规定，“任何人……非经正当法律过程，不得被剥夺生命、自由和财产……”1868年通过的第十四条修正案进一步规定正当法律程序的要求适用于联邦各州，要求“各州，……非经正当的法律过程，不得剥夺公民的生命、自由和财产”。

当程序为由予以撤销。[①]

从法律实践看，正当程序原则实质上包含两方面涵义，即程序性正当程序和实质性正当程序（或称程序的正当过程和实体的正当过程）。前者对行政机关行使行政权的活动施加了最基本的程序性要求，即行政过程在程序上必须满足最低限度的公平。要求行政机关在采取某一行为前必须提供必要的程序保障，如合理的告知、获得庭审的机会、提出主张、进行抗辩等等。而后者则要求行政机关必须给出充分的理由证明其所采取的行为是必要的，[②] 不论行政机关采取何种程序实施该行为。这主要被法院运用于对立法的合宪性的审查方面。

二、正当程序原则的具体化

正当程序原则的基本宗旨一方面承认个人的基本自由权利，另一方面约束政府，防止其侵犯人权。作为宪法实施法的行政法，也开始广泛地适用正当程序原则。特别是伴随着行政权的日益膨胀，它对社会经济生活的干预程度也逐渐复杂和深入，实体的法律规范已经无法与之对应。法律如何约束行政自由裁量权以保障个人权利，则成为其面临的一大问题。程序控制之所以重要，就是因为在实体上不得不赋予行政机关很大的权力。行政程序和司法审查则成为法律规范和控制行政权行使的主要手段，都是通过一系列法定的程序来实现法治的目标。[③]

在经济行政法领域，正当程序原则具体细化为以下要求。其一，经济行政权力的授予应该符合宪法和法律的规定。经济行政权的行使主体及权限应该符合权力确立和授予的法定要求，即不得违反法律优先和法律保留原则。同时，在经济行政法领域，法律应当为相关行政主体自由裁量权的行使建构一种限制性的行政法律框架，使自由裁量权的行使合

---

① 王锡锌：《行政程序法理念与制度研究》，中国民主法制出版社，2007 年版，第 208—242 页。

② 实体性正当过程的要求在于表达这样一种理念，即行政机关的行为必须基于合理的、符合公共价值的动机；在行政机关所采取的行动和这一行动所要达到的目的之间，必须存在某种合理的和必要的联系。

③ 朱淑娣、万玲：《全球化与金融消费者权益行政法保护》，时事出版社，2013 年版，第 137—140 页。

乎正当程序和比例原则。其二，公开（透明度）原则。即政府的政策必须公开，让公众知晓，政府行为的法律依据和决定理由必须明确。具体包括行使行政权的依据公开、行政信息公开、行政过程公开、行政决定公开等方面要求。其三，经济行政行为应当在法定程序下进行。如具体行使行政权时应做到告知权利、说明理由、听证调查等程序。尤其在涉诉或涉纠纷时，要明确相对方申诉事项的范围、提出申诉的条件以及方式、纠纷处理的具体流程、开展调查工作的法定程序、证据机制、案卷保留机制、相对方对于纠纷处理的知情权以及依法申请仲裁、复议和诉讼的权利等。其四，构建有效的权力制约机制及权力问责监督程序，完善违反程序的法律后果制度。①

三、美国投资规制制度中的正当程序原则与制度保障

英美法系国家向来注重程序及其作用的发挥，美国也不例外。在对外资并购审查制度中，以《埃克森—佛罗里奥法案》和《2007 年外国投资和国家安全法》（FINSA）为主体形成法律框架。具体审查中需遵循一定的审查程序，即非正式审查阶段（即申报、通报前磋商阶段）、正式审查阶段、调查阶段和总统审查决定四个步骤。当事人自愿申报或 CFIUS 单边启动第一阶段后，由 CFIUS 主席（即财政部长）指定一个部门首长作为领导部门具体负责案件的协议谈判、调整、执行等工作。该领导部门可以通过当事人提供的信息对并购方案做出阶段性决定、提出建议或决定是否进入第二阶段。通常 CFIUS 与并购方在 30 天审查期内或非正规申请期内达成协议采取减缓措施。目的是减缓或者消除可能引发国家安全担心的商业上的安排。在特定条件下，美国总统将通过 CFIUS 进入 45 天调查期来进行国家安全调查，并采取“必要”措施。

此外美国宪法和《行政程序法》均对行政行为所应遵循的正当程序有所规定。如根据美国宪法第五条及第十四条修正案，“不经正当法律程序，不得剥夺任何人的生命、自由或者财产”。在剥夺任何人的财产权之前，美国政府应当告知其理由并给予其回应辩解的机会。程序是否正当，由以下三个因素决定：（1）被行政行为影响的私人利益；

① 宋雅芳：《行政程序法专题研究》，法律出版社，2006 年版，第 230 页。

（2）错误剥夺财产权利和可能产生的额外程序保障的价值的风险；（3）政府在现有程序中的利益。这三个因素的合理平衡才能保障程序正义的实现。

尽管如此，在实际运作方面，CFIUS 是一个运作和审查过程都缺乏透明度的机构，其保密特性使得相关信息公开程度非常有限。因为依据“721 法案”[①] 中的信息保密规定，向总统提交的任何信息和材料或经总统授权获得的任何信息和材料都无需向外界披露，但是进入相应的行政和司法程序后除外。当相对人提起诉讼时，CFIUS 决定不受司法审查。尽管正当程序作为一项弹性原则，难以做出明确的界定，但其至少要求权利受影响方被剥夺权利时被告知该剥夺行为，并被提供了解该项行为所依赖的非保密信息和在了解相关信息后回应的机会。由此罗尔斯公司主张总统在采取措施之前，并未给其通知，从而无法知悉他将采取的行动和理由，也就无法对总统令做出的理由进行反驳。上诉法院最终裁决，奥巴马政府禁止罗尔斯公司在美风电项目的行为，违反程序正义，剥夺了罗尔斯公司受宪法保护的财产权。

第四节　从美国投资规制制度看中国投资规制制度的完善

一、完善中国投资规制制度的必要性

备受跨国投资者青睐的外资并购方式，在给东道国带来技术与资本的同时，也带来了诸多风险和挑战。外资并购这把“双刃剑”，在给我国带来先进技术和企业管理制度、推动我国市场经济体制不断发展和完善的同时，也暴露出越来越多的负面效应：外资进入某些关乎国计民生的重点行业领域，外资在某些行业取得垄断地位，威胁国家经济安全……利用好这把“双刃剑”，扬长避短、促进经济稳健发展、增进国民福祉，

① 1988 年美国国会通过《1950 年国防生产法》第 721 条修正案，即《埃克森—佛罗里奥法案》，也简称为“721 法案”。

中国也必须对外资并购实行一定程度的行政审查，这一点毋庸置疑。①

另一方面，当今国家干预经济趋势明显，且干预范围渐广、程度渐深，政府经济行政权力日益膨胀，全面深化改革、全面依法治国背景下，有效地防止和纠正政府滥用经济行政权力以实现国家公共利益并保护公民及其他组织的合法权益，离不开经济行政法治的制度化、规范化和可操作化。对外资并购实行行政审查制度是经济行政法律制度的重要组成部分，其重要性日益凸显。一般情况下，我国对外资并购项目都会涉及产业准入审查、反垄断审查和国家安全审查“三重门”。我国对于这三种审查制度也都在法律文件上予以落实和保障。② 实际上，这三种

① 郑雅方：《美国外资并购安全审查制度研究》，中国政法大学出版社，2015年版，第166—167页。

② 我国外资并购行政审查方面涉及的现行法律法规有：

产业准入审查方面：《关于外国投资者并购境内企业的规定》（商务部、国务院国有资产监督管理委员会、国家税务总局、国家工商行政管理总局、中国证券监督管理委员会、国家外汇管理局令2006年第10号，后根据商务部令2009年第6号修订，自2009年6月22日起施行），《指导外商投资方向规定》（国务院令第346号，2002年4月1日起施行），《外商投资产业指导目录》（2004年11月30日国家发改委、商务部令2015年第22号，先后于2007年、2009年、2011年、2015年修订），《外商投资项目核准暂行办法》（发改委令第22号，2004年10月9日施行）等。

反垄断审查方面：《关于外国投资者并购境内企业的规定》（2009年），《中华人民共和国反垄断法》（2007年8月30日第十届全国人民代表大会常务委员会第二十九次会议通过，中华人民共和国主席令第68号公布，2008年8月1日起施行），《国务院关于经营者集中申报标准的规定》（国务院令第529号，2008年8月3日起施行）；2009年1月起商务部反垄断局出台一系列配套文件，包括：《关于经营者集中申报文件资料的指导意见》（2009年1月5日，后于2014年6月6日修订，变更为《关于经营者集中申报的指导意见》）、《商务部经营者集中反垄断审查流程图》（2010年3月3日）以及《经营者集中垄断审查办事指南》（2010年3月11日）等；2009年11月21日商务部公布的《经营者集中申报办法》（商务部令2009年第11号，2010年1月1日起施行）和《经营者集中审查办法》（商务部令2009年第12号，2010年1月1日起施行）等。

国家安全审查方面：《关于外国投资者并购境内企业的规定》（2009年），《指导外商投资方向规定》（2002年），《外商投资产业指导目录》（2015年），《国务院办公厅关于建立外国投资者并购境内企业安全审查制度的通知》（国办发［2011］6号，2011年3月5日起施行），《商务部关于实施外国投资者并购境内企业安全审查制度的办事指南》（2011年4月发布），《商务部实施外国投资者并购境内企业安全审查制度的规定》（2011年53号，2011年9月1日起施行）等。

制度各自尚存完善的空间，同时，这三种审查的先后顺序以及相互协调关系均需进一步完善。因此进一步完善我国投资规制制度势在必行。

（一）有利于引导外资健康发展，保障国家经济安全

考察国际经济规则及美国外资并购安全审查制度的发展历程可知，国际投资与一国经济实力、国际地位息息相关，更与国家间政治经济关系、国际经济规则有着极其微妙的关系。在国际经济规则不健全、外资并购安全审查制度不成熟的年代，源于特定国家的外资并购可能会引发民众及政府相关机构的民族情感，最终这些外资并购案件多屈服于政治压力和民众压力而不得不终止，但这些案件本身并不带有国家安全隐患，只是民族情感的宣泄或是被国内利益群体所利用构建的贸易壁垒。①

相反，公平互利的国际经济规则践行国际经济合作原则、权利平等保护原则、正当程序原则以及诸如比例原则、诚信原则、公平原则等其他原则，以保证国际经济活动健康稳定顺利进行，保障国际社会和平有序。而健全完善的外资并购审查制度则意味着公平、公开与客观。表现为：无论源自何国的外资均应受到公正平等的审查，不将经济问题政治化。并且在每一个外资并购案件审查中，客观运用审查标准衡量案件风险，既不留存安全隐患，也不制造贸易壁垒。政府在外资并购审查制度中只是中立的执法者，通过给外资提供稳定的规范化管理模式，引导外资并购在东道国良性发展，深化外资开放政策。

因此，完善的投资规制制度可以平衡国家安全与外资开放之间的关系，既能为外商营造开放的投资氛围，又能保障国家安全，使对外开放政策具有可持续性。

（二）有助于维护市场公平竞争

经济行政法的重要任务之一就是反经济垄断、提供公平竞争的营商环境，这一方面是行政法的公法性质及其追求公共利益的目标所决定

---

① 郑雅方：《美国外资并购安全审查制度研究》，中国政法大学出版社，2015年版，第166—167页。

的，也与行政管理职能和国家发展目标不可分割。建设法治国家、法治社会，更离不开公正有序的竞争环境。健康稳定有序的社会经济环境里，个体享有经济自由和经济权利，同时也需尊重公共利益，其经济自由需受到公共利益的限制，方能维护市场公平公正，保障经济平稳健康发展，社会安定持久。

外资因其资金、技术、品牌、管理制度等优势，如果在某一行业，中国企业与其差距过于悬殊，而中国又无相应的反垄断方面的法律、法规限制，对其并购国内企业不加以审慎监管和审查，竞争的结果只能是外资企业借机获得市场垄断地位。如此造成的危害不仅于此，经济全球化时代，跨国并购往往导致国际性生产与购销的集中与垄断。因此不仅限于国内市场，国际市场上由于跨国公司的垄断，在某种程度上也会遏制中国民族工业的发展，民族文化遭到侵蚀，资源遭到掠夺性开采，等等，后果不堪设想。

二、完善中国投资规制制度所需遵循的行政法之基本原则

（一）维护国家经济主权原则

国家主权原则是指一国对其领土内的任何人、财产和行为拥有管辖权：一方面，在国内，主权为高于一切的权力，任何其他实体权力或权利皆在主权之下；另一方面，在国际社会，主权国家享有国家主权，各国主权平等，各国有权独立自主决定本国事务，不受他国干涉。随着时代发展，经济全球化改变了传统意义上的国家主权原则：首先，国际条约的签订和国际规则的遵守意味着国家自主决定事务的权力在一定程度上受到制约；其次，跨国公司的迅速崛起必将冲击东道国的主权。

外资并购行政规制尤其是国家安全审查制度就是国家主权原则在国际投资领域的体现。基于此原则，东道国拥有属地管辖权，可对外资并购进行行政审查而不容他国干涉。这也利于保障东道国在技术领域、敏感能源领域的秘密和安全。

（二）权利平等保护原则

权利平等保护原则要求把宪法上的平等权利落实到具体法律制度中，把人人平等的法律原则贯彻到民事制度、司法制度，更要贯彻到行

政执法制度中来。不仅在立法上要求立法机关制定的法律必须遵循宪法的平等原则，否则被视为违宪，不仅体现为审判公正和法律适用上的平等，更体现在行政执法过程中，不带偏私和歧视，平等对待行政相对人。如因行政执法成本等客观因素的考虑确须进行选择性执法，亦不得损害平等权所保护的法益。

要实现公平正义，除了在一国之内体现法律面前人人平等，要平等对待国内不同群体，促进整个社会的公平正义之外，还要求国家对待国内国外主体，实行最惠国待遇和国民待遇，以促进国际社会平等和谐。

具体在投资规制领域中，不论是进行产业准入审查、反垄断审查还是国家安全审查，都须以平等保护为原则和目标，对各并购企业进行审查不得实施差别待遇，平等对待国内不同群体；同时就各外资企业在我国境内的并购项目进行审查时，亦须遵循平等、公平正义等原则，规范投资规制制度，以避免审查时无故以政治考量、民族情绪等不当理由进行“选择性审查”和歧视性对待。

（三）正当程序原则

来源于英美法系的正当程序原则从最初只适用于司法领域中，后来扩展到一切公权力领域，包括行政法中。特别是伴随着行政权的日益膨胀，行政权对社会经济生活的干预程度也逐渐复杂和深入，实体的法律规则已无法与之一一对应。法律如何约束行政自由裁量权以保障个人权利，需通过程序控制加以实现。而行政程序和司法审查是法律规范和控制行政权行使的主要手段，均通过一系列法定程序来实现法治的目标。正当程序表达了对行政程序重视的理念，通过行政程序约束行政权力，保障相对人权利，实现社会公正；同时这种尊重不仅限于重视“按法定程序”行使权力，更重要的是通过“正当”行政程序行使权力。

由此进一步完善我国投资规制制度，还需从程序保障着手，进一步规范并购审查制度，明确审查主体、权限和对象，细化审查标准和期限，明晰审查步骤和程序，建立、健全追责问责机制和权利救济制度，以保障相对人的程序利益，实现程序公正。

三、完善中国投资规制制度的具体建议

我国外资并购行政审查制度出台不久，尚处于调整发展期，在基本框架已经完整的前提下，不断健全审查制度成为要务。

（一）明确审查主体及其职责分工

目前，除反垄断审查由商务部负责较为明确之外，产业准入审查和国家安全审查的审查主体方面均存在一些瑕疵。如产业准入审查方面，对外资并购项目进行核准的是发展改革部门，根据具体投资额和投资产业的区别由国家发展与改革委员会、省级发展改革部门及地方发展改革部门核准；而工商登记变更审批主体亦区分投资额大小和企业类别，分别由中央和地方审批机关进行审批。由此导致多重审批问题严重，一旦各审批机关之间协调性缺乏就易导致行政资源浪费，同时也给外资并购项目申请人造成时间和成本的损失。而在国家安全审查方面，目前由发展改革委员会、商务部牵头，根据具体实务中外资并购所涉及的行业和领域，会同相关部门建立联席会议制度进行审查工作。但实践中为保证相关主管部门能够有效参与审查，应尽早建立工作机制细则，尤其需要解决哪些行业主管部门、在何种情形下、以何种方式参与审查评估等问题。

由此在完善外资并购审查制度方面，需进一步明确审查机关及其权责，并明确审查机制中各部门的职责分工。如就产业准入审查而言，可以简化审批主体，以便于实践操作；就国家安全审查而言，可以明确联席会议的具体成员、各部门之间的协调机制以及相应的权责。

（二）完善具体的审查程序

我国在外资并购的产业准入审查中，最为人诟病的问题之一，就是其审查程序太过繁琐。简化相关审批程序，首先需制定科学合理的外资并购产业准入政策，在此基础上针对不同性质的产业实施不同程度的审查，如对于鼓励类项目进一步简化审批程序、对于允许类项目的审批程序也可进行一定程度的简化。

反垄断审查方面，对经营者从进行反垄断审查申报到执法机关做出

立案决定之间的期限缺乏规定，存在一定立法和执法空白。并且对外资并购的反垄断审查只侧重于事前申报，而缺乏事后持续的监管与审查。由此，应当在相关法律文件中进一步明确审查期限，并建立事后审查机制，保持一定时间内的随时监管、持续监管。此外，外资并购中往往涉及多方利益，为建立并完善正当审查程序，在反垄断审查制度中可就听证会等制度进行相应的细化和完善，以使其更加透明、更能与世界经济接轨。

安全审查中，存在审查前磋商程序，如此为经营者和审查机关之间搭建了沟通桥梁，但对于磋商中一些具体问题尚未予以明确，如相关部门对申请者的请求在何种期限内做出何种答复，申请者是否可以就该部门的答复申请行政复议或提起行政诉讼等进行权利救济等相关问题都尚待解决。而在正式审查程序中，也缺乏对于审查决定期限的具体规定。

（三）建立行政审查相对人的救济制度

行政法作为授权法与限权法的结合，在授予行政机关一定行政管理职权的同时，也应对其行使职权行为进行监督，并对行政相对人进行一定的救济。而对行政相对人的权利救济，从另一方面也可以起到很好的监督行政机关行使职权的效果。在对外资并购项目进行行政审查中也不例外，行政机关享有对外资并购项目进行产业准入审查、反垄断审查和国家安全审查的职权，并就这些职权的行使有着相应的实施细则和配套措施，也应对行政相对人和利益相关方在审查中的权利，尤其是就审查意见或审查决定申请行政复议或提起行政诉讼的救济权利进行明确的规定。如美国外资并购安全审查制度中，设定了相应的救济程序，当并购交易方对行政部门所做的最终决定不服时，应被给予适当的渠道提供救济。而目前我国在外资并购行政审查制度，尤其是国家安全审查中，并未规定联席会议或国务院最终决定可免予司法管辖，但也没有进一步明确交易当事方或利益相关方可以向哪些部门提出救济措施及可以要求何种救济。如此对行政相对人缺乏救济的制度是不合理的，也是不符合我国当下全面依法治国、建设法治国家这一主旨思想的。因此应当完善相应法律法规，落实外资并购行政审查中行政相对人的救济制度。

（四）构建和完善监督机制

近年来我国行政体制改革力度不断加大，政府工作中越来越注重行政权力的监督和控制。对于外资并购进行产业准入审查和反垄断审查中，由于相应审查机关较为明确，对其审查工作进行监督也较为简单易行。监督工作中的难点在于，国家安全审查的联席会议因涉及行业部门多且不确定，对其审查过程、决定过程和决定的执行进行监督均存在一定困难。因此在外资并购审查方面应建立与完善相应的监督机制，由法律规定某个国家机构行使对联席会议审查工作的监督职责，着重就联席会议的相关工作制度，尤其针对联席会议的审查过程、处理决定的做出以及决定的执行等都设置相应的监督机制。如此，使联席会议能够更加顺畅、更加积极充分地行使自己的职责，使得整个审查过程增加透明度，避免因政府机关权力过大难以控制而造成权力滥用，避免损害政府权威，避免威胁经济社会安全健康发展。

结语

“罗尔斯案”并非美国外资并购安全审查第一案，也并非我国企业赴美并购第一案，而一旦发生类似案件总能引起极大关注并给人们留下深刻的印象。这一方面是因为中国企业跨境并购往往易受到东道国尤其是发达国家极其严苛的审查甚至刁难，由此启发中国企业跨境投资须了解制度，掌握“游戏规则”；另一方面则是因为中国在投资规制制度尤其是外资并购审查制度方面尚存完善空间，可以通过这些典型案例的剖析，学习借鉴域外应对类似案件的法治经验。

美国在对外资并购进行安全审查方面已形成了较为完备的法规体系，并有着较为完善的审查机制体制。CFIUS、总统各司其职，审查主体明确，审查对象明晰，审查程序完整有序，审查标准规范又不失灵活性，审查决定可诉，权利救济有门。虽然在对待源自某些特定国家的外资并购时也不可避免存在一些情绪化甚至政治化考量，在实现权利平等保护原则和正当程序原则等宪法原则与国际经济规则时尚存缺陷，但总体上形成了系统的、具有较强可操作性的审查制度。

面对大量且频繁交易的外资并购，我国也实现了从产业准入审查、反垄断审查到国家安全审查三个方面的外资并购审查制度。但这些制度形成时间较短，各方面经验积累不足，且可操作性问题、权利救济问题、监督机制问题等尚待解决，面对高频交易、错综复杂的市场环境做出灵活应对还需进一步完善相关机制。“他山之石，可以攻玉。”从美国在投资规制制度中的原则到具体的外资并购制度中的体制机制，从其法制发展到制度完善，再到实践经验与教训的提炼，可以为我国投资规制制度的完善提供有益的借鉴。从行政法的视角出发，完善我国投资规制制度，须遵循行政法的基本原则，尤其立足于进一步深化改革与对外开放的时代背景，在实现经济快速健康发展、促进竞争秩序公平有序、完善法律制度，以及提升国际竞争力、推动形成公平互利的国际经济规则中，权利平等保护原则与正当程序原则的重要性日益凸显。而在此指导之下，如何具体推进我国投资规制制度的完善进而推动国际经济规则的健全仍需未来进一步努力。

（本章作者：马淑华）

第九章

美国贸易规制——基于“捷康案”的行政裁决研究

导论

一、研究背景与关键问题

2007年5月，泰莱公司为了保持其在全球三氯蔗糖市场的绝对垄断地位，以进口到美国本土的三氯蔗糖产品（含下游产品及中间体）侵犯了其有效专利，对美国本土的产业造成损害为由，依据美国《1930年关税法》第337节（简称“337条款”），在美国伊利诺伊州联邦地方法院对分布在广东、河北和江苏常州的中国三家三氯蔗糖制造商和25家涉案的中外企业以侵犯其5项专利为由，请求美国国际贸易委员会（ITC）发布永久性普遍排除令和禁止令。2007年4月6日，泰莱公司向ITC申请对中国三家三氯蔗糖制造商和多家贸易商针对5项专利进行ITC337-TA-604调查（简称“337调查”或“337”），请求ITC发布永久性普遍排除令和禁止令，ITC启动了“337调查”，经过法定时间的调查，于2007年5月6日受理了泰莱公司的申请，并在官方的网站上公布了调查通知。

就“337条款”的条文内容而言，一般的不正当贸易行为主要指垄断和不正当竞争行为。此类行为在威胁或者实质损害美国国内产业，或阻碍此类产业的建立，或限制、垄断美国的贸易或者商业时才能满足“337条款”的要求。而有关知识产权和不正当贸易行为则只要侵犯了美国版权、专利权、商标权等，且美国存在相关产业或相关产业正在建立，则该不正当贸易行为就违反了“337 条款”。在实际的操作中，ITC依据此条款展开的大部分是有关知识产权的调查。有关知识产权的不正当贸易是指所有人、进口商或者承销商向美国进口、为进口而买卖或者进口后销售侵犯了美国法律保护的版权、专利权、商标权、集成电路布图设计权和设计方案的产品的行为。与一般不正当贸易不同的是，只要是美国存在与该产业相关的行业或者正在建立该行业，有关知识产权的不正当贸易做法即构成非法，而不是以其对美国企业造成损害为要件。如果 ITC 经过调查，认定进口产品的确侵犯了美国的知识产权，其便可以依据“337 条款”采取以下的救济措施：其一是排除令。排除令包括两种：一类是可以禁止申请书中的外国侵权企业的侵权产品进入美国市场的有限禁止令；另一类是不分地域禁止与侵权产品同属一类的产品进入美国的普遍排除令。其二是禁止令。禁止令要求侵权企业立即停止侵权行为。此类行为不仅限于生产和销售，更包括侵权产品在美国的宣传等诸多事项。违反此令的企业，将被处以极其严厉的经济制裁。其三是没收令。如果一个企业的某一产品在出口到美国市场时，ITC 发现其在之前被处以排除令，此时便可以直接发布没收令。美国海关根据此令可以对所有试图出口到美国的侵权产品进行没收。这三种救济措施都没有明确的有效期，除非 ITC 认为侵权情形已不存在，否则排除令和禁止令则可以一直执行。可以说这对于出口企业的伤害力度是相当大的。就泰莱公司的起诉而言，“337 调查”一旦成立，结果有两种：一是普遍排除令，即我国所有三氯蔗糖企业都不得再向美国出口；二是有限排除令，即应诉获胜的企业可以继续出口，其他企业则被排除在外。

根据美国的法律规定，知识产权的诉讼中，一旦 ITC 受理申请人提出的“337 调查”，联邦法院相关知识产权的诉讼就要暂停。要达到胜诉的目的，一般需要五年左右的时间。在 ITC 调查期间，ITC 允许不是被告的企业只要满足 ITC 的法律要求就可以主动地申请加入 ITC 调查，保护自身的合法权益，不用支付对方的赔偿金，而各自承担法律费用。美国地方法院在案件审理中可以随时将相关企业加入被告名单，但对于主动加入诉讼的被告的生产企业的客户则不能随时加入，据此，捷康一旦被地方法院列为被告，客户将远离捷康的产品，直到几年后胜诉才能继续接受使用。

出自美国国际知识产权诉讼的“ITC－337”是国际知识产权最严厉的判决，主要是因为时间短、费用高、封锁期长、影响面大，且欧洲等其他发达国家和地区会参照美国的判决来选择贸易伙伴。也就是说，如果我国的三家企业在美国输了官司，同类产品不仅会被排除在美国的国门之外，同时也将不能进入欧洲市场。这三家生产三氯蔗糖的企业只要有一家败诉，泰莱公司就可以向ITC申请发布普遍排除令，届时中国及其他国家的所有三氯蔗糖企业均不得出口到美国市场或者欧洲市场。捷康公司创立于2006年，是中国一家专门生产三氯蔗糖的高科技企业。2007年，其刚成立不久就已经进入了美国市场，美国是捷康公司战略规划的重要开拓市场之一。为了保护客户，占据市场主动权，捷康公司本是泰莱公司“337调查”的案外人，但面对被排除美国市场的风险，选择了主动参与调查，其自信对其生产工艺具有自主知识产权，以实际行动向客户证明：捷康公司充分尊重他人的知识产权，也希望他人同样尊重捷康公司的知识产权。

二、研究述评

捷康公司在美行政裁决案件发生在2007年，当时在中国国内产生了重大影响，从某种程度上来说更具有政治意义。就案件本身而言，国内的相关研究并不多，一方面由于该案件是跨国知识产权诉讼，对该领域具有较深研究的学者较少，另一方面该案件所涉及的中美知识产权保护制度异常复杂，是一个较为宏大的研究体系，很难用一篇论文的篇幅将其阐述清楚。在该案件的研究成果方面，我们可以看到，新闻性的报道或者评述要远多于纯粹的学理研究。就捷康公司一案本身的研究意义来看，相对于案件本身，更为重要的是案件背后所反映的中美知识产权保护方面的制度性差异。在中国加入世贸组织之后，对于知识产权的跨国保护问题就成为一个非常重要的研究课题。捷康公司案件所涉及的知识产权保护制度涉及诸多方面的研究，如知识产权侵权纠纷行政裁决制度、知识产权司法审查制度、知识产权行政法律保护制度等。对于该案件的研究，以朱淑娣教授主编的《中美知识产权行政法律保护制度比较——捷康公司主动参与美国“337”行政程序案》为代表。

第一节 捷康公司"337"行政裁决案件分析

一、"337"行政裁决案相关背景分析

美国《1930年关税法》第337节确立了"337调查"制度。"337条款"是美国关税法确定的一项进口救济措施，其内容最早出现在《1922年美国关税法》第316节，经过1930年修改后正式确立下来，其后经历过三次重大修订（美国关税法于1974年、1988年、1994年经历过三次修改，但修改内容基本上是围绕《1930年美国关税法》第337条内容的细化），现行"337条款"明确授权美国国际贸易委员会（ITC）在美国企业起诉的前提下，对进口中的不公平贸易做法进行调查和裁决。"337条款"规定，货物的所有人、进口人、收货人或其代理人：（1）将货物进口到美国或者在美国销售时使用不公平竞争办法和不公平行为，其威胁效果足以摧毁或实质损害美国国内产业，或者阻碍此类产业的建立，或限制、垄断了美国的贸易和商业；（2）将货物进口到美国，或为进口到美国而销售，或进口到美国后销售，而该种货物侵犯了美国已经登记的有效且可执行的专利权、商标权、版权或集成电路芯片布图设计专有权，并且与这四项专利权有关的产品有已经存在或在建立过程中的国内产业，则这些不公平的竞争方法将被视为非法。

进一步分析"337条款"所设定的调查制度，可以发现"337调查"的若干特征：其一，从认定条件中看，该条文使用了"足以威胁"来形容对美国国内相关产业的侵害程度，由此可见，申诉方只要能够证明进口产品有一定程度上的侵权事实，且美国国内确实有相关的产业或者产业正在建立过程中即可，无需证明该产品对美国国内产业已造成何种实质性的损害。因此有学者认为，"337调查"认定简单且易于操作，该调查省略了反倾销调查中侵权行为与损害结果之间因果关系的认定。相比于反倾销调查在申诉主体的条件上所要求涉案产品的国内全部生产商或者主要生产商协同发动，"337调查"在申诉主体的条件上只需要单个的美国相关知识产权权利人个体发动即可。其二，"337调查"的

理由有三：一是被诉产品侵犯美国的专利权、商标权和商标秘密权等；二是被诉产品假冒美国商标和装潢等；三是带有虚假的地理原产地标识。[①] 其三，从程序上来看，“337 调查”有较为严密的实施程序，“337 调查”的程序分为六步：（1）美国知识产权所有人向美国国际贸易委员会提出侵权指控。（2）美国国际贸易委员会启动调查程序，在接到知识产权所有人的指控后，ITC 一般应在 30 天内决定是否立案，并在立案后发布公告，通知知识产权“侵权”行为人，要求行为人在送达诉状和通知之日起的指定日期内（20 天）提交书面答辩意见及反诉，按时出席调查听证会等。（3）发布临时性的禁止令或普遍排除令，为保护本国市场和投诉人的利益，在调查程序启动后，如果 ITC 认定投诉事实可能属实，可以发布临时性的禁止令或普遍排除令，暂停对有争议的产品进口。（4）最终裁决。ITC 经过认真调查，认为确有违法行为的，即可做出最终裁决。ITC 做出的最终裁决副本等报送总统。（5）批准生效，美国总统接到 ITC 报送的最终裁决副本后，应在 60 天内做出批准与否的决定，批准后 ITC 做出的裁决即行生效，不批准则该最终裁决即告废止或失效。（6）提出上诉。当事人如果不服 ITC 的最终裁决，可在最终裁决生效后的 60 天内向美国联邦上诉法院提请复议。[②]

二、捷康公司主动参与美国“337 调查”案情简介

美国泰莱三氯蔗糖公司（Tate&Lyle Sucralose Inc.）是总部位于英国的泰莱科技有限公司的（Tate&Lyle Technology Ltd.）一家子公司。1976 年泰莱公司开始与英国伦敦大学合作研发三氯蔗糖[③]生产技术。从其生产的三氯蔗糖投放市场以来，泰莱公司在美国已经陆续申报了 36 项专利技术，由于这种三氯蔗糖的生产技术工艺复杂，以及完备的专利

① 黄晓凤：《美国对华 337 调查的变化趋势研究》，载《国际贸易问题》，2011 年第 3 期。

② 马常娥：《337 调查：中美贸易发展的新障碍及其应对策略》，载《南京师范大学学报（社会科学版）》2005 年第 6 期。

③ 三氯蔗糖（Sucralose），是一种新型甜味剂，是唯一以蔗糖为原料的功能性甜味剂，甜度可达蔗糖 600 倍，这种甜味剂具有无能量、甜味纯正、高度安全的特点，是目前最优秀的功能性甜味剂之一。

保护制度，在2004年之前，世界范围内只有泰莱公司可以生产这种产品，其生产的三氯蔗糖在世界范围内市场占有率在90%以上，无人能够撼动其在该产品领域内的垄断地位。[①] 捷康公司是中国江苏省境内的一家专门生产三氯蔗糖的高新技术企业，2008年向美国出口三氯蔗糖80吨，占国内出口量的60%，创汇552万美元，产量列世界第二位。该公司是中国第一家由上市公司参与投资的企业，是中国三氯蔗糖行业第一家进入国际知名食品企业的中国供应商，也是中国三氯蔗糖标准的主要起草单位。

2007年3月5日，泰莱公司以进口到美国的三氯蔗糖产品侵犯其有效专利，对美国本土的三氯蔗糖相关产业造成侵害为由，依据美国《1930年关税法》第337条，在美国伊利诺伊州联邦地方法院对中国广东、河北和江苏的三家三氯蔗糖制造商以及25家相关涉案中外企业以侵犯其5项专利为由，请求美国国家贸易委员会发布永久性的普遍排除令和禁止令（具体的侵权专利为：美国专利第4980463号的第1—3、16—18项权利；美国专利第5470969号的第20—26、28、29项权利；美国专利第5034551号第1—4、11—22项权利；美国专利第5498709号的第8—9项、第13项权利；美国专利第7049435号的第1项权利）。同年4月6日，泰莱公司向美国国际贸易委员会申请对中国三家三氯蔗糖生产商和多家贸易商针对所侵权的5项专利进行ITC337－TA－604调查，请求美国国际贸易委员会（ITC）发布永久性普遍排除令和禁止令，ITC于2007年5月6日正式受理了泰莱公司的申请，并发布了调查通知。根据美国《1930年关税法》第337条所规定的相关救济措施，如果ITC经过调查，认为中国三家企业进口到美国的三氯蔗糖相关产品确实侵犯了美国的知识产权，则将采取以下两种措施：

第一，排除令。排除令包括有限排除令和普遍排除令，前者指可以禁止泰莱公司申请书中包括的外国企业的相关侵权产品进入美国市场，它可以适用于被调查企业现在和今后生产的、存在侵权行为的所有类型的产品，而不仅仅指诉讼中所涉及的产品类型；有限排除令的效力可以

① 朱淑娣主编：《中美知识产权行政法律保护制度比较》，知识产权出版社，2012年版，第8页。

扩大到包括侵权产品的下游或者下级产品，以及上游的零部件产品。后者指禁止某一类所有产品进入美国市场，不分原产地和生产商，同时还包括今后和目前尚未掌握的生产商和进口商。

第二，停止令。停止令要求侵权企业立即停止。即要求被指控人立即停止被指控的行为。此类行为不仅限于生产和销售，更包括侵权产品在美国的宣传等诸项行为。如果被指控人不顾这种命令而执意将进口产品输入美国并进行销售，就有可能被课以巨额罚款。

“337 调查”的发起有两种方式：其一是由美国国内的生产商主动提起，其二是由 ITC 主动发起。根据美国关税法的相关规定，该调查应当在一年的时间内结束，复杂的案件可以延长到 18 个月。此外根据美国相关法律的规定，知识产权的诉讼一旦 ITC 受理申请人提起的“337 调查”，联邦相关涉案法院就要暂停知识产权诉讼案件。有学者提出，要达到胜诉的目的，一般需要五年时间。[①] 在 ITC 调查中，在其满足 ITC 相关法律要求的前提下，ITC 允许不是知识产权诉讼中的被告企业申请主动加入“ITC－337”调查。而在知识产权诉讼中，受案的美国地方法院在案件的受理中可以随时将相关企业加入被告名单，而一旦被加入被告名单，被告企业的产品只能在知识产权诉讼胜诉后才能重新回归美国市场。从美国“337 调查”的实践来看，它是国际范围内知识产权保护最严厉的判决，而根据惯例，欧洲等发达国家和地区一般也会参照美国的判决来选择贸易伙伴。因此有学者认为，如果我国的企业在美国输了知识产权诉讼，同类产品不仅不能进入美国市场，也将难于进入欧洲市场，同时被诉的三家三氯蔗糖生产企业只要有一家败诉，根据 ITC 发布的普遍排除令，其他三家企业生产的三氯蔗糖产品也将受到出口限制。捷康公司并非泰莱公司所起诉的被告，但由于“普遍排除令”制度的存在，中国三家企业在“337 调查”中的结果对捷康公司的利益影响巨大，面临被排除出美国市场的风险，捷康公司主动加入“337 调查”之中，以实际行动向其客户展示其在自主知识产权上的

---

① 史倩倩、黄贤涛：《与狼共舞自有道　主动应诉树典范——盐城捷康胜诉三氯蔗糖 337 调查案的启示》，载国家知识产权战略网，http：//www. nipso. cn/onews. asp? id＝534，上网时间：2015 年 12 月 5 日。

自信。

捷康公司于2007年向美国国际贸易委员会递交了参与337—TA—604全部五项专利的调查申请，根据ITC的相关法律规定，捷康公司提出五条理由：第一，捷康公司生产的三氯蔗糖及其相关产品实际已经出口到美国市场；第二，在美国市场中有捷康公司现有以及潜在的客户；第三，由于生产工艺不同，其他三家企业不能代表捷康公司的利益；第四，泰莱公司所申请的“普遍排除令”将严重损害捷康公司的市场利益；第五，捷康公司可以按照ITC的法定程序，在规定的时间内，赶上程序并完成证据递交和辩护，不会申请法律程序延期。经过捷康公司辩护律师的积极辩护，ITC法官和ITC委员于2007年8月15日同意捷康公司主动加入ITC－337－TA－604针对三氯蔗糖产品的调查。2007年10月，根据递交的资料和对证人的询证，泰莱公司与捷康公司的律师、专家以及ITC的官员到捷康公司生产现场进行生产过程的摄像和取样。捷康公司为了保证样品化验数据的准确性，按着与泰莱公司同样的取样方法和保温冷藏方式寄送到捷康公司在美国的指定实验室，同时为了保证该案件的绝对胜诉，按照ITC的法律程序要求英国对泰莱公司的主要专利申请人进行调查，并针对专利在美国的实际使用情况进行调查，发现了大量资料证明泰莱公司的相关专利无效。按照ITC法定程序要求，2008年2月28日捷康公司的证人、技术人员、专家证人参加法庭当庭答辩程序，同时证据递交截止。2008年9月22日，经历双方递交的证据资料和法庭的答辩，ITC行政官员对本案做出认定：进口到美国的三氯蔗糖及下游产品并不侵犯泰莱公司诉请的“专利463”“专利0969”“专利709”“专利435”四项专利，对于泰莱公司诉请的“专利551”ITC并没有管辖权，同时还认定美国并不存在与“专利463”相关的国内产业，ITC裁决捷康公司和中国三家被诉企业的三氯蔗糖生产工艺并不侵犯泰莱公司的专利权。

三、捷康公司主动参与美国“337调查”行政裁决案件的反思

美国关税法所确立的“337调查”制度本质上来看是一项新型的贸易保护手段，与常规的反倾销制度相比，“337调查”具有受案范围更

广、被诉主体应诉难度大、可规避性低、胜诉难度大、惩罚措施严厉等特点。随着中国加入世贸组织，中美贸易总量的增长和产品结构的升级，从数据统计来看，美国“337 调查”更多地向中国倾斜。有学者做出相关统计：从 1986 年第一次启动针对中国的“337 调查”到 2004 年，美国一共发起针对中国的“337 调查”共计 39 起，占美国这一时期内“337 调查”总数的 13%，尤其是 2002 年以后，美国开始把中国作为“337 调查”最主要的对象。中国企业面对“337 调查”一般只有两种结果：其一是中国企业没有积极应诉，放弃争辩的机会，由美国国际贸易委员会做出普遍排除令，使得相关中国产品被排除出美国市场之外；其二是通过支付高额的专利许可费为代价，与“337 调查”的申请方达成和解。出现这种状况的原因主要有以下几点：其一是政治角力的延伸。美国由于自身产业的升级，因此在产业结构上放弃了一些在生产成本上不具有竞争优势的传统行业，其主要包括制造业中劳动密集型的产业，如日用品生产、钢铁、轻工产品等。这种状况使得中国的制造业，尤其是机电行业在美国占据了较大的市场，为中国带来了巨大的贸易顺差，这种局面并不符合美国的政治利益，因此在“入世”以后“337 调查”更多地成为一种推行美国全球战略的政治手段。其二是我国企业知识产权保护意识较弱，相比于美国在建国之初就将知识产权保护作为其基本国策而言，我国的知识产权保护不论是在制度方面的完善还是具体在社会中的实践都比较弱，在美国多数的企业中，知识产权保护与管理是企业经营活动中重要的环节，把企业的知识产权战略视为企业发展的核心。就我国的现状而言，从立法层面来看，我国对知识产权保护是十分重视的，但在社会实践中众多企业都缺乏对于知识产权保护的意识和措施。有学者指出，我国的许多商家非常注重提高外销产品的质量，在产品的生产过程中使用了大量的新技术，但是这些新技术作为企业的自主创新很少申请专利保护，这就意味着如果这些技术与美国受知识产权保护的技术相类似，很容易遭受到美国知识产权所有人根据“337 条款”提起的指控。① 其三是针对 ITC 发动的“337 调

① 马常娥：《“337 调查”：中美贸易发展的新障碍及其应对策略》，载《南京师范大学学报（社会科学版）》2005 年第 6 期。

查”，中国企业普遍存在应对不力的状况，在美国知识产权权利人提起“337 调查”后，中国的企业不仅没有采取积极措施予以保护自己的权利，更多的是消极应对、缺席判决。因此在以往的“337 调查”中，ITC 一般都会做出普遍排除令，使得中国企业的相关产品被排除于美国市场。造成这种局面的原因主要有两方面：一方面在于“337 调查”的应诉费用较高，被告为了打赢官司往往要付出数百万美元的应诉费用；另一方面是我国企业对美国相关调查制度了解较少，无法有针对性地应对“337 调查”。中国企业“337 调查”胜诉率极低的现状使得美国企业频频发动对中国企业的调查申诉。

捷康公司主动参与美国“337 调查”并获得胜诉对中国企业来说无疑具有示范性的意义。其一，对于中国企业而言，在国际贸易日益繁荣的今天，知识产权的保护必须作为企业发展战略的核心部分，不仅需要通过法律的手段来维护自己的合法权益，同时也需要尊重他人合法的知识产权，企业自治在一定程度上需要法治来维护。此外还需要提高对于自主创新产品和技术的自信力，不论是在何种法律框架下，对于知识产权的保护都是对等的。其二，对于我国知识产权保护制度来说，“捷康事件”提供了一个良好的契机，即通过对比中国知识产权行政法保护的不同体制和框架，来完善我国的知识产权保护机制。为何美国频频发动对于中国企业的“337 调查”？除了企业积极应对外，我国应该如何从制度上予以回应呢？如何建立一种知识产权保护的全球性规则来打破对方利用知识产权保护的外衣来践行贸易保护主义呢？其三，我们应该反思我国知识产权保护的实践现状，从立法层面来看，我国基本上构建了较为完善的知识产权保护体系，但在社会实践中，知识产权的保护意识仍比较淡薄，不少企业和个人不懂如何保护自己合法的知识产权，因而也不会尊重他人的知识产权。而知识产权的完备程度与自主创新的积极性密切相关。我们党的十八届五中全会明确将“创新发展”作为未来发展战略的核心，因此，如何通过知识产权的保护来刺激自主创新必将成为今后的一个核心议题。

第二节 知识产权保护中的行政裁决制度研究

一、知识产权保护中的行政裁决立法现状研究

从立法层面来看，我国对知识产权保护主要有行政保护和司法保护两种方式。行政保护方式又进一步区分为行政调解和行政裁决。梳理我国知识产权保护中行政裁决立法的历史脉络，最早可以追溯到1985年《专利法》第六十条，该条规定："对未经专利权人许可，实施其专利的侵权行为，专利权人或者利害关系人可以请求专利管理机关进行处理，也可以直接向人民法院起诉。专利管理机关处理的时候，有权责令侵权人停止侵权行为，并赔偿损失。当事人不服的，可以在收到通知之日起三个月内向人民法院起诉；期满不起诉又不履行，专利管理机关可以请求人民法院强制执行。"该法条中所提到的"向人民法院起诉"，是指向人民法院提起关于知识产权侵权纠纷的民事诉讼而并非行政诉讼。原因有两点：其一是该条款主要以解决知识产权纠纷为目的，其本质上属于民事纠纷；其二是当时我国的《行政诉讼法》还没有制定出来，因此该条款也没有承担监督行政机关依法履行职权的功能。实际上该条款确立了单一的知识产权司法救济模式。这种模式随着1989年《行政诉讼法》的制定以及1992年《专利法》的修改有了较大的转变。1992年《专利法》修改时，根据最高人民法院的规定，不服专利管理机关关于专利侵权的处理决定的，当事人只能向人民法院提起行政诉讼。而根据《行政诉讼法》（1989年）第五十四条的规定，人民法院对具体行政行为的判决类型有四种：判决维持、撤销或部分撤销并重新做出具体行政行为、判决限期履行、判决变更（仅限于行政处罚显示公正）。由此可以看出，此次修法之后，对于知识产权的保护有两条途径：其一是对于专利侵权行为，直接提起民事诉讼。其二是如果申请行政裁决，对于行政裁决不服，只能提起行政诉讼，并且法院对行政机关所做出的行政裁决行为并无实质审查权，即使行政机关的行政裁决行为存在《行政诉讼法》（1989年）第54条第二款所规定的五种违法情形（主要

证据不足、适用法律法规错误、违反法定程序、超越职权、滥用职权），也只能判决行政机关重新做出行政裁决。由此看来，1993 年《专利法》修改后，行政机关的行政裁决在专利权的保护上发挥着核心作用。《专利法》2000 年修改时，确立了明确的“双轨式”专利保护方式，该条规定：“引起纠纷的，由当事人协商解决；不愿协商或者协商不成的，专利权人或利害关系人可以向人民法院起诉，也可以请求管理专利工作的部门处理。管理专利的部门处理时，认定侵权行为成立的，可责令侵权人立即停止侵权行为，当事人不服的，可以自收到处理通知之日起十五日内依照《行政诉讼法》向人民法院起诉。……进行处理的管理专利工作的部门应当事人的请求，可以就侵犯专利权的赔偿数额进行调解；调解不成的，当事人可以按照《民事诉讼法》向人民法院提起民事诉讼。”从该条的修改来看，相对于 1992 年《专利法》所确立的主要以行政裁决方式来保护专利权的模式，削弱了行政机关通过行政裁决对于专利权的保护力度，行政机关的裁决仅限于“责令停止侵权行为”，而对于赔偿数额问题的管辖最终归于人民法院。

除了《专利法》外，我国《商标法》也明确通过立法的方式来确立以行政裁决保护知识产权的制度。行政裁决制度在《商标法》中的立法模式，基本同《专利法》相同。1982 年《商标法》第三十九条规定：“有本法第三十八条所列侵犯注册商标专用权行为之一的，被侵权人可以向侵权人所在地的县级以上工商行政管理部门要求处理。有关工商行政管理部门有权责令侵权人立即停止侵权行为，赔偿被侵权人的损失，赔偿数额为侵权人在侵权期间因侵权所获的利润或者被侵权人在被侵权期间因侵权所受到的损失，对情节严重的，可以并处罚款。当事人不服的，可以在收到通知十五天内，向人民法院起诉；期满不起诉又不履行的，由有关工商行政管理部门申请人民法院强制执行。”该条款所确立的商标权的保护模式为“行政裁决 + 民事诉讼”，相对于专利权中的行政裁决，《商标法》中对于侵权赔偿数额有较为明确的限制，即赔偿数额不是由行政机关裁定，而是“侵权人侵权期间所获利润或被侵权人在侵权期间所受到的损失”。此外不同于《专利法》，《商标法》中明确授予了县级以上的工商行政管理部门对于商标侵权的行政处罚权，在《行政诉讼法》尚未出台之时，对于行政处罚行为不服的，只能参照

《民事诉讼法》提起行政诉讼。1993 年《商标法》第一次修改，适逢我国的《行政诉讼法》已经出台，根据《商标法》第三十九条以及最高人民法院的相关规定，对于行政裁决及行政处罚行为不服的提起行政诉讼，当事人也可以直接提起民事诉讼。因此该法所确立的注册商标专用权的保护方式为“行政裁决 + 行政诉讼”或“民事诉讼”的方式。相比于 1982 年的立法，1992 年《商标法》的修改，扩大了行政裁决在商标权保护上的权限，这与我国行政诉讼制度有关，具体原因在上文中已有分析。2001 年《商标法》对于行政裁决相较以往有了较为详细的规定，《商标法》（2001 年）第五十三条规定，“工商行政管理部门处理时，认定侵权行为成立的，责令立即停止侵权行为，没收、销毁侵权商品和专门用于制造侵权商品、伪造注册商标标识的工具，并可处以罚款。”该条明确规定了行政裁决的具体内容，这种立法方式在一定意义上限缩了行政机关的权力。此外该次修法时，将商标侵权的“赔偿数额问题”没有规定在“商标侵权纠纷的解决”条款中，而是专辟了第五十九条“赔偿数额的认定”，较为详细地规定了侵犯商标专用权的赔偿数额问题。从 2001 年《商标法》的立法模式上看，虽然依旧保留了知识产权保护中的行政裁决制度，但行政机关在行政裁决中行使权力的空间进一步被缩小了。

知识产权保护中的行政裁决立法在《专利法》和《商标法》中最为典型，除此之外，《集成电路布图设计保护条例》《植物新品种保护条例》也都对相关知识产权侵权纠纷的处理规定了行政裁决的处理方式。①

二、中国知识产权保护中的行政裁决制度研究

（一）行政裁决在知识产权纠纷解决中的必要性分析

从以上关于知识产权行政裁决的立法中可以看到行政裁决在知识产权保护法律体系中的重要地位。知识产权本质上是一种私权，但为何在知识产权立法中要强调公权力的作用呢？其原因主要有以下几点：其

---

① 魏玮：《知识产权侵权纠纷行政裁决若干问题研究》，载《华东政法大学学报》2007 年第 4 期。

一，知识产权虽然是一种私权，但作为一种私权利，其与公权力之间有着千丝万缕的联系。以专利权为例，专利权的产生必须要通过专利管理部门的确认，公权力在专利权的产生中具有重要作用，因此公权力也应当在知识产权的行使中发挥适当的作用。除此之外，知识产权与一般的私权利不同，知识产权的保护对于刺激经济发展，改进生产技术，改善人民生活水平方面具有重要作用。知识产权与公共利益密切相关，侵犯知识产权的行为往往也涉及侵犯公共利益，因此，行政权力介入知识产权的纠纷具有正当性。其二，赋予行政机关通过行政裁决来解决知识产权纠纷的权力，与行政机关相对于人民法院来说更具有某一领域的专业性有关。行政机关具有认定和处理某些民事纠纷所需要的知识，因此，行政的专业性与技术成为行政裁决制度生存和发展的前提性要件。① 以商标权的保护为例，《商标法》（2001 年）第二条规定：“国务院工商行政管理部门商标局主管全国商标注册和管理的工作。国务院工商行政管理部门设立商标评审委员会，负责处理商标争议事宜。”该条明确授予国务院工商管理部门管理注册商标的权力，同时要求该机构设立专门委员会来处理商标争议事宜。因而保障了专业性的要求。同时国务院于 2002 年出台了《商标法实施条例》，详细地规定了商标管理的具体运行程序，由此来看，通过行政裁决解决知识产权纠纷，能够弥补人民法院法官相关知识欠缺的不足。其三，在目前的知识产权纠纷解决体系中，行政裁决和直接提起民事诉讼两种方式并存，相对于通过诉讼的方式来解决知识产权的纠纷，行政裁决方式更具有效率。这种效率体现在两个方面。第一个方面为时间效率。相对于程序严格的诉讼纠纷解决模式，行政裁决能更加快捷、灵活地解决纠纷，及早地挽回被侵权人的利益损失。第二个方面是可以适用行政调解。行政机关在裁决过程中，可以根据具体情况和当事人的要求，通过业务指导的方式以行政调解来化解争议双方的矛盾，以利于社会和谐。以专利权的保护为例，《专利法实施细则》第八十条规定：“国务院专利行政部门应当对管理专利工作的部门处理专利侵权纠纷、查处假冒专利行为、调解专利纠纷进行业务指

① 张树义主编：《纠纷的行政解决机制——以行政裁决为中心》，中国政法大学出版社，2006 年版，第 109 页。

导。”第八十五条规定：“除《专利法》第六十条的规定外，管理专利工作的部门应当事人的请求，可以对下列专利纠纷进行调解……”

（二）行政裁决的措施及其权限问题

行政裁决在知识产权纠纷的解决中占据重要地位，但行政机关在行使行政裁决权时也受到一定的限制，这里以《专利法》为例来研究行政裁决的具体措施及其权限问题。《专利法》（1984 年）第六十条第一次在知识产权相关立法中确立了行政裁决制度，该条规定，“专利管理机关处理时，有权责令侵权人停止侵权行为，并赔偿损失。”由此看来专利管理机关行政裁决的具体措施包括两种：责令侵权人停止侵权、责令侵权人赔偿损失。这两种具体的措施实际上涵盖了专利侵权救济的关键性问题。该条进一步规定，“当事人不服的，可以在通知收到之日起三个月内向人民法院起诉”，此处的起诉应为提起“民事诉讼”。因此可以看出，在本次立法上行政机关对于专利侵权纠纷的解决在某种意义上具有终局性。当事人对于行政机关的行政裁决不服，只能通过民事司法救济的方式来解决争议，而不能通过行政诉讼的方式来矫正行政裁决行为。这种现象一方面是由于全国人大法工委在立法之初认为，专利纠纷本质上是民事纠纷，责令停止侵权、赔偿损失本该是人民法院的权力，但在当时法院没有力量承担这样的任务。[①] 将这种权利分配给管理专利事务的行政机关，在当事人对行政机关的裁决行为不服时，再以民事诉讼的方式解决争议，这种做法也有利于分担法院的压力。另一方面，由于当时我国《行政诉讼法》尚未出台，通过诉讼的方式来矫正行政裁决行为缺乏规范的立法依据，因而行政裁决行为受到的法律限制实际上是很小的。

在行政裁决的具体措施和权限问题上，1992 年《专利法》的修改沿袭了 1984 年《专利法》的立法模式，对于行政裁决的权限没有进一步限缩，但由于《行政诉讼法》已经制定，对于行政机关的裁决行为不服的，可以提起行政诉讼。由于我国《行政诉讼法》的相关规定（第五十四条），人民法院对于行政裁决只能进行合法性审查，而不能

① 汤宗舜：《专利法教程》，法律出版社，2003 年版，第 238 页。

进行合理性审查（行政处罚行为例外），因此，行政裁决行为中对于是否存在侵权行为，以及最为核心的“赔偿数额”问题，人民法院并没有法律依据予以干涉，从某种程度上来看，行政裁决的措施和权限并没有改变。2000 年《专利法》的修改在行政裁决的权限上有了较大的变化，该法第五十七条规定：“未经专利权人许可，实施其专利，即侵犯其专利，引起纠纷的，由当事人协商解决；不愿协商或者协商不成的，专利人或者利害关系人可以向人民法院起诉，也可以请求管理专利工作的部门处理。管理专利工作的部门处理时，认定侵权行为成立的，可以责令侵权人立即停止侵权行为。当事人不服的，可以自收到处理通知之日起十五日内依照《行政诉讼法》向人民法院起诉；侵权人期满不起诉又不停止侵权行为的，管理专利工作的部门可以申请人民法院强制执行。进行处理的管理专利工作的部门应当事人请求，可以就侵犯专利权的赔偿数额进行调解；调解不成的，当事人可以依照《民事诉讼法》向人民法院起诉。”该次的修法对于行政裁决的权限进行了较大的限缩，保留了行政机关认定是否存在侵权行为以及责令侵权人停止侵权行为的权利，但对于侵权人赔偿数额的认定，不再是行政裁决的权限。行政机关要介入侵权赔偿问题有两条限制：其一是需有当事人主动要求，行政机关才能介入；其二是介入的方式不是通过行政裁决，而是通过行政调解。相对于行政裁决而言，行政调解不具有法律意义上的强制执行力。对于赔偿数额的调解不成的，当事人可以通过民事诉讼的方式来解决。因此 2000 年《专利法》的修改实质上将知识产权中侵权赔偿的管辖权限收归人民法院所有。其后在 2008 年《专利法》修改时再次确认了这一改变，同时 2008 年的修法再次细化了侵权赔偿数额的标准。

此外梳理《商标法》修改的历史脉络，其立法思维和修改步骤与《专利法》基本相同，皆是逐步缩小了对知识产权行政裁决的权限，具体而言都保留了行政机关对是否存在侵权行为上的认定权和责令侵权人立即停止侵权行为的权利，逐步地缩减了行政机关在民事赔偿上的裁定权。这种变化表明了我国立法在行政和民事界限划分上的不断成熟，尤其反映了我国民事诉讼制度的成熟和法官素养的提高，也标志着司法救济作为知识产权法律救济最终保障理念的日趋成熟。

（三）知识产权行政裁决中的司法监督

随着我国立法的不断完善，对于知识产权行政裁决行为的司法监督受到越来越多的关注。作为解决民事纠纷的知识产权行政裁决行为，从其性质上来看，具有以下特征：其一，从行政裁决行为从概念上来看，一般认为是行政主体根据法律的授权，并依照法定的程序，对当事人之间发生的与行政管理活动相关的民事纠纷予以裁决的一种行政行为。因此行政裁决的实施对象、权限都与行政机关的行政管理职权密切相关。其二，行政裁决是行政机关依职权做出具有法律效力的行政行为，与知识产权纠纷解决体系中并存的行政调解在性质上有本质区别。其三，知识产权行政裁决行为是可诉的，如果当事人对行政裁决行为不服，可以依据行政诉讼法将做出裁决的行政机关诉至法院。其四，行政裁决在行为模式上与一般的行政行为不同，行政裁决不是行政机关主动依职权从事的单方管理活动，其特殊之处在于行政主体在裁决中是独立于争议双方的第三方主体，裁决行为所涉及的是合法与否的判断，因此具有较强的准司法性质。① 从以上的知识产权行政裁决行为的法律特征来看，显然与一般行政行为有一定程度区别。

从诉讼类型上来看，对于知识产权行政裁决行为的司法审查经历了由民事诉讼到行政诉讼的过程。以《商标法》为例，1982 年《商标法》第三十九条规定，对行政裁决行为不服的，可以在收到通知之日起十五日内向人民法院提起诉讼。而在 1990 年之前，对行政裁决不服而提起的诉讼是按照民事诉讼程序进行的，虽然在知识产权领域，没有明确的立法解释予以规定，但从相关的司法解释和行政解释中可以看出立法者对行政裁决诉讼审理模式的基本态度。这一点可以参见最高人民法院在《关于人民法院审理案件如何适用〈土地管理法〉第十三条，〈森林法〉第十四条规定的批复》（1987 年 7 月 31 日）中看到。通过民事诉讼程序来解决行政裁决的问题，一方面有益于解决本质上属于民事纠纷的知识产权侵权救济问题，另一方面实际上并没有起到通过司法审查来监督

---

① 沈开举：《论行政机关裁决民事纠纷的性质》，载《昆明理工大学学报（社会科学版）》2009 年第 5 期。

行政权力运行的过程，缺乏追究行政机关法律责任的法律机制。在这一阶段中，知识产权行政裁决行为实际上是一种并行于司法审查的终局性救济手段，即使可能通过民事诉讼来纠正行政裁决行为，本质上是新的救济程序改变旧的救济结果。在1991年最高人民法院颁布《关于贯彻执行〈中华人民共和国行政诉讼法〉若干问题的意见（试行）》，该司法解释第四条规定：“公民、法人或者其他组织对行政机关就赔偿问题所做的裁决不服的，可以向人民法院提起行政诉讼。”由此行政裁决行为开始正式地受到行政诉讼程序的监督。知识产权行政裁决由此开始从准司法行为向一般的具体行政行为过度，行政裁决权的行使逐步较为全面地受到人民法院的监督。但此种做法对行政机关积极利用行政裁决来化解知识产权纠纷的职能带来一定的消极影响。有学者提出，对于行政裁决不服可以提起行政诉讼，加大了行政机关作为被告的可能性，使得行政机关在利用行政裁决解决民事纠纷上“消极怠工”，造成了大量的纠纷未能解决，行政机关更倾向于通过行政调解予以解决，以规避自身可能承担的行政责任，因此造成了行政裁决制度的虚置。[①]

从司法审查的受案范围和审查强度的视角来分析知识产权行政裁决的司法监督。就受案范围而言，根据《行政诉讼法》（1989年）第十二条第四项的规定：“法律规定的由行政机关最终裁决的行政行为”，人民法院不予受理。1991年最高人民法院颁布《关于贯彻执行〈中华人民共和国行政诉讼法〉若干问题的意见（试行）》第三条规定，行政诉讼法第十二条第（四）项规定：“法律规定由行政机关最终裁决的具体行政行为”中的“法律”，是指全国人民代表大会及其常务委员会依照立法程序制定、通过和颁布的规范性文件。在行政裁决中，并没有狭义法律规定的终局裁决，因为在我国的法律实践中，基于“国家行为不可诉”的法治理念，只有国务院做出的行政裁决才具有终局性，而有关知识产权事宜的最高管理机关都是国务院下设的相关部门，因此所有与知识产权相关的行政裁决都可以通过行政诉讼来实现救济。就司法审查强度而言，根据《行政诉讼法》（1989年）第五十四条的规定，人民法院

① 沈开举：《论行政机关裁决民事纠纷的性质》，载《昆明理工大学学报（社会科学版）》2009年第5期。

对于行政机关具体行政行为的审查主要为合法性审查，即使具体行政行为不合法（主要证据不足、适用法律法规错误、违反法定程序、超越职权、滥用职权），人民法院只能判决撤销或者部分撤销，以及判决被告重新做出具体行政行为，对于行政机关具体行政行为是否合理适当，并不予审查（行政处罚除外，行政处罚显示公正，可以判决变更）。因此来看，基于司法谦抑性的考量，人民法院对于行政裁决行为的审查强度是较轻的，这种立法模式充分尊重了行政机关独立自主的行使其行政管理权，但也存在一定的风险，及因周而复始的重做，浪费行政和司法资源，使得被侵权人的利益不能及时得到救济。《行政诉讼法》（2014 年）的修改改变了这种状况，该法第七十条规定："行政行为有下列情形之一的，人民法院判决撤销或者部分撤销，并可以判决被告重新作出行政行为……"其中第六项为"明显不当的"。第七十七条规定："行政处罚明显不当，或者行政行为涉及对款额的确定、认定有错误的，人民法院可以判决变更。"可以看出此次修法使得人民法院在一定程度上具有对行政裁决行为的合理性审查权力，较大地加强了对行政裁决行为的司法审查强度。从司法审查对于行政裁决行为审查强度的变化来看，行政裁决本身具有的准司法性质越来越弱，同时伴随着人民法院对专业性案件审查能力的提高，作为民事争议的知识产权救济的职能重新向人民法院回归，在我国的行政实践中，行政裁决逐步向一种辅助性的救济手段转变。

第三节　国际体制下知识产权行政保护的完善

一、知识产权保护国际体制的背景转换

1883 年法国和比利时等 11 个国家在巴黎共同签署了《保护工业产权巴黎公约》，第一次形成工业产权的保护联盟，其后在国际层面又先后缔结了《商标国际注册马德里协定》《专利合作条约》等工业产权保护的国际公约。这一系列的多边协定构成专利权和商标权领域的国际保护体制，在此体制下建立了针对上述两项知识产权的国际保护制度。

1886年英国、法国等10个国家在瑞士伯尔尼共同签署了《保护文学与艺术作品伯尔尼公约》，之后在联合国教科文组织倡导下签署了《世界版权公约》，从而形成了国际社会领域对于著作权的基础保障体制。1967年51个国家在斯德哥尔摩签订了《世界知识产权组织公约》，根据该公约合并了《巴黎公约》和《伯尔尼公约》的实施机构，进而形成了一个新的政府间的国际组织，即世界知识产权组织，由此知识产权保护的国际体制初步形成。随着国家贸易的不断发展，原有的保护体制中存在的一些问题越来越凸显，这些问题主要体现在以下几个方面：其一，从知识产权的保护范围来看，虽然《巴黎公约》《伯尔尼公约》确立的保护体系对知识产权的国际保护进行了有效的协调，但传统的知识产权国际体制的确立，核心目的在于加强智力创造性成果在全球范围内的保护，并没有深入涉及与贸易有关的知识产权冲突。而随着贸易关系逐渐成为国际经济关系的重心，对于知识产权的保护也日益表现为世界性的贸易问题。① 其二，原有的知识产权保护框架在知识产权保护义务主体、保护程度以及保护水平上存在的一些缺陷在新的经济发展要求下愈发凸显，虽然成立了世界性的知识产权保护组织，但以多边公约为基础的保护体系只能约束参加公约的签署国，一方面，该体系下不同多边公约的签署国并不一致，另一方面，一些多边公约的签署国由于数量较少而缺乏实践效力。原有的框架侧重于传统的工业产权、商标权、专利权的保护，但对于新技术革命产生的高新技术成果的保护有较大的局限性。其三，知识产权保护的机制不健全，基本上所有的多边公约都没有确保缔约国履行相关义务的措施和解决知识产权国际纠纷的救济途径，因此，国际知识产权保护组织欠缺对知识产权保护的实质性措施。

原有国际保护体制存在的上述问题受到各国的普遍重视，世界知识产权组织在这些新的发展形势和存在的问题的基础上，开始着手对《巴黎公约》等国际协定进行修改，但由于发达国家和发展中国家在贸易层面的对立立场而难以取得进展。② 这使美国等发达国家认为，在原有的

① 丁丽瑛：《论知识产权国际保护的新体制》，载《厦门大学学报（哲社版）》1998年第1期。

② 李小伟：《知识产权国际保护体制的变化及其影响》，载《台、港、澳及海外法学》1996年第6期。

知识产权保护框架下，切实加强知识产权的国际保护以维护其在国际经济中的利益短期内是难以实现的。因此寄希望于通过关贸总协定来打破由世界知识产权组织单独左右的知识产权国际保护体制，将知识产权保护引入国际性的贸易规则，借以新型贸易协定重构国际知识产权保护体系。1986 年关贸总协定部长会议上确定了发达国家提出的将与贸易有关的知识产权问题作为多边贸易谈判的三大议题，其后发达国家均提出一定的谈判文案，这些文案主要涉及以下问题：（1）以往不充分、带有歧视性的知识产权保护对国际贸易造成严重的损害，关贸总协定应尽快解决这个问题；（2）应该在关贸总协定的范围内制定知识产权保护的规范和标准，但对于具体的标准，发达国家之间也存在较大的分歧；（3）发达国家提出的文案一般都过于强调自身的利益，而对发展中国家的利益未加重视。此外，发展中国家在与发达国家的对话中，提出了以下建议：（1）对技术发明不充分的公开和推广情况应采取相应的补救措施；（2）对外国专利在注册国或地区不使用或使用不充分的情况应制定使用要求的措施；（3）应允许发展中国家生产出口外国专利已在本国注册的商品；（4）应允许发展中国家对生物技术和产品不予产权保护；（5）在专利许可方面，应避免产权保护的滥用现象；（6）对计算机软件应只实施有限范围的版权保护；（7）应大力促进对发展中国家的技术转让，并制定各种优惠措施，满足发展中国家经济发展的需要。[①] 关贸总协定乌拉圭回合首次将知识产权和贸易成功结合，经谈判后形成了《与贸易有关的知识产权协议》（Agreement on Trade-Related Aspects of Intellectual Property Rights，缩写 TRIPS），标志着以 TRIPS 为基础的国际知识产权新体制正式形成，世贸组织开始逐步取代世界知识产权组织对知识产权的国际保护职能。

但随着国际间经济贸易繁荣和发展中国家在国际经济秩序中话语权的提升，被发达国家寄予厚望的 TRIPS 面临越来越多的盗版，在假冒行为面前遇到困境。其原因主要有以下几点：其一，TRIPS 并非完全是发达国家意志的产物，该协议制定过程中发展中国家对于知识产权与贸易

---

① 唐海燕：《乌拉圭回合知识产权谈判和中国知识产权保障》，载《国际贸易问题》1993 年第 4 期。

问题结合的必要性始终表示怀疑，因此发达国家在过渡期优惠、公共健康方面对发展中国家有所让步。有学者提出，TRIPS 在某种程度上是发达国家和发展中国家相互妥协的产物，发达国家的利益在 TRIPS 制定过程中并没有得到充分表达，这为日后的知识产权国际保护与多边贸易体制的分离留下隐患。[①] 其次，TRIPS 在实施过程中对发达国家的利益保护没有达到预期目标，因此发达国家认为，TRIPS 所确立的知识产权保护体制已经不能适应国际贸易发展的需要，极力主张在 TRIPS 基础上进一步提高知识产权保护与执法标准；该协议给予发展中国家最低保护标准的规定使得发展中国家随意降低知识产权保护的强度，降低了世界范围内知识产权保护的整体效率。发展中国家认为，其在乌拉圭回合的谈判中已经做出过多让步，发达国家一系列技术转让的承诺也没有实现，强烈抵制在与贸易有关的多边协定中继续讨论提高知识产权保护标准的议题。因而后 TRIPS 时代的国际知识产权保护体系的发展走向在两大阵营的利益交锋中陷入僵局。

二、国际体制下中国知识产权行政保护制度之完善

（一）国际体制选择层面

客观地分析因为 TRIPS 的实践造成的发达国家和发展中国家在知识产权保护上的争议，我们可以看到，将知识产权融入贸易协定是现行条件下一条较为合理的路径。该协议不仅统一了国际知识产权保护制度，同时也为各国承担相应的知识产权保护义务提供了较为有效的保障措施。在各国发展法律制度不同，经济发展和科技水平有较大差异的现状下，作为一种统一的国际性知识产权保护秩序，对于各国的利益保护并不能面面俱到。这是多边协定的固然缺陷，尤其在该协定囊括了世界大多数国家的情况下，多边协议在某种程度上只能形成最低水平的共识。在多边体制逐渐展现出其固有的缺陷后，由发达国家开始尝试性地将提高知识产权保护标准的重心由多边体制转向双边体制，近些年兴起的自由贸易协定就是双边体制在贸易领域的有益探索。随着我国经济实力和

---

① 张猛：《知识产权国际保护的体制转换及其推进策略》，载《知识产权》2012 年第 10 期。

自主创新能力的不断加强，在知识产权保护与贸易协定紧密结合的条件下，在知识产权保护的国际体制上坚持一种“多边为基础，双边为重心”的知识产权保护体制，是相对合理的。以自由贸易协定为代表的双边体制主要通过双方的直接谈判并缔结协定的方式展开，协定的效力仅仅涉及双方当事国，因此，双边协定体系具有缔结起点低、缔结速度快、涵盖范围广、可持续性强等优点。有学者提出双边体制知识产权国际保护体制还有一个优势在于，能够通过协定制定的既定事实诱使他国接受并推广双边体制，并且能够及早地形成共识。此外对于双边体制的担忧集中于发达国家奉行的单边主义，这一点在美国“337 调查”制度中一览无余。双边体制的内向性导致发达国家和发展中国家的利益在双边模式中此消彼长，占据优势地位的发达国家可以利用经济发展为条件，迫使发展中国家接受对其不利的利益分配结果。但对于中国而言，作为全球第二大经济实体，货物贸易总量全球第一的发展中大国，已经有能力和自信在双边知识产权保护协定中保证自己的利益。

（二）国内制度完善层面

经济全球化时代知识产权的保护，除了在国际层面选择恰当的保护体制，更需要完善国内知识产权保护体制。国内体制的完善主要有两个方面：其一是知识产权行政保护体制；其二是知识产权司法保护体制。这里主要对行政保护体制展开相关分析。

从知识产权行政保护层面来看，即是需要完善我国的知识产权行政裁决制度。笔者认为，对于我国知识产权行政裁决制度的完善，主要有以下路径：第一，规范知识产权行政裁决制度。我国的知识产权行政裁决仅仅停留在学理研究层面，在相关知识产权的法律文件中并没有出现“行政裁决”的概念，不论是在《商标法》第五十三条，还是《专利法》第六十条，都是采用了“行政机关处理”一词。虽然其处理行为即为行政机关针对知识产权侵权纠纷的裁决行为，但是学理层面和立法层面的概念分歧不仅不利于知识产权行政裁决的学理研究，也不利于其制度完善。第二，知识产权行政裁决机构的专门化，即建构专门从事处理知识产权侵权纠纷的行政裁决机构。同为行政机关处理民事纠纷的裁决，我国专门设立了劳动争议仲裁委员会来处理劳动纠纷。随着市场经济的发展，在知识产权侵权纠纷的数量增多、专业性增加的条件下，只有建立专门的行政裁决机构才能满足日趋增加的需要。行政裁决权由专门的机构行使是域外成功经验。以英国为例，英国成立有专门的行政裁判所来解决行政争端以及公民相互之间发生的与社会政策紧密结合的争端。英国针对不同的纠纷种类，设立了财产权和税收方面的裁判所、工业和工业关系方面的裁判所、社会福利方面的裁判所等。从中国的法律体制出发，我国知识产权行政裁判所的设立有两种模式，其一是设立统一处理行政及部分民事争议的裁判机构，其中作为分支机构可设立知识产权纠纷裁决机构。其二是在行政主体内部设立类似行政裁决办公室或行政裁决委员会的机构，专人专项处理知识产权侵权纠纷。这一点在我国行政复议上有较为成功的实践。就我国目前的现实状况来看，后者更具有实践操作性。第三，建立完善的知识产权纠纷行政裁决的程序。我国的立法并没有对知识产权行政裁决的程序予以明确规定，其原因在于知识产权行政裁决行为是由《专利权》《商标权》等民法确立的，欠缺行政法律文件的规定。另一方面知识产权行政裁决本质上作为一种准司法行为处理的是民事纠纷，并非行政争议，因此在知识产权行政裁决中应当适用何种程序就是一较为棘手的学理问题。参考 TRIPS，该协定在知识产权执法与执法程序中共规定了九个条文，其中七个条文规定了执法的民事诉讼程序，仅在最后第四十九条规定，如果以行政程序进行民事救济，应当使用本节规定民事程序一样的规则。由此可见，TRIPS 强调民事诉讼程序执法的倾向。[①] 在目前我国知识产权行政裁决尚采用一般行政程序的条件下，笔者认为，需要立法进行三个方面的完善，即“听证、辩论、时效”，我国目前没有行政程序法，行政行为的听证散见在具体的行政行为法中，如《行政处罚法》。虽然知识产权纠纷本质上是民事纠纷，狭义层面仅关乎当事人利益，但知识产权纠纷外向上与一定范围内的公共利益相关。基于公共利益的考虑，引入听证制度，可对知识产权纠纷的行政裁决提供一定的程序正当性。对于辩论和时效来说，与行政裁决行为的准司法性质相关。行政裁决机关居中裁判双方当

---

① 洪浩：《论专利侵权纠纷处理中的程序保障》，载《法学》2006 年第 2 期。

事人的争议，只有充分听取双方的意见，使证据相互博弈，经过充分的辩论，才能够全面把握纠纷的实质，做出公正裁决。就“时效”制度而言，其是行政行为效率性的要求。知识产权行政裁决的时效问题在知识产权的立法上尚属空白，原因在于民事立法不宜对行政行为有过于详尽的规定，因此，需要通过出台相关立法解释或行政解释填补此项空白。

结语　创新发展战略背景下的知识产权保护

党的十八届五中全会公报提出，“坚持创新发展，必须把创新摆在国家发展全局的核心位置，不断推进理论创新、制度创新、科技创新、文化创新等各方面创新，让创新贯穿党和国家的一切工作，让创新在全社会蔚然成风。”从公报中可以看出，党和国家不仅将创新作为实现第一个百年目标的根本途径，也将创新发展视为应对经济全球化的根本措施。创新发展战略一方面不仅需要在制度层面不断形成完善的创新机制，另一方面也需要完善的知识产权保护制度作为其保障。2002 年党的十六大报告明确提出要完善知识产权保护制度；2007 年党的十七大报告从提高自主创新能力、建设创新型国家的高度，提出实施知识产权战略；2008 年《国家知识产权战略纲要》首次发布，极大地推动了我国自主创新和知识产权事业的发展。党的十八大报告继续强调要实施知识产权战略，并使其成为创新驱动战略的重要组成部分。① 从上述文献的梳理中可以看出，在国家战略层面，创新发展和知识产权保护是相互依存的。虽然知识产权保护在国家战略层面受到极大的重视，但我国的知识产权保护现状却不容乐观，一些内生性的问题不断显露：各种“山寨品”层出不穷，恶意抢注愈演愈烈，驰名商标认定纠纷不断，知识产权侵权案件数量迅速增加。这些现象都反映出了我国知识产权保护机制

① 马一德：《创新驱动发展和知识产权战略实施》，载《中国法学》2013 年第 4 期。

上的不足。这种不足来自两方面，一方面来自于知识产权运行机制的不足，另一方面来自于全社会有关知识产权保护意识的淡薄。从运行机制来看，知识产权保护需要来自于产、学、研的协同运作，片面地依托有限的知识产权立法，仅仅能起到侵权救济的功能，而不能从源头上减少知识产权侵权纠纷的发生。

此外，市场主体知识产权保护意识淡薄为知识产权的侵权行为提供了条件。知识产权保护意识淡薄，一方面使得企业不注重保护自己的自主创新成果，为违法行为提供了可乘之机；另一方面也会使得企业不尊重他人的智力成果。对于企业而言，知识产权不仅是对其自主创新成果的保护手段，更是一种企业的发展战略。从捷康公司主动参与美国“337 调查”一案来看，捷康公司通过在美国“337 调查”中的胜诉获取了极大的经济效益。捷康公司成立于 2006 年 1 月，企业发展落后于同行几十年，案件胜诉后其在三氯蔗糖生产领域全球知名度排行第二，出口和产能跃居中国第一、世界第二。这对于广大的中国企业来说是一个很好的榜样，即对知识产权的保护也是一种理性的投资行为。因此，对企业而言，如何通过知识产权战略提升自身的市场竞争力，是一个急需关注的课题。在国际贸易日趋复杂的当下，中国企业要在知识产权上立于不败之地，不仅需要加大力度进行自主创新，同时也需要具有卓越的知识产权管理理念。当然知识产权的保护也需要政府的努力。从政府责任的层面来看，基于保护我国出口企业知识产权利益的目的，我国政府应当加强知识产权国际组织的指导和协调，紧密把握国际知识产权制度的最新动态，积极参与知识产权的国际事务的交流与合作，不仅能在知识产权国际保护规制的制定中表达自己的利益诉求，同时也要加强相关规则制定中的制度性话语权，为我国对外贸易事业保驾护航。

（本章作者：张翔）

第十章

国际层面电子商务规制领域——基于“世贸组织电子支付案”的行政法律制度研究

导论

一、研究背景

经济全球化给行政法部门带来的重大冲击之一就是行政法的国际化，由此在国际经济法/行政法领域诞生了国际经济行政法等崭新的法学分支学科。WTO 规则作为具有经济行政法性质的国际条约，是国际经济行政法的重要法律渊源，WTO 法在整体上可以看作国际经济行政法。“世贸组织电子支付案”作为国际经济行政法视野下的典型案例，其争端解决之过程反映了国际经济行政法重要原则：国家经济主权原则与国际经济合作原则、权利平等保护原则与正当程序原则在实际制度中的运行。其积极意义在于从国际层面推动国际经济运作的理性化与规范化；从国内层面应对国家经济安全与稳定的现实难题和严峻挑战；在市场整体层面促进市场经济发展的有序、高效与可持续；在经济主体层面实现经营主体利益与消费主体权益的双赢。

本案涉及多个法律问题。其中，专家组裁决认为，中国人民银行要求所有银行卡上印“银联”标识，所有 POS 机和 ATM 机上印有“银联”标识，所有银行通过“银联”互联互通，使银联（与 VISA 和 MASTERCARD 等相比）处于竞争优势地位，违反了“国民待遇”原则

（即改变了竞争条件，使 VISA 和 MASTERCARD 等处于不利地位）。也就是说，国家规定必须印、用“银联”，却没有规定必须印、用 VISA 等，使 VISA 等处于不利的竞争地位，违反了“国民待遇”要求。另外，中国人民银行要求，在港澳的人民币清算和港澳卡在大陆的人民币清算中，必须通过“银联”，这些规定使得其他机构没有机会从事同样的业务，使银联构成“垄断”，违反了中国在 WTO 中的“市场准入”承诺。

本案所涉关键问题主要有以下四个：（1）我国电子支付法律规制制度；（2）“市场准入”条款与独占清算通道；（3）“国民待遇”条款与垄断发卡机构；（4）从国际经济行政法的角度，“世贸组织电子支付案”对我国政府金融规制制度具有怎样的推进意义？本案专家组报告充分论证了前三个关键性法律问题。最后一个问题则是重要的理论问题，将在本章的法理阐释部分给出分析，并在对策研究部分给出建议。

二、研究述评

站在国内研究的层面，在我们可供查询的有限的资料中，研究者有针对性地对“世贸组织电子支付案”进行解读并建言献策的文章并不多，但以下数篇应受关注：杨国华的《“中国电子支付服务案”详解》[①]提出“中国电子支付服务案”是中国“入世”10 年来最为复杂的案件之一，涉及到众多机构和个人，以及多重法律关系，专家组报告在本案最核心的问题——电子支付服务是否属于“入世”减让表中的“支付服务”上支持了美国的观点。该文就该案所涉相关问题，包括涉案措施、中国的“入世”承诺、涉案服务的分类、电子支付服务的定义、《服务贸易总协定》（GATS）项下的国民待遇条款和市场准入条款等做具体分析，并对该案的专家组报告中的相关问题提出质疑。而李梦醒在《GATS 具体承诺表的解释问题研究》[②] 中论述了 GATS 具体承诺表的法律解释问题。WTO 专家组和上诉机构对 WTO 涵盖协定的解释在争端解

① 杨国华：《“中国电子支付服务案”详解》，载《世界贸易组织动态与研究》2013 年第 2 期。

② 李梦醒：《GATS 具体承诺表的解释问题研究》，华东政法大学 2013 年学位论文。

决机制的理论和实践中一直是非常复杂的核心问题之一。此外，李莉的《中国影响电子支付服务特定措施案研究》[①] 和谢晓晓的《从中国电子支付服务案看 GATS 具体承诺减让表的解释》[②] 两篇文章都从 GATS 具体承诺减让表的解释学研究角度解读了“世贸组织电子支付案”。

国外学者探讨此案的文章也并不多。我们在 Westlaw International 和 HeinOnline 法律数据库等外文数据库中搜到为数不多的涉及世贸组织案件的文章，基本不是探讨该案的，而大多是探讨美国、欧盟等国家在货物贸易等方面的经典案例的。虽然很多文章不是直接探讨“世贸组织电子支付案”的，但对该案的解读有较大的借鉴意义和比较意义。其中，Delimatsis 在《WTO 裁决中国电子支付巨头的特权违法》[③] 一文中对案情事实、裁决文书进行了较为细致的解读。而 WTO 对本案的裁决文书，则是最珍贵的一手资料。[④]

通过对现有研究的内容考察梳理可知，国内外学者对“世贸组织电子支付案”的研究主要集中在对案例自身进行解读，缺少比较研究和建言献策，并且主要是国际关系学、国际法学等领域的研究人员从自身专业视角出发所做的研究，对此由行政法学，尤其是国际经济行政法学研究人员所做的法学研究甚少，因而从国际经济行政法学角度研究该案的成果并不丰富。

通过对现有研究的形式考察梳理可知，国内外学者对“世贸组织电子支付案”的研究大多为论文形式，尚未见诸专门著作。因而可以得出结论，以专著形式研究该案的成果亦并不丰富。

而站在实证研究与比较研究的角度，以“美国跨境运营博彩业措施案”和“中国出版物和影像制品案”作为契机，则可以找到对本研究主题进行深入研究的突破口。

---

① 李莉：《中国影响电子支付服务特定措施案研究》，西南政法大学 2014 年学位论文。

② 谢晓晓：《从中国电子支付服务案看 GATS 具体承诺减让表的解释》，载《湖南科技学院学报》2014 年第 4 期。

③ Delimatsis P. The WTO Outlaws the Privileges of the Chinese Payment Services Giant. ASIL Insights，Forthcoming，2012.

④ Recanati M，Simo R Y. A. Panel Report，China - Certain Measures Affecting Electronic Payment Services（China - Electronic Payment Services）.

“美国跨境运营博彩业措施案”由于第一次导致了对 GATS 的基本结构和数项重要规定的适用和解释，无疑构成真正意义上的 GATS 第一案。综观此案，上诉机构的裁决有以下几点需要引起我们足够的重视：上诉机构对《服务贸易总协定》第十六条第二款的 a 项和 c 项下的市场准入做出了较宽泛的解释，可能使成员方的许多国内规制措施构成对市场准入的限制；发展了第十四条中的必要性标准，缓释了被诉方满足必要性标准的举证责任；对第十四条总括性规定中的“歧视性”问题给予了进一步的明确和确立。

对于“世贸组织电子支付案”而言，GATS 的结构表明，GATS 覆盖了政府职能之外的所有（all）服务，因此成员可就任何服务做出具体承诺；由于成员的义务决定于其做出的具体承诺，一项具体服务就不能同时属于两项不同的服务，即成员减让表中的服务门类之间是相互排斥的。

在“中国出版物和影像制品案”中，专家组的研究思路是按照“国际法的习惯解释规则”，即《维也纳条约法公约》第三十一条和第三十二条规定的标准，分析“音像制品分销服务”这一词的内涵。专家组习惯性地从查字典开始，确定其“通常意义”（ordinary meaning）；从减让表的其他部分、GATS 的实质性规定、GATS 之外的其他协定以及其他成员（马来西亚和新加坡）的减让表，查看该词的“上下文”（context）；结合了 GATS 的“目的及宗旨”（object and purpose）。专家组得出的初步结论是，中国的承诺包括通过互联网等技术进行的非物理形态音像制品的分销服务。随后，专家组又按惯例审查了“解释之补充资料”（supplementary means of interpretation），包括 GATS 谈判时的“准备工作文件”（preparatory work）和中国议定书的“缔约之情况”（circumstances of its conclusion），进一步确认了以上结论。

对于“世贸组织电子支付案”而言，专家组认为中国的承诺包含了“电子支付服务”（EPS）。而“中国出版物和影像制品案”专家组认为中国承诺的“sound recording”包括“非物理形态影像制品”。两个专家组的“不约而同”，似乎让我们感觉到了两份裁决背后的共同理念：承诺应当做扩大解释，而这与 WTO 开放市场的原则是一致的。

综上，根据 GATS 减让表中服务门类的描述，不必列出该服务范围内的每一种活动，既可以包括特别提及的活动，也可以包括属于某一门类定义范围的任何活动。

三、关键问题

WTO 公布的专家组报告显示：

第一，专家组首先驳回了美方关于中国银联“市场垄断地位”的指控，但专家组同时认为，银联在某些类型的人民币计价的支付卡清算交易中确实设置了市场准入的障碍。①

第二，专家组驳回了美方关于外国服务提供商可以通过跨境方式提供电子支付服务的主张。外国服务提供商必须以在中国设立独立法人的形式，通过境内交易处理系统提供服务。

第三，专家组支持了美方关于中国在银联卡标识和支付卡处理设备问题上对中国供应商和外国供应商实行差别对待的申诉。

第四，专家组认定外国服务提供商在中国设立商业存在须满足中方服务贸易减让表的有关设立要求，裁定外国服务提供商提供涉案服务须满足中方服务贸易减让表的有关要求，通过其在华设立的机构从事三年外币业务，且连续两年盈利的情况下，方能申请人民币业务。②

由此可见，针对案件专家组报告中对本案涉及的主要问题的意见可

---

① 美国声称中国银联是处理所有国内人民币支付卡交易的垄断供应方，WTO拒绝了美国的这一指控，认为美方证据不足。See P192（v）the Panel finds that the United States failed to establish that China，through Document Nos. 37，57，16，8，219，254，103，153，149，53，49，129，76，17 and/or 142，imposes requirements that mandate the use of CUP and/or establish CUP as the sole supplier of EPS for all domestic RMB payment card transactions. 此外，WTO 专家组认为，在一些特定类型人民币计价的支付卡交易的清算上，中国银联是唯一提供商。See P192（iv）the Panel finds that China，through Document Nos. 16，8 and 254，imposes requirements that CUP and no other EPS supplier handle the clearing of certain RMB bank card transactions that involve either an RMB bank card issued in China and used in Hong Kong or Macao，or an RMB bank card issued in Hong Kong or Macao that is used in China in an RMB – denominated transaction.

② See *DS413*，*China — Certain Measures Affecting Electronic Payment Services*，*http*：*//www. wto. org/english/tratop_ e/dispu_ e/cases_ e/ds413_ e. htm*，*last visited at* 2014 – 8 – 23 14：53：27.

做如下阐释与总结：

第一，在当前我国电子支付法律规制制度语境下，在香港、澳门地区，中国设置了“市场准入”的障碍，使得 VISA 等无法介入。而对于发卡机构资质的要求，则可能给银联带来了竞争优势，影响了对 VISA 等的“国民待遇”。至于中国银联是否是唯一提供商的问题则没有认定，使得专家组没有判定银联构成垄断，相关文件不存在“市场准入”障碍。

第二，关于“市场准入”条款与独占清算通道。由于中国农信银资金清算中心的存在，美国关于中国银联独占清算通道的指控无法得到认定。在专家组意见中，专家组首先解释了“垄断者”（monopoly）、“排他性服务提供者”（exclusive service supplier）的含义及其两者之间的关系，而且解释了“以……形式”的含义。对于“发卡机构要求”“终端要求”和“收单机构要求”，专家组称，虽然认定了这些措施的存在，但还存在进一步的情况。具体而言，对于“发卡机构要求”，专家组认为，法律文件并未表明作为银联成员的发卡机构不能在中国加入其他的网络，或者满足银联统一商业要求和技术标准的银行卡不得同时满足其他网络的要求。对于“终端要求”，法律文件并未表明这种终端不能同时接受标注其他电子支付服务提供者标识的银行卡，也就是这一要求并未阻碍接受通过银行间的、非银联的网络处理的银行卡。对于“收单机构要求”，法律文件并未表明收单机构不能接受通过银行间的、非银联的网络处理的银行卡。总之，专家组认为，从性质上看，这些要求并没有对电子支付服务的提供实施数量限制，即没有将银联设定为“垄断者”或“排他性服务提供者”。此外，法律文件并未表明这些要求对电子支付服务提供者实施了明确的限制，不管是以“垄断者”还是“排他性服务提供者”形式出现的。因此，专家组无法认定这些措施违反了《服务贸易总协定》第十六条第二款（a）项。但对于中国香港、澳门地区的要求，专家组却得出了不同结论。

第三，关于“国民待遇”条款与垄断发卡机构问题，专家组对于中国银联是否是唯一提供商的问题没有认定，也没有判定银联垄断发卡机构，相关文件不存在“市场准入”障碍。外国电子支付服务提供商必须以在中国设立独立法人的形式，通过境内交易处理系统提供电子支付服务。

四、主要观点

“世贸组织电子支付案”体现了国际规则约束下的我国制度运行所遭遇到的挑战，以及自我发展与革新的意愿。站在国际层面，GATS 的结构表明，GATS 覆盖了政府职能之外的所有（all）服务，因此成员可就任何服务做出具体承诺；由于成员的义务决定于其做出的具体承诺，一项具体服务就不能同时属于两项不同的服务，即成员减让表中的服务门类之间是相互排斥的。站在国内层面，具体操作性极强的其他规范性文件是制度触礁的重灾区。银行监管国际协调主要是指通过各国监管当局对跨国银行监管时进行信息共享和监管协调，以更好更有效实现全球跨国银行稳健经营和共同发展的目标，而不是凌驾于国别监管之上或取代国别监管。这就体现了国际经济法的多项基本原则——平等原则、对等原则、合作原则等。其基本目标是：改革世界经济结构、建立公平合理的国际经济新关系和新秩序，使全球所有国家都实现更普遍繁荣，所有民族都达到更高生活水平。WTO 法的《服务贸易总协定》（GATS）关于“市场准入”的原则规定和“国民待遇”的原则规定是银行监管国际协调的体现。

“世贸组织电子支付案”对中国的影响不可谓不大，它推动了中国电子支付市场的结构改变，其进展引起了各界特别关注——经济全球化是对于法律国际化而言的经济全球化，是由市场利益诱惑或竞争威胁所驱动的微观经济现象。这种微观经济现象与民族国家、独立关税区的宏观调控（开放市场、鼓励竞争、放松规制）密不可分，没有公共权力的协调与干预，经济全球化难以发展起来。但仅有民族国家一极治理，要想建设一个全球经济井然有序的朗朗乾坤，恐怕只能是天方夜谭。民族国家利益起着基础性作用。经济全球化的主旨是自由化贸易，而国际经贸组织的宗旨则是公平贸易。全球框架中的公平贸易的实现则需要治理的国际化、多极化。

从“世贸组织电子支付案”看，要完善我国电子支付行政立法制度，应确保金融秩序安全、维护电子支付行业公平有效竞争以及保证中央银行货币政策的顺利实施。为了实现金融规制的多重目标，中央银行在电子支付金融监管中应坚持分类管理、公平对待、公开监管三条基本原则。在执法主体的完善问题上，“世贸组织电子支付案”也颇具启发意义。鉴于我国电子支付人民币结算通道交易业务日趋活跃，其高技术性、高专业性的特点也日益凸显。法律既然赋予行政主体进行电子支付规制，那么由法律规定某行政主体或者做出行政行为的上级行政主体进行复议也是可行和必要的。通过复议，可以先由行政主体对明显错误的行政行为予以纠正，以保证监管电子支付行政行为的质量，减少诉讼和行政主体在诉讼中败诉的比例，提高行政的威信。

“世贸组织电子支付案”的积极意义在于从国际层面推动国际经济运作的理性化与规范化；从国内层面应对国家经济安全与稳定的现实难题和严峻挑战；在市场整体层面促进市场经济发展的有序、高效与可持续；在经济主体层面实现经营主体利益与消费主体权益的双赢。

第一节　“世贸组织电子支付案”分析

“世贸组织电子支付案”体现了国际规则约束下的我国制度运行所遭遇到的挑战，以及自我发展与革新的意愿。站在国际层面，GATS 的结构表明，GATS 覆盖了政府职能之外的所有（all）服务，因此，其成员可就任何服务做出具体承诺。由于成员的义务决定于其做出的具体承诺，一项具体服务就不能同时属于两项不同的服务，即成员减让表中的服务门类之间是相互排斥的。站在国内层面，具体操作性极强的其他规范性文件是制度触礁的重灾区。

一、中国规制电子支付的法律规范

我国规制电子支付的法律规范主要分为法律、行政法规、规章和其他规范性文件四个层面。自上而下地梳理制度，有助于我们全面了解本案发生的背景。

（一）法律

在法律层面，主要有《中华人民共和国商业银行法》（简称《商业银行法》）、《中华人民共和国银行业监督管理法》（简称《银行业监管法》）、《中华人民共和国中国人民银行法》（简称《银行法》）和《中华人民共和国电子签名法》（简称《电子签名法》）等。

1.《商业银行法》

该法第六章“监督管理”明确了银行业电子支付服务提供主体的风险控制义务。第六十条规定：“商业银行应当建立、健全本行对存款、贷款、结算、呆账等各项情况的稽核、检查制度。商业银行对分支机构应当进行经常性的稽核和检查监督。”第六十二条规定：“国务院银行业监督管理机构有权依照本法第三章、第四章、第五章的规定，随时对商业银行的存款、贷款、结算、呆账等情况进行检查监督。检查监督时，检查监督人员应当出示合法的证件。商业银行应当按照国务院银行业监督管理机构的要求，提供财务会计资料、业务合同和有关经营管理方面的其他信息。中国人民银行有权依照《中华人民共和国中国人民银行法》第三十二条、第三十四条的规定对商业银行进行检查监督。”

2.《银行业监管法》

该法第四章“监督管理措施”第三十四条规定：“银行业监督管理机构根据审慎监管的要求，可以采取下列措施进行现场检查：……（四）检查银行业金融机构运用电子计算机管理业务数据的系统。”

由此可见，我国银监局是我国银行业电子支付平台的主要规制主体，承担着重要的规制电子支付交易风险职能。

3.《银行法》

该法第三十二条规定：“中国人民银行有权对金融机构以及其他单位和个人的下列行为进行检查监督：（一）执行有关存款准备金管理规定的行为；（二）与中国人民银行特种贷款有关的行为；（三）执行有关人民币管理规定的行为；（四）执行有关银行间同业拆借市场、银行间债券市场管理规定的行为；（五）执行有关外汇管理规定的行为；（六）执行有关黄金管理规定的行为；（七）代理中国人民银行经理国库的行为；（八）执行有关清算管理规定的行为；（九）执行有关反洗钱规定的行为。前款所称中国人民银行特种贷款，是指国务院决定的由中国人民银行向金融机构发放的用于特定目的的贷款。”

由此可见，我国的央行是主要的金融机构（比如外资银行）和非金融机构（比如支付宝公司）电子支付平台规制主体，承担着重要的规制电子支付交易风险职能，具有法律授权的行政立法、行政执法等职权。

4.《电子签名法》

2004 年 8 月，第十届全国人大常委会第十一次会议通过了《电子签名法》，该法于 2005 年 4 月 1 日开始实施。《电子签名法》的出台是我国电子支付中的电子签名认证规制法律发展史上的里程碑，其确立了电子签名的法律效力，规范了电子签名的行为，明确了认证机构的法律地位及认证程序，并给认证机构设置了市场准入条件和行政许可的程序，规定了电子签名的安全保障措施，明确了认证机构行政许可的实施主体是国务院信息产业主管部门。

《电子签名法》的颁布和实施，必将为电子签名在电子支付、电子政务和其他领域中的应用扫除法律障碍，极大地改善我国电子签名应用的法制环境，从而大力推动我国信息化的发展。

（二）行政法规

目前我国对电子支付的行政法律规制，主要是从行政（法）管理的角度来规范电子支付活动，政府在电子支付中起到宏观规划和指导的作用，力图为电子支付营造良好的法律环境。

1.《中华人民共和国外资银行管理条例》（简称《外资银行管理条例》）

在行政法规层面，国务院制定并于 2006 年 12 月 11 日起施行的《外资银行管理条例》，以适应对外开放和经济发展的需要，加强和完善对外资银行的监督管理，促进银行业的稳健运行为目的。该法第二条对电子支付中的外资银行主体进行了明确的主体资格规定。《外资银行管理条例》第二条规定：“本条例所称外资银行，是指依照中华人民共和国有关法律、法规，经批准在中华人民共和国境内设立的下列机构：（一）1 家外国银行单独出资或者 1 家外国银行与其它外国金融机构共同出资设立的外商独资银行；（二）外国金融机构与中国的公司、企业共同出资设立的中外合资银行；（三）外国银行分行；（四）外国银行代表处。前款第（一）项至第（三）项所列机构，以下统称外资银行营业性机构。”

这些主体在中国具有开展电子支付业务的资质，也是电子支付行政法律规制制度需要规制的重要对象。

2.《中华人民共和国计算机信息系统安全保护条例》（简称《计算机信息系统安保条例》）

除去上述提到的《外资银行管理条例》，另一部不容忽视的行政法规是《计算机信息系统安保条例》。1994 年 2 月 18 日，中华人民共和国国务院第 147 号令，发布了《计算机信息系统安保条例》，自发布之日起施行。该条例旨在保护计算机信息系统的安全，促进计算机的应用和发展，保障社会主义现代化建设的顺利进行。① 由此，在与电子支付密切相关的计算机信息系统安全方面，相关的行政法保护制度应依据该条例的规定。该条例第二十三条规定：“故意输入计算机病毒以及其他有害数据危害计算机信息系统安全的，或者未经许可出售计算机信息系统安全专用产品的，由公安机关处以警告或者对个人处以 5000 元以下的罚款、对单位处以 15000 元以下的罚款；有违法所得的，除予以没收外，可以处以违法所得 1 至 3 倍的罚款。”可见，以计算机病毒及其他有害数据为手段，通过侵入电子银行的计算机系统方式来危害电子支付安全，侵犯合法权益的行为，是可以根据本条例处以行政处罚的。而违反该条例的规定，构成违反治安管理行为的，依照《中华人民共和国治安管理处罚法》（简称《治安管理处罚法》）的有关规定处罚；构成犯罪的，依法追究刑事责任。②

（三）规章

20 世纪 90 年代以来，随着国际上电子银行的兴起，我国商业银行

① 《中华人民共和国计算机信息系统安全保护条例》第一条规定：“为了保护计算机信息系统的安全，促进计算机的应用和发展，保障社会主义现代化建设的顺利进行，制定本条例。”

② 《中华人民共和国计算机信息系统安全保护条例》第二十四条。

的电子银行业务迅速发展。2001 年，中国人民银行制定颁布了《网上银行业务管理暂行办法》（简称《暂行办法》）。随着商业银行电子银行业务的不断发展，《暂行办法》已不能适应电子银行风险监管的要求。为有效控制银行业电子支付业务风险，我国行政主体根据其行政立法权限制定了下述规章。

1. 中国人民银行：《电子支付指引（第一号）》

中国人民银行于 2005 年 10 月 26 日颁布实施了《电子支付指引（第一号）》。该指引的重大意义在于，明确将电子支付定义为："单位、个人（简称客户）直接或授权他人通过电子终端发出支付指令，实现货币支付与资金转移的行为。"从而在规范层面将银行业与其他金融机构、非金融机构的电子支付业务均纳入到了我国电子支付行政法律规制领域。

而在具体的电子支付风险控制问题上，该法也做了细致的规定。《电子支付指引（第一号）》第三十条规定："银行应采取必要措施为电子支付交易数据保密：（一）对电子支付交易数据的访问须经合理授权和确认；（二）电子支付交易数据须以安全方式保存，并防止其在公共、私人或内部网络上传输时被擅自查看或非法截取；（三）第三方获取电子支付交易数据必须符合有关法律法规的规定以及银行关于数据使用和保护的标准与控制制度；（四）对电子支付交易数据的访问均须登记，并确保该登记不被篡改。"

此外，银行应确保对电子支付业务处理系统的操作人员、管理人员以及系统服务商有合理的授权控制："（一）确保进入电子支付业务账户或敏感系统所需的认证数据免遭篡改和破坏。对此类篡改都应是可侦测的，而且审计监督应能恰当地反映出这些篡改的企图。（二）对认证数据进行的任何查询、添加、删除或更改都应得到必要授权，并具有不可篡改的日志记录。"银行也应采取有效措施保证电子支付业务处理系统中的职责分离："（一）对电子支付业务处理系统进行测试，确保职责分离；（二）开发和管理经营电子支付业务处理系统的人员维持分离状态；（三）交易程序和内控制度的设计确保任何单个的雇员和外部服务供应商都无法独立完成一项交易。”①

2. 中国银行业监督管理委员会：《电子银行安全评估指引》

依据《电子银行业务管理办法》的有关规定，中国银行业监督管理委员会为加强电子银行业务的安全与风险管理，保证电子银行安全评估的客观性、及时性、全面性和有效性，于2006年1月26日颁布、2006年3月1日实施了该指引。该指引对银行业电子支付平台的风险规制具有显著意义。

所谓“电子银行的安全评估”，是指金融机构在开展电子银行业务过程中，对电子银行的安全策略、内控制度、风险管理、系统安全、客户保护等方面进行的安全测试和管控能力的考察与评价。金融机构的电子银行安全评估行政主体，是中国银行业监督管理委员会（简称“中国银监会”）的监督指导。②

该条例要求电子银行安全评估至少应包括以下内容：“（一）安全策略；（二）内控制度建设；（三）风险管理状况；（四）系统安全性；（五）电子银行业务运行连续性计划；（六）电子银行业务运行应急计划；（七）电子银行风险预警体系；（八）其他重要安全环节和机制的管理。”

电子银行安全策略的评估，至少应包括以下内容：“（一）安全策略制定的流程与合理性；（二）系统设计与开发的安全策略；（三）系统测试与验收的安全策略；（四）系统运行与维护的安全策略；（五）系统备份与应急的安全策略；（六）客户信息安全策略。”评估机构对金融机构安全策略的评估，不仅要评估安全策略、规章制度和程序是否存在，还要评估这些制度是否得到贯彻执行，是否及时更新，是否全面覆盖电子银行业务系统。

电子银行内控制度的评估，应至少包括以下内容：“（一）内部控制体系总体建设的科学性与适宜性；（二）董事会和高级管理层在电子银行安全和风险管理体系中的职责，以及相关部门职责和责任的合理性；（三）安全监控机制的建设与运行情况；（四）内部审计制度的建

---

① 《电子支付指引（第一号）》第三十一条和第三十二条。

② 孙祖全、孙倩：《论电子商务法构建》，载《湖南文理学院学报》2004年第3期。

设与运行情况。”

电子银行风险管理状况的评估，应至少包括以下内容：“（一）电子银行风险管理架构的适应性和合理性；（二）董事会和高级管理层对电子银行安全与风险管理的认知能力与相关政策、策略的制定执行情况；（三）电子银行管理机构职责设置的合理性及对相关风险的管控能力；（四）管理人员配备与培训情况；（五）电子银行风险管理的规章制度与操作规定、程序等的执行情况；（六）电子银行业务的主要风险及管理状况；（七）业务外包管理制度建设与管理状况。”

电子银行系统安全性的评估，应至少包括以下内容：“（一）物理安全；（二）数据通讯安全；（三）应用系统安全；（四）密钥管理；（五）客户信息认证与保密；（六）入侵监测机制和报告反应机制。”评估机构应突出对数据通讯安全和应用系统安全的评估，客观评价金融机构是否采用了合适的加密技术、合理设计和配置了服务器和防火墙，银行内部运作系统和数据库是否安全等，以及金融机构是否制定了控制和管理修改电子银行系统的制度和控制程序，并能保证各种修改得到及时测试和审核。

电子银行业务运行连续性计划的评估，应至少包括以下内容：“（一）保障业务连续运营的设备和系统能力；（二）保证业务连续运营的制度安排和执行情况。”

电子银行业务运行应急计划的评估，应至少包括以下内容：“（一）电子银行应急制度建设与执行情况；（二）电子银行应急设施设备配备情况；（三）定期、持续性检测与演练情况；（四）应对意外事故或外部攻击的能力。”①

以上内容均构成银行业电子支付平台行政法律规制的主要内容。

3. 中国银行业监督管理委员会：《电子银行业务管理办法》

中国银行业监督管理委员会自2006年3月1日起施行的《电子银行业务管理办法》则是加强了电子银行业务的风险管理，促进银行业电子支付平台的健康有序发展。②

---

① 《电子银行业务管理办法》第二十七条至第三十三条。

② 孙祖全、孙倩：《论电子商务法构建》，载《湖南文理学院学报》2004年第3期。

为保证相关评估机构具备相应的资质，银监会将对开展银行业电子支付平台安全评估业务的机构资格进行认定。为简化授予银行业电子支付平台行政许可的审批手续，加强银行业电子支付平台总体风险管理和安全管理，《电子银行业务管理办法》（简称《办法》）调整了我国电子支付平台业务开展的审批方式。《办法》规定：业务经营活动不受地域限制的银行业金融机构，申请开办电子银行或增加、变更需要申请批准的电子银行业务种类，应由其总行（公司）统一向中国银监会申请。按照有关规定只能在某一城市或地区内从事业务经营活动的银行业金融机构，申请开办电子银行或增加、变更需要申请批准的电子银行业务种类，应由其法人机构向所在地中国银监会派出机构申请。外资金融机构的有关审批方式基本未变。

《办法》和《电子银行安全评估指引》的适用对象为银行业金融机构以及在我国境内设立的金融资产管理公司、信托投资公司、财务公司、金融租赁公司以及经银监会批准设立的其他金融机构。根据上述规定，银行业电子支付平台安全评估工作，应当由符合一定资质条件、具备相应评估能力的评估机构实施，这样才能进一步完善电子支付行政法律规制制度。

4. 中国人民银行：《非金融机构支付服务管理办法》

根据《中华人民共和国中国人民银行法》等法律法规，中国人民银行制定了《非金融机构支付服务管理办法》，经 2010 年 5 月 19 日第七次行长办公会议通过，现予公布，自 2010 年 9 月 1 日起施行。自此，央行通过行政立法的方式规定非金融机构不经批准不得从事网络支付，明确了该领域的行政许可原则问题。

为了加大电子支付规制力度，该法第二十一条规定：“支付机构应当制定支付服务协议，明确其与客户的权利和义务、纠纷处理原则、违约责任等事项。支付机构应当公开披露支付服务协议的格式条款，并报所在地中国人民银行分支机构备案。”

（四）其他规范性文件

20 世纪 90 年代以来，随着国际上电子银行的兴起，我国商业银行的电子银行业务迅速发展。2001 年，中国人民银行制定颁布了《网上银行业务管理暂行办法》（简称《暂行办法》）。随着商业银行电子银行业务的不断发展，《暂行办法》已不能适应电子银行风险监管的要求。为有效控制银行业电子支付业务风险，尽快完善电子支付行政法律规制制度，我国行政主体根据其行政立法权限制定了下述规范性文件：

（1）《中国人民银行关于印发〈银行卡业务管理办法〉的通知》。①

（2）《中国人民银行关于印发〈2001年银行卡联网联合工作实施意见〉的通知》。②

（3）《中国人民银行关于统一启用“银联”标识及其全息防伪标志的通知》。③

（4）《中国人民银行关于印发〈银行卡联网联合业务规范〉的通知》。④

（5）《中国人民银行关于2002年银行卡联网通用工作的意见》。⑤

（6）《中国人民银行关于当前银行卡联网通用工作有关问题的通知》。⑥

（7）《中国人民银行关于进一步做好银行卡联网通用工作的通知》。⑦

（8）《中国人民银行发布关于在香港办理个人人民币存款、兑换、银行卡和汇款业务的有关银行提供清算安排的公告》。⑧

（9）《国家外汇管理局关于规范银行外币卡管理的通知》。⑨

（10）《中国人民银行关于为在澳门办理个人人民币存款、兑换、银行卡和汇款业务的有关银行提供清算安排的公告》。⑩

（11）《中国人民银行关于边境地区受理和使用人民币银行卡有关

---

① 银发［1999］17号。

② 银发［2001］37号。

③ 银发［2001］57号。

④ 银发［2001］76号。

⑤ 银发［2002］94号。

⑥ 银发［2002］272号。

⑦ 银发［2003］129号。

⑧ 中国人民银行公告［2003］第16号。

⑨ 汇发［2004］66号，已经被废止。该文件“七、其他事项”的（三）规定：中国银联股份有限公司（简称“中国银联”）应组织好本外币卡境内交易的人民币清算工作。发卡金融机构必须将本外币卡的卡BIN上报中国银联，供收单金融机构从中国银联的平台下载。收单金融机构应做好相应的银行卡系统设置，在判卡时，必须优先判人民币卡。各发卡金融机构应按月将发生的‘误抛’交易金额及造成‘误抛’的收单机构名单向中国银联报备。该规定被视为引发本案的直接缘由。

⑩ 中国人民银行公告［2004］第8号。

问题的通知》。①

（12）关于内地银行与香港、澳门银行办理个人人民币业务有关问题的通知》。②

（13）《中国人民银行、发展改革委、公安部、财政部、信息产业部、商务部、税务总局、银监会、外汇局关于促进银行卡产业发展的若干意见》。③

（14）《中国人民银行关于规范和促进银行卡受理市场发展的指导意见》。④

（15）《中国人民银行关于加强银行卡境外受理业务管理有关问题的通知》。⑤

（16）《中国银行业监督管理委员会关于外商独资银行、中外合资银行开办银行卡业务有关问题的通知》。⑥

（17）《中国人民银行、中国银行业监督管理委员会、公安部、国家工商行政管理总局关于加强银行卡安全管理预防和打击银行卡犯罪的通知》。⑦

（18）《中国人民银行办公厅关于贯彻落实〈中国人民银行、中国银行业监督管理委员会、公安部、国家工商总局关于加强银行卡安全管理、预防和打击银行卡犯罪的通知〉的意见》。⑧

（19）《国家外汇管理局关于规范银行外币卡管理的通知》⑨。

就是上述文件为主体的规范性文件体系，构成了美国诉中国违反“国民待遇”承诺与“市场准入”承诺的主要诉求：(1）强制要求使用中国银联和/或将银联作为境内为以人民币计价并以人民币支付的所有支付卡交易提供电子支付服务的唯一提供商（sole supplier require-

① 银发［2004］219号。
② 银发［2004］254号。
③ 银发［2005］103号。
④ 银发［2005］153号。
⑤ 银发［2007］273号。
⑥ 银监发［2007］49号。
⑦ 银发［2009］142号。
⑧ 银办发［2009］149号。
⑨ 汇发［2010］53号。

ments)。(2) 要求在中国境内发行的所有支付卡标注银联标识 (issuer requirements)。(3) 要求中国境内所有商户的支付卡处理设备、所有的自动柜员机 (ATMs) 及所有的销售点 (POS) 终端受理银联支付卡 (terminal equipment requirements)。(4) 要求所有收单机构标注银联标识并且能够受理所有带有银联标识的支付卡 (acquirer requirements)。(5) 禁止使用非银联支付卡进行异地、跨行或行内交易 (cross-region/inter-bank prohibitions)。(6) 有关在中国大陆、香港和澳门地区的支付卡电子交易的要求 (Hong Kong/Macao requirements)。①

美国提出中国“垄断”发卡机构资质即违反“国民待遇”。对于发卡机构资质的要求体现在上述37号文第一(2)条，57号文第一条至六条，129号文第三(2)条，219号文第三条，76号文第1章，17号文第五条、第七条至第十条、第六十四条当中。专家组在对上述文件中关于“发卡机构要求”的条款进行了详细审查后，确认了美国的主张，即有关文件“要求在中国境内发行的所有支付卡标注银联标识”。从57号文和129号文的相应条款，例如“各商业银行发行的限国内通用的银行卡必须在卡正面右下方指定位置印刷统一的‘银联’标识”，以及“按规定加贴统一的‘银联’标识”等表述，可以明显地看到这一点。此外，专家组还认为要求使用银联标识本身，并不意味着发卡机构必须加入“银联”系统，但是从相关文件的内容看，发卡机构是必须加入的。例如57号文“三、自本通知下发之日起，各商业银行新申请发行的可异地或跨行使用的银行卡，必须符合统一的‘银行卡联网联合业务规范’和相关技术标准的要求，且必须按本通知要求向人民银行报送符合‘银联’标识使用要求的卡样”。这些文件设定了“互联互通”(interoperability) 的要求。

而在中国香港/澳门地区，美国的主要起诉依据是16号文(关于香港)第六条、8号文(关于澳门)第六条、219号文第四条和254号文第三条。对此，专家组认定这些文件要求：必须由银联，而不是其他EPS提供商来处理所有中国大陆发行的支付卡发生于澳门或香港地区的人民币交易，以及任何发生于中国大陆且使用中国香港或中国澳门发行的人民币支付卡的人民币交易。如16号文(关于香港)第六条、8号

① See China-Certain Measures Affecting Electronic Payment Services, WT/DS413.

文（关于澳门）第六条“有关个人人民币银行卡的清算事宜由清算行、中国银联股份有限公司组织办理”的表述，显然可以说明这点。

对于中国银联作为唯一提供商的地位这一主张，美国列举了15份文件的条款，试图证明这些文件“强制要求使用中国银联和/或将银联作为境内为以人民币计价并以人民币支付的所有支付卡交易提供电子支付服务的唯一提供商”。对此，专家组逐一进行了审查，但是没有确认美方的主张，而是在审查中反复提到，银联也许是中国国内唯一的人民币银行卡交易清算渠道，但是相关文件的文字并没有授予银联的这种排他性的特权；要求遵守银联联网通用的技术标准，并不能排除银行发行符合其他服务提供商技术标准的支付卡。因为专家组发现，中国农信银资金清算中心也是提供与银联类似服务的机构。也就是说，专家组认为，在中国境内，银联并非“唯一提供商”。

综上，案件专家组以为，在中国香港/澳门地区，中国设置了“市场准入”的障碍，使得VISA等无法介入。而对于发卡机构资质的要求，则可能给银联带来了竞争优势，影响了对VISA等的“国民待遇”。至于中国银联是否是唯一提供商，专家组对这一问题没有认定，因而没有判定银联构成垄断，即相关文件不存在市场准入障碍问题。

二、“市场准入”条款与独占清算通道

银行监管国际协调，主要是指通过各国监管当局对跨国银行监管时进行信息共享和监管协调，更好更有效地实现全球跨国银行稳健经营和共同发展的目标，而不是凌驾于国别监管之上或取代国别监管。这体现了国际经济法的多项基本原则——平等原则、对等原则、合作原则等。其基本目标是：改革世界经济结构、建立公平合理的国际经济新关系和新秩序，使全球所有国家都实现更普遍繁荣，所有民族都达到更高生活水平。①

WTO法的《服务贸易总协定》（GATS）关于“市场准入”的原则规定是银行监管国际协调的体现。

---

① 陈安主编：《国际经济法学专论》，高等教育出版社，2002年版，第307页。

（一）银行监管国际协调中的“市场准入”原则

WTO法的服务贸易总协定（GATS）第十六条“市场准入”规定如下：（1）对于通过第一条确认的服务提供方式实现的市场准入，每一成员对任何其他成员的服务和服务提供者给予的待遇，不得低于其在具体承诺减让表中同意和列明的条款、限制和条件。（2）在做出市场准入承诺的部门中，一成员除非在其减让表中另有列明，否则不得在其一区域或在其全部领土内维持或采取按如下定义的措施：（a）无论以数量配额、垄断者、排他性服务提供者的形式，还是以经济需求测试要求的形式，限制服务提供者的数量；（b）以数量配额或经济需求测试要求的形式限制服务交易或资产总值；（c）以配额或经济需求测试要求的形式，限制服务业务总数或以指定数量单位表示的服务产出总量；（d）以数量配额或经济需求测试要求的形式，限制特定服务部门或服务提供者可雇用的、提供具体服务所必需且直接有关的自然人总数；（e）限制或要求服务提供者通过特定类型法律实体或合营企业提供服务的措施；以及（f）以限制外国股权最高百分比或限制单个或总体外国投资总额的方式限制外国资本的参与。

在此问题上，双方争论的焦点在于中国是否做出了承诺以及有关措施是否违反了GATS第十六条。专家组决定根据先例所确定的两步骤法，先确定中国是否就跨境支付和商业存在做出了承诺，然后审查其是否违反了第十六条。

（二）关于本案中的“市场准入”问题——“跨境支付”部分

部门或分部门	市场准入限制
B. 银行及其他金融服务 银行服务如下所列： ……（a～f中其他略） d. 所有支付和汇划服务，包括信用卡、赊账卡和贷记卡、旅行支票和银行汇票（包括进出口结算）	除下列内容外，不作承诺（unbound）： —由其他金融服务提供者提供和转让金融信息、金融数据处理以及有关软件； —就（a）至（k）项所列所有活动进行咨询、中介和其他附属服务，包括资信调查和分析、投资和证券的研究和建议、关于收购的建议和关于公司重组和战略制定的建议

专家组认为，从措辞看，中国仅就两个连字符“—”所描述的服务做出了承诺。[①] 可见，包含在（a）至（k）项所列所有活动的（d）项目，即跨境支付业务——所有支付和汇划服务，包括信用卡、赊账卡和贷记卡、旅行支票和银行汇票（包括进出口结算）并不包含在承诺范畴内。

（三）关于本案中的“市场准入”问题——“商业存在”部分

部门或分部门	市场准入限制
B. 银行及其他金融服务 银行服务如下所列： ……（a～f 中其他略） d. 所有支付和汇划服务，包括信用卡、赊账卡和贷记卡、旅行支票和银行汇票（包括进出口结算）	A. 地域限制：对于外汇业务，自加入时起，无地域限制。对于本币业务，地域限制将按下列时间表逐步取消：自加入时起，开放上海、深圳、天津和大连；加入后 1 年内，开放广州、珠海、青岛、南京和武汉；加入后 2 年内，开放济南、福州、成都和重庆；加入后 3 年内，开放昆明、北京和厦门；加入后 4 年内，开放汕头、宁波、沈阳和西安；加入后 5 年内，将取消所有地域限制 B. 客户：对于外汇业务：允许外国金融机构自加入时起在中国提供服务，无客户限制。对于本币业务，加入后 2 年内，允许外国金融机构向中国企业提供服务。加入后 5 年内，允许外国金融机构向所有中国客户提供服务。获得在中国一区从事本币业务营业许可的外国金融机构 C. 营业许可：中国金融服务部门进行经营的批准标准仅为审慎性的（即不含经济需求测试或营业许可的数量限制）。加入后 5 年内，应取消现在的限制所有权、经营及外国金融机构法律形式的任何非审慎性措施，包括关于内部分支机构和营业许可的措施 满足下列条件的外国金融机构允许在中国设立外国独资银行或外国独资财务公司：

① See *DS413*, *China — Certain Measures Affecting Electronic Payment Services.*

续表

部门或分部门	市场准入限制
	—提出申请前一年年末总资产超过 100 亿美元 满足下列条件的外国金融机构允许在中国设立外国银行的分行： —提出申请前一年年末总资产超过 200 亿美元 满足下列条件的外国金融机构允许在中国设立中外合资银行或中外合资财务公司： —提出申请前一年年末总资产超过 100 亿美元 从事本币业务的外国金融机构的资格如下： —在中国营业 3 年，且在申请前连续 2 年盈利；其他，没有限制

基于对减让表的分析，专家组认定，对于电子支付服务提供者的外国金融机构所提供的（d）项下的服务，中国做出了商业存在方面的承诺。该承诺没有服务提供者数量方面的限制，但有资质限制。因此，中国应当让其他成员方的电子支付服务提供者进入其市场，以便在满足资质要求的条件下在中国从事本币业务。

（四）结论

如前所述，由于中国农信银资金清算中心的存在，美国关于中国银联独占清算通道的指控无法得到认定。

在专家意见中，专家组首先解释了“垄断者”“排他性服务提供者”的含义以及两者之间的关系，而且解释了“以……形式”的含义。对于“发卡机构要求”“终端要求”和“收单机构要求”，专家组称，虽然认定了这些措施的存在，但还存在进一步的情况。具体而言，对于“发卡机构要求”，专家组认为，法律文件并未表明作为银联成员的发卡机构不能在中国加入其他的网络，或者满足银联统一商业要求和技术标准的银行卡不得同时满足其他网络的要求。对于“终端要求”，法律文件并未表明这种终端不能同时接受标注其他电子支付服务提供者标识的银行卡，即这一要求并未阻碍接受通过银行间的、非银联的网络处理的银行卡。对于“收单机构要求”，法律文件并未表明收单机构不能接受通过银行间的、非银联的网络处理的银行卡。总之，专家组认为，从性质上看，这些要求并没有对电子支付服务的提供实施数量限制，即没有将银联设定为“垄断者”或“排他性服务提供者”。此外，法律文件并未表明这些要求对电子支付服务提供者实施了明确的限制，不管是以“垄断者”还是“排他性服务提供者”形式出现的。因此，专家组无法认定这些措施违反了《服务贸易总协定》第十六条第二款（a）项。但对于中国香港/澳门地区的要求，专家组却得出了不同结论。

三、“国民待遇”条款与垄断发卡机构

与“市场准入”原则相类似，GATS 关于“国民待遇”的原则规定也是银行监管国际协调的体现。

（一）银行监管国际协调中的“国民待遇”原则

GATS 第 17 条“国民待遇”规定如下：（1）对于列入减让表的部门，在遵守其中所列任何条件和资格的前提下，每一成员在影响服务提供的所有措施方面给予任何其他成员的服务和服务提供者的待遇，不得低于其给予本国同类服务和服务提供者的待遇。（2）一成员可通过对任何其他成员的服务或服务提供者给予与其本国同类服务或服务提供者的待遇形式上相同或不同的待遇，满足（1）的要求。（3）如形式上相同或不同的待遇改变竞争条件，与任何其他成员的同类服务或服务提供者相比，有利于该成员的服务或服务提供者，则此类待遇应被视为较为不利的待遇。

（二）关于本案中的“国民待遇”问题

美国认为，上述所列规范性文件中对于发卡机构的要求，不符合 GATS 第十七条，致使外国电子支付服务提供者的待遇低于银联。对此中国反驳说，其“国民待遇”承诺与本案的服务和服务提供者无关。具体而言，中国认为美国没有证明其他成员的电子支付服务提供者属于减让表中的“外国金融机构”。关于跨境支付承诺，中国认为美国不

适当地将第十七条和第十六条的主张建立在同样的基础上，因为中国是保留了采取“市场准入”限制权利的，包括第十六条第二款中可以视为歧视性的限制。中国认为，这种权利不能由于完全同样的要求被判定不符合第十七条而被取消，因为这样就会抵消其在做出市场准入模式1承诺时使用“不作承诺”（Unbound）一词所留下的选择空间。

中国认为美国没有证明其他成员的电子支付服务提供者属于减让表中的“外国金融机构”的问题，专家组已经在“是否违反了市场准入承诺”那部分解决了，即其他成员的电子支付服务提供者属于“外国金融机构”。对于反驳意见之二，在减让表中，模式1“市场准入”栏目写的是“Unbound”，而“国民待遇”栏目写的是“None”。

专家组也承认，对第十六条和第十七条范围的分析带来了明显的模糊性（an apparent ambiguity），一方面，国民待遇承诺覆盖了“所有影响服务提供的措施”，似乎也包括了“不作承诺”（Unbound）的市场准入的内容；另一方面，中国“不承诺”（Unbound）的“市场准入”内容似乎也包括了歧视性的、属于完全“国民待遇”承诺的内容。但是，这个问题已经规定在GATS第二十条第二款中：“与第十六条和第十七条都不一致的措施应列入与第十六条有关的栏目。在这种情况下，所列内容将被视为也对第十七条规定了条件或资格。”也就是说，当一项措施既不符合第十六条，也不符合第十七条的时候，就应列入“市场准入”栏目。这样，当“市场准入”栏目有限制时，也适用于第十七条。换句话说，与两个条款都抵触的措施，对该措施的歧视性和非歧视性都施加了限制。或者更为简单地说，当市场准入栏目与国民待遇栏目似乎相抵触时，市场准入栏目优先。

（三）结论

因此，专家组对于中国银联是否唯一提供商的问题没有认定，也没有判定银联垄断发卡机构，相关文件不存在市场准入障碍。外国电子支付服务提供商必须以在中国设立独立法人的形式，通过境内交易处理系统提供电子支付服务。

第二节 “世贸组织电子支付案”中的国际经济行政法律制度

本部分将在探讨WTO规则与国际经济行政法的关系的基础上，站在国际经济行政法视域下分析解读“世贸组织电子支付案”。

一、WTO规则与国际经济行政法的关系

国际经济行政法的研究对象是国际经济行政管理关系，其法律渊源分别为国际法渊源和国内法渊源。WTO规则与国际经济行政法的关系密切。WTO规则作为多边条约，是国际经济行政法的国际法渊源，调控成员方政府与贸易有关的行政行为。

（一）国际经济行政法概述

何谓国际经济行政法？国际经济行政法是经济全球化时代下，国际法学科与经济行政法交叉的产物。国际经济行政法是调整跨国经济行政关系的国际、国内公法规范、原则的总和，换言之，是协调国家政府规制市场经济制度的法律规范和原则。通俗地说，国际经济行政法指的就是政府经济规制法的国际协调，其内容包括国家间关于经济行政管理规制的国际公法法律规范，以及各国国内的涉外经济行政法。前者包括调整国际（跨国）经济关系的国际公约、条约、协定以及属于公法性质的各种国际惯例，如1995年在GATT基础上诞生的新的全球性经济组织——世贸组织（WTO），它已经成为当代国际经济行政关系协调机制的中心和主力，标志着市场国际化和国际协调机制步入一个新的发展阶段；后者包括调整跨越国境的经济关系的经济行政法的涉外部分，如关税、进出口货物管理、外汇管理、外资管理等涉外经济行政法律规范，譬如我国的《中华人民共和国对外贸易法》（简称《对外贸易法》），日

本《出口管理条例》、《对外贸易外汇管理条例》等。①

在上述定义的界定之下，国际经济行政法的特征也就呼之欲出。国际经济行政法由于其特殊的法律交融属性，因而具备了法律性、国际性、经济性、公法性、行政性这五重特征，以区别于其他法律部门，同时亦可由此为线索审视与其他相邻法律关系之间的联系。②

国际经济行政法律关系是对当代中国行政法律关系的充实与完善，它是调整国家经济行政主体在运用行政权力管理市场经济主体及其运作活动中形成的社会关系，包括国际与国内两个不同的层面。国际层面的经济行政公法关系是国家或国际组织之间在经济领域中形成的国际经济协调法律关系，这种关系是通过国家或国际组织之间缔结或参加的双边或多边国际经济贸易协定或条约确立的。国内层面的涉外经济行政公法关系是国家依据所缔结或参加的条约或者国内立法对国际经济活动进行管理，如投资保护、外贸管制、外汇管理、海关监管等，而与外国私人主体之间形成的管理与被管理的关系，是一种纵向的对国际经济活动进行行政管理的法律关系。③

（二）WTO 规则的法律性质

WTO 规则是具有法律约束力的国际条约。WTO 规则作为国际贸易公法，是调整成员方之间宏观经济贸易的条约。它集中体现了成员方之间在贸易政策、税收减让、服务贸易市场开放、知识产权保护方面的利益的妥协，并以条约的形式固定下来。《乌拉圭回合多边贸易谈判结果最后文件》明确规定，WTO 法律框架中所包含的所有法律文件，应该由所有成员方“一揽子”接受，不允许有任何保留。《WTO 协定》第16.4 条规定：“每一成员方应当保证其法律、规则和行政程序与 WTO 规则中所规定的义务相一致，对本协定的任何条款不得提出保留。”正

① 朱淑娣、蒋梦娴：《国际经济行政法的理论界定》，载《东方法学》2008 年第 2 期。

② 朱淑娣、蒋梦娴：《成长中的国际经济法新分支——国际经济行政法理论界定》，载《江西社会科学》2010 年第 3 期。

③ 朱淑娣、周诚：《国际经济行政法基本原则：平等保护与正当程序》，载《北方法学》2011 年第 5 期。

如 WTO 秘书处所指出的："WTO 是世界上唯一处理政府与政府之间有关国际贸易规则的国际组织，其核心是《WTO 协定》。WTO 法律框架是世界上大多数国家或地区通过谈判签署的，为国际商业活动提供了基本的法律规则，其本质是条约，约束各国或地区政府将其贸易政策限制在谈判所议定的条约范围内。"

WTO 规则具有国际经济行政法的性质。从性质上分类，有关国际贸易方面的条约有公法和私法之分。一些国际贸易方面的条约和国际惯例，如 1980 年《联合国国际货物买卖合同公约》主要属于私法的范围，虽然是由国家政府签署，但其内容主要是规定国际贸易相对人在国际贸易方面的具体权利、义务，其约束的对象是贸易双方当事人，而并不规范缔约方政府的行为。而与此不同的是，WTO 虽然涉及的也是贸易领域的规则，但作为国际贸易主体的个人或企业，并不与 WTO 规则发生直接关系。WTO 规则规范的主要对象不是作为单个的经济交往主体，而是作为整体的一个国家或地区的政府行为。WTO 作为组织，是处理成员方之间贸易规则的国际组织；WTO 作为条约，是约束成员方政府的贸易政策和行政活动的法律规则。

从 WTO 法律框架来看，与货物贸易进出口有关的关税、数量限制、反倾销、反补贴、海关估价，与投资有关的贸易措施、服务贸易中的市场准入与限制、知识产权的确立与保护程序等，这些内容都是政府及其职能部门对涉外经济贸易领域的介入、介入的程度，或者说是关于政府行政权力在涉外经贸领域中应该如何运作的规定，它是对各成员方政府包括各级行政机构在对外贸易领域的政策及其活动的规范与限制。由此可见，WTO 规则属于公法的范围，它所确立的非歧视、透明度、市场开放、公平竞争四大法律原则，都是针对政府的管理行为而设置的基本法律准则。这是因为"贸易壁垒的设置者主要是政府，政府行为是对国际贸易影响的最大的因素。规范成员方政府的行为，对于实现国际贸易的自由化和公平竞争具有十分重要的意义。因此，WTO 将各成员方政府作为规范的对象"。①

WTO 规则并不直接赋予成员方境内自然人或法人以权利义务，私

① 江必新：《WTO 与中国法治》，中国人民公安大学出版社，2002 年版，第 18 页。

人或企业如因其他成员方贸易壁垒而受到利益损害时，只能通过本国政府提起 WTO 争端解决程序获得间接法律救济。因此，国外有学者称 WTO 规则为“国际经济行政法典”。

综上所述，国际经济行政法的研究对象是国际经济行政管理关系，其法律渊源分别为国际法渊源和国内法渊源。WTO 规则作为多边条约是国际经济行政法的国际法渊源，调控成员方政府与贸易有关的行政行为。[①] 因此，在 WTO 背景下，结合我国行政法治的现状及其完善，研究 WTO 规则下中国的国际经济行政法的走向问题，具有一定理论意义和实践价值。

二、国际经济行政法视域下“世贸组织电子支付案”

“世贸组织电子支付案”对中国的影响不可谓不大，它推动了中国电子支付市场的结构改变，其进展引起了各界特别关注——经济全球化是对于法律国际化而言的经济全球化，是由市场利益诱惑或竞争威胁所驱动的微观经济现象。这种微观经济现象与民族国家、独立关税区的宏观调控（开放市场、鼓励竞争、放松规制）密不可分，没有公共权力的协调与干预，经济全球化难以发展起来。但仅有民族国家一极治理，要想建设一个全球经济井然有序的朗朗乾坤，恐怕只能是天方夜谭。民族国家利益起着基础性作用。经济全球化的主旨是自由化贸易，而国际经贸组织的宗旨则是公平贸易。全球框架中的公平贸易的实现则需要治理的国际化、多极化。

（一）案情分析

2010 年 9 月 15 日，在美国贸易代表署呈递给世贸组织的文件中，称中国“违背”了其在《服务贸易总协定》中做出的关于“市场准入”和“国民待遇”方面的承诺，因此美国按照《关于争端解决规则与程序的谅解》提起了这一投诉。美方称，目前针对在中国境内以人民币进行交易的支付卡，只有中国银联被允许提供电子支付服务，而其他成员国的服务提供商则只能为以外币交易的支付卡提供服务。投诉还认为，

① 朱淑娣主编：《WTO 案例之行政法解读：运行中的国际经济行政法》，时事出版社，2002 年版，第 1 页。

中国要求所有商家的支付卡处理设备需与中国银联的系统相一致，此举使得其他国家的支付服务提供商不得不和商家谈判以获取接入途径。同时，中国要求包括双币卡在内的所有在中国境内发行的人民币支付卡必须具有“银联”标识，而美方认为以上这些要求实际上是对中国供应商和外国供应商实行差别对待。面对美国的指责，中国商务部此前做出的回应是，中国有关银行卡电子支付的措施符合对 WTO 的承诺。中国驻美大使馆发言人也曾对媒体表示，中国加入 WTO 的承诺已经全部履行，与银行业有关的承诺也已履行。①

磋商历时 5 个月最终失败。2011 年 2 月 11 日，美国提请 WTO 成立专家组。2011 年 7 月 4 日，由世贸组织总干事拉米指定的专家组正式开始审理此案。在历时一年多的专家组审理过程中，中国向专家组充分阐明了中国有关金融服务承诺范围的立场，并详尽地向专家组介绍了中国的银行卡体系、历史沿革以及与银行卡联网通用有关的措施。2012 年 7 月 17 日，世贸组织（WTO）争端解决机构正式发布专家组报告，驳回美方关于中国银联垄断地位的指控，但支持美方有关中国开放电子支付服务市场的主张。

WTO 公布的专家组报告显示：

（1）专家组首先驳回了美方关于中国银联市场垄断地位的指控，但专家组同时认为，银联在某些类型的人民币计价的支付卡清算交易中确实设置了“市场准入”的障碍。②

---

① 张棉棉：《商务部对美国对中国电子支付服务措施案表示遗憾》，载《新浪财经》2011 年第 2 期。

② 美国声称中国银联是处理所有国内人民币支付卡交易的垄断供应方，WTO 拒绝了美国的这一指控，认为美方证据不足。See P192（v）the Panel finds that the United States failed to establish that China，through Document Nos. 37，57，16，8，219，254，103，153，149，53，49，129，76，17 and/or 142，imposes requirements that mandate the use of CUP and/or establish CUP as the sole supplier of EPS for all domestic RMB payment card transactions。此外，WTO 专家组认为，在一些特定类型人民币计价的支付卡交易的清算上，中国银联是唯一提供商。See P192（iv）the Panel finds that China，through Document Nos. 16，8 and 254，imposes requirements that CUP and no other EPS supplier handle the clearing of certain RMB bank card transactions that involve either an RMB bank card issued in China and used in Hong Kong or Macao，or an RMB bank card issued in Hong Kong or Macao that is used in China in an RMB – denominated transaction。

（2）专家组驳回了美方关于外国服务提供商可以通过跨境方式提供电子支付服务的主张。外国服务提供商必须以在中国设立独立法人的形式，通过境内交易处理系统提供服务。

（3）专家组支持了美方关于中国在银联卡标识和支付卡处理设备问题上对中国供应商和外国供应商实行差别对待的申诉。

（4）专家组认定外国服务提供商在中国设立商业存在须满足中方服务贸易减让表的有关设立要求，裁定外国服务提供商提供涉案服务须满足中方服务贸易减让表的有关要求，通过其在华设立的机构从事 3 年外币业务，且连续 2 年盈利的情况下，方能申请人民币业务。①

初审在裁定中国政府有开放银行卡转接清算市场义务的同时，也认可了中国政府有权对外国服务商设置一定的市场门槛和监管措施。尽管中方对服务归类的裁决持保留意见，认为应在今后的案件中进一步澄清这一体制性问题，但这一裁决基本支持了中方有序开放支付服务市场的主张。

2012 年 9 月 1 日，中国商务部官员曾向路透社表示，中国已决定不向 WTO 提出上诉。中国对专家组裁决不上诉的事实，意味着专家组裁决已经成为此案的最终裁定，中国将有义务执行。这也意味，中国将有义务将电子支付服务市场逐步对外开放，银联以外的其他卡组织（如 VISA 等），将被允许在中国境内发行人民币支付卡。②

本案所涉关键问题主要有以下四个方面：一是我国电子支付法律规制制度。二是“市场准入”条款与独占清算通道。三是“国民待遇”条款与垄断发卡机构。四是从国际经济行政法的角度，“世贸组织电子支付案”对我国政府金融规制制度具有怎样的推进意义？本案专家组报告充分论证了前三个关键性法律问题，而最后一个问题则是需要重点分析的理论问题。

---

① See *DS413*, *China – Certain Measures Affecting Electronic Payment Services*, http://www.wto.org/english/tratop_e/dispu_e/cases_e/ds413_e.htm, last visited at 2014 – 8 – 23.

② 《南方日报》：《中国放弃申诉 WTO“银联垄断案”初裁成立》，载新华网，http://news.xinhuanet.com/fortune/2012 – 09/05/c_123675047.htm，最后访问日期：2014 年 8 月 23 日。

（二）法理阐释

“世贸组织电子支付案”是随着电子支付技术的发展产生的新型纠纷，主要关涉 WTO 体制下的国际金融治理问题，是国际经济行政法论域内的典型案例，其涉及下述几方利益，即：电子支付平台使用者、作为电子支付服务提供商的金融市场主体（包括国内电子支付平台和涉外电子支付平台）和社会公众利益，这三者像一个“制衡链条”，双向循环运行。不能因为要保护某一方或某几方利益，而忽视其他利益，否则这个制衡关系就要发生断裂，导致金融贸易公平成为虚谈。所以，在对电子支付进行国际金融规制时，应看清各利益方之间的制衡关系，关心金融产品电子支付相关产业链中各个环节的利益分配理论问题，将金融消费者、作为电子支付服务提供商的金融市场主体和社会公众看成是国际金融（支付）系统稳定秩序这一价值实现的大系统，建立一个相互依存、相互影响、相互作用的正常关系来缓解甚至是平息各方的矛盾。一国政府在国内立法时不仅要考虑电子支付平台服务提供商的意见，也要听取社会公众和金融消费者的意见，更重要的一点，是要正确处理政府与电子支付领域各个主体的关系，实际上也是制衡关系。

第三节　从“世贸组织电子支付案”看中国电子支付行政法律制度的完善

在研究“世贸组织电子支付案”的同时，对我国电子支付行政法律制度进行审视，笔者认为，我国应废止原有的、不规范的行政立法，重新构建和完善具体操作制度。

一、以“世贸组织电子支付案”为视角对中国有关电子支付行政立法制度的重新审视

从“世贸组织电子支付案”看，有必要不断完善我国有关电子支付的行政立法制度，以确保金融秩序安全，维护电子支付行业公平、有

效竞争，以及保证中央银行货币政策顺利实施。为了实现金融规制的多重目标，中央银行在电子支付金融监管中应坚持分类管理、公平对待、公开监管三条基本原则。

（一）正确处理我国电子支付行政立法与人大立法的关系

鉴于网络科技是前沿领域，具有高度专业性与技术性，通过人大立法条件尚不成熟，可以先通过行政立法确立该领域的基本规范。电子支付相关规章等规范性文件不得与上位的宪法、法律相冲突，应当依法报送审批或备案。对报送审批或备案的规章等规范性文件，有关法制机构应当依法严格审查，做到有件必备、有备必审、有错必纠。公民、法人和其他组织对规章等规范性文件提出异议的，制定机关或者实施机关应当依法及时研究处理。

具体来说，电子支付行政立法必须注意以下两个方面：一是要求电子支付行政主体在电子支付行政立法过程中，严格按照宪法和法律的规定，在职权范围内制定行政法规和规章，严格遵守法律保留原则；二是加强对电子支付行政立法的监督，完善事先的批准制度与事后的备案制度。

结合“世贸组织电子支付案”进行进一步探讨，我国电子支付行政立法与人大立法的关系，需要特别加以注意的是，我国在收到包括跨国企业在内的“其他组织”提出的异议时，行政立法主体，尤其是其他规范性文件的制定主体，应当依法及时研究处理，通过协商、听证或者其他替代性行政程序，完善可能存在的行政立法缺陷。

（二）完善我国电子支付行政立法的主体

鉴于我国电子支付行政立法主体方面存在的问题，应在行政立法层面清晰界定每个行政立法机关的权限，同时促进部门间的联合协调。中国人民银行从 2007 年开始计划颁布《电子支付指引（第二号）》来规范非金融机构开展电子支付业务的资格。2011 年 5 月 18 日，央行公布的首批获得《非金融机构支付业务许可证》（简称“非金支付许可证”）的机构名单中，授予阿里巴巴旗下的支付宝、银联旗下的银联商务、腾讯旗下的财付通等 27 家公司从事该项业务的合法权限。[①] 但是，纵观“世贸组织电子支付案”涉及的银行和外管局分别颁布的 19 个其他规范性文件，可以看出，有关行政立法对中国银联以外的电子支付服务提供商的人民币支付卡交易、电子交易缺乏周全考虑。这也是引发“世贸组织电子支付案”的重要原因。

事实上，我国电子支付行政立法因为行政部门权限划分等原因，央行、银监会等多个部门都享有行政立法权限。由于电子支付的复杂性等原因，各行政立法部门职权的交叉重叠不可避免。现行行政体制下，仍有区分各部门之间行政立法权限范围的必要，所以，各部门联合协调进行行政立法，或可成为当下解决行政立法权限冲突、消除行政立法空白的最佳解决方案。

（三）完善我国电子支付行政立法的内容

在电子支付行政立法内容方面，应该赋予专门机构切实可行的执法权限，增强执法手段的多样性和实效性。[②] 加之，考虑到立法的前瞻性，要完善我国的电子支付行政法律，就必须对金融机构和非金融机构开展电子支付业务的资格、电子支付工具的发行资格以及从事跨国电子支付业务资格，进行严格的考核认证，并对这些电子支付平台账户系统尤其是非金融机构的安全性认证和市场退出机制做出规定，使其符合 GATS 的“国民待遇”原则。[③]

（四）完善我国电子支付行政立法的程序

行政立法程序是行政主体依法制定规范性文件所依循的程序，是行政立法正当性与合理性的重要保障。保障民主参与是行政立法正当性的

---

① 沙永萍：《第三方支付牌照首发 13 家获批经营预付卡》，载江苏省苏州工商行政管理局官网，http：//www. szsgsj. gov. cn/suzhoubaweb/show/sj/，最后访问日期：2016 年 1 月 6 日。

② 李珊珊：《我国电子交易立法的几点问题浅析》，载《商场现代化》2007 年第 1 期。

③ 叶甲生：《电子商务环境下电子签名与认证之法律思考》，载《安徽广播电视大学学报》2003 年第 2 期。

基础。“民主是一种把公共偏好转化为公共政策的机制。没有公民方面的积极参与，民主制度不可能产生预期的政策效果”。[①]

行政立法主体在进行行政立法，尤其是制定其他规范性文件之前，应当充分听取受规制市场主体的意见。能否认真、广泛地吸收公众参与，是区分开明行政和专制行政的重要标准。很显然，在现代民主理念之下，吸收活跃在国内市场的合格市场主体广泛参与行政活动，充分听取公众意见，已经成为政府施政的重要环节。听证制度的兴起和适用领域的日渐拓宽，就是这一趋势的反映。听取意见不仅体现了对相对人的人格尊重和参与权的关怀，而且还能有效地避免行政偏私，进而提高行政相对人对行政权力行使的认同感。[②] 这样有助于在程序上杜绝类似于“世贸组织电子支付案”的案件再度发生。

二、以“世贸组织电子支付案”为视角对中国有关电子支付行政执法制度的重新审视

（一）我国电子支付行政执法主体的完善

在完善执法主体的问题上，“世贸组织电子支付案”也颇具启发意义。鉴于我国电子支付人民币结算通道交易业务日趋活跃，其高技术性、高专业性的特点也日益凸显，[③] 中国人民银行作为最主要的电子支付规制主体，应加强下述四方面的职能：

（1）行政检查权。中国人民银行应履行其职能，对境内外人民币结算通道的电子支付活动进行全面的监督和检查。中国人民银行在行使该项权力时要依法行政，不得侵害相对人的合法权益。而相对人也应当配合监督检查工作，如实说明情况，提供相关资料等。

（2）行政强制措施权。当相对人不履行法定义务时，应当赋予人民银行一定的行政强制措施权，如对财产的查封、扣押、冻结，对网站

---

① ［日］猪口孝、［英］爱德华·纽曼、［美］约翰·基恩著，林猛等译：《变动中的民主》，吉林人民出版社 1999 年版，第 5 页。

② 薛希希：《破除制约我国电子交易发展的四大瓶颈》，载《行管论坛》2007 年第 2 期。

③ 叶甲生：《电子商务环境下电子签名与认证之法律思考》，载《安徽广播电视大学学报》2003 年第 2 期。

的强制关闭等，以保证行政规制目标的实现。

（3）行政处罚权。一般而言，行政处罚都会对相对人的实体权利产生影响，因而是抑制通过人民币结算通道进行违法行为的有效措施。中国人民银行对违反行政立法的行为依法应当实施行政处罚，处罚制度的设计应包括而不限于责令停止侵权行为、没收违法所得、罚款等。

（4）行政裁决权。这是中国人民银行对于侵权行为引起的民事损害赔偿进行裁决的权力，是其作为行政执法机构实施的一种准司法权，是现代社会行政日趋专门化以及复杂社会关系需要强大行政力量的结果。中国人民银行的行政裁决只是一种行政决定，不具有终局性。如果当事人不服该裁决，可以向人民法院依法提起诉讼。

（二）提高我国电子支付的行政执法水平

拥有足够的执法人员和熟悉电子支付业务的人才是提高行政执法能力的关键。信息科技使得结算与支付的渠道变得更加丰富。[①]“世贸组织电子支付案”对我国电子支付行政执法领域的工作人员提出了新的挑战，要他们熟悉电子支付规制领域的国际规则、国内法律和行政立法，熟悉本部门的职能和职责，能适应新形式下工作要求。应当以本案为契机，以执法技能和现代科技监管技术为重点，针对金融市场的新形势、新任务及热点、难点问题，分片举办基层金融市场行政执法人员培训班，开展针对一线行政执法人员的培训，切实提高金融规制执法能力。通过对行政执法工作人员的培训，可以达到提高执法水平的目的。

（三）我国电子支付行政执法与刑罚的衔接

电子支付需要司法保护与行政执法相结合，法院的工作需要其他具有行政执法职能的机关如央行、银监会等部门协助配合。[②]行政执法有自身优势，针对那些尚未收到央行许可的第三方支付平台，行政执法就显得十分重要。但是，行政执法规制有自身的不足，因为行政权是有限

① 薛希希：《破除制约我国电子交易发展的四大瓶颈》，载《行管论坛》2007年第2期。

② 孙祖全、孙倩：《论电子商务法构建》，载《湖南文理学院学报》2004年第3期。

制的。[1] 随着“规制—放松规制—再规制”理念的发展，规制主体拥有的行政处罚权相较以前虽然有所扩大，但是还是无法对严重的构成犯罪的侵权盗版行为进行处罚，需要公安、法院等拥有司法权的机关介入。规制主体要充分依靠司法机关，加大金融支付结算领域犯罪的打击力度，在依法查处网络钓鱼和黑客袭击电子支付平台案件的过程中，发现行为人的违法行为涉嫌构成犯罪的，要严格按照国务院颁布的《行政执法机关移送涉嫌犯罪案件的规定》要求，将案件移送司法机关，绝不能“以罚代刑”。

三、以“世贸组织电子支付案”为视角对中国有关电子支付行政救济制度的重新审视

（一）完善我国电子支付的行政复议制度

法律既然授权行政主体对电子支付、电子支付过程进行监管，那么由法律规定某行政主体或者做出行政行为的上级行政主体进行复议也是可行和必要的。[2] 通过复议，可以先由行政主体对明显错误的行政行为予以纠正，以保证监管电子支付行政行为的质量，减少诉讼和行政主体在诉讼中败诉的比例，提高行政的威信。确立电子支付行政复议制度，其理由在于：根据《行政复议法》第一、二、六条的规定，只要公民、法人或者组织认为行政行为侵犯其合法权益的，都可以向行政主体申请行政复议。电子支付行政行为作为一类行政行为，其结果可能会侵犯到其中一方当事人的合法权益，秉着对行政相对人权利的保护，不应排除在行政复议制度之外此外，监管电子支付过程是行政主体实施的行为，需要应有的行政监督，应当秉着对行政权力监督的目的，允许当事人申请复议，不应有严格限制。

根据电子支付行政行为的特点，设置该领域的行政复议，要遵循以下几点：第一，坚持司法最终解决原则，对不服复议的当事人

---

① 李珊珊：《我国电子交易立法的几点问题浅析》，载《商场现代化》2007年第1期。

② 敖冬梅：《略论中国电子商务立法的现状及其完善》，载《商场现代化》2008年第4期。

要赋予起诉权，而不能由行政主体做出终局决定。第二，为了更好、更便捷地保护行政相对人权益，电子支付领域的行政复议，应设置为复议选择型。将当事人不服行政主体做出的行政行为时，可以选择向法院起诉，可以向仲裁机关申请仲裁，也可以选择申请行政复议，法律应当给予当事人根据自身情况选择救济途径的可能性。行政复议是一种行政救济，其效率性和便捷性优势是当事人选择的主要原因，但并不能因此剥夺当事人直接通过更权威的司法诉讼方式来进行救济的权利。因此，应该将行政复议作为选择型的法律救济手段之一，且行政复议必须受到行政诉讼的约束，不能作为终局型进行制度设计。

基于该理念，我国电子支付的行政复议制度在受理范围方面呈现不断完善态势。以外管局的《国家外汇管理局行政复议程序》为例，虽然具体的复议行政程序将申请行政复议的条件限定为“公民、法人或者其他组织认为外汇局的具体行政行为侵犯其合法权益”，[①] 但是第四条规定“行政复议机关办理行政复议案件时，可以依法对本级和下级外汇局制定的外汇管理规章以下的其他规范性文件的合法性进行审查，并作出处理决定”。[②] 换言之，虽然单独对抽象行政行为提起复议不现实，但是通过审查具体行政行为来审查诸如引发本案的其他规范性文件——比如汇发［2004］66号文，仍然是有可能的。与之相类似的，《中国银行业监督管理委员会行政复议办法》也有相应的制度建设。[③] 但是怎样将制度付诸于运行，怎样让规范性文件的合法性审查在国内层面的行政复议过程中得到根本解决，仍需要行政复议受理机关在实践中切实做到程序正当与依法复议。

---

① 参见《国家外汇管理局行政复议程序》第二条。

② 参见《国家外汇管理局行政复议程序》第四条第四款。

③ 参见《中国银行业监督管理委员会行政复议办法》第六条规定：“银行业金融机构、其他单位和个人认为银监会或其派出机构的具体行政行为所依据的金融规章以下的规定不合法，在对具体行政行为申请行政复议时，可以一并向行政复议机关提出对该规定的审查申请。……前款所称金融规章是指根据《中华人民共和国立法法》的规定，银监会制定，并由银监会主席签署命令予以公布的规范性文件；金融规章以下的规定是指银监会及其派出机构制定并发布的其他规范性文件。”

（二）完善我国电子支付的行政诉讼制度

对于我国境内电子支付领域存在的行政纠纷，市场主体也可以选择通过司法途径进行解决。[①] 如前所述，根据《行政诉讼法》第十二条规定："人民法院受理公民、法人或者其他组织提起的下列诉讼：……（八）认为行政机关滥用行政权力排除或者限制竞争的；……（十二）认为行政机关侵犯其他人身权、财产权等合法权益的。"对于行政主体监管电子支付金融行为，在任何情况下，当事人都应有机会要求司法复审。司法是社会正义最后的防线，应该监督行政行为是否合法，同时利用国家强制力来保障合法行政处罚的有效实施，而行政相对人也有权利运用司法手段保护自己的合法利益。对人民法院受理的行政案件，行政主体应当积极出庭应诉、答辩。对人民法院依法做出的生效的行政判决和裁定，行政主体应当自觉履行。通过行政诉讼，法院来审核行政处罚的合法性，也能够发挥司法权对行政执法的监督作用。毋庸置疑，我国在电子支付领域，尤其是人民币结算通道问题上，面临的形势仍很严峻，鉴于该问题的复杂性和技术性，存在着许多"灰色地带"，不仅市场主体构成具有复杂性，支付安全的技术难题每天都在发生，多头监管、有法不依、执法不严的现象也亟待改善。人民法院作为国家的审判机关，在依法调整行政法律关系、维护相对人的合法权益、惩治电子支付犯罪等方面，负有义不容辞、不可替代的法律职责。目前我国现行的行政审判制度与规制目标尚有相当差距，进一步完善电子支付金融纠纷审判制度势在必行。

此外，在此类电子支付行政纠纷案件中，人民法院的行政庭在审理时，也可以尝试附带解决金融侵权纠纷。这样不仅可以避免人为地通过两种诉讼程序将互有逻辑联系的两种纠纷的解决方式割裂开来造成循环诉讼，而

---

① 2011 年，上海浦东法院金融庭优质高效审结 5701 件金融案件，为塑造国际金融中心法治软环境尽心竭力。全国首例掉期合同案，涉及国际金融危机背景下的外国主体和国际惯例，受到最高人民法院高度关注，专门新增金融衍生品种交易纠纷案由。卫建萍、王治国：《护转型促创新绽放精彩——上海浦东法院延伸职能保障发展纪实》，载《人民法院报》2012 年 2 月 16 日第 01 版。

且可以减少当事人的诉累，节约司法资源，实现诉讼经济的原则。[①] 确立行政附带民事诉讼的意义，不仅仅在于电子支付司法救济这一特定的制度上，而是还为金融纠纷司法审查提供具有前瞻性的法律依据和保障。

结语　衍生思考与愿景展望

关于“世贸组织电子支付案”，美国政府发起磋商的依据是中国的“入世”承诺，中国政府抗辩的主要理由是中国的银行卡转接和清算业务是新兴产业，尚需扶持。从中国银联当前的发展水平和态势看，中国正在逐步全面开放银行卡市场。WTO 专家组认为涉案电子支付服务属于中方加入世贸组织时承诺开放的“所有支付和汇划服务”，部分涉案措施违反了“国民待遇”承诺。

本案例中关涉的法律规范主要是作为国际经济行政法国际层面的 WTO 规则，以及作为国际经济行政法国内层面的《反垄断法》。笔者认为，该个案中可在四个层面对国际经济行政法的功能定位进行解读：

一、着力推动国际经济运作的理性化与规范化

经济全球化的一个显著特征就是资本的全球流动与扩张，跨国公司则是其最为重要的物质载体，也是国际经济运作的主力军。然而，资本流动本身具有的盲目性和逐利性使国际层面的法律规制显得极其必要，也由此推动了其理性化与规范化。

在本案中，中国在银联卡标识和支付卡处理设备问题上，对中国供应商和外国供应商实行差别对待，银联独占人民币结算通道的行为违反了 WTO 规则中的非歧视原则。此外，在本案中，专家组基于国民待遇原则，驳回了美方关于外国服务提供商可以通过跨境方式提供电子支付服务的主张。外国服务提供商必须以在中国设立独立法人的形式，通过境内交易处理系统提供服务。

---

① 姜明安：《行政诉讼法》，北京大学出版社，1993 年版，第 225 页。

二、积极应对国家经济安全的现实难题与具体建议

在国内层面，体现为在保障国家经济环境和体系的安全稳定的基础上，实现国际和区域经济一体化的发展，促进本国的经济发展与全球经济局势之间的联系，同时应对国家经济安全与稳定的现实难题和严峻挑战。在本案中，2002 年设立的中国银联有限责任公司（简称“中国银联”），是我国目前最大的、专门经营银行卡网络交换平台的卡组织。根据我国《反垄断法》第三条规定，垄断行为包括：经营者达成垄断协议，经营者滥用市场支配地位，具有或者可能具有排除、限制竞争效果的经营者集中。滥用市场支配地位，又被称为滥用市场优势地位，是企业获得一定的市场优势地位后滥用这种地位，对市场中的其他主体进行不公平的交易或排斥竞争对手的行为。事实上，支配地位确实促使中国银联先后多次实施垄断行为。

三、促进市场经济有序公平高效发展与保护市场主体合法权益

国家对市场经济的必要干预已被近百年来世界经济发展正反两方面的经验所证明。但是，传统国内经济行政法律在面对经济全球化浪潮时，往往难以有效回应，而这正是国际经济行政法发挥其独特功能的领域所在。很明显，VISA 作为美国的金融界航母，其所在国发起的一系列实际行动可能对中国金融系统的相关市场和关联产业产生潜在而又不容忽视的影响。但是从另一个角度看，这恰恰有利于促进公正、高效的市场竞争环境形成和整体上的可持续发展。国际经济行政法借由国内规制的自然延伸和补充完善，可以有力地克服上述问题并致力于市场发展的有序和进步。

“世贸组织电子支付案”无疑是国家站在市场经营主体角度上实现自身利益最大化的一次商业实践。与此相对应的，则是广大金融消费者的权益如何得到切实保障的问题。在本案例中，中国政府在承担开放银行卡转接清算市场义务的同时，也有权对外国服务商设置一定的市场门槛和监管措施。中国将有义务将电子支付服务市场逐步对外开放，银联以外的其他卡组织（如 VISA 等）将被允许在中国境内发行人民币支付卡。这既满足了国家基于自身战略利益进行的经济布局和长远发展计

划，又借由限制性条件的设定适当地照顾并保障相关市场消费主体的权益，可以说是国际经济行政法领域发挥自身双赢功能的一次成功实践。

（本章作者：黄莉娜）

附　录

经济规制行政法域外镜鉴

附录一

不断演进的法学与经济学：论新型行政法之发展[1]

赵悦 译评 黄莉娜 审校

一、概述

经济学被认为是沉闷的学科，但这显然不实。除非只看到了数学和统计，否则你会发现经济学研究方法并不呆板。经济学试图揭示各个行业的企业所花费的时间、金钱与精力成本，同时它也决不允许稀缺性受到忽视。但在资源有限的情况下，我们是否应该忽视现实，转而去考虑理想情况？

解决这个问题，变革是比固守传统更好的方式。虽然保守主义对政府干预的排斥合乎所谓的市场原理，但一个可行的改进方案必须考虑到投入和产出比。奇怪又不幸的是，法律和经济的关系一贯保守[2]，而且在大多数传统观点看来，对法律问题进行经济学分析并无实际意

① Susan Rose-Ackerman, The Yale Law Journal, Vol. 98, No. 2 (Dec., 1988), pp. 341 –368

② McConnell, The Counter-Revolution in Legal Thought, 48 POL´Y REV. 18, 23 –24 (1987).

义。本文则着眼于一个法学与经济学改良主义学说[①]的发展。它以公共财政、公共政策分析以及社会选择理论为基础，同行政法关系密切。

行政程序法实行近15周年[②]的今天，正是重新思考行政法的绝妙时机。一方面，政治问题的经济分析和政府行为的政治经济分析已经在战后得以发展。另一方面，法律领域本身的变化也促使法官和学者们重新检视国会、政府与法庭的规定。有关污染、安全和卫生的法律涉及广泛而复杂的工业、科技以及社会问题，而正是这些问题引起了对政府公共职责与权限的疑问。这些思想的发展、现实政策领域的扩张，便共同昭示了这样一个基于政治经济学的法律和经济学说的广阔前景。

这一新研究方向同现行法学、经济学领域的三条主线均有所不同。第一条线是芝加哥学派观点，即以财富最大化为原则，将它看作功利主义和自由选择间一次皆大欢喜的妥协。[③] 第二条线强调稳定且界线清晰的财产权在提高效率和促进经济发展中的重要作用。[④] 第三条线的弗吉尼亚学派则将公共选择理论应用在宪法框架下以解释政府失灵。支持这三大传统学说的学者质疑立法和行政程序的合法性而对市场调节高度

---

① L. Kalman, Legal Realism At Yale: 1927—1960 (1986); H. Schaffer & C. Ott, Okonomischen Analyse Des Zivilrechts (1988) [forthcoming].

② 5 U. S. C. 551 -559 (1982). See The Administrative Procedure Act: A Fortieth Anniversary Symposium, 72 VA. L. REV. 215 (1986).

③ R. Posner, Economic Analysis Of Law (3d Ed. 1986); R. Posner, The Economics Of Justice 48 -82 (1981).

④ Demsetz, Toward a Theory of Property Rights, in The Economics of Legal. Relationships: Readings In The Theory of Property Rights 23 (1975); Furubotn & Pejovich, Property Rights and Economic Theory: A Survey of Recent Literature, in id. at 53; Pejovich, Specification of Property Rights, in id. at 32; Stubblebine, On Property Rights and Institutions, in id. at 11; Staaf, Property Rights and Choice, In Law And Economics 175 (N. Mercuroed. 1989) [forthcoming] [hereinafter Law And Economics].

信任。[①]

学界对这三种学说评论甚多。[②] 我在别处也已有评论[③]，故于此不欲再加赘述。相反的，本文的第二部分将承担设计一个以经济学基础范例和活跃在公法领域的非经济学家的理论为基础的改良主义政治经济法律的建设任务。[④] 我的目的是推进公法的改革，而不是神圣化普通法传统。在将政治经济学同行政法相联系后，第三部分将提出一个让法庭在司法审查中扮演新角色的章程。第四部分会从国会、政府和法庭的角度对职业卫生和安全政策进行评估。结尾会论述行政法研究如何能够高效地将特定政治问题的细节研究同更广阔的政治经济学观点相结合。

---

① J. Buchanan, The Limits Of Liberty: Between Anarchy And Leviathan (1975); J. Buchanan & G. Tulluck, The Calculus Of Consent (1962); G. Tullock, Trials On Trial (1980); Rowley, Public Choice and the Economic Analysis of Law, in LAW AND ECONOMICS, supra note 5, at 123; see also, Symposium on the Theory of Public Choice, 74 VA. L. REV. 167 (1988) (collection emphasizing Virginia approach).

② See B. Ackerman, Reconstructing American Law 80 – 93 (1983); Kelman, Consumption Theory, Production Theory, and Ideology in the Coase Theorem, 52 S. CAI. . L. REv. 669 (1979); Kelman, On Democracy--Bashing: A Skeptical Look at the Theoretical and "Empirical" Practice of the Public Choice Movement, 74VA. L. REV. 199 (1988); Kennedy& Michelman, Are Property and Contract Efficient?, 8 Hofstral. Rev. 711 (1980); Leff, Economic Analysis of Law. Some Realism About Nominalism, 60VA. L. REV. 451 (1974); Shapiro, Richard Posner's Praxis, 48 OHIOST. L. J. 999 (1987). For critiques by economists, see Kornhauser, A Guide to the Perplexed Claims of Efficiency in the Law, 8 HOFSTRAL. REV. 591 (1980); Polinsky, Economic Analysis as a Potentially Defective Product: A Buyer's Guide to Posner's Economic Analysis of Law, 87 HARV. L. REV. 1655 (1974).

③ Rose-Ackerman, Tullock and the Inefficiency of the Common Law, in Democracy And Public Choice: Essays In Honor Of Gordon Tullock 181 (C. Rowley ed. 1987); Rose-Ackerman, Dikes, Dams, and Vicious Hogs: Entitlement and Efficiency in Tort Law, 18 J. LEG. STUD. (1989) [forthcoming]; Rose-Ackerman, Law and Economics: Paradigm, Politics or Philosophy, in Law and Economics, supra note 5, at 233; Rose-Ackerman, Recht and Ohonomie, in H. Schaffer & C. Ott, supra note 2; Rose-Ackerman, Book Review, 8 J. POLY & MGMT. 726 (1988) (reviewing W. LANDES & R. POSNER, THE ECONOMIC STRUCTURE OF TORT LAW (1987)).

④ The former notes 29 – 30. 0. Williamson, The Economical Solutions of Capitalism (1985).

二、改良主义的观点

改良主义的法学和经济学在保留对经济研究意义重大的方法论个人主义假设的同时，否认现下将财产权置于首位的做法。以此为基础，改良主义分析从两方面入手：以改善经济效率为目的的公共政策分析和以寻求公平分配为目的的政策选择。这两者因缺乏互相重视产生了思想隔膜，而为了建立一个基于共同传统的整合性学术观点，我们必须消除这种隔膜。本部分的叙述，也将从描绘各家说法的基本特点开始。

（一）公共政策框架

公共政策分析建立基础有二：强调外部效应、市场失灵的福利经济学，和以不完全竞争、信息不对称、垄断竞争为焦点的不正当竞争理论。入手点是市场、投入产出分析或公共项目。根本指导思想是带有平等要求的功利主义或者利益最大化追求。①

对政治持乐观态度是公共政策学说的基本倾向。它将政府视为一个以改善社会效率和提高社会公平为目的，而进行政策设计和执行的系统。这一流派的经济学家和法律学家强调他们所进行的包括投入产出分析在内的现实分析对政策发展的重要作用。同芝加哥学派一样，他们强调市场对提高效率的价值和经济刺激对公私企业的重要意义。他们试图进行经济刺激，而非忽视它们。

这两者的根本分歧体现在基础方法论上。芝加哥学派将关注重心放

① R. Musgrave & P. Musgrave, Public Finance In Theory And Practice （4th Cd. 1984）; A. Okun, Equality And Efficiency: The Big Tradeoff （1975）; E. Stokey & R. Zeckhauser, A Primer For Policy Analysis （1978）; And D. Weimer & A. Vining, Policy Analysis: Concepts And Practice （1988）.

在以规制个体交易为传统的普通法法庭。[①] 诚然，判例会对嗣后之行为选择产生影响，但这种影响强调的是个人行为，而非市场结构的变革。[②] 而与之相反，公共政策学者则将立法和行政机构视为基础政策变动的主导机构。这催生了一个对市场政策影响剖析更为全面的综合观点。

然而，公共政策分析通常缺乏对现实政治运作过程的关注。但毋庸置疑的是，[③] 虽然它忽视了政策可行性或者说将这一问题交给政治家和高级官员们考虑，其依然代表了经济学家可以给决策者提供的最好建议。

（二）公共选择

公共选择理论试图提供现实可行的积极模型，并努力找出可行的规范性集体选择实施方式。这种乐观主义的分析试图解释政府如何利用政治家在某些事情上（选举、机构预算、收益、公共事业）对自我利益最大化的追求来进行实际操作。同时，它以代议制民主下政府和官员的表现为核心，对其合法性和有效性进行评估。这种对具体情况的标准化分析正适用于集体选择程序和决策程序。又因为依赖个体偏好汇总信息而制定决策的机构也面临许多同集体选择相关的抽象标准化问题，使这两者有所重叠。

现代的标准化工作源自肯尼斯·阿罗的不可能定理。[④] 阿罗假设了一系列堪称完美的特定情境，证明没有一种社会选择方式能够适用于全部情况。[⑤] 这一理论作为力证，说明经济学不可能普适于政治经济生活。阿罗同时进行了以得出适用于特定情况所适用之具体社会选择方式

---

① Kornhauser, Legal Rules as Incentives, in Law And Economic, supra note 5, at 28. Rose-Ackerman, Law and Economics: Paradigm, Politics or Philosophy, supra note 9, at 233.

② R. Posner, Economical Analysis Of Law, supra note 4, at 249 –428.

③ Hahn & Noll, Designing a Market for Tradeable Emission Permits, in Reform of Environmental Regulation 39 (W. Magatcd. 1982); Levine, Revisionism Revised, Airline Deregulation and the Public Interest, Law & Contemp. Probs. Winter 1981, at 179.

④ K. Arrow, Social Choice and Individual Values (1951 & 2d ed. 1963)

⑤ Id. at 46 –60.

为目标的系列研究。学者开始对各式选举规则的标准性能进行更为全面的分析，[①] 同时说明了激励因素在决策行为中的普遍存在。[②]

积极而言，制度导向型学说已经对立法和行政机构的行为进行了规范，也对个体政治行为进行了分析。[③] 近来的研究则强调立法程序规则的重要性，比如影响最终法律呈现的委员会构成和法律修改程序。[④] 举例来说，如果一个主要的立法规则以实现对现行规定的特定修订为目的，那么它就会限制可供选择的法律修订方案。而若没有这样一种限定，则最后很可能呈现出法律在各方面都被修改的结果。这样一番频繁修订之后，我们很有可能发现反而是最初的立法更得人心。[⑤]

法律起草和预算拨付会影响最终的立法选择，故而研究者们也试图对政府官员在这两个阶段的行为进行规范。一部分认为，立法者偏好能够保证其权威的法律。而一旦这样的法律付诸实践，立法者便能够通过

---

① See J. Bonner, Introduction to The Theory of Social Choice (1986); A. Feldman, Welfare Economics And Social Choice Theory 196 - 215 (1980); D. Mueller, Public Choice (1979); P. Ordeshook, Game Theory And Political Theory (1986); And A. Sen, Collective Choice And Social Welfare (1970).

② Gibbard, Manipulation of Voting Schemes: A General Result, 41 Econometrica 587 (1973); Satter Thwaite, Strategy-Proofness and Arrow's Condition: Existence and Correspondence Theorems for Voting Procedures and Social Welfare Functions, 10 J. Econ. Theory 187 (1975); see also A. Feldman, supra note 17, at 196 - 215 (nontechnical overview).

③ e. g., J. Ferejohn, Pork Barrel Politics (1974); M. Fiorina, Congress: Keystone Of The Washington Establishment (1977); D. Mayhew, Congress: The Electoral Connection (1974); Shepsle, The Positive Theory of Legislative Institutions: An Enrichment of Social Choice and Spatial Models, 50 PUB. Choice 135 (1978).

④ e. g., P. Ordeshook, supra note 17; Gilligan & Krehbiel, Collective Decision making and Standing Committees, 3 J. L. ECON. & ORG. 287 (1987); Krehbiel, Sophisticated Committees and Structure-Induced Equilibrant, in Congress: Structure And Policy 346 - 75 (M. McCubbins & T. Sullivaneds. 1976); Levine & Plott, Agenda Influence and Its Implications, 63 VA. L. REV. 561 (1977); Shepsle, Institutional Arrangements and Equilibrium in Multidimensional Voting Models, in Congress: Structure and Policy, supra, at 376 - 402.

⑤ Shepsle & Weingast, When Do Rules of Procedure Matter?, 46 J. POL. 207 (1984).

影响选民的政府选择取向而受益。[①] 另一部分则认为立法机构对行政机关的影响程度取决于收益和成本是集中还是分散。如果收益分散而成本集中，国会可能倾向选择支持不同的政府。[②] 最后，对行政过程的研究表明，政府可以通过管控信息流向和资金分配来增加行政拨款或保证其持续性。[③]

乐观主义大多对民主政府的规范系统持怀疑态度。利己主义、选票极大化行为在现实中也确乎和高效的公共政策广泛共存。[④] 但怀疑主义不是要导向保守主义或者奉行政府最小化。[⑤] 毕竟，作为公司、家庭或志愿机构而存在的非公权机构也并非完美无缺。事实上，做好对公共选择的规范才是根本，而不是为了如何对市场和其他非政府机构所产生的权益进行分配而争论不休。将主要规则引入规范理论的一个原因，便是这需要争取多数支持来解决此一问题的客观现实。

（三）行政法改革

改良主义的法学和经济学将公共政策和公共选择相联系，以期实现行政法研究方向的改变。不幸的是，多数法律经济学家还没有将两者联系起来。他们更多地关注普通法领域的侵权、契约和所有权问题，或者沿袭经济信息法学派的传统，重视反垄断、公共事业和贸易规则。在经济学家缺乏法律专业技能的情况下，大量非经济学家已经开始在行政法

---

① Fiorina & Noll, Voters, Legislators, and Bureaucracy: Institutional Design in the Public Sector, 1978 Am. Econ. Rev. - Proc. & Papers 256.

② Fiorina, Group Concentration and the Delegation of Legislative Authority, in Regulatory Policy and The Social Sciences 175 (R. Noll Ed. 1985).

③ R. Arnold, Congress And The Bureaucracy (1979); W. Niskanen, Bureaucracy And Representative Government (1971).

④ e. g. Rose-Ackerman, Inefficiency and Reelection, 33 Kyklos 287 (1980); Stigler, The Theory of Economic Regulation, 2 BELL J. ECON. 3 (1971).

⑤ e. g., A. SEN, ON ECONOMIC INEQUALITY (1972); Sen, Rational Fools: A Critique of the Behavioral Foundations of Economic Theory, 6 PHIL. & PUB. AFF. 317 (1977).

领域尝试探索公共政策和公共选择的应用新模式[①]。尽管如此，美国行政法依然坚持法庭中心主义范式，注重对行政行为的司法审查。[②] 而只要法庭依然处于中心地位，大多数法律评论者们就会忽视经济效率与政治选择的相关问题。因此，公共政策分析和行政法传统之间存在冲突。经济学家大多对政府和政策实际不甚了解，同时也对法庭缺乏重视。而这也导致多数律师习惯于关注直接关乎诉讼结果的程序和当事人问题，却不会完全理解其中的基础经济和政治问题。

不似传统行政法的狭隘视野，公共选择学说能够提供与程序中心主义的审判直接相关的对行政和立法机构的分析。然而，事实上这些联系少有建立。对此有两种解释。第一种说法是，法官不愿对立法过程进行评价，并且总是假定政府官员会像法庭一样行事。

另一种解释是，芝加哥学派努力利用公共选择去支持其法庭中心主义的观点，以期借此使得自家学说成为主流。在这种解释中，公共选择理论仅仅强调一致的政治取向是不可能的，以及操纵民意和官员的情况是普遍存在的。[③] 其对法庭的强调支持了这个对政治生活做出的冷酷评价。然而，法律人和法学家们为合理分配公私权益而做出的积极努力不应该被针对立法机构和政府的荒谬想法暗中破坏，特别是那些不切实际

---

① Cass, Looking with One Eye Closed: The Twilight of Administrative Law, 66 B. U. L. REV. 1 (1986); Debow & Lee, Understanding (and Misunderstanding) Public Choice: A Response to Farber & Frickey, 66 TEX. L. REV. 993 (1988); Farber & Frickey, Integrating Public Choice and Public Law: A Reply to De Bow and Lee, 66 TEX. L. REV. 1013 (1988); Farber & Frickey, The Jurisprudence of Public Choice, supra note 25; Farber & Frickey, Legislative Intent and Public Choice, supra note 25; Levine & Plott, Agenda Influence and Its Implications, 63 Va. L. Rev. 560 (1977); Macey, Promoting Public-Regarding Legislation Through Statutory Legislation: An Interest Group Model, 86 Colum. L. REV. 223 (1986); and Spitzer, Radio Formats by Administrative Choice, 47 U. Chi. L. Rev. 647 (1980).

② See, for example, even those casebooks that draw most heavily on the social science literature in infra note 35.

③ Easterbrook, The Supreme Court, 1983 Term-Forward: The Court and the Economic System, 98 Harv. L. Rev. 4 (1984); Easterbrook, Statutes' Domains, 50 U. CHI. L. REV. 533 (1983); Macey, supra note 30, at 223; Posner, Economics, Politics, and the Reading of Statutes and the Constitution, 49 U. Chi. L. Rev. 262 (1982).

的针对市场和法庭的错误观点。

如果政策分析和公共选择不具有建设性的推动力，那么这些将经济分析引入公法领域的学者一定要做好准备去重新规划他们的研究和教学方向。行政法应该更关注通过协调集体选择中的各方矛盾而制定重大政策的决策方式。这种研究重心的转移已然出现，① 并应得到进一步的深化。前述“关注”并非指考察是否各方利益诉求均被听取或者是否决策不利于特定个体，而是指重视对行政和决策过程的结构性特征以及对公平效率这些重大产出的评估。

对行政法进行改革需要经济学家、法学家和政治科学家们展开广泛合作。战后，不仅联邦政府开始对劳工待遇和环境保护等领域进行规范，关注重大政策和政府社会选择过程的社会科学研究也迅速发展。法庭虽已为适应这一新动态做出诸多努力，但还没有系统探索其对司法审查的可能影响。本文的其余部分便将说明达成这些目标的方式。因此，第三部分将建立在已有法律学说的基础上，并试图为提高国会履职能力而设计一个审查法律和立法的新方式。

三、对立法机构的评价：以新结构法令为导向

（一）立法的公共选择分析

任何改善立法过程可靠性的努力都必需现实地认识国会。而对公共选择的研究表明：再度当选是国会议员的核心目标；普通民众对立法者

---

① The case books of S. Breyer & R. Stewart, Administrative Law And Regulatory Policy（2D Ed. 1985）; R. Cass & C. Diver, Administrative Law: Cases And Materials（1987）; J. Mashaw & R. Merrill, Administrative Law: The American Public Law System（2D Ed. 1985）; And G. Robinson, E. Gellhorn & H. Bruff, The Administrative Process（3ded. 1986）: Do Make Some Attempt to Incorporate A Social Science Perspective. See also W. Eskridge, & P. Frickey, Cases And Materials On Legislation: Statutes And The Creation Of Public Policy（1988）（case book in related field that incorporates material from political science and public choice）.

的行为所知甚少。因此，在缺乏约束的情况下，立法者几乎没有动力去通过对提升选民好感度缺乏明显帮助的法律。他们为取得政治利益而玩弄手段——强调现行法律的积极方面而淡化其缺陷。① 议员的反对者和支持者可能指出法律的漏洞，但是如果法令是对热点问题（滥用毒品、环境污染、消费者保护）的回应，便无人能保证可以通过对法律的抨击或者在其后续实施中的作梗而获利。② 因此，参选双方虽竞争激烈，却也都不会为选民提供对新法的充分解读。

现实主义促使人们认识到利益集团的互相妥协在代议制民主中无法避免。只有如此，才能保证所制定的规则不会严重脱离现实。③ 只要私有市场所产生的财富分配没有被赋予某种特殊的规范地位，④ 人们就必须接受政治选择对部分人有利而对另一部分有损的现实，而且还会努力成为获利一方。

近来，关于最高法院在司法审查中地位的法学著作提出了两个迥异的立法行为模型。其一关注公共选择，如弗兰克·易斯特布鲁克和理查德·波斯纳一般，将大多数规则看作各个利益集团间的契约。⑤ 法庭应该赞同被多数立法者支持的契约，但不应超出法律明文规定的范围，奉行严格解释主义。

在将大多数法律看作“契约”的情况下，当权者们忽视了一些公共选择理论的重要内容：在立法政策中，并不要求多数利害相关者都对这些条款表示认同。只有在立法机构中，多数的支持才是必须，即使这些支持者的选民们很可能是新法的反对者。尽管第三方可能也受私订合约的影响，法律却能够以这些合约做不到的方式重新分配资源。公共机

① D. Mayhew, note19, at 52 – 61 (arguing that credit-claiming is one important supra of legislators who wish to be reelected).

② M. Fiorina, supra note 19, at 39 – 49; Davidson, supra note 36, at 114 (arguing that statutes "may be internally vague, confusing, and inconsistent").

③ Majority rule, for example, gives no priority to the status quo. See supra note 27.

④ Cf. J. Meade, Efficiency, Equality and The Ownership of Property (1965) (arguing for redistributive policies); K. Wicksell, Value, Capital And Rent 43 (1954 & reprint 1970).

⑤ See supra note 33.

构必须至少能够保证所有利害相关者都有办法获得有关立法行为的资讯。波斯纳和易斯特布鲁克的法律契约化主张没有突出公共意识和责任感在选民决定司法审查功能中的重要意义。他们的观点并非真正的公共选择分析，只是在解释公众行为时过度关注了私人契约主义。

主张法庭应要求立法机构遵循实际公共利益标准则是波斯纳和易斯特布鲁克观点的另一种极端表现。根据这一主张，法庭当成为政府内在价值的阐释者且国会应服从其领导。该理论的实际目标可能是功利主义的利益最大化标准，也可能是平等主义原则。但无论究竟为何，法庭都应该以此为标准评判法律。虽然经济学家很少将法庭纳入考虑范围，但他们大多相信提高效率是法律的现实目标。一些学者开始尝试设计出能达到此目标的政府机构。①

而我心目中的理想立法过程则介于这些极端情况之间。我的立场以弱式形式表达接近立法契约化观点，以强式看来则接近公共利益观点。前者承认法律多为利益集团间交易的事实，以此强调司法审查应改善其中利害相关者的信息获取能力。在宪法限制下，② 法庭必须接受由多数立法者通过的法律可能伤害弱势组织团体和政治力量薄弱的强组织团体的现实。法庭不应试图阻止这种立法。相反，司法审查的目的当是通过促进立法交易信息公开而使立法者对选民更为负责。这样，选民才能决定是否做出政治选择和做出何种政治选择。③

而强式形式则将理想的立法过程看作各方代表对公共利益进行慎重考虑的过程。④ 在这里，立法机构被视为探讨不同观点和协调政见冲突的平台。在这里，无论是立法者还是其他试图影响公共决策之人，都必须运用泛公共利益学说来证明自己的主张。公共政策分析在支持和反对立法修改中都应起到作用。如果修法提议者富有责任感，那么他们在指

① Clarke, Multipart Pricing of Public Goods, 11 Pub. Choice 17 (1971); Tideman & Tullock, A New and Superior Process for Making Social Choices, 84 J. Pol. Econ. 1145 (1976).

② For a discussion of these limits, see Ackerman, Beyond Carolene Products, 98 Harv. L. Rev. 713 (1985).

③ But Cf. M. Olson, supra note 19 (discussing difficulties of organizing for collective action).

④ Mashaw, supra note 42; Sunstein, supra note 42.

出一项提议有利于汽车运输业的同时，也要解释为何大众会同时受益。抛开保守派公共选择学者的反对，有证据表明至少一些立法确有经过慎重讨论，且这番讨论确实对立法结果产生重要影响。①

无论以强式形式抑或弱式形式，一个判例都可能形成一种新的司法审查形式，并起到增强立法连贯性的特殊作用。本文勾画了一个新的法律框架，它同行政程序法相似，目的在于明晰那些能够鼓励立法机构深入探讨和提高民众立法监督能力的司法干预类型。②

（二）立法一致性

审查立法一致性的法律必须现实可行。对公共选择的研究结果显示，只要民众偏好还有价值，全球的主要法律体系便不可能在热点问题应对上保持一致。③ 选举具有浓厚的地方色彩。因为法院要求在全球意义上的逻辑一致性，因此，这将会与民主价值不一致。如此便难免导致多数主义的胜利。而与之相反，我建议法庭应该只关注单个法律的特点。首先，法官要考虑法律是否确实有助于实现其立法目的。其次，他们应该思考是否有得以实现该目的的充分物质支持。

一致性有二。第一种叫作内在一致性，它通过对法律的立法目的说明而得以强化。这些说明能够表达多重意图，而对于彼此冲突的目的，介绍材料应该给出其妥协达成方式的具体解释。法律主体中同序言所表目的不一致者，当被法庭判定为无效。立法者被要求清晰说明立法目的并在起草特别条款时对其加以列举。法庭在审查法律时不会进行政策分析，但它们会坚持要求立法者明确表达立法目的，同时考虑其同法律预设的实现方式是否契合。

对内在一致性的追求面临两个问题。一方面，一些法律中有过于雄心勃勃的序言却无法实现人们实际关注的目标（比如实现水源零污染、消除癌症风险）。而内在一致性则将这些期待加入到法律序言之中，促

---

① Kingdon, Agendas, Alternatives, And Public Policies (1984); Kalt & Zupan, Capture and Ideology in the Economic Theory of Politics, 74 Am. Econ. Rev. 301 (1984); Levine, supra note 14, at 179.

② Cf. J. Ely, Democracy and Distrust 74 (1980)

③ K. Arrow, supra note 15, at 46 - 60.

成了对政治交易的更多思考。另一方面，一些法律虽有关注细节的序言（如保护接受理发或眼部护理服务者的健康），但却包含与其本身立法目标没有明显关系的条文（如祖父条款、广告禁令、公司所有权禁令）。当面对涉及特殊利益的案例时，法庭只能允许立法者去判定序言是否清晰地说明了法律条文的目的（比如保护理发师或者帮助配镜师）。

在构建理想制度框架的努力中，第二种一致性同样不可或缺——在现代福利国家里日益重要的预算一致性。在这一层面，问题并非来自法律本身。法条在它的目的说明中承诺了广泛的好处，而就在几年之后，当拨款不足以满足预期目标时，预算手段和法律目的之间的不一致变得清晰起来。立法者之所以热衷于通过这类法律，是因为他们能够在立法阶段获得选民拥戴而永远不会因为后续物质支持不足受到指责。然而，如果法律无法产生实效，公众的信任丧失可能使嗣后的立法行为在一开始就失去政治吸引力。

预算一致性的根据之一来自信息对称交易理论。受惠者和纳税人都有权得知立法企图。而后，预算一致性则要求立法者对此进行阐释。除此之外，这种一致性要求立法机构更加重视公共价值表达。通过强制立法者面对其立法的物质支持问题，迫使他们在决策中更加慎重，与此同时，国会也将对预期目标与可得财政支持间的关系进行更为深入的探讨。

预算一致性无需请求法庭认定有缺陷的法律完全无效。如此激烈的手段轻易不会使用，国会既不会重新起草法律，也不会拨出更多款项，更不会解释立法目的和财政手段如何能比预期更为和谐。

总之，尽管这两种一致性似乎有很大不同，但它们事实上有着相似的目的。它们都试图增强立法机构对选民的责任感和国会对立法的谨慎程度。也都要求国会认识到矛盾目标和有限资源的限制，并且都坚持要求当特殊利益交易出现时，其必须作为一种立法目的而被公众所知。而最终目标便是使多元主义民主和分权理论在经过对目标和手段的慎重考虑后得以协调。

虽然我倡导一种能够理解和评判政策纷争的积极联邦司法，但其并不鼓励法官将自己的政治偏好移入对法律的判断中。相反，它试图通过将现实元素加入对法律和立法过程的司法审查来改进代议制民主。因此，这种方法是对约翰·伊利所主张的过程导向型司法观点的补充——他研究政治演讲、投票权和宪法类型学，但忽视了立法者误导选民的可能性。

四、法律评论：以工作场所卫生和安全规定为例

改良主义的法学和经济学不仅能够说明关于政府结构和行为的宏观问题，而且能够解释困扰行政法学家、立法者和法官的微观问题。工作场所卫生和安全规定给所有美国政府部门提供了一个法律和经济学关系的清晰实例。本文第四部分（4.1）以对公共政策理论问题的常规分析入手，说明该学说能够引导国会慎重决策。接下来，将评述各种围绕此规定展开的政治争论。虽然再分配是一种正当的法律目标，虽然帮助劳动者是民主政府的立法核心之一，但正如一则颇为犀利的政论所说，职业健康和安全规定并非实现那些目标的最佳选择。第四部分（4.1）提出了一个强调市场失灵的政策大纲。以此提议为背景，文章对工作场所卫生和安全规定进行了评论（4.2），并解读了依赖政府和法庭方得以实行的现行法律。最后，以伦奎斯特法官复兴禁止授权原则来应对国会在规范性政策实施中的责任逃避问题的努力结尾。但我并非反对国会将复杂和技术性的问题授权给相关机构，反而认为如此制定的法令能够给评价立法提供一个更为有效的框架。

（一）政策分析框架

1. 有效的风险控制

对职业健康和安全的分析起源于三个相似的观点。其一，多数人自愿在日常生活中为了伴随利益而更多地冒险，而没人把活得最久作为生活目标。[①] 其二，人们往往对风险的实际水平了解甚少，许多研究将这

① W. Viscusi, supra note 55, at 1 – 5.

些错误知觉和常见趋势归为低估其他风险可能而过高估计意外发生率。其三，风险评估颇具专业性，难以通过日常方式加以呈现。

这些个体行为观察为公共场所的卫生和安全分析提供了一个对众人来讲并不陌生的起点。芝加哥学派的经济学小故事假设了一个有着众多竞争经营者的劳动力市场。工人一旦被告知风险，就会为高风险的工作索要更高的工资。他们也会依据自己对风险的偏好来选择工作。①

但即使是在纯粹竞争环境中，我们也无法忽视这样一个问题：得知必须为工人提供风险补偿，雇主便会试图保密工作风险。因此，市场只有在潜在劳动者能够洞察工作风险时才会高效运作。通过学习能够获得相应风险信息：第一批雇员是“无知”的，但在他们受到伤害后，其他劳动者就能通过观察他们的伤害和疾病而要求公司加薪或者减少工作场所危险。

但实际上，“学习”一道收效甚微。对此解释颇多：其一，许多危险属于慢性累积，非长时间不能觉察其伤害。其二，即使危害很快显现，也无法保证一个庞大劳动力市场中的全体成员们都能对此有所察觉。其三，危险的程度受工人本身和其工作场所共同影响。对危险的敏感程度则受生活习惯（比如是否吸烟）影响。因此，让求职者现在就通过对他人所受伤害的观察来发现自身可能面对的风险并不现实。其四，工作环境随技术而改变——过去的经验未必适用于未来。鉴于上述原因，要求雇主对雇员进行风险告知不难，但这些信息必须以雇员能够理解和用以做出工作选择的形式被提供。②

但单纯的信息供给并无法解决所有问题。一者，人们获取信息，特别是盖然性信息的能力有限。相比举办大型教育活动，通过行政命令或

① W. Viscusi, supra note 55, at 37 – 58. The evidence for this theory is not clear-cut. See Smith, Compensating Wage Differentials and Public Policy: A Review, 32 INDUS. & LAB. REL. REV. 339 (1979) (only risk of death is incorporated into wage differentials); Viscusi, Labor Market Valuations of Life and Limb: Empirical Evidence and Policy Implications, 26 Pub. Polý 359 (1978) (workers do obtain wage premiums in risky jobs).

② J. Mendeloff, Re. (Gulating Safety, supra note 55, at 13 – 15; W. Viscusi, supra note 55, at 59 – 87; Lyndon, Information Economics and Chemical Toxicity: Designing Laws to Produce and Use Data, 87 MICH. L. REV. (1989) (forthcoming).

者激励策略来规范工作场所卫生和安全可能更有效。当全体雇员与之利害相关时，其效果尤其显著——工厂有大量雇工，而一旦受到命令或激励，多数人会宣称加强安全措施所带来的收益高于其成本。

信息策略的第二个不足是卫生和安全两者的结果功能。经营者采取的许多行动都是“本地公共产品”：安装了灰尘收集器，他们就会使在此处工作的所有人员受益。若无害化学品替代了有毒物质，则所有接触这一材料的人都会受益。然而，如果没有得到有效组织，工人个体可能没有勇气要求在工资中加入风险补助。如果不清楚工人对安全的重视程度，雇主可能不愿意做出成本高昂且无法通过控制工资和提高产量而早日“回本”的尝试。而如果货币工资粘性下降且无法通过改善工作环境加以缓解，成熟的雇主尤其不可能采取行动。

规范工作场所的卫生和安全还要考虑一个问题：给予穷人和老人广泛的健康保险、福利和公共健康保健资助，人们便不再对疾病和意外伤害产生的费用感到恐惧，但同时也可能不再会恰当地衡量其亲朋所受的痛苦和伤害。给再分配政策，特别是健康保健方面政策一个公共承诺，人们便可能不再顾及因其职业风险所造成的社会成本。而这些矛盾便为出台风险规范提供了最终的公共政策理由。①

2. 非异化性与利益再分配

对风险规范的效果进行论证十分必要，建立最低标准和保证信息对称同样不可或缺。然而，越是常见的分配规则（比如假定工人总是能从严格规范中受益）越有瑕疵。它们建立在对劳动力市场回应卫生和安全规范的方式的错误认知上。

首先假设工人拥有享受安全工作场所的权利，然后考虑接下来的问题：工人是否能够用这种安全权换取更高的收入？或者是否这种权利是不可放弃的？不可放弃论的支持者大多只关注健康问题但对工人整体幸福指数漠不关心，或者并不清楚基础工资已经低到人们宁愿牺牲健康以换取更高收入的程度。为了让这部分人满意而增加工人负担显然并非善政，尤其当这一政策表面上是为了工人的利益时。与之相比，税收调整

---

① J. Mendeloff, Regulating Safety, supra note 55, at 12 – 13.

和能够引导人们更关注健康而非微弱的薪水提高的补贴似乎更为妥当。[①]

然而，如果工人们重视社会地位，并且地位同收入等级直接相关，那么他们可能更倾向直接的规范制约。在规则缺失的情况下，工人们处于“囚徒困境”并且可能同意接受以高风险为代价的经济补偿。若大家都做如此选择，那么没有人会最终获益，相应的地位也不会发生变化。面对这种可能结果，多数工人会努力阻止自己进行这种交易。[②] 当然，这种对非异化性的质疑还需要更多的论证：工人们真的只注重金钱收入吗？工作场所环境对相关情况是否也有影响？收入高低和社会地位又是否确为正向相关？

第二，要想解决非异化性问题，就必须对工作场所安全权的价值进行判断，明确它究竟是针对工作本身还是针对工资问题。诚然，并非所有雇员都面临工作风险问题，但这一问题的重要性依然不容置疑：工资能够依危险程度而调整，工作场所规模亦可被控制。[③] 在繁荣的产业里，如果公司在卫生和安全问题上花费更多并且在合同的约束下不能调整工资，那么有组织的工人确有可能获得实际的短期收益。[④] 但在长期看来，政府对工作场所卫生和安全的规范并不能引起再分配领域对工人的政策倾斜。为了全面保障工人利益，规则必须要求那些尚在其掌控范围内的公司付出一笔固定费用，而这种情况也只有公司在被规则约束之前获得过垄断收益并且边际成本不受影响时才会出现。在更多时候，虽然还在工作岗位上的工人收入不错，规则依然有可能降低就业率和实际收入，还会提高产品价格。而由于工人能够从更好的健康情况和更少的意外中受益，规范依然不可或缺。但是，我们不能就此认为规范的成本主要是由资本所有者和消费者负担。

---

① Rose-Ackerman, Inalienability and the Theory of Property Rights, 85 Colum. L. Rev. 931 (1985) (proposing more general analysis of efficiency and equality justifications for inalienability rules).

② J. Frank, Choosing the Right Pond 136 – 41 (1985) (making this argument in context of theory that stresses importance of relative status).

③ W. Viscusi, supra note 55, at 83.

④ J. Mendeloff, Regulating Safety, supra note 55, at 32 – 33.

就算有着严格的职业卫生和安全规范，受雇于垄断企业的工人也并不会从中受益太多。这些雇主有能力迫使员工做出“要么干活，要么走人”的选择，而他们所提供的工作条件却并不完全卫生和安全。而这种策略也只在信息不对称的情况下才会奏效，信息资源丰富的工人能够预见到他们可能面临的危险并会乐意以减少工资来换取安全系数的提高。因垄断问题本不在卫生和安全规范的考虑范围之内，故我们实无法期待该规范本身对改善工人的弱势地位有如何之帮助。甚至它还可能因减少了工人的选择余地而对他们有害。工人所面临问题的症结在于其弱势地位，而非他们乐意接受较高报酬作为风险补偿。

3. 政策建议

本文推荐的政策处于信奉自由市场的芝加哥学派和现行职业安全卫生法规范体系之间。首先，雇主有告知工人和工作申请者他们将在工作中面临的危险的义务。一般情况下，告知信息应该以清晰和非技术性的形式提供；而在学术研究中，则应提供必需的技术性形式。[①] 第二，政府应该为以发现不同物质、工具、基本设备和日常工作实践的风险水平为目的的研究提供赞助。它也应该资助相关健康问题治疗方面的研究。[②] 第三，为规避重大风险，规范应对“风险子集”加以说明。虽然成熟的投入-产出测试可能对分配金钱价值和健康风险的难题并无助益，但规则至少应该实际有效地均衡职业安全的边际成本。为了确保实行，规则当采用专业健康标准，而非特殊技术或者有害物质环境标准。这样，雇主和工人才更有可能选择具有成本效益的技术。第四，有关部门应该针对卫生和健康隐患建立一个更严格的基准标准。它们会有一个与被委托机关制定的最低标准不同的法律地位。最低标准应该是严格的、强制性的要求。与此不同，该第二标准则以支持和雇主周旋的工人（包括个体和集体形式）为目标。除非工人同意允许牺牲休息时间来换取其他工作相关利益，雇主必须遵守第二标准。工人不能因主张卫生安全法规所赋予之权利而遭解雇或处分。雇主必须补偿他们所遭受的危险。第五，为避免或控制严重危害，新的化学物质必须经事前检验。政

① Lyndon，supra note 59.

② W. Viscusi，supra note 55，at 84 -87，157 -59.

府负有向工人展示主要风险的责任而应积极推进该预选程序。为确保新物质不会和已知物质发生不良反应，这一过程必须慎之又慎。最后，需要改革工人赔偿系统以使它像能够激励雇主减少意外的保险系统一样运行。

（二）现行联邦政策

改良主义政策分析得出的结论与职业安全卫生法（或简称“安全卫生法”）的重点相背离。[①] 观点的不同出现在法律表达上，在政府规划优先权和制定标准的方式上，也在法庭对法条的解释上。

1. 职业安全与卫生法

安全卫生法在程序方面很细致而在具体政策方面则很模糊：国会几乎没有给卫生和安全规范进行任何实质上的指导。这部法律的目的是“尽可能地确保每个工作者有符合国家安全和健康的标准的工作环境和避免人才流失”。[②] 实现此目标的方式之一，便是“提供能够实际确保雇员在工作中避免健康恶化、机能减退或者寿命缩短等问题的医疗保障”。[③] 职业健康和安全标准必须能“合理、必要且适当地提供安全、卫生的工作和工作环境”。[④] 然而，国会没有就劳动力市场在出现卫生和安全威胁时如何运作加以明确指导，也没有说明如何权衡工人、雇主和消费者之间的利益。

除却含糊的激励性法律措辞，标准制定条件的唯一明文规定如下：两年之内，工会将“全力支持……国家统一标准和所有已经建立的联邦标准，除非它认为对某一标准的支持无法改善特定雇员的安全和卫生状况”。[⑤] 这些标准只是第一步。工会可以依据法律规定对这些标准进行修改[⑥]，但却没有得到法律对此处操作程序的常规指导。[⑦] 仅有的一个

---

① 29 U. S. C. §651－678（1982）.

② Id. §651（b）.

③ Id. §651（b）（7）.

④ Id. §652（8）.

⑤ Id. §655（a）.

⑥ Id. §655（b）.

⑦ Id. §652（8）.

关于“有毒有害物质”的特别章节亦是词条罗列、含混不清。[1]

但这部法律并非完全没有意义。它虽确然不符合前述政策设计，但也包含了其中的部分元素。尤其是它要求示明工作场所的危险，要求为所有严重危害（品）制定标准,[2] 允许业绩标准,[3] 并且为“危害”相关的研究和数据收集提供支持。[4] 然而，它也的确没有针对两种标准的任何规定，没有对优先权进行指导，也没有建立一个预选要求。因此，依之前对问题的分析来看，这部法律便过于松散和简略。

2. 行政机构

尽管这部法律参考了各方意见，但主要还是取决于核心决策机构——职业安全和卫生管理局（OSHA）。除却明显超出法律授权范围的某些活动（比如预审），OSHA 已经慎重考虑了设定优先权和制定标准的问题。一般认为，OSHA 并未巧妙运用其决策自由。最近，约翰·门德尔松便在其著作中对此进行了一番详细阐释。[5]

先考虑安全规定。门德尔松以观察数据为基础的著作指出，虽然安全规范对事故发生率有影响，但这种影响很有限，并且对国家统一标准的广泛适用已经使 OSHA 遭到“只关注轻微违法”的指责。但有一些证据表明 OSHA 的安全标准确实通过允许工人向有关部门申诉而提高了他们同雇主周旋的能力。OSHA 的不定期检查使得工人能够用“投诉”作为对付雇主的利器。[6] 因此，OSHA 标准可能某种程度上成为政策目的中的第二种标准。然而，如果 OSHA 确能实现增强工人力量的目的，那么它应该被法律大量承认而不是处于现在这种“游离状态”。实现这一目标还需后续的特殊政策加以推进。

---

① Id. §665（b）（5）.

② 29 U. S. C. §655（Supp. IV 1986）.

③ 29 U. S. C. §655（b）（7）（1982）.

④ Id. §669, 671, 673.

⑤ J. Mendeloff, The Dilemma, supra note 55; J. MENDELOFF, Regulating Safety, supra note 55. Other analyses of OSHA's behavior are found in T. GREENWOOD, Knowledge And Discretion in Government Regulation（1984）; D. Mccaffrey, Osha And The Politicsof Health Regulation（1982）; B. Mintz, Osha: History, Law And Policy（1984）; W. Viscusi, supra note 55.

⑥ Mendeloff, Regulating Safety, supra note 55, at 91.

在有害物质规定方面，门德尔松认为 OSHA 只是对其中极少一部分进行了过于细致的规定。[①] 它对一些物质设定的极度严格的标准，使得法庭质证可长达数年。OSHA 应该迅速实施并且积极推动各种在现行规章中反复出现的危险的底线规则。一旦迈出第一步，OSHA 就能够考虑为一些特殊危险制定标准。然而，同时，这一底线应当是适当的，也应当是持续性的，这样才能为庭审质证提供证据。

门德尔松从有害物质规章中发现了 OSHA 制定标准面临的“困难”。该问题有两方面：第一，标准狭隘；第二，形式不当。公共决策技术表示投入－产出指标应该被用来决定雇员的待遇标准。但 OSHA 却没有这样做。早些年，它少有运用决策专业技能，也没有有效利用已知信息。而随着时间推移，需要投入－产出分析的立法任务促使 OSHA 去提高自己的决策水平。它克服衡量健康与风险回报价值的巨大困难而开展了必要的研究。[②] 但不幸的是，OSHA 的能力是在一个敌视规则的政治氛围中得到提高的，所以它的决策少有被执行。总体来说，相比投入－产出指标，决策似乎还是更多地为政治左右。

甚至 OSHA 参与政策分析时，还是使用原始的指令式语言表述规则。在法规草案中，OSHA 也需要运用特殊的控制技巧，比如最好能够关注空气质量而非工人在空气中的暴露程度。[③] 工程监控应该比人员保护装置更受重视。在这部法律下，确乎可能出现更多的结果导向型方法，并且最近它们中的一些已经得到了 OSHA 的认可。这些新近的变革应该得到进一步发展。

3. 法庭

（1）可行性与政策分析

美国国会和政府的平庸表现能通过后续司法介入得到改善吗？或许

---

① J. Mendeloff, The Dilemma, supra note 55.

② Exec. Order No. 12, 291, 3C. F. R. 127 (1981), reprintedin5 U. S. C. § 601 at 431 – 34 (1982), and Exec. Order No. 12, 498, 3 C. F. R. 323 (1985), reprinted in 5 U. S. C. A. § 601 app. at 296 – 97 (1988). For an overview of pre-Reagan efforts to provide executive oversight, see W. Viscusi. supra note 55, at 150 – 55.

③ J. Mendeloff, The, Dilemma, supra note55, at 22 (summary of ambient standards). If the ultimate aim is to improve workers' health, worker exposure is a more valid measure of the level of control than ambient air quality.

可以，但美国最高法院还没进行过这方面的尝试。相反，法庭拒绝使用OSHA管理有害物质的投入－产出技术，而且不加分辨地采用一些OSHA支持者漏洞重重的分配规则建议。在对苯工业和粉尘管理的规定中，[①] 最高法院还对OSHA提出了严于制定法的不理性要求。大法官们对法律进行了更正式和精细的干预，甚至为了支持自己的观点而引经据典。[②] 为保证他们在苯案例中司法介入的优越性，他们甚至拒绝下级法院更系统化的政策导向型观点。[③]

那么，OSHA要怎样在法庭如此制约下订立有害物质标准？[④] 首先，它必须确定是何种物质危害健康。为了得出结论，OSHA必须运用投入－产出标准。一旦某种物质被认定为有害，便运用投入－产出测试去确定其危害级别是否确实达到需要被禁用的程度。第二，OSHA必须计算实行这些严格标准的成本并从中选出一个可以为企业所接受的方案。OSHA标准因此可能出现健康边际收益很小而边际成本却很大的情况。对企业接受度的重视意味着低效益行业的高危工作可能处于监管之外，而其他工作却会被以降低薪金水平为代价的高额成本保障安全。因此在法庭约束下，OSHA的“可行性分析”会面临监管过严和监管缺失的双重问题。这种标准制定技术在分析中完全忽视了边际成本和效益因素。

部分人对喜欢打破常规的里根政府没有制定有害物质规范感到疑惑。须知，一旦开始制定规范，在棉纺粉尘案中的思维模式就会被运用。因此，OSHA似乎拒绝将这个可能同司法审查相冲突的工作提上日程。

如果最高法院的多数法官能够接受在司法干预中适用政策分析原则，那么工作场所卫生规范会更加强有力。这种尝试始于制苯案中下级法院的建议：第五巡回法庭通过对侵权法中的消费品安全规定和勒恩

---

① American Textile Mfrs. Inst. v. Donovan, 452 U. S. 490 (1981) (cotton dust); Industrial Union Dep't, AFL－CIO v. American Petroleum Inst., 448 U. S. 607 (1980) (benzene).

② American Textile, 452 U. S. 490, 508－09.

③ American Petroleum Inst. v. OSHA, 581 F. 2d 493 (5th Cir. 1978).

④ The process is described in Industrial Union Dep't, 448 U. S. 607, 640－46 (Stevens, J., concurring).

德·汉德测试的类推解释而适用了投入-产出测试。而鲍威尔大法官愿意听取这一意见。鲍威尔认为，发现投入和产出的对等关系就足以说明一个既存的重大风险。[①] 因此他默示，一个规则如果足够经济，便不妨忽视它在劳工保护方面的缺失而加以适用。他同时表示，只要确保有效利用了现有资料，那么 OSHA 在缺乏有力基础数据的情况下制定规则也未尝不可。[②] 然而，他也指出，对第五巡回法庭来说，“这个规则还需要 OSHA 去证实其标准的经济效益同预期收益有关”。[③]

为什么其他大法官没有像鲍威尔一样表示赞同呢？这并非因为法庭对法律结构在形式上的坚持。相反的，一些法官接受以 OSHA 政策为中心的有缺陷的分配方案。但由于缺乏经济学原理工具，他们仅会从表面意义理解国会决策。更高的标准也只是简单考虑到使工人获益。而正如我们所见，工人的福利待遇未必能通过脱离投入-产出的保护措施得到显著改善。法庭应该意识到这反而可能导致对政策的更多不满。

（2）禁止授权原则：针对立法一致性

现在，让我们来回顾和思考这个案例同之前提及的框架性措施的关联。如前所述，美国《职业安全卫生法》只进行了模糊的一般性目的说明。[④] 和产业联盟部与 AFL-CIO 诉美国石油研究所案中一样，罗波安大法官认为对这种法律漏洞的修补是禁止授权原则的复兴。他相信，认定该法律违宪会迫使国会“重新肩负起保证自身决策质量的责任”。这虽然意识到了国会模糊立法的症结，但解决方式过于简单和直接。

虽然安全卫生法存在缺陷，但罗波安的解决方案过于严厉。许多规范问题，包括职业健康与安全，在技术上非常复杂，并且涉及棘手的价值判断问题。在 OSHA 看来，授权问题包括科学复杂性和相关的衡量伤害、疾病和死亡价值的难题。而相反的，在罗波安复兴禁止授权原则的努力中，框架性规则的基本目标是用法庭来增强立法机关对公民的责任感。法律被设计来达到这一目标的方法不是简单地宣布法律无效或者进

---

① Industrial Union Dep't, AFL-CIO v. American Petroleum Inst., 448 U.S. 607, 666 (1980).

② Id. at 666-67.

③ d. at 667, 670.

④ 111. See supra text accompanying notes 73-75.

行实质性司法审查，而是对立法手段和目的进行明确性和逻辑连贯性审查。这种司法监督并非要求法庭参与政策分析，只是要求他们理解和评价相关争议。法官应该对法律提出一系列疑问：法律是否明确表达了自身目的？具体条文是否合乎其立法目的？政策成本是否被考虑到？执行机关是否制定了主要政策的实施细则？后续拨款是否足以支持法律实施？

这一观点允许在必要时就技术问题和具体个案授权相应政府部门决策，但同时坚持国会享有以深化立法基本目标为目的的社会资源（包括公共和私人）分配权。① 实现法律内在一致性和后续物质支持的配套离不开国会的真诚努力：一部有缺陷的制定法既可能因为缺少基本政策目标陈述而被判断为过于含糊；也可能因为行政主体面临组织其进行有效行政的约束而被批评为过于具体。对 OSHA 的分析需要法官和学者们对这些原则的深入理解剖析来佐证。而负责任的政策分析至少应要求国会立法程序在关注卫生和安全规则效益的同时，也考虑到其成本和分配结果问题。

五、结语

法学和经济学本应成为现代福利国家关注的重点。而今天，其却处在边缘位置。因为专注普通法研究和对公共机构运作普遍采取消极观点，法律和经济学者已经将对政治经济学系统进行分析的工作拱手让人。本文则表明对此方式进行变革是可能，甚至是必需的。虽大量最具有创新意识的行政法学者已经开始为之努力，但这一领域还需要更多实质性的改革。经济学家、政策分析家和政治科学家应该在教学和学术项目上积极地同公法学家合作。无论是以法律根本结构为焦点的理论建设，还是以具体的现实分析为重点的政策层面，都应该体现出这种

① See, e. g. , B. Ackerman & W. Hassler, supra note 29 (arguing for adoption of this strategy in environmental area) .

整合。

除此之外，学术研究的方向转变应当只是行政法改革这一庞大工程的一部分。为推进这种必需的讨论，我已经为专注于美国国会履职而非政府行为的行政法规提出了新的框架性建议。法庭和法律专家已经准备去将立法机关视为一个如果没有宪法明示反对，其工作就会被推定为正当的黑箱。而当代公共选择和公共政策理论则提出了一种新的司法审查模式。这种司法审查关注代议制立法忽视法官对国家现实政策意见的缺陷，将能够改善民主参与度的可行性程序改革提上日程。

但仅仅在理论上强调这种基础改革并无实际用处。我已经尝试借助对《职业卫生安全法》的研究来说明前述框架方法建议的优势。这种简单的勾画试图完成两个任务：首先，它试图解释经济观点如何能够有助于解决卫生安全法中的难题。第二，它表明司法在检验法规合目的性方面的失败如何促使国会使用含糊但政治卖相颇佳的华丽辞藻。

文章中，我只是提供了常规目的性框架规则和安全卫生法的大致观点，并试图运用这些例子去规划未来研究方向。而如果大范围的基础调查能够和对特定问题的研究相结合，那两者便都可以借助对方来充实自己。这样，行政法在理论和实际层面也都将得到长足的发展进步。

【评论】

本文作者从“资源配给”这一经济学基本问题切入，引出以公共政策与公共选择为代表的学科交叉性问题，进而展开对法学和经济学所面临之学科困境与出路的论述与思考，籍此指出对行政法未来发展方向之设想。全文逻辑严谨，环环相扣，引证详实，表述流畅。在实例同论理的紧密结合中，完成了对现实问题的深入分析和对问题解决方案的细致解读。

此文章虽围绕美国行政法改革展开，然于当今全球化进程渐深，各国经济、法律日益交互影响借鉴之情况下，对我国乃至全球行政法研究之启发意义均莫可小觑。资源配给之困境、各方利益之角逐、劳工待遇之改善、市场与政府关系之协调等问题实为世界各国所共同面对，而文章从经济学与法学合作交叉之角度，为经济行政法研究提供了从理论分析到现实操作的全方位先导性解读，令人深为感佩。

虽于笔者之见，作者的思路或有行政、立法、司法三者职能交叠之患，然一则美国乃至世界各国、国际组织之实践表明此法却有可行之处，另则世间万物本无决然泾渭分明之属，美国的三权亦然，相携权衡，得均势而为上佳。如此，文章确可为我国行政法改革提供可借鉴之思路，为经济行政法研究提供可深入之方向，实乃兼具理论启发与现实指导双重意义之佳作妙著，读之幸甚。

附录二

对共识的深入反思：行政法与金融规制的演进关系[①]

郑磊斌 译评 黄莉娜 审校

今天，行政法和金融规制之间的关系并不稳定，但它并非一直如此。实际上，这两者自国家诞生之日便紧密相连。随着亚历山大·汉密尔顿在监督收入来源和征收关税上煞费苦心确立第一代美国联邦行政法中，财政部成为早期联邦行政机构的中心。150 年以后，行政法和金融规制在新政创设的现代行政国家中被结合起来。这次是詹姆斯·兰迪斯，他是新成立的证券交易委员会主席，也是领导着一个新的联邦防卫行政机构的主管，这个机构体现了行政法和金融规制的融合。正如金融规制决定在行政法中具有规范的地位，反之，行政法条文也在金融规制决定中具备规范的地位，这些都证明了自那以后这两个领域定期地互相渗透。这种重叠关系也并不让人惊奇，毕竟，金融规制是行政治理的一种方式，行政法自然会向行政治理提供一般非实质性要求。

然而现在，行政法和金融规制在很多方面的立场截然相反。他们不仅因在法学院的课程和教员的不同而分立，更多地是被相反的认识对象和构造原则而分开。实际上，当用行政法的视角去处理金融规制的问题

① 版权属于［美］吉连恩·梅兹，副院长，斯坦利·H. 富尔德法学教席教授，哥伦比亚法学院。特别致谢詹姆斯·考克斯、彼得·康迪—布朗、米歇尔·杰拉尔德、凯特·贾奇和艾德·劳埃德的评论，感谢亚历山大·格罗斯对研究的帮助。

时，会产生反思的效果。在美国现代行政法中，行政行为的典型事例是通知和评论的规则制定方式，经常会面对众多科学技术上的不确定性。这种规制的一个目标经常是弥补市场缺陷——强制各行业自行承担它们的成本，保护公众和特定群体因缺乏规避或预见能力而遭受其害。可归责性是行政法的核心关注对象，它的增进源于公众参与机制、国会审查机制、白宫统一规章审查机制和司法审查机制。对机构俘获的恐惧是一个反复被提及的主题，就像担心这些机构将滥用法定权力一样。

在金融规制的世界，模式大不相同。起决定作用的结构性规则并非可归责性，而是独立性。绝大多数的金融监管部门乐于获得不受政治免职的保护，通常还伴有不受国会监督的预算自主，以及其他的独立标志，比如不必接受白宫规制的监督。与担心机构俘获大不相同的是，金融监管机构似乎整体上还在招引"俘获"，很多机构被授权监管精细分类的行业，并在财政上依靠行业收费。更多地依赖监管者和被监管对象之间的信息共享和合作关系，很多金融监管展示出了协作的一面。虽然金融规制机构致力于评论和公告的规则制定方式，但是他们的规制模式通常是非正式的，特别是躲开了公众视线。保护弱势群体和阻止外部效应是金融监管的重要内容，但最重要的监管目标是确保金融体系的稳定，金融稳定通常意味着保护产业有利可图。市场也发挥了不同的作用，既作为金融规制是否成功的仲裁者，又作为规制机构的关注对象。换句话说，与其说带着怀疑的眼光将市场看作行业开发之地，不如说金融监管更在意于放开金融市场以便充分发挥它们的创造力。

诚然，行政法与金融规制的这些模式并不能完全描述这两个领域。以市场为基础的规制长久以来一直是行政法的重要标准，就像它依托于非正式的和协作的治理机制。利益集团的影响在所有监管机构中都存在，而独立管制机构既非受限于金融机构亦不能免于总统监督。不同的金融监管部门之间，金融监管部门和数量众多、各种各样的非金融监管部门之间，它们在结构、管辖和规制方法上都存在着重大差异。

但即使这些特性夸大了行政法和金融规制这两个领域的差异，当其中一个领域接受另一个领域的审视时，它们仍有助于展示前者所拥有的特性。对照之下，也有助于解释各自领域中框架性假设的视情而定和可争论的性质，从而为反思该两个领域的规制方法留有余地。实际上，主要是作为金融危机的结果，这类反思已经起步，两个领域之间很多明显的区别正在减弱。

因此，这个时候对行政法和金融规制之间在概念和细节层面的持续互惠交融而言，时机已经成熟了。本文旨在促进两者互相作用的过程。第一部分始于对两个典型的行政法和金融规制机构的描述，并以该描述展示塑造了各自领域的核心规则和结构。第二部分聚焦于金融规制和行政法的近期发展，揭示这些变化逐渐抹去两个领域之间差别的方式。接着第三部分详细说明各领域可从另一领域推断而得的一些经验教训。

比较研究

每个领域都有它的原型。当环境保护署（EPA）和美国联邦储备委员会（The FED）作为各自领域的原型在众多方面给予比较时，行政法和金融规制的区别就凸现出来了。

拥有16000名雇员，担负着保护国家环境的广泛责任，环保署的监管范围极其广阔。它实现了许多重要的环境立法，包括《清洁空气和洁净水法案》；为广泛的污染物确定了国家标准；分配巨额预算，还监测有毒化学制品、杀虫剂和净化剂。科学的不确定性、对未来的影响和技术能力等复杂的问题频频被提及。环保署拥有法定授权，可在立法和通知评论式的规则制定中设定它的要求，环保署的规则对环境和经济通常都有实质性的影响。结果，它们通常都备受争议，既会导致实质性的政治审查，又会引发诉讼。环保署由一个按照总统意愿任免的官员领导，他拥有阁员地位，作为顶层官员，阁员由总统任命并经参议院批准。

鉴于掌握着联邦的货币政策，美联储的雇员比环保署更多，超过18500人，它对联邦经济发挥着更直接和深远的影响。它的另一些核心职责包括：监督和规制银行性机构，维护金融体系的稳定，为存款机构、美国政府和外国官方机构提供金融服务。美联储是一个联邦银行系统，包含12家地区性联邦储备银行，董事会成员高居其上。董事会成员中的7位由总统任命，参议院批准，任期14年，除非确有原因，他们享有不被政治性免职的保护。就像环保署，美联储也有巨大的不确定性的问题。它同样采用公告和评论的方式制定规则，尤其是在银行监管、金融稳定以及金融服务职责方面。但是，很多美联储的政策制定和监管活动采取了非正式和临时性的外观形式，并且，美联储的这些决定很少受到正式的事先政治批准或事后司法审查。也许一个更重要的因素是美联储预算自主，美联储的经费主要来源于它公开的市场运作产生的收入。

当然，它们只是众多联邦机构中的两个，并且它们也不能涵盖所有其他机构的职能。环保署远不及国防部、退伍军人事务部、国土安全部等军事安全机构那么庞大，一些重要的非金融管制机构，如联邦通讯委员会（FCC），或者联邦能源管制委员会（FERC），由多人理事会领导，它的成员有任期且受非正当理由不被免职的保护。反过来说，美联储同别的金融管制机构显著不同的原因在于，其对货币政策的核心介入。相比于其他金融监管机构把注意力集中在特定的金融部门，美联储在货币政策中的作用导致整个系统性的焦点集中在美联储自身身上。另一个存在于像美联储或联邦存款保险公司（FDIC）这样的银行性规制部门和诸如证券交易委员会（SEC）或商品期货交易委员会（CFTC）这样的其他金融规制部门之间的差别，在于后两者缺乏前两者所享有的预算自主。

不管怎么样，使得环保署和美联储分别作为行政法和金融规制的原型的原因，在于它们在各自领域使核心关注对象和相关因素结合的程度。随着20世纪60年代和70年代出现的重大公共利益监管立法，行政法的重点从经济立法和费率控制转向为面对复杂的问题，如环保署承担的科学和技术问题，采用公告和评论的方式制定规则。那里的重点依然是，规则制定作为典型的行政活动，其关键是学说和学识。环保署还象征着行政法的中心任务是努力保护机构免受俘获、在政治法律责任和行政专业要求之间保持平衡，并且通过分析性的要求促进监管过程。此外，公众眼前经常上演有关环保署监管的争论，从导致失业的指控，到逐渐增多的由污染引发的健康危机，如小儿哮喘。

与此同时，美联储代表着金融规制传统的标志——独立的顶峰。它的运作方法与金融市场紧密相连，把金融规制作为其他行政环境的对立面，这又是独特的。它在经济中的核心作用，使得它比其他联邦金融规制者拥有更广泛的重要性和更受欢迎的地位，使得它成为只有在最近的金融危机发生之后才能扩展的角色。

对环保署和美联储的比较，突出了行政法和金融规制对比中的四个中心论题：（1）管理结构和制度设计；（2）与其他监管部门之间的关系；（3）规制方法与方式、途径；（4）市场的作用。然而与此同时，相比于乍看之下，进一步的分析揭示了前述各方面有更多的相似性。

结论就是，将行政法和金融规制置于完全相反的监管两极并非最佳，而应将两者置于不同的地位，虽然有时就监管范围而言，还会有重叠。

【评论】

译文主要介绍了美国行政法和金融规制互相渗透、互相影响的历史。在中国，行政法和金融规制显然没有深远的历史，更何况两者的交融。行政权力，一直在中国历史上是独大的，它规制一切，无远弗届。当然也包括规制金融，如果那时有金融的话。金融在中国是新鲜的事物。金融和钱庄、银行不同，虽然后两者是执行金融功能的载体。一定要等到人们意识到货币资本在不同时空的腾挪转移能极大地促进资金的运用并能推动经济发展时，金融的理念才可以算初步建立。有了金融现象和金融活动，才谈得上对金融进行规制。改革开放以后的几十年，无论是行政法还是金融或对它的规制，在中国都取得了不小的进步。在行政法上，我们初步确立了行政法治的理念，而在金融规制方面，我们也开始意识到需要用规则之治去导引金融市场的良好运行。

译文的结论最终落脚在行政法和金融规制应当在各自领域发挥不同的作用，它们既非截然对立，又不是各不相干。中国融入世界经济大潮，是不以人意志为转移的客观形势，世界经济危机、金融危机覆盖包括中国在内的全球，也是我们不期而遇所面临的严峻局面，这些都决定了在中国，行政法和金融规制的互相渗透正在成为一种必要。笔者以为，在两者各自发展、彼此交融的过程中，需要发挥两种功能。

一方面是在行政法的发展中要体现出金融行业规制的特点。金融行业的特点无外乎外部性大，系统风险性高，高度垄断与过度竞争同时存在，信息不对称性广泛存在。这些作为规制的对象，全是传统行政法陌生的领域，将对行政法的管制手段提出新的要求。规制金融，行政法需要运用定量的方法，而传统上行政法只解决定性的问题。行政法将运用大数据的效能，而传统行政法多就个案进行法律关系的分析和综合。在对金融行业进行合法规制的过程中，行政法将变得更加柔软，更富于调整性，更具有适应性。

另一方面是在金融规制的领域里要贯穿行政法的基本原则，实现行政法治。万变不离其宗，作为规制金融行业重要手段的行政法，无论其方式方法如何形式多样，变化多端，作为规制基本原则的行政法治理念是确立不移的。译文中也提到，与行政法注重可归责性不同的是，金融规制更强调它的独立性，因为金融市场瞬息万变，金融的特性决定了规制监管机构是拥有立法、执法、司法全权的独立权力主体。但是从法治的要求来看，越是全权机构，越要接受约束；越是高效运用权力，越需要接受行政法原则的检验。比如，金融规制机构的独大，使得其在行使监管权力时，必须符合自然公正原则（自己不做自己的法官，做出不利决定时给予相对人申辩机会）。又如，金融监管中强制披露信息义务的重要手段，监管部门在行使此项权力时，也必须接受正当程序原则和比例原则的拷问。这样的例子还有很多，不可能尽数列举。

笔者以为，他山之石，可以攻玉。行政法和金融规制的结合，在中国正是一项方兴未艾的新事业。中国大可以借鉴美国等发达国家的成熟做法，灵活科学地发挥行政法与金融规制的各自功能，达到提高监管效率，防范系统风险，保护金融市场运行和投资人利益的目的。

附录三

国际货币基金组织和世界危机：角色与改革[①]

代文馨 译评　黄莉娜 审校

我们所面对的全球经济和金融危机，甚至可以和大萧条相媲及。如果国家经济政策受到足够关注且彼此间相互支持，我们就能够避免贸易和金融保护主义以及80年前曾加剧经济低迷的竞争性汇率贬值。二战末，国际货币基金组织、世界银行与现在的世界贸易组织前身相继建立，以减少（如果不能防止的话）前述破坏性政策重现。问题是这些组织尤其是世界货币基金组织，是否能够胜任其肩负的任务？我的回答是“我希望如此，但基金组织需要我们的帮助”。

借此次发言，我想提三个要点：

第一，国际货币基金组织是全球经济治理的主要机构，旨在帮助处理当前的经济和金融危机。遗憾的是，国际货币基金组织的合法性和相关性在最近几年受到了破坏。而且，即使在最好的情况下国际货币基金组织也只能达到其主要成员的期望。

第二，在短期内，国际货币基金组织应当：（1）借款给受到危机负面影响的国家；（2）帮助创建一个各国认同的复苏全球经济金融的方案；（3）监督国家经济金融政策（特别是汇率政策）的执行情况，将一国政策对他国的负面影响降到最小。

---

① Edwin M. Truman，彼得森国际经济研究所高级研究员。本文为其2009年1月22日和23日分别在塔尔萨外交关系委员会和达拉斯外交关系委员会上发表的讲话。

第三，长期来看，国际货币基金组织应当加强对国家金融体系的监督，并帮助开发更好的宏观审慎监管框架（现在甚至都没有一个普遍接受的宏观审慎监督的概念。我把它定义为对金融体系发展和世界经济两者之间的相互作用的关注）。

最后，鉴于新一届美国政府于4月2日在伦敦接管了二十国集团[①]关于经济复苏和金融改革的讨论，我将描述一些美国政府提出的建议以供参考。

在探讨国际货币基金组织在当前危机中的角色之前，让我们先回顾一些历史背景。国际货币基金组织于1944年在新罕布什尔州布雷顿森林举办的国际会议上成立。会议的前几年主要由双边讨论和会谈（参与者主要是美国和英国）组成。其目的是防止在战争期间盛行的竞争性汇率调整方式。在这样一个协商一致的机制中，汇率是固定不变的，即使调整也需事先经过国际许可。国际社会公认：当一国为了防止贸易逆差等造成的汇率贬值压力对汇率造成冲击时，通过国际货币基金组织提供的国际金融援助将有助于缓冲外部调整所带来的影响。国内宏观经济政策主要用于实现这一结果。国际货币基金组织一个重要的附属目标就是帮助消除外汇管制以促进世界贸易的扩张。

布雷顿森林体系发挥了其作用，但整体上并未完全达到预期。该体系促进战后复苏，同时避免了大量经济金融危机。即使存在一些危机，也只是牵涉个别国家而非整个体系。

然而，作为该体系之关键的美元被高估。而且，国际资本流动性的增加，加重了固定汇率的压力。导致的结果就是1971年布雷顿森林体系瓦解，且在主要货币并最终在绝大多数货币之间产生了更大的灵活性。

当其存在的必要性即支持固定汇率不复存在，国际货币基金组织仍然没有就此倒闭。各国依旧经历着外部金融危机，并且危机有泛化的倾

① 二十国集团（G20）由七个主要的工业国家、澳大利亚和其他十一个（译者注：应为“十二个”）具有系统重要性的大国组成，如中国、印度、巴西和俄罗斯。

向：从20世纪70年代的石油危机，到80年代的经济衰退和全球债务危机，再到90年代墨西哥和亚洲，都与危机密切相关。国际货币基金组织的财政援助和政策建议有助于缓解这些冲击。国际货币基金组织还响应使命发挥重要作用，以在当时帮助苏联以及东欧一些所谓的转型国家接受市场经济体制。

尽管过去的30年连续取得了实质性、全面性的成功，仍然有三个问题出现。第一，一国采用与国际货币基金组织的资金援助有关的经济调整计划，在政治上是有争议的。第二，私营经济作为国际资本流动的来源，开始发挥主导作用；而全球监测管理系统却未能与其对吸引资金流入的国家产生的众多影响保持同步。第三，国际货币基金组织的治理继续由主要的工业国家主导，尤其是美国和欧洲国家，使得该机构在这个不断变化的世界中的合法性遭到破坏。

国际货币基金组织随着经济全球化不断发展，仍未达到一些人所期望的速度。虽然四年前曾启动了一项全新的改革，但由于全球经济金融一直到2008年中旬都保持着良好态势，使得改革的紧迫性较低。许多观察家认为，国际货币基金组织不再作为借款方或在帮助引导全球经济和金融体系中发生巨大作用。其信用贷款在2005年底（在年终基础上）达到1000亿美元的峰值，但是到2008年9月底锐减到10亿美元。导致的结果之一是，经过多年激烈的谈判，终于在2008年春达成共识的一揽子国际货币基金组织改革方案①，充其量也只达到了一般的效果。

讽刺的是，2008年曾盛行的说法是国际货币基金组织作为借款方是无关紧要的，并且其在引导全球经济和金融体系过程中被边缘化。良好的经济金融环境预计会长期持续下去。而且，主流观点称，具有系统重要性的国家，或是拥有得到保证的、进入国际金融市场的通道，或是能够通过积累大量外汇储备以有效的自我防范未来的外部金融危机。

---

① 一揽子改革方案包括：(1) 对于用来确定各成员国对国际货币基金组织的财政资助和在基金组织中的投票权份额的范式，进行不完全改制；(2) 小幅增加美国和其他约50位成员的财政资助，总体增幅在10%以下；(3) 增加每个成员国的基本投票权数量，无论该国经济规模如何；(4) 扩大基金组织的投资能力；(5) 出售国际货币基金组织约12.5%的黄金。上述任何方案的生效皆需经美国国会批准。

从2008年9月中旬开始，批评转向了“基金组织去哪儿了？国际货币基金组织并没有被免去保护国际金融体系的责任。我们必须以其为中心重塑国际金融体系”。

一些人一直在推动更实质性（尤其是治理和合法性方面）的国际货币基金组织改革，他们的观点被拉姆·伊曼纽尔所阐明：“你永远不要希望危机被白白浪费。这是一个你要么选择避免要么去做重要的事的机会。”在简述过我的建议之后，我将重新回到这一主题，但首先让我们来想一想危机本身以及国际货币基金组织对缓解危机影响的潜在作用。国际货币基金组织应对当前全球金融危机的方式将影响其自身的未来和美国等成员国对其的支持。

全球经济和金融体系正处在大规模去杠杆化的过程中。近几十年来不断加剧的经济全球化以及更重要的金融体系全球化，意味着各国可以在其中运行但不能躲开这场危机以及未来的众多危机。每个国家都受到了影响，而那些政策最薄弱、金融环境最不稳定的将最先受到影响。未来危机发生的可能性和致命性，可能会因为危机初期做出的决策而减少，但危机无法避免。当前重要的是减缓全球经济衰退的影响，恢复金融市场的稳定。

全世界开始转向国际货币基金组织以寻求答案和援助。在总裁多米尼克·斯特劳斯·卡恩的领导下，国际货币基金组织采取了积极行动。2008年第四季度，国际货币基金组织向其六个成员国投入约450亿美元以支持它们的调整计划。1月12日，国际货币基金组织批准了白俄罗斯计划，其他几国的计划正在酝酿中。

另一个方面，10月27日，国际货币基金组织执行委员会批准了一项新的短期贷款（SLF）。有着稳健的经济金融政策和经济基本面、可持续发展的内外部债务持有量（根据其最近有关第四条的磋商）的国家，可即刻向IMF借款五倍于其配额的款项三个月，并可以进行两次债务转让。（通常情况下，一个成员国只能提取其IMF配额的数量一年。）执行委员会为此划拨了1000亿美元初始资金。9月底的2500亿美元，包括已制定的国际货币基金组织贷款安排下的可用资金，超过了其约2000亿美元的总的正向放贷能力。国际货币基金组织有资金来源维持这样的贷款吗？我对此表示担心，尽管11月中旬日本政府额外借给了国际货币基金组织 1000 亿美元。

另外，2008 年 10 月 27 日，联邦公开市场委员会（FOMC）的联邦储备系统通过互惠交换或短期贷款，为四个新兴市场国家（巴西、韩国、墨西哥和新加坡）各安排了 300 亿美元。然而，是否有国家利用短期贷款？此项贷款如何与美联储同这四家以及其他十家中央银行的货币互换安排相互影响？这些问题还有待观察。

截至 2008 年底，美联储已经将同这 14 家银行的信贷规模扩大至 6000 多亿美元（在 1 月初，其中的一小部分金额已经被偿还）。因此，美联储借给其他国家的金额，几乎是国际货币基金组织由于日本政府的潜在投入增大了其正常资源后可以借出的两倍。（我将很快重回这一主题。）

国际货币基金组织的管理层和职员同样也在积极寻求共同努力来应对全球经济衰退。事实上，国际货币基金组织总裁已经走在了前面。大约在一年前，他推荐有财政回旋余地的国家提出的经济刺激计划；现在他支持相当于全球 GDP 百分之二（约 1.3 万亿）的财政刺激。但不是所有的国家都可以参与到计划之中，因为一些国家在国内国外市场发行额外政府债券的能力有限。然而，广泛的参与非常重要。否则，一些受影响的国家便会搭便车，无需增加其自身的政府债券就能从其他国家的财政刺激中收益。这使得国际货币基金组织作为监管者非常重要，其可以作为一个中立的观察者来帮助确保各个国家在全球经济复苏中都付出合理的努力。

对汇率政策而言，国际货币基金组织的监督功能更加重要。在全球经济衰退中，许多国家在试图允许或鼓励本国汇率贬值。问题是，所有国家的货币不能同时相对于他国货币贬值。而且，成功这样做的国家实际上“输出”了他们的失业率。这种“以邻为壑”的汇率政策，加上一定程度上由其引发的贸易保护主义行为，加剧了大萧条并粉碎了国际货币合作。通常情况下，引发国内通胀的风险是对该竞争性贬值的约束之一。但目前这一约束很大程度上失效了。世界上大多数国家正在经历低通胀或恐惧彻底的通缩。

国际货币基金组织成员国的汇率政策保持以基金组织的任务为中心。随着 20 世纪 70 年代固定汇率被抛弃，国际货币基金组织的协议条款、章节被重新修订。成员国承担着避免操纵汇率或国际货币体系的职责，以防止有效的国际收支调整或者获得不公平的竞争优势。国际货币基金组织履行这项职责的力度一直疲软。其中一部分责任在于国际货币基金组织的管理层和员工的胆怯，但主要还是在于基金组织的一般成员资格。在该职责意味着什么以及如何监管方面缺乏共识。

因此，尤其是在当前全球经济困难时期，国际货币基金组织的管理层和职工有责任严厉斥责那些汇率不合理的国家。反过来，基金组织的成员国需要支持这些努力来抑制损害贸易关系和全球经济的汇率波动。

转向长期来看，国际货币基金组织在国际金融监管中的作用应该是什么？我担心过分关注更严格的全球金融监管在目前会适得其反，阻碍而不是鼓励信贷的发展。尽管存在这些担心，国际金融监管改革的过程是必须的并且正在进行中。

直到最近，这一过程在金融稳定论坛（FSF）中得到了协调。[①] 2007年9月，七国集团财政部长呼吁金融稳定论坛准备一组全面的建议，以发现引发当时危机爆发的薄弱之处，并加强金融系统。经过几个中期报告，一份囊括五个标题下的67项建议以及相关执行时间表的最终报告，于2008年4月提交给七国集团。金融稳定论坛主席马里奥·德拉吉在其2008年10月向七国集团、国际货币基金组织国际货币与金融委员会所做的报告中，另外添加了四个主题。

随着全球经济和金融危机愈发严重，各国政府也愈加注意。一个结果就是11月15日二十国集团领导人峰会的举办。其后是另一场4月2日在伦敦的会议。不管是好是坏，此次扩大的过程纳入了国家政治和地缘政治维度的考量，包括金融稳定论坛的会员资格以及国际货币基金组织与其之间的关系等问题。

对于上述第二个问题，目前现状是：国际货币基金组织肩负着全球

① 七国集团财长和央行行长于1999年建立了金融稳定论坛，通过信息交换和国际金融监管合作来促进国际金融稳定。金融稳定论坛本质上是一个协调机构。其成员包括：七国集团的代表、许多其他金融中心、世界银行、经济合作与发展组织（OECD）、国际清算银行（BIS）、国际标准制定机构如巴塞尔银行监管委员会，和两个国际清算银行委员会。国际货币基金组织也是其成员之一，但它并不占有主导地位。正式设立后，金融稳定论坛向七国集团财政部长和央行行长报告工作。

金融系统的监管责任。金融稳定论坛的主要任务是阐明国际金融监管的政策和标准，并协调各个标准制定主体。在金融部门实施政策则是国家当局的责任，其向本国立法机关和政府负责。国际货币基金组织对当局实施这些政策的情况以及国家金融系统的稳定性进行评估。

对现状的描述几乎一字不差地引自国际货币基金组织总裁多米尼克·斯特劳斯·卡恩和金融稳定论坛主席马里奥·德拉吉递交给二十国集团成员的信件。大幅的改变似乎不太可能。特别是在可预见的未来，没有国家会同意将监管其金融机构或国家金融系统的决策，交给一个国际机构。然而，对各国政策的协调应该也将会加深。这就是为什么国际货币基金组织的监督作用再次显得非常重要。

加强国际货币基金组织的监测可能是由全球金融危机引发的最复杂的问题。在我看来，危机的根源在于宏观经济政策的失败、微观审慎政策和所谓的宏观审慎政策（即审慎政策与宏观经济相互影响）。在国内和国际层面，政策制定者所面临的挑战是：缺乏一致的概念框架指导在上述三个相关政策维度中的国际合作。因为国际货币基金组织是一个全球性的机构并具有很强的分析能力，它必须扮演重要角色，以帮助在上述实质性问题上达成共识，并实施由此产生的程序性协议来减少未来危机的发生率和致命性。

鉴于全球经济和金融危机，奥巴马政府对国际货币基金组织在危机中扮演的角色及其改革做何主张呢？一方面，美国政府采纳了大约在一年前达成共识的温和的一揽子改革方案。这些方案未经美国国会批准不能生效。另一方面，二十国集团峰会召开过程中将这些问题中的许多部分同全球金融监管问题一道，重新带回中心舞台。二十国集团计划在10周内再次面世。

我的主要建议是大胆并主动探索与其他二十国重启之前的一揽子方案。特别是政府应当提倡将以下内容纳入扩充的方案中：（1）进一步改变现在的范式，即以降低传统工业国家的重要性为方针，改变分配配额和国际货币基金组织的投票权，以增强国际货币基金组织的合法性；（2）基于修改后的范式增加一倍国际货币基金组织的分配额度，同时根据一般借款安排（GAB）和新借款安排（NAB），国际货币基金组织可以并行不悖地向其成员借款两倍金额，为该基金组织在目前的危机中提供资源使用；（3）接下来进一步调整国际货币基金组织的投票权份额，从传统工业国家转移出至少五个百分点以增强国际货币基金组织的合法性；（4）分配500亿特别提款权（SDR，相当于750亿美元）以提供给基金组织成员信心和金融资源。

我还建议奥巴马政府寻求授权，将无限的美元兑换为国际货币基金组织发行的特别提款权（SDR）达两年，并且修订国际货币基金组织协议条款，允许基金组织将特别提款权（SDR）兑换成美国货币或者在国际金融中大量使用的其他国家发行的货币。这些国家的货币将用于国际货币基金组织短期流动性融通融资，而不是依靠个别的中央银行帮助成员国支持辖区内特许金融机构的国际金融业务。

传统上，国际货币基金组织向政府提出贷款，而政府主要用从国际货币基金组织借来的外汇补充自己的储备。其次，政府利用外汇来履行自己的外币义务，包括债务义务，同时在有限的程度上在外汇市场支持本国货币。2008—2009年金融危机期间，工业国家和发展中国家的政府和央行，用储备的或新借的外汇来帮助其国内的金融机构偿付国际债权人，特别是它们的银行间借款。未来随着金融全球化正在进行，这些需求可能会增加。一般情况下，它们不应通过双边或央行间的区域安排，而应通过国际货币基金组织的多边谈判得到满足。

最后，对于国际监督管理，我已经概述了国际组织应该发挥发展和实现宏观审慎监管的作用。此外，由于七国集团缺乏合法性，其与金融稳定论坛之间的联系应该割断。今后，金融稳定论坛应该向二十国集团财长和央行行长做报告。这与已经原则上同意扩大金融稳定论坛成员可以同时进行。与此同时，金融稳定论坛最近在向国际货币基金组织国际货币与金融委员会（IMFC）报告，这一非正式实践应当正式化。

我们正处于几乎可以确定是二战以来最严重的全球经济衰退和金融危机中。作为全球经济治理的主要机构，国际货币基金组织必须得到支持和鼓励，以扮演重要角色，帮助单个经济体用最小的痛苦和附带损害来恢复经济增长和金融稳定。国际货币基金组织必须有足够的资源来增加其贷款，建议其成员采取适当的经济金融政策，并监督这些政策以帮助防止破坏性的溢出效应。

长远来看，国际货币基金组织的定位不是一个超国家的金融监管机构。然而，考虑到被忽视的国家宏观经济发展和政策的交融以及各独立金融机构和国家金融系统的监督情况，其在上述两方面的监督作用应当加强。

尽管奥巴马政府面临无数的国内经济和金融问题，但它必须在这个节骨眼上显示其对多边主义和多边机构的决心。从现在到 4 月 2 日的二十国集团峰会，其应根据我今天概述的脉络大力提倡变革，不仅仅是应对这场危机，还应帮助国际货币基金组织重拾全球经济治理核心机构的地位。

【评论】

演讲者 Edwin M. Truman 是彼得森国际经济研究所高级研究员。华盛顿智库彼得森国际经济研究所是美国两大经济类智库之一，是一个私营的、非营利的、无党派的研究所，致力于研究国际经济政策。1981 年以来，该研究所对广泛的国际经济问题给与了及时客观的分析。

2009 年 1 月正值全球金融危机，在塔尔萨和达拉斯外交关系委员会上发表的这篇讲话，正是在这样的背景下，其探讨了国际货币基金组织的角色，并呼吁基金组织进一步改革。

Edwin M. Truman 的讲话主要围绕三个方面。首先从国际货币基金组织的成立背景（即布雷顿森林体系）讲起，回顾了基金组织设立初期的任务和使命（即支持固定汇率、提供国际金融援助缓冲外部调整的影响等）。随着布雷顿森林体系瓦解、固定汇率难以维系，国际货币基金组织的使命发生转变：以对各国提供财政援助和政策建议来缓解众多危机以及帮助转型国家接受市场经济体制。可以看出国际货币基金组织随着全球化做出的转变。

接着，Edwin 对国际货币基金组织的发展和改革做出评价，指出其主要问题、批评其改革缓慢，并总结了各方对国际货币基金组织在全球危机中的角色定位、态度及其转变，最终引出当前任务："当前重要的是减缓全球经济衰退的影响，恢复金融市场的稳定。"

其后，Edwin 进入演讲的第二个方面，概述了国际货币基金组织在 2008 年采取的积极行动，包括资金支持其成员国的调整计划、批准新的短期贷款等。但是 Edwin 对此表示质疑，并将国际货币基金组织与美联储进行对比：后者的贷款能力和规模大于前者。

但在保障经济刺激计划的广泛参与和汇率政策方面，Edwin 强调了国际货币基金组织监管者的角色和监督职能，并指出基金组织管理层和职工应承担的责任，以期改变监督力度疲软的状况。同时 Edwin 提醒过分关注监管可能适得其反。

因此，讲话的第三部分转向国际货币基金组织在国际金融监管中的长期作用，并通过描述国际货币基金组织和金融稳定论坛的关系，进一步协调各国政策的趋势，再次明确了基金组织的监管责任。Edwin 还阐述了其对危机根源的分析，提出基金组织在建立宏观审慎等一致框架中的重要角色。

最后，Edwin 概述了美国对基金组织扮演的角色的主张，并就基金组织改革提出具体建议，包括重启一揽子改革方案、特别提款权和美元等货币间兑换等。

事实上，在这份演讲发表之后，现任国际货币基金组织总裁克里斯蒂娜·拉加德在前任的基础上继续呼吁改革。2010 年 11 月，国际货币基金组织通过了一次份额改革。根据这项改革，超过 6% 的份额将转移到有活力的新兴市场和发展中国家，超过 6% 的份额将从代表性过高的成员转移到代表性不足的成员。国际货币基金组织的成员国会费将增加一倍，24 个席位的执行董事会构成也将调整，其中由欧洲国家占据的两个席位将分配给新兴经济体。这些改革都与 Edwin 在讲话中提出的改革方向是一致的。

对于美国政府的态度和作为，Edwin 的演讲也与拉加德相同。她责备美国政府未能批准几乎其他所有大型经济体都同意的基金组织改革方案，使内部投票权无法调整，反映不了中国和印度等新兴经济体愈来愈强的影响力。

有所不同的是，Edwin 在讲话中提到不应通过双边或央行间的区域安排，而应通过国际货币基金组织的多边谈判得到满足。而拉加德在对亚投行的支持中则表示："若各国都强化国内银行，不仅对它们是好事，也将对邻国产生助益。"同时表达了国际货币基金组织将与亚投行在内的区域机构加强合作的意图。[①] 但二者最终目的都是为了提高特别提款权（SDR）作为全球储备资产的作用，促进新兴市场融入全球经济，使国际货币体系更加稳定。

可见，演讲中对国际货币基金组织在全球危机中的角色定位和改革建议，在危机之后依然颇具价值并有望进一步得到落实。

① 《参考消息》：IMF 总裁称支持亚投行“理所当然”批美国不改革，http：//www. cankaoxiaoxi. com/finance/20150411/738137. shtml，[2015. 7. 11.]。

附录四

国际证券监管组织应对金融危机之策（节选）[①]

朱婧敏 译评　黄莉娜 审校

简介

国际证券监管组织（下称“IOSCO”）是于1983年从美洲区域证券监管组织转变而来的国际组织。它现在是100多个国家的证券委员会和主要金融规制机构的联盟，规制着超过90%的世界证券市场。IOSCO主要职责为推动高水平的证券监管以及提供一个供全球管理者合作的论坛。

同其他国际金融组织一样，IOSCO也对2008年金融危机做出了应对。在此之前，为应对1998年亚洲金融危机，IOSCO将其证券监管的目的和原则定为建立一个集证券市场、中介机构、发行人以及集体投资计划为一身的管理框架。十年之后，IOSCO认为其目的和原则不适用于防范系统性风险，因此存在不足。IOSCO便修改了其目的和原则，加入了八个新原则，包括两个特别针对系统性风险的原则。IOSCO支持其新原则的努力与其他金融管理者应对系统性风险的努力是相同的，但

① Roberta S. Karmel 发表于 Journal of Corporation Law. Summer2012，Vol. 37 Issue4，pp. 849 -901。

IOSCO 的重点在于银行监管之外的资本市场。

证券市场的系统性风险防范主要不是在谨慎管理上，而是关注非银行中间商活动——可称“影子银行体系”，资本市场的透明度，贸易活动以及市场革新中的风险。来自这些中间商的风险与那些大而不倒的银行风险相比规模更微小，更难以理解、难以掌控。另外，在许多 IOSCO 想要订立标准的地区中，美国和欧盟有相异的管理途径，并且亚洲市场也有可能会加入管理策略的争斗中，这也会影响到美国和欧洲的市场。

本文的第二部分将会列出 IOSCO 的目的和原则，解释 IOSCO 是如何修改这些目的和原则以应对 2008 年金融危机的。第三部分将会论及一些在缺乏国际协调情况下严重危及市场管理时一些需要掌控的重要主动权。这部分侧重于讨论对冲基金管理、征信机构、卖空以及技术革新，包括电子通信、黑池交易以及高频交易。我选取这些内容是因为它们不是传统的银行管理内容，却与资本市场证券监管中系统性风险相关。第四部分会论述 IOSCO 在国际协调中的角色，以及 IOSCO 是否能够在这些有争议的领域，在来自于市场操控者的政治压力下和资本市场核心竞争中成功地设定一个标准。

本文的结论是 IOSCO 对于协调进程的贡献是普遍性的，但可能对于管理改革的刺激远远不够。当国际利益受到威胁时，证券监管者会在利益的驱使下行事而不会根据 IOSCO 的指示而为。因为 IOSCO 除了互相监督外没有执行机制，其成员也太过庞大，期待严格且具体的统一管理体制是不现实的。尽管如此，IOSCO 在突出的证券监管亟待改进的争议领域可以扮演一个有用的角色，其也确实对许多贸易市场系统性风险的问题做出了贡献。

IOSCO 的目的和原则

IOSCO 在 2010 年 6 月的报告中提出了三个证券监管的目的，包括：保护投资者（包括消费者或其他金融服务的消费者）；保证市场公平、高效、透明；以及降低系统性风险。这一开始是毫无争议的，因为美国是世界上唯一一个将证券市场和金融期货市场管理分开的国家，IOSCO涉及了证券市场的衍生市场。38 个 IOSCO 原则分为九个种类：管理者；自律；证券监管实行；合作管理；发行人；审计人员；评级机构和其他信息提供者；集体投资计划，市场中间商；以及二级市场。其中前四个关系到管理机构的组织、权力和运作。

IOSCO 为了提供处理金融危机导致的问题的指导修改了其原则，加入了两个着眼于风险管控的原则。原则六处理了证券管理者在鉴别、分析、缓解系统性风险中的角色和引导作用，原则七劝诫规制机构定期审查的规制范围。IOSCO 现正在开发一套合适的方法论支持其新原则，并且早已将鉴别与缓和系统性风险与其未来五年战略性目标任务结合在了一起，其相信其能引导对于未来可能出现的管理问题的回应。

IOSCO 第五个原则分类是有关发行者的风险，其风险在于其应“完整、准确且及时地公布对投资者决策有实质影响的财务成果、风险及其他信息”。如同与发行者有关的原则一样，其余的与资本市场操控者有关的原则，如资本市场把关者、影子银行系统成员或非银行中间人，其中的一些原则也注重在风险上。原则二十七有关于集体投资股份，其致力于推动管理的发展并保证“在集体投资计划中为资产评估以及股票定价及回赎提供一个适当的、公开的基础”。原则二十八要求对“保证对冲基金和/或对冲基金经理人受到合适的监管”做出规制。在市场中间人的规则下，原则三十认为应对市场中间人做出能够反应其风险的资本要求和其他谨慎要求，同时原则三十二认为应有适当程序处理未能控制系统性风险的市场中间人。最后，在二级市场的规则下，原则三十七认为管理者应着眼于保证对高风险、违约风险以及市场混乱的管理，原则三十八认为证券结算系统以及同等级的中央机构应对降低风险的管理担起责任。

IOSCO 的目标和原则非常笼统，所以我们有必要参考更具体的文件来评价对于证券管理组织规制风险的苛评。IOSCO 在 2011 年 2 月发表过这样一篇报告，名为“缓解系统性风险：证券管理者的角色”，IOSCO 技术委员会制备了这份报告，该委员会由各大资本市场的管理者组成，一般由美国或欧洲的管理者主导。该报告指出证券监管组织一直以来关注披露和监督经营行为而非系统性风险，这要归咎于金融主管当局及金融管理者。监管上的传统分割在2008年金融危机中被证明是有所不足的，特别是当传统上未受证券监管的领域出现风险时更为欠缺。举一些没有被列入监管对象但又对金融市场稳定有威胁的例子：影子银行系统；相互关联的全球市场；缺乏激励机制以至于市场参与者不得不控制不必要的风险；金融产品的创新和复杂性导致的信息不对称和信息披露不足；逐渐艰难且昂贵的冲突解决方案；“金融市场的周期性”；以及固有的场外市场（OTC）风险。

IOSCO的报告从大小、互联性、缺乏替代品及集中性、缺乏透明度、套利、市场竞争行为、信息不对称和道德风险上分析了系统性风险的来源和传播，技术委员会敦促管理者注意管理缺陷并解释了这些缺陷将如何导致系统性风险。尤其是在免除某一市场因素的监管上以及在免除这些监管的政策考量上需要在一个一贯性的基础上进行考虑。同样的，管理者应注意在那些监管较松的活动中出现的缺陷，以及那些没有管理对策的新市场活动。当发现在自身管理范围之外的缺陷出现时，证券监管机构应与有管辖权的机构以及国际管理机构合作。此分析看上去很笼统，但其准确找到了一些引发金融危机的原因：无法规制互惠信贷和信用衍生产品；无法规制抵押经纪商；无法规制对冲基金和评级机构；对证券化产品规制的缺乏，以及美国证券交易委员会对于复杂投资者的放任。

这些原因是美国和其他一些持解除管制理念的地区所特有的，至少在美国，在国会和法院对此都有责任的情况下，我们很难去单独责怪证券监管者。在产业对立法者有极大影响的情况下，即使当规制者意识到了其缺少市场标准，参与有力规制管理的政治意愿也很小。尽管如此，IOSCO现在正在开始提高其研究能力，并且正式公布了一项策略来强调对于证券监管者辨别、监控、管理系统性风险的迫切需要。

IOSCO的这份报告阐述了能够加强金融系统稳定性的方式，关于贸易基础的“透明度和有效披露；商业行为监管；组织性、审慎性和治理要求以及防止风险转移”和“紧急权力”。另外，IOSCO作为一个国际性组织，强调“内部管辖权的交流以及管理者之间有关系统性风险的信息交换……来防止紧急情况下的监管缺失以及可能的风险转移”。在国际层面上，证券监管者应继续通过IOSCO合作来推进国际证券市场的透明度和有效信息披露。该报告还建议管理者应增加关于风险的交流以加强对市场的信心。

自始以来，金融危机引起了广泛的争论，但一致的是均指责金融创新导致的套利是罪魁祸首，比如担保债务凭证、信贷衍生工具以及其他结构性投资工具。根据 IOSCO：对金融机构和管理者来说，新的金融革新框架应包含更多风险考虑；监管者和管理者应加强合作以考虑诸多革新潜在的风险与风险转移；管理者需要适当保持其对金融革新的监督和控制；以及更多考虑国际金融革新进程以防止监管资本套利。

IOSCO 同时敦促证券管理者定期检查其对金融活动的管理覆盖范围，保证没有活动逃逸于监管之外。

在金融危机中管理者的重点关注之一是"影子银行"这一部分，其重要的原因在于影子银行不是如银行一样受其他组织监管的企业，若被金融稳定监督委员会（FSOC）认定为是对美国有重要影响的金融机构，该企业将会被列入联邦储备金检查小组的监管之下，大型对冲基金是否会被列入这一分类中尚不明确。IOSCO 建议，与审慎监管相同，证券监管者需考虑对影子银行企业及其活动应采取何种措施，如何进行监管以及应出台什么样的规范性文件。

IOSCO 的作用在于对管理者何时、如何运用可用的方法提供指导以及政策和标准。其第一个贡献是首先将调查重点放在系统性风险上并且提供年度报告来识别出对于证券监管者来说最为重要的全球系统性风险。IOSCO 同时想要对特定的产品、部分市场或技术进行风险评估。其鼓励成员们加入双边或多边谅解备忘录来表达全球合作之希望，特别是关于风险的信息互享和协调行动。IOSCO 也参与特定风险的成员行业协会，因为行业协会离市场比监管者更近一步。该组织也正考虑与利益相关者协商，在此协商中 IOSCO 的政策制定者与主要产业组织代表讨论其工作项目，并且将组织一个与顶级产业集团深入探讨系统性风险的对话。在一些话题上，IOSCO 认识到其需要与其他国际组织更紧密的合作，如 G20、FSB、BCBS、CPSS、IAIS、ESRB、IMF 和世界银行以及适时与国内机构合作。

未受规制企业及不稳定市场带来的系统性风险

卖空交易规制

卖空交易规制也是一个有政治性的话题。“卖空是一种卖方用没有拥有的证券进行售卖或销售从他方借来的证券”。之前 SEC 有规定禁止任何人以低于该证券最后报价卖空证券，这被称为“报升原则”。SEC 在 2007 年夏天废除了此项规定，因为其认为该条规定在交易市场透明化及有力监管的情况下已经不必要了。并且，选择的多元化及衍生品使得该规定的效力受到质疑，因为其可在将来市场交易中被轻易地规避。尽管如此，在 Bear Stearns 公司倒闭引发的金融危机中，雷曼兄弟破产，开始出现针对卖空的呼声，SEC 对此禁止了金融类股票的卖空。

从 2007 年 6 月 21 日至 7 月 29 日，SEC 禁止了 19 个金融类股票的卖空。在此紧急指令失效后，股票市场中的骚动还在继续，金融公司声称其受到卖空的重创。2008 年 9 月，SEC 禁止在 799 家美国金融机构中进行卖空，之后允许在该名单中加入更多公司。将近 1000 支股票在此名单上，包括 CVS Caremark Corp. 、IBM、通用汽车、通用电气。SEC 同时要求对冲基金管理者公开披露其空头头寸，并且其声明这项披露要求是永久性的。

SEC 之后禁止恣意性“裸卖空”，或禁止卖空的人不通过融券以实际对冲交易，并且无法交付股票给买家。根据一条暂时性规定，2008 年 9 月 17 日，SEC 要求卖空者及其经纪商在结算日业务结束前交付证券，并且对不能完成该任务者进行惩罚。SEC 在 2009 年 7 月将该规定转变为永久性规定。

其他地区迅速地照搬了 SEC 对于卖空的禁止性规定，英国在 2009 年 1 月前禁止对 34 支金融类股票进行卖空交易，并且要求每天披露其净空头头寸。其他欧洲国家也做出了禁止性规定。中国香港将报升原则付诸实践，允许对涨价的股票进行卖空交易。而新加坡出台更严厉规定规制“裸卖空”以减少该种交易。澳大利亚禁止“裸卖空”并要求及时披露其他卖空信息。

SEC 对于卖空的禁令被批评为将一个不稳定的市场变得更糟——“笨拙地想要支撑起遭受重创的金融类股票”。事实证明 SEC 对于卖空的禁令导致了很大程度的价格震荡。更严重的是，包括国家城市公司、西班牙国际银行在内的股票大幅下跌，华盛顿互惠公司以及美联银行倒闭。SEC 主席 Christopher Cox 之后总结认为 SEC 在紧急情况下对卖空的规定是一个错误。

IOSCO 以一种相对谨慎的方式回应了世界范围内希望禁止或至少缓和卖空的政治压力，其在 2009 年发表了一篇 IOSCO 技术委员会撰写的报告，该报告认为卖空在市场中扮演着重要且有益的角色，但其也可能会导致市场出现混乱。委员会没有对卖空进行定义，认为“通过观察一个交易的实质来认定其是否为卖空更加实际”。如果卖方在售卖股票的那一时间点并未拥有该股票，则委员会将会将其定义为卖空行为。认识到其成员对于卖空的规制各有不同后，委员会敦促找到一种更加普遍的规制方式，并且建议市场权力主体根据以下所述原则建立卖空管理体制。

IOSCO 规划了四种原则来规制卖空，第一种为“这种可能影响金融市场秩序和效率的卖空交易需被纳入合适的管控中，将潜在的风险降到最低”。一些地区的管理者早已使用了多种手段针对卖空风险进行管控，但是，委员会认为不是所有这些方式都适用于国际间。为了减少卖空行为，委员会建议针对失败的交易行为进行严厉处理——换句话说，就是将“裸卖空”行为规定为违法。

IOSCO 第二项关于卖空行为的原则是“卖空交易者应向市场及市场管理者及时提供信息”。委员会还认为“规制者应帮助向市场披露透明化的卖空交易信息”，其还提出“关于卖空的信息可能会误导市场，增加市场透明度会暴露卖空者并使他们受到潜在的短期挤兑”。因此委员会告诫立法者要谨慎考虑卖空透明化政策的适用对象。

正如所期待的那样，IOSCO 第三项原则与执行有关，即卖空交易需在一个有效的承诺和执行体系下进行。为了逐渐运用惩罚机制以及将潜在的破坏风险降到最低，委员会认为对失败的交易应严厉处理。委员会建议管理者应考虑不仅要求国内登记过的个人或企业提供信息，更要考虑是否能让那些没有登记过但可能会违反该规定的组织提供信息。此外，委员会还建议国际间的合作执行可应用 IOSCO 一些已经架构完成的方式和框架。

正如上文所述及，委员会认为卖空对市场的发展有一定的益处与推动作用，为此，IOSCO 的第四条原则是“卖空的规制对于某些有利于市场发展的部分应有所放宽”。委员会预想了一种管理体制，在该管理体制下，“对于那些对资本市场高效运作、保证抗风险管理有序发展的卖空交易”应给予更多弹性空间，如善意套期保值、做市、套汇。尽管这些交易可不受严格限制，但是委员会认为它们仍应有报告的义务，并且建议管理者清晰界定何种交易可不受限制。

大量政治压力要求 SEC 恢复报升原则，SEC 采用了一种断路器规则，即仅运用于当股票价格大幅跳水时，当一天内某一证券价格比上一日结束交易时的价格跌幅达到或超过 10% 时，该规则便强制该日和下一日适用报升原则，禁止卖空者在当时全国最高叫价以下销售证券。

在这些规定背后一个指导性的政策是在市价下降的过程中允许卖空的证券商先出售证券，此举可增加市场的稳定性，确保其有效运作，并且帮助投资者在大量不确定中恢复信心。该规定的限制反映出 SEC 对于卖空的怀疑态度，其认为卖空对于市场流动性与定价有效性是否存在着裨益。而 SEC 早已禁止了“裸卖空”。

SEC 的行动与 IOSCO 原则及其他地区管理者的管理方式一致。至 2010 年，许多管理者决定用信息披露方式规制卖空交易。2010 年 3 月，CESR 向欧洲委员会发布一份建议书，建议其实施一项泛欧洲卖空规制管理体制，该体制要求投资者向管理者报告大的空头头寸，并授权一个欧洲“守门人”收集敏感信息以及暂时性禁止卖空交易。“然而，欧盟国家可以对此项禁令行使否决权”，如果议会与欧盟达成了协议，2012 年年末此项法案就可到位。中国香港同时也表示其将会实施空头头寸汇报管理体制。在新的规则下，“市场参与者需要报告任何等于或超过某在列公司已发行股本 0.02%，或市价为 30M 港币的空头头寸，两者取较少之一。”

许多市场观察者认为滥用卖空交易实际上压低了 2008 年的金融股股价。但是，与排除报升原则相比，2008 年前在牛市中举债经营的崩塌是触发金融危机的更直接原因。并且，在没有限制股票衍生品的情况下，也不可能恢复有用的报升规则。AIG 信贷违约互换的崩溃反映了如果公布了新的证券卖空规则，债券的卖空规则也可能是合理的。

尽管 IOSCO 在应对金融危机时主要是在原则和标准上对增加规制提出建议，在卖空上，IOSCO 的应对是减少政治上希望绝对禁止卖空或应用报升规则的压力，IOSCO 选择建议披露机制和限制失败交易，这在实际上是一个针对“裸卖空”的禁令。

考虑到 2008 年对卖空交易的禁令是如此绵软无力，欧洲的市场规制者在 2011 年夏天严重的债务危机中重新对卖空交易进行限制，ESMA 在比利时、法国、意大利和西班牙实施了该项禁令。有些人认为“对卖空交易的禁止在 2008 年雷曼兄弟倒台后更加协调、更加完备”，另一些人则犀利地批评了此举是对资源的浪费，也是一种市场效率的流失。

随着严重的债务危机在欧洲继续发酵，欧盟正逐步将对卖空交易的规制转变为在该金融市场中永久性的规则。在其成员中，法国已将该禁令延伸至 10 个法国金融机构，包括 behemoths Societe Generale 和 BNP Paribas。在欧盟层面上，2011 年 11 月 15 日，欧洲议会通过了规制卖空交易和某些信贷衍生工具的最终规定。该规定由欧盟理事会正式决议通过，于 2012 年 12 月 1 日生效，其包含了对卖空交易的限制及对其信息披露的要求，其也对与欧盟政府债务有关的信用违约互换进行限制。

在此事上 IOSCO 的建议与美国对于卖空交易的规制、欧洲国家的禁令存在的矛盾反映了国际规制的失败，一国的管理者对资本市场中的问题总是依照自己国家的利益以自己的方式解决。国际市场只能自己应对这些规制中的矛盾，或将交易转移到较少规制的地区，或虚构出组合证券仿效非法交易。即使 IOSCO 能够对这些问题提出建议，却没有能力在选择其他解决途径的区域实施这些建议。

IOSCO 在国际协调中的角色

尽管许多机构都在有关金融秩序的国际协调中做出贡献，且均主动颁布新标准来帮助2008年金融危机之后的复苏，IOSCO却是唯一一个专门投身于证券方面管理的组织，而且其也是唯一一个将几乎所有国际证券机构囊括在内的机构。IOSCO致力于建立协调的证券交易国际准则，但因为其将发达市场和发展中市场都囊括在内，其只能为所有成员建立一个非常笼统的标准。首先，尽管其技术委员会由成熟的资本市场管理者组成，IOSCO在建立严格的国际标准方面被委员会成员不同的市场大小、种类，不同的公司金融结构，以及国家间为了争夺资本市场首位的竞争所束缚。归根结底，争先建立更严格的规制标准总是会威胁到一些地区，特别是欧盟的大陆国家和美国。其次，许多严重影响市场稳定的因素，如分散市场和高频交易都是最先在美国出现，之后再传至其他市场，因此只有少部分IOSCO成员对建立协调标准应对这些危机有兴趣。更次，以2008年危机后美国的国内形势和债务危机后欧洲的形势来看，那些证券管理者很难采纳对抗系统性风险的新方式。

政府，尤其是规制者们正在打最后一仗。本文列出了IOSCO在此范畴内的求新之举，例如对对冲基金、评级机构和卖空的规制。即使是在这些问题上，对冲基金和评级机构对大致需遵循的更完备规则达成了一致意见，但对于这些更完备的规定应该是怎样的却尚未达成合意。IOSCO对于卖空不建议颁布禁令，但认为限制“裸卖空”和信息披露是必要的。尽管如此，2011年一些欧洲国家针对卖空交易颁布了禁令，这些禁令可能对于抑制股价下跌的作用除临时性缓解外是微乎其微的，国际政治在此处超过了国际协调。

在面对新出现的系统性风险中，IOSCO似乎并不会抑制DEA、黑池交易和HFT，因为绝大多数这样的交易策略例子出现在美国，如果SEC或其他美国管理机构无法控制其对于贸易市场的威胁，那IOSCO能够做到的可能性也是几乎为零的。只有当多数管理者，特别是技术委员会中那些证券组织代表能在标准问题上达成一致，IOSCO的协调功能才可能显现。即使如此，任何标准都需要一个国家一个国家的实施，而国家中总有研究评价程序，因此那些被证券机构强烈反对的标准是很难付诸实施的。在美国，即使管理机构将一个有争议的标准付诸实施，也难逃法院的责难。因为IOSCO仅建立标准而不施行，故这些已得到同意之标准的实施情况也各不相同。

IOSCO 长久以来一直服从于 SEC 的领导，但 SEC 近年来受到左派与右派的政治攻击，虽然其在 Dodd-Frank 法案中存活下来并且在权力上有所增强，特别是本文所提到的一些问题，如对冲基金和评级机构规制方面，其力量被 FSOC 和银行机构所掩盖。正如 SEC 如今必须关注联邦储备委员会一样，IOSCO 在一定程度上屈从于 G20。尽管 IOSCO 在应对金融危机中扩大了其管理范围并着眼于金融市场的稳定，其在国际金融规制者中也并没有其他管理者那样重要。

【评论】

2008 年金融危机表面上是源于住房按揭贷款衍生品中的问题所引发，但究其深层次原因却是始于美国对金融市场监管的忽视，认为证券市场自由发展是推动美国经济发展的一剂良方，但大量不受监管的对冲基金，卖空交易和黑池交易等新型金融活动使市场处于混乱中，金融创新失去必要的制衡力量，金融监管缺位，信息不对称，危机四伏。据资料来看，美国从 1999 年开始放松金融监管以来就不断出现问题，只是那些问题并不严重，也并未得到重视。

IOSCO 在本次金融危机中提出了系统性风险的防范问题，并提出一套相应的原则，虽然是笼统的框架性规则，但却准确找到了当时全球金融市场监管漏洞，并且及时发出了警示和建议。其建议经过审慎考量，对各国政策制定者有着指导性作用。其没有对已有的市场行为做出大幅的禁止或更改，而是建议较为温和地规制对市场有潜在危险的行为，比如其认为信息披露和透明化市场是规制卖空的最好方法，而不是一刀切的颁布禁令，这给当时多国市场送去了解决危机的良方。

相比之下，SEC 在 2007 年下旬撤除了美国金融类证券的报升规则，紧接着，金融危机便爆发了。这一动作使市场对于 SEC 的决策产生了质疑，SEC 在应对危机的过程中更是贸然颁布了对卖空的禁令，其决策受到了更多市场主体的批评。虽然 SEC 未能妥善处理的问题 IOSCO 也未必有能力完成，且正如文中所言，IOSCO 自觉对于在美国萌发的问题之解决若其他美国管理机构不能妥善处理，其插手也可能力不从心。但 IOSCO 在此次金融危机中首先针对系统性风险提出了处理方案，并且将世界各国的金融市场看作相通之整体，积极寻求一套为所有成员国所接受的原则性规则，这一点是于 SEC 或其他国家金融规则机构仅考虑本国利益而致全球金融市场益损而不顾之做法之上的。

在本次金融危机中，不难看出各国对于危机的事前应对方案准备不足，IOSCO 提出的原则性规则给了这些危机中的国家一根救命稻草，纷纷在 IOSCO 提出之原则基础上加以细化。如在卖空交易的规制中 IOSCO 提出“要求披露卖空交易信息”，之后希腊要求本国同时披露卖空量和借出量，新加坡要求披露买入证券量及其价格，美国则要求披露卖空数量及其价值。IOSCO 不仅提出了抑制卖空的方法，同时也留有余地，建议保留有利于市场流动性的豁免项目。以上种种可以看出，IOSCO 在应对金融危机中考虑到了市场行为与规制行为的两面性，其对于世界金融危机后的重生作用不容小觑。

即便如此，IOSCO 的弱点也相当明显，其规则的笼统性与执行乏力是其不能更好发挥力量的原因。正如文中所述，由于 IOSCO 的成员数量众多，范围广，金融市场成熟度参差不齐，很难做出细节性的规定，这无可责难，本就没有什么放之四海而皆准的细致规则存在。但其执行力的缺陷却是可以改善的，费尽心思制定出的规则无法实施，实乃一种浪费。文中提及 IOSCO 可加强与 G20 的合作来更好地实践其拟定的框架和原则，此渠道译者认为可行。

2007 年至 2008 年金融危机中，G20 升格为领导人会议，并在 2009 年的匹兹堡峰会上宣布 G20 取代八国集团成为国际经济合作的首要论坛，从而确立了 G20 在全球经济治理机制中首屈一指的地位和作用。G20 有着许多 IOSCO 所需要的能力，其机制构架中有部长级会议作为领导人峰会的预备会，提前就相关问题进行充分讨论和协商，并在部分问题上达成一致，有利于各国领导人在相关问题上达成共识；IMF 与世界银行等国际金融机构作为 G20 的正式成员，对于其活动也持支持态度，它们的参与也为 G20 决议在布雷顿森林体系中的执行提供了方便，且 G20 成员的承诺和制定的时间表也是其执行力的表现，虽仍力度不强，但对 IOSCO 来说寻求执行力的增强非一朝可为。此外，G20 的影响力是 IOSCO 所需要的，IOSCO 虽然成员众多，但成员中的多数国家对新兴出现的市场问题并无兴趣深究解决，如文中述及金融市场问题的发源地多为美国，慢慢才蔓延开来，其他成员国认为该问题不会影响本国，便不再参与研究，等到本国市场也深受其扰时再寻求解决之道便难上加难了。若能将这些刚有蔓延之势的新问题提交 G20 讨论，尽早探索出解决的办法，则对保证全球金融市场的稳定性就掌握了主动权。且 G20 成立之初的初衷便是推动发达国家和新兴市场国家之间就实质性问题进行研究和磋商，以寻求合作并促进世界经济的稳定增长。这与 IOSCO 维护世界金融市场稳定的初衷是不谋而合的，两者的合作定能增强联合抵御金融危机的能力。G20 在金融危机中针对金融改革做出了不少努力和决议，其金融改革议程是一系列针对金融系统失灵状况的单个政策的集合，而没有形成一个统一的分析框架。首先，其需要一个总揽全局的原则，而 IOSCO 设想的原则在此处就可发挥其指导作用；其次，现如今全球金融市场的情况已不是少数发达国家参与就可妥善管理的，IOSCO 作为第一个囊括了几乎所有新兴市场的国际组织，其一定程度上可以弥补 G20 发展中国家话语权较弱的缺陷。

综上，在金融危机中，我们看到了 IOSCO 所做出的贡献及其成功之处，但也窥见了其不足之处，其对于监管全球金融市场的能力不仅局限于金融危机中所反映出来的内容，要想发挥其全部作用，还需寻求与其他国际组织的合作，优势互补，方能实现其初衷。

参考文献

一、中文参考文献

（一）著作类（以出版年代为序）

1. 应松年：《行政行为法》，北京：人民出版社 1992 年版。

2. 姜明安：《行政诉讼法》，北京：北京大学出版社 1993 年版。

3. 马怀德：《行政许可》，北京：中国政法大学出版社 1994 年版。

4. 文海兴、王艳林：《市场秩序的守护神——公平竞争法研究》，贵阳：贵州人民出版社 1995 年版。

5. ［日］室井力主编：《日本现代行政法》，北京：中国政法大学出版社 1995 年版。

6. ［美］保罗·A. 萨缪尔森著，胡代光等译：《经济学》，北京：北京经济学院出版社 1996 年版。

7. 种明钊：《竞争法》，北京：法律出版社 1997 年版。

8. 张瑞萍：《反垄断法理论与实践探索》，长春：吉林大学出版社 1998 年版。

9. ［日］猪口孝、［英］爱德华·纽曼、［美］约翰·基恩著，林猛等译：《变动中的民主》，长春：吉林人民出版社 1999 年版。

10. 郭润生、宋功德：《论行政指导》，北京：中国政法大学出版社 1999 年版。

11. ［德］罗尔夫·斯特博著，苏颖霞、陈少康译：《德国经济行政法》，北京：中国政法大学出版社 1999 年版。

12. ［日］盐野宏著，杨建顺译：《行政法》，北京：法律出版社

1999 年版。

13. 甘文：《行政诉讼法司法解释之评论——理由、观点与问题》，北京：中国法制出版社 2000 年版。

14. 熊文钊：《现代行政法原理》，北京：法律出版社 2000 年版。

15. 姜明安主编：《行政法与行政诉讼法》，北京：北京大学出版社、高等教育出版社 2001 年版。

16. 陈安主编：《国际经济法学专论》，北京：高等教育出版社 2002 年版。

17. ［德］汉斯·J. 沃尔夫、奥托·巴霍夫、罗尔夫·施托贝尔：《行政法》（第一卷），北京：商务印书馆 2002 年版。

18. 江必新：《WTO 与中国法治》，北京：中国人民公安大学出版社 2002 年版。

19. 朱淑娣主编：《WTO 案例之行政法解读：运行中的国际经济行政法》，北京：时事出版社 2002 年版。

20. 张兴祥：《中国行政许可法的理论与实务》，北京：北京大学出版社 2003 年版。

21. 汤宗舜：《专利法教程》，北京：法律出版社 2003 年版。

22. 季卫东：《法律程序的意义》，北京：中国法制出版社 2004 年版。

23. 姜明安：《行政执法研究》，北京：北京大学出版社 2004 年版。

24. 漆多俊：《经济法学》，武汉：武汉大学出版社 2004 年版。

25. 肖金明：《法治行政的逻辑》，北京：中国政法大学出版社 2004 年版。

26. 王传辉：《反垄断的经济学分析》，北京：中国人民大学出版社 2004 年版。

27. 杨海坤、章志远：《中国行政法基本理论研究》，北京：北京大学出版社 2004 年版。

28. 李本：《补贴与反补贴制度分析》，北京：北京大学出版社 2005 年版。

29. 宋雅芳：《行政程序法专题研究》，北京：法律出版社 2006 年版。

30. 张树义主编:《纠纷的行政解决机制——行政裁决为中心》，北京：中国政法大学出版社 2006 年版。

31. 王锡锌:《行政程序法理念与制度研究》，北京：中国民主法制出版社 2007 年版。

32. 朱淑娣主著：《国际经济行政法》，上海：学林出版社 2008 年版。

33. ［英］安东尼·奥格斯著，骆梅英译，苏苗罕校：《规制：法律形式与经济学理论》，北京：中国人民大学出版社 2008 年版。

34. 翁岳生:《行政法》，北京：中国法制出版社 2009 年版。

35. ［美］肯尼斯·卡尔普·戴维斯著，毕洪海译：《裁量正义》，北京：商务印书馆 2009 年版。

36. 胡建淼主编:《法律适用学》，杭州：浙江大学出版社 2010 年版。

37. 《中国竞争法律与政策研究报告 2010 年》，北京：法律出版社 2011 年版。

38. 朱淑娣、刘峰：《WTO 与国际贸易行政诉讼》，上海：学林出版社 2011 年版。

39. 罗豪才、湛中乐主编:《行政法学》（第三版），北京：北京大学出版社 2012 年版。

40. 朱淑娣主编:《中美知识产权行政法律保护制度比较》，北京：知识产权出版社 2012 年版。

41. 莫于川主编:《行政法与行政诉讼法》，北京：中国人民大学出版社 2012 年版。

42. 朱淑娣、万玲:《全球化与金融消费者权益行政法保护》，北京：时事出版社 2013 年版。

43. ［美］罗斯科·庞德著，沈宗灵译，楼邦彦校：《通过法律的社会控制》，北京：商务印书馆 2013 年版。

44. ［德］克里斯托夫·默勒斯著，赵真译：《德国基本法：历史与内容》，北京：中国法制出版社 2014 年版。

45. 罗英:《福利行政的正当程序研究》，北京：人民出版社 2014 年版。

46. 江必新、邵长茂：《新行政诉讼法修改条文理解与适用》，北京：中国法制出版社2015年版。

47. 郑雅方：《美国外资并购安全审查制度研究》，北京：中国政法大学出版社2015年版。

（二）论文类（以发表先后为序）

1. 唐海燕：《乌拉圭回合知识产权谈判和中国知识产权保障》，《国际贸易问题》1993年第4期。

2. 李小伟：《知识产权国际保护体制的变化及其影响》，《台、港、澳及海外法学》1996年第6期。

3. 丁丽瑛：《论知识产权国际保护的新体制》，《厦门大学学报（哲社版）》1998年第1期。

4. 毛光烈：《试论行政合理性原则对行政自由裁量权的控制》，《汕头大学学报》1999年第1期。

5. 罗敏智：《试论行政指导》，《行政法学研究》1999年第3期。

6. 郭润生、宋功德：《行政指导概念界探》，《山西大学学报（哲学社会科学版）》2000年第2期。

7. 陈立虎：《美国国际贸易法院的设置及其启示》，《苏州城市建设环境保护学院学报（社科版）》2001年第3期。

8. 莫于川：《我国实施行政指导的原因、现状及法治化对策》，《渝州大学学报（社会科学版）》2001年第3期。

9. 罗豪才：《现代行政法制的发展趋势》，《国家行政学院学报》2001年第5期。

10. 肖金明：《行政许可制度的反思和改革》，《中国行政管理》2001年第6期。

11. 黄学贤：《行政法中的信赖保护原则》，《法学》2002年第5期。

12. 关保英：《行政审批的行政法制约》，《法学研究》2002年第6期。

13. 朱淑娣、张华：《入世背景下的行政指导制度——美日胶卷案引发之思考》，《天津行政学院学报》2003年第1期。

14. 叶甲生：《电子商务环境下电子签名与认证之法律思考》，《安徽广播电视大学学报》2003 年第 2 期。

15. 韩大元、杨福忠：《试论我国政府信息公开法治化》，《国家行政学院学报》2004 年第 2 期。

16. 莫于川：《法治视野中的行政指导行为——论我国行政指导的合法性问题与法治化路径》，《现代法学》2004 年第 3 期。

17. 孙祖全、孙倩：《论电子商务法构建》，《湖南文理学院学报》2004 年第 3 期。

18. 王士如：《中国行政指导的司法救济》，《行政法学研究》2004 年第 4 期。

19. 解志勇、侯晓光：《行政诉讼中的平等保护研究》，《国家行政学院学报》2004 年第 4 期。

20. ［美］L. B. 斯图尔特著，苏苗罕译：《二十一世纪的行政法》，《环球法律评论》2004 年夏季号。

21. 马常娥：《337 调查：中美贸易发展的新障碍及其应对策略》，《南京师范大学学报（社会科学版）》2005 年第 6 期。

22. 莫于川：《应将行政指导纳入我国行政诉讼受案范围——兼析国外行政指导诉讼的典型案例和特点》，《重庆社会科学》2005 年第 8 期。

23. 洪浩：《论专利侵权纠纷处理中的程序保障》，《法学》2006 年第 2 期。

24. 莫于川：《中国行政法 20 年来民主化发展与未来趋势》，《南都学坛（人文社会科学学报）》2006 年第 26 卷第 1 期。

25. 陈业宏、陈伟翔：《论东道国对外资并购的管制制度及母国的法律对策——以中国企业在美国的海外并购为例》，《武汉大学学报（哲学社会科学版）》2006 年第 6 期。

26. 莫于川、郑宁：《泉州经验的行政管理和行政法制创新意义——福建泉州工商行政机关推行行政指导的调研报告》，《宪政和行政法治评论（第二辑）》2007 年第 1 期。

27. 李珊珊：《我国电子交易立法的几点问题浅析》，《商场现代化》2007 年第 1 期。

28. 薛希希：《破除制约我国电子交易发展的四大瓶颈》，《行管论坛》2007 年第 2 期。

29. 任自力：《美国证券集团诉讼变革透视》，《环球法律评论》2007 年第 3 期。

30. 王克稳：《我国行政许可与行政审批关系的重新梳理与规范》，《中国法学》2007 年第 4 期。

31. 魏玮：《知识产权侵权纠纷行政裁决若干问题研究》，《华东政法大学学报》2007 年第 4 期。

32. 朱淑娣、蒋梦娴：《国际经济行政法的理论界定》，《东方法学》2008 年第 2 期。

33. 温辉：《论行政和解的理论基础》，《法学杂志》2008 年第 3 期。

34. 郭雳：《美国证券执法中的行政法官制度》，《行政法学研究》2008 年第 4 期。

35. 敖冬梅：《略论中国电子商务立法的现状及其完善》，《商场现代化》2008 年第 4 期。

36. 王小琼、何焰：《美国外资并购国家安全审查立法的新发展及其启示——兼论〈中华人民共和国反垄断法〉第 31 条的实施》，《法商研究》2008 年第 6 期。

37. 孙效敏：《论美国外资并购安全审查制度变迁》，《国际观察》2009 年第 3 期。

38. 孙晋、翟孟：《对我国外资并购的反垄断法思考——以美国可口可乐收购我国汇源为例》，《新疆大学学报（哲学 · 人文社会科学版)》2009 年第 3 期。

39. 湛中乐、苏宇：《论政府信息公开排除范围的界定》，《行政法学研究》2009 年第 4 期。

40. 孙效敏：《美国外资并购安全审查制度研究》，《华东政法大学学报》2009 年第 5 期。

41. 沈开举：《论行政机关裁决民事纠纷的性质》，《昆明理工大学学报（社会科学版)》2009 年第 5 期。

42. 邢厚媛：《〈反垄断法〉初亮红灯之后——中国政府否决可口可乐收购汇源说明什么》，《中国外资》2009 年第 5 期。

43. 梁智俊、杨建生：《美国行政管制的“非行政化”及其启示——

美国行政法学发展新趋势》,《学术论坛》2009 年第 5 期。

44. 姜明安:《全球化时代的“新行政法”》,《法学杂志》2009 年第 10 期。

45. 陈利强、屠新泉:《美国对华实施“双轨制反补贴措施”问题研究》,《国际贸易问题》2010 年第 2 期。

46. 梁小尹、向秋英:《论美国国际贸易法院的发展及对我国的启示》,《湖南涉外经济学院学报》2010 年第 3 期。

47. 朱淑娣、蒋梦娴:《成长中的国际经济法新分支——国际经济行政法理论界定》,《江西社会科学》2010 年第 3 期。

48. 王玉林:《〈政府信息公开条例〉立法目的解读———是保障知情权抑或其他?》,《云南大学学报(法学版)》2010 年第 3 期。

49. 孙章伟:《“可口可乐—汇源收购案”的综合分析》,《管理评论》2011 年第 1 期。

50. 黄晓凤:《美国对华 337 调查的变化趋势研究》,《国际贸易问题》2011 年第 3 期。

51. 杨荣珍:《国外对华反补贴现状及中国补贴政策分析》,《国际经贸探索》2011 年第 3 期。

52. 肖永平、李韶华:《美国法庭之友制度的价值纬度与实证研究》,《东方法学》2011 年第 4 期。

53. 朱淑娣、周诚:《国际经济行政法基本原则:平等保护与正当程序》,《北方法学》2011 年第 5 期。

54. 向忠诚:《WTO 与行政指导可诉性研究》,《河北法学》2012 年第 7 期。

55. 张猛:《知识产权国际保护的体制转换及其推进策略》,《知识产权》2012 年第 10 期。

56. 杨国华:《“中国电子支付服务案”详解》,《世界贸易组织动态与研究》2013 年第 2 期。

57. 吴陶:《论我国证券行政执法领域和解制度之构建》,《云南大学学报》2013 年第 3 期。

58. 马一德:《创新驱动发展和知识产权战略实施》,《中国法学》2013 年第 4 期。

59. 陈利强、屠新泉：《美国对华新能源产业实施“双轨制反补贴”战略研究》，《国际贸易问题》2013 年第 5 期。

60. 胡晴：《论美国国际贸易法院对完善我国国际贸易诉讼机制的启示》，《劳动保障世界（理论版）》2013 年第 8 期。

61. 于蕾：《从对华反补贴案的剧增看国际贸易保护主义发展的思潮》，《国际贸易》2013 年第 8 期。

62. 蔡恩泽：《“乌龙指”敲出光大风控漏洞》，《产权导刊》2013 年第 9 期。

63. 张秀吉、关欣：《我国省级地方政府信息公开工作的比较分析——基于〈政府信息公开条例〉的实施情况》，《山东社会科学》2013 年第 9 期。

64. 缪因知：《光大证券事件行政处罚与民事索赔之合法性质疑》，《法学》2014 年第 1 期。

65. 石岩、李卫华：《论美国国际贸易法院的行政性》，《山东社会科学》2014 年第 2 期。

66. 章剑生：《“选择性执法”与平等原则的可适用性》，《苏州大学学报（法学版）》2014 年第 4 期。

67. 张倩文：《从刑法的角度看光大乌龙指事件是否构成内幕交易罪》，《时代金融》2014 年第 4 期。

68. 谢晓晓：《从中国电子支付服务案看 GATS 具体承诺减让表的解释》，《湖南科技学院学报》2014 年第 4 期。

69. 时建辉：《光大乌龙指事件对我国内幕信息认定的启示》，《长春教育学院学报》2014 年第 6 期。

70. 刘东辉：《论“光大证券事件”中的期货内幕交易》，《西南政法大学学报》2014 年第 10 期。

71. 柯静：《“光大乌龙指”诉讼案的行政法问题研究》，《上海金融》2015 年第 2 期。

72. 彭岳：《美国对华产品适用反补贴法中的行政方法与司法方法》，《北方法学》2015 年第 2 期。

73. 李东方：《论证券行政执法和解制度——简评中国证监会〈行政和解试点实施办法〉》，《中国政法大学学报》2015 年第 3 期。

74. 姜明安：《依法行政的三个“不仅仅”》，《市场报》2004 年 6 月 29 日。

75. 卫建萍、王治国：《护转型促创新绽放精彩——上海浦东法院延伸职能保障发展纪实》，《人民法院报》2012 年 2 月 16 日。

76. 光大证券股份有限公司：《光大证券股份有限公司重大事项的公告》，《证券日报》2013 年 8 月 19 日。

77. 田志明：《内幕交易或已触犯刑法，光大证券谁将入狱?》，《南方日报》2013 年 8 月 31 日。

78. 张维：《光大证券内幕交易应移送司法》，《法制日报》2013 年 9 月 4 日。

79. 吴海飞：《光大乌龙指民事索赔开庭，光大证券被指欺软怕硬》，《每日经济新闻》2014 年 8 月 6 日。

80. 刘晓燕、常鸣：《光大证券高管杨剑波状告证监会一审败诉》，《人民法院报》2014 年 12 月 17 日。

81. 滑璇：《“光大乌龙指”系列案宣判内幕交易索赔胜诉零突破》，《南方周末》2015 年 10 月 16 日。

（三）学位论文（以完成年代先后为序）

1. 刘剑：《外资并购的政府规制研究》，华中师范大学，硕士学位论文，2012 年。

2. 李梦醒：《GATS 具体承诺表的解释问题研究》，华东政法大学，硕士学位论文，2013 年。

3. 高秀丽：《美国外资并购国家安全审查制度研究》，外交学院，硕士学位论文，2013 年。

4. 汪娜娜：《完善我国外资并购国家安全审查制度的研究》，华东政法大学，硕士学位论文，2013 年。

5. 李莉：《中国影响电子支付服务特定措施案研究》，西南政法大学，硕士学位论文，2014 年。

6. 谢晓晓：《GATS 具体承诺减让表的解释问题研究》，中南大学，硕士学位论文，2014 年。

7. 胡意意：《我国关于外资并购的行政审查制度研究》，复旦大学，硕士学位论文，2014 年。

8. 陈晶：《从三一集团诉奥巴马案析美国外资并购安全审查制度》，中国政法大学，硕士学位论文，2014 年。

（四）论文集与报告（以发表或出版先后为序）

1. 解志勇：《正当程序：服务型政府建构的行政法机制》，中国法学会行政法学研究会论文集（上册），2008 年。

2. 朱淑娣、黄莉娜：《跨国并购行政程序的法治化——涉外经济行政法的理论视角》，中国法学会行政法学研究会年会论文集，2009 年。

3. 徐向阳：《华尔街的新困扰——闪电崩盘及其进展》，国信证券博士后工作站专题报告，2011 年 5 月 12 日。

4. 陈卫东：《对华贸易救济的争端解决与规则博弈——以中国起诉案件为重点》，《中国贸易救济与产业安全论丛（2012）——第七届中国贸易救济与产业安全研究奖获奖论文集》，2013 年。

5. 沈岿主编：《风险规制与行政法新发展》，北京：法律出版社 2013 年版。

（五）网络资料（以访问时间先后为序）

1. 代路：《光大证券乌龙指：戳入跨市场监管真空》，载网易财经网，http：//money.163.com/13/0818/10/96I95LRS00251LIE_all.html#p1，最后访问日期：2014 年 7 月 28 日。

2. 百度百科：《8.16 光大证券乌龙指事件》，载百度百科网，http：//baike.baidu.com/link？url = I5nMyAUcUX2ssbew1ieQbsGX3NkPuZv - Y_ m - 6WFeB9gKXm692JcbVeHgSMtDJnhQRYiXmeRg9vh6sR18NNGpYq，最后访问日期：2014 年 7 月 28 日。

3. 黄倩蔚：《中国放弃申诉 WTO“银联垄断案”初裁成立》，载新华网，http：//news.xinhuanet.com/fortune/2012 - 09/05/c_123675047.htm，最后访问日期：2014 年 8 月 23 日。

4. 操乐龙：《“光大乌龙指”主角杨剑波或有翻盘机会》，载新浪财经网，http：//finance.sina.com.cn/zl/china/20140403/201818705899.shtml，最后访问日期：2015 年 9 月 2 日。

5. 中国证监会:《中国证监会行政处罚决定书(光大证券股份有限公司、徐浩明、杨赤忠等5名责任人)》,发文时间2013年11月01日,文号(2013)59号,载中国证监会网,http://www.csrc.gov.cn/pub/zjhpublic/G00306212/201311/t20131115_238363.htm,最后访问日期:2015年9月20日。

6. 中财网:《光大乌龙指主角状告证监会案庭审,证监会回应(实录)》,载中财网,http://www.cfi.net.cn/newspage.aspx?id=20140403000474&p=0,最后访问日期:2015年9月30日。

7. 轶名:《传导反垄断法专业知识,培植我国市场竞争文化——"可口可乐收购汇源案法律研讨会"综述》,载中国竞争法网,http://www.competitionlaw.cn/info/1018/13554.htm,最后访问日期:2015年9月30日。

8. 梅新育:《汇源并购案还需要经过什么程序》,载人民网,http://mnc.people.com.cn/GB/8988050.html,最后访问日期:2015年9月30日。

9. 中国证监会:《派出机构行使行政处罚权即将启动》,载中国证监会官方网,http://www.csrc.gov.cn/pub/newsite/zjhxwfb/xwdd/201309/t20130927_235486.html,最后访问日期:2015年10月8日。

10. 中国保监会:《派出机构概况》,载中国保监会官方网,http://www.circ.gov.cn/web/site0/tab5196/,最后访问日期:2015年10月8日。

11. 黄安琪:《"光大乌龙指"民事索赔案:又有18名投资者胜诉获赔》,载新华网,http://news.xinhuanet.com/fortune/2015-10/23/c_1116923903.htm,最后访问日期:2015年10月23日。

12. 21世纪网:《A股暴涨:光大证券自营盘70亿乌龙指》,载新浪财经网,http://finance.sina.com.cn/stock/jsy/20130816/114716472103.shtml,2013年8月16日11:47,最后访问日期:2015年11月5日。

13. 大智慧阿思达克通讯社8月16日讯:《光大证券就自营盘70亿元乌龙传闻回应:子虚乌有》,载新浪财经网,http://finance.sina.com.cn/stock/stocktalk/20130816/124216472496.shtml,最后访问日期：2015 年 11 月 5 日。

14. 财经百科：《光大证券“乌龙指事件”》，载网易财经网，http：//money. 163. com/ baike/guangdawulongzhi/profile/，最后访问日期：2015 年 11 月 10 日。

15. 吴黎华：《股民索赔光大证券障碍重重，投资者呼吁联合维权》，载新华网，http：//news. xinhuanet. com/fortune/2013 －09/06/c_ 125331758. htm，最后访问日期：2015 年 11 月 22 日。

16. 宋宁华：《市二中院正式受理股民诉光大乌龙指》，载新浪上海网，http：//sh. sina. com. cn/news/s/2013 －12 －03/164172662. html，最后访问日期：2015 年 11 月 22 日。

17. 凤凰财经 9 月 30 日讯：《“光大乌龙指”一审宣判，六大类投资者获赔偿》，载凤凰财经网，http：//finance. ifeng. com/a/20150930/ 14002657_ 0. shtml，最后访问日期：2015 年 11 月 23 日。

18. 马光远：《应追究光大证券刑事责任》，载赢富财经网，http：//www. yingfu001. com/view －143876 －1. html，最后访问日期：2015 年 11 月 25 日。

19. 李孟鹏：《平安证券出资 3 亿元设立万福生科案投资者利益补偿基金》，载新华网，http：//news. xinhuanet. com/fortune/2013 －05/ 10/c_ 124693740. htm，最后访问日期：2015 年 11 月 26 日。

20. 史倩倩、黄贤涛：《与狼共舞自有道　主动应诉树典范——盐城捷康胜诉三氯蔗糖 337 调查案的启示》，载国家知识产权战略网，http：//www. nipso. cn/onews. asp? id = 534，最后访问日期：2015 年 12 月 5 日。

21. 吴成良：《美国调查高频交易合法性》，载新华网，http：//news. xinhuanet. com/world/2014 －04/07/c_ 126361940. htm，最后访问日期：2015 年 12 月 7 日。

22. 潘凌飞：《SEC 抨击高频交易：把普通股民当猴耍》，载华尔街见闻网，http：//wallstreetcn. com/node/84277，最后访问日期：2015 年 12 月 7 日。

23. 沙永萍：《第三方支付牌照首发　13 家获批经营预付卡》，载江苏省苏州工商行政管理局官网，http：//www. szsgsj. gov. cn/suzhou-

baweb/show/sj/，最后访问日期：2016 年 1 月 6 日。

24. 张棉棉：《商务部对美国对中国电子支付服务措施案表示遗憾》，载新浪财经网，http：//finance. sina. com. cn/j/20110212/19439366275. shtml，最后访问日期：2016 年 1 月 6 日。

25. 李光斗：《叫停收购汇源是提振信心之举：救品牌比救市更重要》，载新浪博客网，http：//blog. sina. com. cn/s/blog_ 483476660100cvry. html，最后访问日期：2016 年 1 月 26 日。

26. 罗瑞明：《否收购是维护中国法律尊严》，载新浪财经网，http：//finance. sina. com. cn/roll/20090319/04265995536. shtml，最后访问日期：2016 年 1 月 26 日。

27. 何力：《可口可乐并购汇源案遭否决未必是坏消息》，载新浪财经网，http：//finance. sina. com. cn/chanjing/b/20090318/17265993998. shtml，最后访问日期 2016 年 1 月 26 日。

28. 牛文文：《并购案遭否决对汇源不公平》，载新浪财经网，http：//finance. sina. com. cn/chanjing/b/20090318/1740599 4041. shtml，最后访问日期 2016 年 1 月 26 日。

29. 赵晓：《可口可乐收购汇源不垄断》，载新浪财经网，http：//finance. sina. com. cn/g/20090318/23255994812. shtml，最后访问日期 2016 年 1 月 26 日。

30. 秦朔：《汇源并购案遭否决引发过度控制担心》，载新浪财经网，http：//finance. sina. com. cn/chanjing/b/20090318/18375994186. shtml，最后访问日期 2016 年 1 月 26 日。

31. 梅新育：《不意味着中国在搞贸易保护主义》，载新浪财经网，http：//finance. sina. com. cn/g/20090318/161759 93746. shtml，最后访问日期 2016 年 1 月 26 日。

32. 任孟山：《禁止可口可乐并购汇源无关国家主义话语》，载凤凰财经网，http：//finance. ifeng. com/a/20090318/456375_ 0. shtml，最后访问日期 2016 年 1 月 26 日。

二、英文参考文献（以发表或出版先后为序）

1. B. Kaplan，An Unhurried View of Electronic Payment，Columbia U-

niversity Press. 1967.

2. Corporate Acquisition by Tender Offer (University of Pennsylvania Law Review, Vol. 115, Issue 3 (January 1967), pp. 317 – 370 Fleischer, Arthur Jr.; Mundheim, Robert H.)

3. Legal Roles of Shareholders and Management in Modern Corporate Decisionmaking (California Law Review, Vol. 57, Issue 1 (January 1969), pp. 1 – 181 Eisenberg, Melvin Aaron)

4. Federalism and Corporate Law: Reflections upon Delaware (Yale Law Journal, Vol. 83, Issue 4 (March 1974), pp. 663 – 705, Cary, William L.)

5. Beyond the Shut-Eyed Sentry: Toward a Theoretical View of Corporate Misconduct and an Effective Legal Response (Virginia Law Review, Vol. 63, Issue 7 (November 1977), pp. 1099 – 1278 Coffee, John C. Jr.)

6. Insiders, Outsiders, and Informational Advantages under the Federal Securities Laws (Harvard Law Review, Vol. 93, Issue 2 (December 1979), pp. 322 – 376 Brudney, Victor.)

7. Proper Role of a Target's Management in Responding to a Tender Offer (Harvard Law Review, Vol. 94, Issue 6 (April 1981), pp. 1161 – 1204 Easterbrook, Frank H.; Fischel, Daniel R.)

8. Survival of the Derivative Suit: An Evaluation and a Proposal for Legislative Reform (Columbia Law Review, Vol. 81, Issue 2 (1981), pp. 261 – 336 Coffee, John C. Jr.; Schwartz, Donald E.)

9. Secondary Liability under Section 10 (b) of the Securities Act of 1934 (California Law Review, Vol. 69, Issue 1 (January 1981), pp. 80 – 111 Fischel, Daniel R.)

10. Insider Trading and the Fiduciary Principle: A Post-Chiarella Restatement (California Law Review, Vol. 70, Issue 1 (January 1982), pp. 1 – 53 Langevoort, Donald C.)

11. Voting in Corporate Law (Journal of Law & Economics, Vol. 26, Issue 2 (June 1983), pp. 395 – 428 Easterbrook, Frank H.; Fischel, Daniel R.)

12. Market Failure and the Economic Case for a Mandatory Disclosure System (Virginia Law Review, Vol. 70, Issue 4 (May 1984), pp. 717 - 754 Coffee, John C. Jr.)

13. Mandatory Disclosure and the Protection of Investors (Virginia Law Review, Vol. 70, Issue 4 (May 1984), pp. 669 - 716 Easterbrook, Frank H. ; Fischel, Daniel R.)

14. Unimportance of Being Efficient: An Economic Analysis of Stock Market Pricing and Securities Regulation (Michigan Law Review, Vol. 87, Issue 3 (December 1988), pp. 613 - 709 Stout, Lynn A.)

15. Basic, Inc. v. Levinson: Is Silence Really Golden (Wake Forest Law Review, Vol. 23, Issue 4 (1988), pp. 607 - 634 Classen, H. Ward.)

16. Corporate Disclosure Obligations and the Parameters of Rule 10b - 5: Basic Inc. v. Levinson and Beyond (Journal of Corporation Law, Vol. 14, Issue 1 (Fall 1988), pp. 1 - 34 Matheson, John H.)

17. Basic Inc. v. Levinson: The Disclosure of Preliminary Merger Discussions within the Context of Rule 10b - 5 (Administrative Law Journal, Vol. 3, Issue 2 (Fall 1989), pp. 465 - 494 Stefanou, Yolando Eleni)

18. Fraud-on-the-Market Theory: A Basically Good Idea Whose Time Has Arrived, Basic, Inc. v. Levinson (Indiana Law Review, Vol. 22, Issue 4 (1989), pp. 1061 - 1084 Thomas, Rosemary J.)

19. Fraud-on-the-Market Theory After Basic Inc. v. Levinson (Cornell Law Review, Vol. 74, Issue 5 , pp. 964 - 992 Shulman, Zachary), 1989.

20. Basic Inc. v. Levinson: The Supreme Court's Analysis of Fraud on the Market and Its Impact on the Reliance Requirement of SEC Rule 10b - 5 (Kentucky Law Journal, Vol. 78, Issue 2 (1989—1990), pp. 403 - 434 Martin, R. Douglas)

21. Basic, Inc. v. Levinson: Materiality of Preliminary Merger Negotiations and the Presumption of Reliance under Rule 10b - 5 of the 1934 Securities Exchange Act (DePaul Business Law Journal, Vol. 2, Issue 2 (Spring 1990), pp. 331 - 350 Rubenstein, Alan J.)

22. Reed: Electronic Finance Law. Woodhead-Faulkcr (Publishers)

Limited，1991：48.）

23. Do the Merits Matter：A Study of Settlements in Securities Class Actions（Stanford Law Review，Vol. 43，Issue 3（February 1991），pp. 497 – 598 Alexander，Janet Cooper）

24. Securities and Exchange Commission and Corporate Social Transparency（Harvard Law Review，Vol. 112，Issue 6（April 1999），pp. 1197 – 1312 Williams，Cynthia A.）

25. G. Bruce Doern，1999，Global Change and Agencies，A Cassell Printer.

26. Beyond the Shut-Eyed Sentry：Toward a Theoretical View of Corporate Misconduct and an Effective Legal Response（Journal of Corporation Law，Vol. 28，Issue 1（Fall 2002），pp. 1 – 68 Ribstein，Larry E.）

27. Pretrial Rush to Judgment：Are the Litigation Explosion，Liability Crisis，and Efficiency Cliches Eroding Our Day in Court and Jury Trial Commitments（New York University Law Review，Vol. 78，Issue 3（June 2003），pp. 982 – 1134 Miller，Arthur R.）

28. Blinded by the Light：Information Overload and Its Consequences for Securities Regulation（Washington University Law Quarterly，Vol. 81，Issue 2（Summer 2003），pp. 417 – 486 Paredes，Troy A.）

29. What Happened in Delaware Corporate Law and Governance from 1992 – 2004 – A Retrospective on Some Key Developments（University of Pennsylvania Law Review，Vol. 153，Issue 5（May 2005），pp. 1399 – 1512 Veasey，E. Norman；Di Guglielmo，Christine T.）

30. Clarke L W. The Market-Oriented Enterprise Approach：The Best Response To The Questionable United States Trade Practices Scrutinized In Gpx International Tire Corp. V. United States. Catholic University Law Review，2011.

31. Antonini R，Monard E，Chao L. The concurrent imposition of anti-dumping and countervailing measures on non-market economies：time for a clean sheet of（Chinese）paper approach？. International Trade Law & Regulation，2011，3（17）：87 – 96.

32. Delimatsis P. The WTO Outlaws the Privileges of the Chinese Payment Services Giant. ASIL Insights, Forthcoming, 2012.

33. Feldman E J. Testing the Limits of Trade Law Rationality: The GPX Case and Subsidies in Non-Market Economies. American University Law Review, 2013.

34. Peng S Y. Is the Trade in Services Agreement (TiSA) a Stepping Stone for the Next Version of GATS. Hong Kong LJ, 2013 (43) .

35. Recanati M, Simo R Y. A. Panel Report, China - Certain Measures Affecting Electronic Payment Services (China - Electronic Payment Services) . 2013.

36. Tao C. CHINA's DOMESTIC LEGISLATION RELATING TO ITS GATS OBLIGATIONS. A, 2014.

37. Maki K. [WTO Case Review Series no. 13] China—Certain Measures Affecting Electronic Payment Services (WT/DS413): Vulnerability of normative structure of GATS (Japanese) [R] . Research Institute of Economy, Trade and Industry (RIETI), 2015.

38. Cho S, Lee T H. Double remedies in double courts. European Journal of International Law, 2015, 2 (26): 519 -535.

39. Prusa T J, Vermulst E. United States -Definitive Anti-Dumping and Countervailing Duties on Certain Products from China: passing the buck on pass-through. Cambridge University Press, 2015.

40. Cho S, Lee T H. Critical Review of International Governance. European Journal of International Law, 2015.